영혼의 친구

현대세계에서 영성지도를 어떻게 할 것인가?

'영혼의 친구가 없는 사람은
머리가 없는 몸이어라.'

− 켈틱 격언

25주년기념 개정판

영혼의 친구

케네스 리치 지음, 신선명 · 신현복 옮김

치유와 돌봄이 있는 희망의 선교동산
아침영성지도연구원

SOUL FRIEND

Spiritual Direction in the Modern World
(New Revised Edition)

by Kenneth Leech

Published by Morehouse Publishing

All Rights Reserved

Korean Translation Copyright ⓒ 2006

by Achim Institute for Spiritual Direction

이 책은 아침영성지도연구원이 Eric Yang Agency를 통하여
Morehouse Publishing과 독점 계약하여 새롭게 펴낸 것으로,
저작권법에 따라 한국 안에서 보호를 받는 책이므로
무단전재와 무단복제를 금합니다.

헨리 나우웬의 추천사

마침내 케네스 리치가 우리를 위하여 큰 일을 해냈습니다. 그는 그리스도교 사역에서 가장 중요한 분야 가운데 하나인 영성지도에 관하여 우리가 새롭게 다가갈 수 있도록 해주었습니다. 가장 간단하게 표현해서, 영성지도는 각 그리스도인의 기도생활 안에서 제공되는 지도입니다. 그것은 우리 삶 속에 성령께서 어떻게 움직이시는가를 분별할 수 있도록 도와주는 기술입니다. 이러한 움직임에 대하여 어떻게 순종해야 할 것인지 그 어려운 과제를 수행할 수 있도록 도와주는 기술입니다. 또 우리의 신실함이 요구되는 중대한 삶의 결단 속에서 후원을 제공하는 기술입니다. 따라서 이해한 대로, 기도는 삶의 모든 것을 한 데 아우릅니다. 그러므로 영성지도는 가장 장엄한 사역 직무입니다.

하지만 영성지도가 그리스도교 사역의 핵심에 속한다는 생각이 최근 몇십 년 동안에는 분명하지가 않았습니다. 종종 영성지도에 대한 생각에 나타나는 반응들은 이런 것이었습니다: "하나님과 맺은 우리의 관계는 매우 사적이고 매우 친밀하고 매우 독특해서 안내, 특히 지도의 주제가 될 수 없다." 지난 삼사십 년 이상 사역을 준비해 왔던 이들은 성경, 교회 역사, 교회 교리에 대하여 많이 배웠습니다. 그리고 때로는 목회 기술을 익히기 위하여 좋은 훈련도 받았습니다. 그러나 그들이 하나님과 맺은 개인적인 관계의 영역 안에서는 대개 자기 생각이나 통찰대로 해버리도록 방치되었습니다. 실질적으로 어떤 안내도 받지 않았습니다. 기도도 학습이나 심지어 훈련에 종속된다는 생각은 많은 사람들에게 충격적이었습니다—지금도 그렇구요. 어떤 훈련 프로그램을 기도 속에서 생각해 내는 것을 그들은 거의 신성모독처럼 여깁니다.

케네스 리치는 목회상담과 심리치료라는 '전통'의 맥락 안에서 그리스도교 영성지도 사역을 논의함으로써 우리가 이러한 오해들을 불식시키도록 돕고 있습니다. 그의 책이 독특한 성격을 띨 수밖에 없는 이유가 바로 이 폭넓은 맥락 때문입니다. 목회상담과 심리치료가 영성지도와 어떻게 구분되는지 그 특색들을 보여주면서, 리치는 주저함이 없이 이 다양한 양식의 치유 사이에 깃들어 있는 많은 관계들을 지적해 냅니다. 이런 식으로, 그는 그리스도교 사역 직무에서 임상훈련이 큰 효과가 있음을 인정함과 동시에 그리스도교 영성지도야말로 목회자가 양떼들을 목양하는 데 반드시 필요한 부분임을 천명합니다.

프로이드, 융, 로저스, 프랭클, 메이, 그리고 그 밖에 많은 행동과학자들이 그리스도교 사역에 깊은 영향을 끼쳤다는 데에는 전혀 의심의 여지가 없습니다. 모든 임상목회교육 운동은 지난 반세기 동안에 표출된 인간 행동의 역동적 이해 없이는 생각할 수 없을 것입니다. 요즘 들어, 대부분의 신학대학원이나 신학대학에서는 목회와 상담 관련 과목들을 제공하고 있습니다. 그리고 이런저런 형태로 목회임상교육이나 임상훈련감독도 받도록 요구하고 있습니다. 이 모든 프로그램 속에는 일반적으로 한 가지 확신, 곧 대상관계는 형성이나 훈련에 종속된다는 확신이 깃들어 있습니다. 다른 인간과 창조적인 방법으로 이야기를 나누려면 직관이나 자발성에 의존해서는 안 됩니다; 그보다는 오히려 학습될 필요가 있습니다. 정확히 말해서 그것이 친밀하고 고도로 개인적인 만남이기 때문에, 안내받고 감독받을 필요가 있습니다. 그 친밀하고 개인적인 성격 때문에 그것은 학습 이상의 의미를 지니게 됩니다.

목회상담 운동 초기에, 미래의 목사들이 성찰과 분석을 위하여 사람들 사이에서 구체적으로 교류되는 것은 종종 어려웠습니다. 오늘에는 이런 형태의 훈련이 지닌 가치에 의문을 제기하는 진지한 목사들이 거의 없습니다. 우리는 목회적 상황 속에서 일어난 일이야말로 신학의 진정한 기반이라는 사실을 알게 되기까지 이르렀습니다.

케네스 리치는 우리가 다음 단계를 밟을 수 있도록—사람들 사이의 관계뿐만 아니라 사람들과 하나님 사이의 관계도 형성이나 훈련이나 감독에 종속된다는 사실을 알 수 있도록 도와 줍니다. 그리스도교 역사 곳곳에 나타난 거룩한 남녀들의 삶을 좀더 가까이 들여다봄으로써 우리는 하나님과 친밀한 관계를 열렬히 추구했던 이들은 늘 안내와 지도를 요청했다는 사실을 알 수 있습니다.

수세기 전 이집트 사막에서 하나님을 탐구했던 이들뿐만 아니라, 오늘 캘커타, 서울, 도쿄, 뉴욕에서 그분을 탐구하는 이들도 일반적으로 내면세계와 외면세계의 수많은 경험을 통하여 자신들을 인도할 수 있는 누군가를 간절히 바라고 있습니다. 우리가 그들의 이야기를 읽거나 그들의 갈등에 대하여 들어보면 볼수록, 우리는 모든 개인적 관계들 가운데 가장 친밀한 것은 꼭 깊은 돌봄과 사랑스러운 지원을 요구한다는 사실을 더 깨닫게 됩니다. 단테처럼, 우리는 영성적 자유에 이르는 외로운 길에서 절망의 어두운 구렁텅이에 빠지지 않기 위하여 베아트리체를 필요로 합니다.

케네스 리치는 사람들이 대개 하나님과 그리고 하나님과만 함께 있을 때 지도받고 인도받을 필요가 있음을 분명히 보여줍니다. 우리가 하나님의 임재하심 속으로 들어가 그분의 음성을 순종하는 마음으로 경청하려고 애쓸 때, 우리는 우리 자신의 필요와 환영에 따라 잘못 인도받을 수도 있습니다. 우리 자신의 욕구를 마치 하나님의 뜻인 것처럼 생각하고, 우리의 개인적인 성공을 하나님이 인정해 주신 표징이라고 이해하고, 우리 자신의 실패와 고통을 하나님의 징벌이라고 해석하기가 아주 쉽습니다. 복음서의 기쁜 소식—하나님이 만질 수 있고 볼 수 있는 인간의 모습 곧 예수 그리스도의 모습으로 오셨다는 사실—을 통하여 우리는 하나님께 나아가는 우리의 길이 늘 인간적인 길이요, 안내자 없이는 우리가 우리의 영성적 여정을 통하여 하나님께서 역사하실 수 있도록 자리를 비워 드리기보다는 내성적인 자기 편견에 빠질 수 있음을 깨닫게 됩니다.

케네스 리치는 우리가 하나님과 개인적으로 관계를 맺는 것이 우리가 사람들과 관계를 맺는 것만큼 영성 형성에서 중요하다는 사실을 깨닫게 해주었습니다. 또 그는 우리가 견고하게 영성적으로 형성되어 있어야만 그리스도교 사역을 책임적인 방법으로 실천할 수 있다는 사실도 깨닫게 해주었습니다.

이 책은 그리스도교 사역과 그리스도교 영성 사이의 관계에 대하여 매우 중요한 문제들을 제기합니다. 성숙한 기도 없이는 성숙한 목회도 불가능함을 제안함으로써 실제적인 도전을 줍니다. 목사가 예수님의 '이름으로' 섬기고자 한다면, 그는 그분의 이름 안에 살아야 합니다. 그리고 그분의 이름으로 말하고 행동해야 합니다. 예수님의 온 생애는 자신의 성부께 순종하면서 살아가신 삶이었습니다. 이것은 예수님이 자신을 보내시고 자신의 온 생애를 지도하시는 분의 음성을 내적으로 깊이 경청하셨고, 그분께 자신의 마음을 전적으로 여셨음을 뜻하는 것으로 이해되어야 합니다. 예수님이 행하시고 말씀하신 그 모든 것, 그분이 겪으신 그 모든 고통, 그분이 나누신 그 모든 슬픔, 그분은 그 모든 것을 자신의 성부 하나님께 순종하는 마음으로 감당하셨습니다. 그분의 유일한 관심은 성부 하나님의 뜻을 행하는 것이었습니다.

예수님의 그 모든 사역은 그 친밀하고 모두를 가슴에 품어 주시는 관계 속에서 자라났습니다. 게다가, 그 관계는 예수님의 사역의 목표—우리를 자신이 맡으신 아들 역할에 참여시키는 것—를 만들어 내었습니다. 예수님이 자신의 성부 하나님과 맺으신 관계는 자신의 구원 사역의 맥락일 뿐만 아니라 본질이기도 합니다. 그리하여, 예수님 자신의 삶이 영성지도의 가장 심오한 도전을 드러냅니다. 영성지도란 무엇일까요? 그것은 무엇보다도 먼저 누군가를 지도자가 내부로부터 알고 있는 하나의 관계로 인도하는 것을 의미합니다.

영성지도자란 "가슴으로 알고" 가슴으로 말하는 사람입니다. 그러므로 우리는 영성지도자의 기도생활이야말로 자기 자신의 영성지도 사역의 기반이라고 말할 수 있습니다. 그리스도교 영성지도자가 된다는 것은 하나님을 추구하는 다른 사람과 자신의 기도를 나눈다는 것을 의미합니다. 이것이 사막의 교부들에게서 보았던 사례입니다. 이것이야말로 진정 16세기 저 위대한 영성지도자들이 몸소 걸어갔던 길입니다. 십자가의 요한 같은 분 말이지요. 그리고 이것이야말로 다른 이들을 하나님께 인도하고파 목말라 하는 이들에 대한 도전입니다. 그것은 순전히 '작은 그리스도'가 되고자 하는 도전입니다.

리치의 책을 똑바로 말하면 〈영혼의 친구〉입니다. 그 책 제목이 영성지도자와 그리스도인 사이의 실제적인 친밀을 암시합니다. 그러나 이 친밀함은 서로에게 집착하는 것이 아닙니다. 예수 그리스도를 통하여 하나님께 함께 가까이 다가가는 것입니다. 바로 이렇게 함께 하나님께 가까이 다가감으로써 창조된 공간 안에서만 식별이 일어날 수 있고, 순종을 실천할 수 있으며, 중대한 결정을 지지할 수 있습니다. 현대 심리학이 제공하는 대부분의 통찰들이 그 관계 속으로 통합될 수 있는 것도 다름 아닌 이 공간 안에서입니다.

  나는 이 책이 매우 용기를 북돋워 주는 책이라고 생각합니다. 이 책에서는 우리 그리스도교 사역의 중심이 영성지도여야 함을 선언하고 있습니다. 지난 몇십 년 동안 목양적 돌봄 분야에서 창조적인 발전들이 많았는데, 그런 상황에서도 영성지도가 가장 핵심이 되어야 함을 힘주어 말하고 있습니다. 그리고 이 책에서는 그리스도교 사역과 목양의 중심인 영성지도를 통하여 인간의 영혼을 하나님께, 아니 하나님께만 인도해야 한다는 확신에 불타 있습니다. 그 일을 해야 할 사람이 누구냐구요? 바로 영혼의 친구인 저와 여러분입니다.

헨리 나우웬
하버드대학교 및 예일대학교 신학대학원 영성지도 교수

켄터베리 대주교의 머리말

〈영혼의 친구〉가 처음 나왔을 때, 이 책은 저와 우리 세대 많은 이들에게 하나의 문을 열어 주었습니다. 그 문을 통하여 우리는 그리스도교 영성의 풍요로움을 더 많이 맛보고 발견할 수 있었습니다. 내 전임자인 마이클 램지는 그 부분을 아주 정확하게 말한 바 있습니다: "여기 마침내 우리가 영혼의 치유에 관한 빼어난 작품을 갖게 되었습니다. 이 책을 통하여 우리는 목회상담가, 영성상담가, 영성지도자가 하는 일 속에서 그리스도교 영성의 깊은 전통도 끌어올리고 요즘의 경향도 깊이 이해할 수 있게 되었습니다."

물론, 그때 이후로, '영성'은 폭넓고 다양한 그리스도교 전통 안에서 통용어가 되어 버렸습니다. 영성지도자는 가톨릭뿐만 아니라 종교개혁 전통의 비예전적인 교회나 은사를 중시하는 교회들에서도 발견되고 있습니다. 나는 영성지도 분야에서 이렇게 눈부신 발전을 이루게 됨을 환영합니다. 그러나, 케네스 리치처럼, 내 고민도 점점 더 늘고 있습니다. 그들 가운데 어떤 이들은 너무 개인주의적인 속성을 드러내기 때문입니다. 또 영성지도를 마치 자신들 소수만이 할 수 있는 것처럼 배타적인 우월감에 빠져 있기 때문입니다. 과거부터—곧 고린도전후서가 기록된 이래—그런 사례들을 얼마든지 찾아볼 수 있습니다. 그들은 자신들이야말로 '영성적' 엘리트라고 자리매김을 하고싶어 합니다. 그런 집단들은, 예외없이, 하나님의 교회에 손해를 끼쳐 왔습니다.

〈영혼의 친구〉가 영성 발달을 교회의 공동체적이고 성례전적인 생활에 확고히 뿌리를 두고 있다는 게 무척이나 신선합니다! 개인이 하나님과 맺은 관계의 성장은 그들이 동료 그리스도인들과 맺은 관계와 뗄레야 뗄 수가 없습니다. 우리들이 그랬듯이 다른 세대들도 이 개정판을 통하여 신선한 통찰들을 풍성히 나눌 수 있기를 바랍니다.

조지 케리
캔터베리 대주교

들어가는 말

　이 책의 초판을 쓴 지 벌써 25년이 넘었습니다. 1977년 영국에서 처음 출판되었을 때, 그 출발점은 그리스도교 성직자들을 위하여 캔터베리의 성어거스틴대학교에 개설된 한 기도학교에서 비롯되었습니다. 그 때 나는 1971년부터 1974년까지, 그 기도학교의 강사이자 교목으로 섬겼습니다. 그 기도학교에서 나는 한 학기 동안 대부분의 시간을 영성지도 과목을 가르치는 데 바쳤습니다. 이 과정에서 제출된 논문들이 확대되고 확장되어 현재 책의 중심을 이루었습니다.

　나는 초판의 여는 말에서 연구의 목적과 한계를 설명하였습니다. 이 책은 그리스도교 영성 전통으로부터 지혜와 안내를 차곡차곡 축적해 놓은 것을 접근가능한 형태로 한 데 모으려는 시도 이상의 독창적인 작품은 아닙니다. 그러므로 이 책은 사람들을 풍부하고 다양한 그리스도교 영성의 세계로 이끌어 가는 데 기여할 수 있도록 핵심자료들을 요약해 놓은 것입니다. 이 책이 영성지도에 대하여 연구하기 위한 '대중적인'

핸드북이나 '실제적인 안내서' 라는 의미는 분명 아닙니다. 내가 1977년에 강조했던 것은 이런 책을 발간하는 것이 가능할지 어떨지에 대하여 심각한 의심을 갖고 있다는 것, 그리고 만일 그렇다면 이 책은 위험한 기획이 될 것이라는 사실이었습니다. 비록 바람직할지라도 이런 안내서를 발간할 능력도 안 됐을 것입니다. 내가 그 때 믿었던 것은, 그리고 지금은 한층 더 굳게 믿고 있는 것은, 영성지도 사역이란 책에서 배울 수 있는 게 아니고, 기도와 목양적 돌봄 속에서 개인적인 체험을 해보아야만 배울 수 있다는 사실입니다. 영성지도자는 타고난 것이지 만들어지는 게 아니다라는 말이 있는데, 그것은 사실이 아닙니다. 오히려 저 남용되고 있는 단어의 참된 의미를 살펴볼 때, 그들은 언제나 은총의 기적을 행하는 사람들이요, 카리스마를 지닌 사람들입니다. 이 연구의 목적은 위대한 영성 안내자들의 가르침을 끌어냄으로써 이 중요한 영성지도 사역을 위하여 몇 가지 자양분을 공급하고자 하는 데 있습니다. 그리고 나아가서는 스스로 영성적인 길에서 지도를 구하고 있는 이들과 그리스도교 기도 전통에 대하여 좀더 알고싶어 하는 이들을 돕고자 하는 데 있습니다.

내가 이 책을 썼을 때만 해도, 글쓰는 이들이 목사 곧 성직자의 몰락을 개탄하거나 '정체성의 위기' 를 논하는 것은 아주 일반적인 현상이었습니다. 예컨대, "몇 년 전까지만 해도 안 그랬는데, 이제는 사람들이 상호관계 속에서 자신들을 도와줄 사람을 찾을 때 더 이상 안수받은 사람을 찾지는 않는다"는 말도 나돌았습니다. 그러므로 목사는 새로운 역할을 찾아 미친 듯이 헤매거나, 아니면 "남은 이들 곧 충실히 공중 예배에 참석하는 이들만 거의 배타적으로 대하면서 점점 작아지는" 지경으로 떨어지고 맙니다.¹⁾ 목사가 거의 전적으로 교회 다니는 사람만 섬긴다는 주장이 추측컨대 박식한 사람들 입에서 제기되었습니다. 그리하여 수년 전에 안수를 받고 지금은 세상을 떠난 한 지교회 목사는, 1976년에 "오늘 목사는 교회 다니는 사람들만, 다시 말해서 점점 줄어들고 있는 남은 이들을 섬기는 데에만 실제적으로 한정되어 가고 있다"고 주장하였습니다.[2] 내 경험에 비추어 볼 때, 나는 이런 주장들이 사실이라고 믿지 않았습니다. 반대로, 내가 런던 동부지역의 지교회 목사로 섬길 때 내 눈에 들어온 모습은 그 공동체 안에서 점점 더 많은 사람들이 어떤 의미의 영성지도를 갈구하고 있었고, 목사나 다른 이들의 문제는 어떻게 압도당하지 않고 그 필요에 정확히 대처하느냐 하는 것이었습니다. 나는 내 자신이 "오늘 우리에게 목회적으로 가장 크게 필요한 것은 영성지도"라는 마틴 쏜톤의 관점에 강하게 동의하고 있음을 발견하였습니다. 30여 년 전에 글을 쓰면서, 쏜톤은 깊고 미묘한 형태의 종교적인 부흥이 시작될 것이라고 예견하였습니다. 그리고 그는 계속해서 영성 안내자의 접근을 복음 전도자, '청소년 전문가', 설교자, 교회 행정가의 접근과 대조해 갔습니다. "앞에 말한 집단은 자신들의 사역활동에 대한 요구사항을 어떻게 만들어 낼 것인가에, 뒤에 말한 집단은 안내에 대한 점증하는 요구를 어떻게 대처할 것인가에 관심을 두고 있습니다."[3] 이것은 확실히 돌아가는 판도를 과도하게 단순화시키고 사례를 과장하여 말한 것이었습니다. 그러나 나에게는 그것이 진실의 중요한 요소를 포함하고 있는 것으로 보였습니다. 많은 목사들 사이에 퍼져간 '정체성의 위기'는 수천 명의 사람들이 영성 안내를 갈구하면서도 마땅히 찾을 만한 사람이 없었던 바로 그 때에 발생하였습니다. 이렇듯 많은 목사들이 자신들의 설 자리가 줄어드는 것 같은 자괴감을 느낄 수밖에 없었던 이유는 무엇이었을까요? 아마도 자신들이 마땅히 제공해 주어야 할 것이 있음에도 불구하고, 뭐 그것이 그렇게 꼭 필요한 것이겠느냐라고 여겼기 때문은 아닐까요?

내 경험으로 보아, 일이 없다는 것은 진지하게 영성 안내를 받고 있는 이들이 부딪쳐야 할 것 같은 문제는 단연코 아니었습니다. 반대로, 그들은 매우 빨리 과로를 하게 되는 것 같았습니다. 영성생활 속에서 개인들을 안내하는 일이야말로 그리스도교 신앙의 중심이라고 사람들이 알아듣도록 말해 주는 것이 꼭 필요해 보였습니다. 그것은 종교적인 직제나 치료 집단에 기초한 소규모 전문가 집단만의 영역은 아니었습니다. 하나님과 연합하는 일이 그리스도인에게는 주변적인 분야가 아닙니다. 하나님과 연합하는 것이야말로 영성지도의 중심적인 관심사입니다. 교회는 기도와 성령 안에 깊이 잠김으로써 우리가 살아가는 이 시대에 성령을 전해 주는 영성 안내자들을 필사적으로 요구하고 있는 듯이 보였습니다. 그래서 나는 이러한 사역에 부르심을 받았다고 여겨지는 이들에게 다소나마 도움이 될까 하여 이 책 〈영혼의 친구〉를 쓰게 된 것입니다.

이 책은 매우 열정적인 환영을 받았습니다. 큰 틈을 메워주는 것으로 널리 이해되었습니다. 마이클 대주교는 다음과 같이 말하기도 했습니다: "여기 마침내 우리가 영혼의 치유에 관한 빼어난 작품을 갖게 되었습니다. 이 책을 통하여 우리는 목회상담가, 영성상담가, 영성지도자가 하는 일 속에서 그리스도교 영성의 깊은 전통도 끌어올리고 요즘의 경향도 이해할 수 있게 되었습니다."[4] 내 사역 초기에 책을 통하여 나에게 많은 영향을 끼쳤던 마틴 쏜톤은 이렇게 말했습니다: "목사든 평신도든 진지하게 영혼을 돌보는 사람이라면 이 책을 사서 읽고 또 읽어 끊임없이 참고해야 할 것입니다……교회를 위하여, 세계를 위하여, 이 책을 꼭

사십시오."⁵⁾ 미국에서는, 헨리 나우웬이 이 책이야말로 "우리에게 그리스도교 사역의 가장 중요한 분야 가운데 하나를 새롭게 접근할 수 있도록 해준 책"이라고 보았습니다. 또 이 책이야말로 "그리스도교 사역의 중심은 영성지도여야 함을 천명하고 있다"고 주장하였습니다.⁶⁾ 이 책은 내 기대를 뛰어넘어 날개돋친 듯 팔려나갔습니다. 내가 이 책을 쓸 때는 주로 영국 교회의 젊은 남성 목사들을 염두에 두고 썼는데, 나는 이 책을 읽은 이들 가운데 대부분이 이와는 전혀 다른 사람들이었음을 금방 깨닫게 되었습니다! 이 책이 출판되었을 때, 그리고 그 이후 얼마간, 이 책은 영성지도 사역에 대해서는 영미 서점에서 유일하게 손에 넣을 수 있는 현대적인 책이었습니다. 이 책은 지금도 꾸준히, 내가 예상했던 것과는 전혀 다른 독자층에게 팔리고 있습니다.

1977년에 내가 특히 반대한 것은 이 책이 안내서나 지침서로 비춰져야 한다는 생각이었습니다. 그리고 나는 그러한 책이 가능한지 아니면 바람직한지에 대해서도 몹시 의심스러웠습니다.⁷⁾ 내가 또 특히 강조한 것이 있었는데, 그것은 영성지도가 교회의 일반적인 사역 가운데 일부이지, 소수 전문가들만이 다룰 수 있는 특수 분야는 아니라는 것이었습니다. 이제, 몇십 년이 지난 지금, 우리는 어디에 와 있습니까? 영성지도는 확실히 다시 모호함 '속에' 빠져 있습니다. 워크숍, 연구원, 카세트, 학과목, 책들이 많이 있습니다. 어디서나, 전통을 초월하여, '내면생활'이나 개인적인 안내에 대하여 관심이 많습니다. 적극적이고 창조적인 발전들이 많이 생겨났습니다. 영국의 고든 제프나 미국의 윌리엄 베리와 앨런 조운즈 같은 저자들은 나보다는 훨씬 더 큰 시장을 목표로 대중적인 책들을 펴냈습니다. 워싱턴 D.C.에 있는 샬렘(Shalem)이나 내쉬빌에 있는 스틸포인트(Stillpoint) 같은 연구원, 그리고 런던 남부에 있는 스파이더(SPIDIR) 같은 네트워크들은 사람들, 주로 남녀 평신도들을 영성지도자로 훈련시키고자 꾸준히 성장해 왔습니다. 여성들의 역할이 많은 관심을 끌게 되었습니다. 그런 이야기는 다른 사람들보다는 캐스린 피셔와 마가렛 귄터의 책에서 잘 표현되었습니다. 물론, 이냐시오학파의 영성수련에 대하여 현저한 관심을 갖게 되었고, 그 실제에 대해서도 괄목한 만한 부흥이 있었습니다. 이 모든 것이 흥미진진했고, 건전했으며, 적극적이었고, 희망적이었습니다.

하지만 이런 성장의 이면에는 나를 염려하게 하는 면들도 있습니다. 내가 염려하는 것은, 첫째로, 영성지도가 실제보다 더 중요한 것으로 비쳐지고 있다는 점입니다. 그것은, 무엇보다도 먼저, 다른 많은 교회의 사역들 가운데 하나일 뿐입니다. 영성지도자들은 목양적 돌봄과 신학적 형성이라는 좀더 광범위한 맥락 안에서 중요하지만 아주 낮고 제한된 기능을 발휘합니다. 나는 지금 몇몇 방면에서 영성지도자를 실제보다 더 중요하게 만들려고 하다보니, 그리스도교 전통의 주류와 충돌을 빚는 경향이 있다는 것을 간파하고 있습니다. 돔 진 레클러크는 언젠가 영성지도자를 갖는 것은 꼭 필요하지만 그 사람을 꼭 이용할 필요는 없다고 말한 바 있습니다.[8] 나는 영성지도가 모든 사람들에게 언제나 꼭 필요하다고 믿지는 않습니다. 그래서 나는 영성지도에 지나치게 의존하는 것같은 모습을 좀 걱정스런 눈길로 바라봅니다. 어떤 경우를 보면, 달마다 아니 심지어는 주마다 모여서 영성지도를 받기도 합니다. 특히, 자유주의적 개혁교회 전통 안에 살고 있는 어떤 사람들은, 과거 '성직' 이나 '영혼과 하나님 사이에 서 있는' 개인들에 대하여 지나치게 소심한 나머지, 이렇듯 극도의 위치까지 무비판적으로 활보하고 있는 것처럼 보입니다.

이처럼 지나치게 의존한 결과 때문에 생기는 한 가지 문제는 몇몇 영성지도자들에게는 그 밖의 다른 일을 할 시간이 거의 없다는 점입니다. 마가렛 귄터는, 자신의 최근 수작 〈거룩한 경청〉에서, 시간이 있는 영성지도자를 '스케줄이 빡빡한 지교회 목사'와 대조합니다.[9] 그러나 이 빡빡한 스케줄이 문제의 일부는 아니지 않습니까? 지교회 목사만이 영성지도를 해야 할 유일한 사람들이라고 주장할 사람은 아무도 없을 것입니다. 그러나 분명히 그들은 그것을 자신의 사역의 일부로 보아야 합니다. 그런 일을 불가능하게 하는 빡빡한 스케줄도, 과중한 부담을 안고 있는 소수 '전문가들'의 손에 그러한 사역을 무겁게 집중시키는 것도, 건강해 보이지 않습니다.

　내가 또 염려하는 것은 이 영성지도 사역이 전문화되고 있어서 자칫 극도로 위험해질 수도 있는 전문가들만의 사역으로 비춰질 수도 있다는 점입니다. 나는 지금 영성지도자들 사이에 미국에 본부를 둔 국제적인 조직이 있다는 것을 이해합니다. 거기서는—아마 여기서도—어떤 영성지도자들이 자신들의 사역에 대하여 사례비를 청구합니다. 아마 우리의 신앙 선조들이 알면 기겁을 할 일이지요. 사람들은 우후죽순처럼 늘어나는 많은 연구원이나 신학대학원에서 영성지도에 관한 자격증이나 수료증이나 박사학위를 따내며 '인정'을 받고 있습니다. 물론, 지금은, 아빌라의 성 테레사처럼, 나도 무자격자보다는 많이 배운 안내자들을 더 선호합니다. 그러나 나는 몇 가지 접근들에 사로잡혀 있다는 게 전혀 기쁘지 않습니다. 그 접근들이 결국 지향하는 바는 다른 분야에서 그토록 많은 손해를 끼쳤던 전문적인 모델입니다. 또 그 모든 이데올로기적 가정 속에서 '수련'한다는 검증되지도 않은 개념들입니다. 나는 1977년에 영성지도는 반드시 전문가나 특수한 사람만들을 위한 사역이 아니고,

모든 지교회와 모든 그리스도교 공동체의 일반적인 목양 사역 가운데 일부라는 사실을 강조한 바가 있는데, 지금도 그 생각에는 변함이 없습니다. 내 생각을 한층 더 구체화시킨다면, '수련'의 역할은 극히 제한되어야 하고, 이러한 영성지도 사역은 반드시 기도생활의 산물이요 거룩 속에서 성장한 결과여야 한다는 것입니다. 우리가 해야 할 과제 가운데 일부는 책을 쓰거나 과목을 개설한 적은 없지만 이미 영성지도 사역을 하고 있는 저 알려지지 않은 사람들의 일을 발견하고 돕고 확인해 주는 것입니다.

〈영혼의 친구〉를 쓰면서 한 장은 전부 다 영성지도와 목회상담과 심리치료 사이의 차이를 분명하게 하는 데 바쳐졌습니다. 물론 중요한 부분들은 겹치고 있다는 것도 알고 있습니다. 내가 개정판에 대하여 조언을 구했던 한 정신의학자는 이렇게 말하였습니다: "거기에 있는 것을 하나라도 바꾸거나, 그 특징들을 흐리게 하지 마십시오." 하지만 나는 점점 더 걱정하지 않을 수 없습니다. 몇몇 방면에서 그 특징을 흐리게 하고 치료적 모델(새로운 영성적 형식에서 리프의 '치료의 승리'[10]) 쪽으로 비슷하게 끌고 갈 경향이 있기 때문입니다. 뿐만 아니라, 어떤 준치료적 도구들을 무비판적이고 너무 단순하게 적응시키는 것도 염려스러운 부분입니다. 이러한 예로 가장 두드러진 것이 MBTI 성격유형검사의 사용입니다. 16가지 성격 유형으로 된 이 바둑판 눈금은 다소 의심스러운 기질 이론에 기초하고 있는데, 영성 분야 일각에서는 급속도로 신앙의 대상(de fide)이 되고 있습니다. 나는 융의 탁월한 컴플렉스 연구를 마이어스-브릭스가 단순화시켜 놓았다고 해서 그것을 통째로 내버리지는 않습니다. 그러나 어떤 방면에서는 그 정도가 훨씬 심해서 지나치게 단순화시키거나 아예 하찮게 만들어 버린 과정도 있었음을 의심할

여지가 없습니다.[11] 또다른 예로서, 방법이나 기술 그 자체로 보아서는 유용하지만, 숭배의 일부가 되어버린 경우도 있습니다. 예컨대, 나는 일기를 쓰는 사람들을 전적으로 찬성합니다. 스스로도 수년 동안 그렇게 해왔습니다. 그러나 몇몇 사람들이 영성 형성을 전부 다 그런 수준으로 축소시키기 위하여 시작한 프로고프의 '집중적으로 일기쓰는' 방법—언제 '일기'가 동사가 되었습니까?—은 심상치 않습니다.[12] '기술에 따른 구원'은 우리가 살고 있는 전문 기술자 신봉 시대에 점점 더 문제가 될 것입니다.

마지막으로, 내가 염려하는 것은 많은 영성지도에서 취하고 있는 영성의 관점이 건전하지 못하고 거의 그리스도교적인 냄새가 안 나기 때문입니다. 그런 영성은 공동체 전통을 구체화했다기보다는 서양에 편만해 있는 개인주의적이고 사유화된 종교를 반영하고 있습니다. 나는 여러 해 동안 새로운 영지주의의 위험에 대하여 경고해 왔습니다. 지금 크리스토퍼 래쉬의 주장에 따르면, 영지주의는 '현대 영성의 은사주의적 형태'입니다.[13] 그리고 나 자신도 그의 의견에 동의하고 있음을 발견합니다. 이러한 영지주의적 계몽주의는 교회 밖의 문제만이 아닙니다. 요즘 영성지도에 관한 그리스도교 작품들 가운데 상당수는 전반적으로 영성에 관한 것인데, 성경과 전통 안에서 그 뿌리를 상실하고 만족과 자기애라는 요즘 문화와 함께 붕괴되어 버렸습니다. 유감스럽게도 소비자 중심의 자본주의는 영성에 대하여 그런 식으로 새롭게 접근해 가는 데 더할 나위 없이 좋습니다.

그래서 요즘 '영성'이라고 간주되는 것 가운데 대부분에 대한 나의 관심은 여전히 남아 있으며, 시간이 지날수록 점점 더 강렬해집니다. 내가 충격을 받은 것은 낮고 겸손한 사역이 제도화되고 사유화되어 버렸으며, 그 '사회적 함축'에 대한 이야기들에서는 하나같이 비정치화되어 버렸다는 사실입니다. 내가 이 거짓된 내향성과 일부나마 의식의 구획화에 나도 모르게 기여해 왔다면 유감입니다. 내가 인종 차별과 파시즘의 부활에 관한 한 대회에서 연설을 한 적이 있는데, 그 연설을 듣고 미국에 있는 한 목사가 나에게 이런 말을 했습니다: "당신은 영성에 관하여 책을 쓰고 있는 또다른 케네스 리치와 종종 혼동을 하는 게 틀림없군요."

고전적인 그리스도교 이해 안에서는, 영성지도란 공동체적인 구성틀, 곧 성례전과 제자직과 사회적 행동이라는 구성틀 안에서 일어나는 개인적인 사역입니다. 그것은 신학적 성찰과 사회적 투쟁이라는 맥락 안에서 일어납니다. 그러한 맥락 안에서만 영성지도는 의미가 있고 진전이 있을 수 있습니다. 바로 그런 맥락의 상실을 목도하기 때문에 나는 여전히, 아니 점점 더 염려를 하고 있는 것입니다. 물론 이것이 내가 비그리스도인을 돕는 데 관심이 없다는 뜻은 아닙니다. 나는 언제나 비그리스도인이나 교회 밖의 사람들과 함께 대부분 일을 해왔고, 지금도 그러합니다. 그리고 나의 영성지도 사역도 여기서 시작되었습니다. 내가 영성지도 사역의 중심무대로서 그리스도교 공동체를 강조하는 것은 그것을 교회에, 더욱이 목사들에게 한정시키려는 의도가 아닙니다. 그것은 사유화와 영지주의를 공격하려는 의도에서 비롯된 것입니다. 요즘에 목말라 하는 영성적 필요는 강하고 깊게 뿌리박은 그리스도교 공동체를 위한 것입니다. 영성지도 사역은 기도생활, 제자직, 거룩을 위한 몸부림으로부터 자라납니다. 그것은 그런 생활의 산물이며, 그렇게 해야만 의미가 있습니다. 나는 이 책을 개정하였습니다.

내가 25년 전에 쓰기 시작했던 책입니다. 둘 다 영성생활을 심화시키고 싶은 헌신으로부터 나왔습니다. 또 이 영성지도 사역이 진부해지고 전문화되고 엘리트중심주의와 내적 성찰을 중시하는 고립된 영역 안에 둘러싸일 위험에 처해 있다는 관심으로부터 나왔습니다. 우리가 하나님 나라를 섬기는 과정에서 반드시 다시 한번 생각해 보아야 할 것, 그것이 바로 영성지도입니다.

차 례

헨리 나우웬의 추천사 · 5

켄터베리 대주교의 머리말 · 11

들어가는 말 · 13

❶ 영성과 요즘 분위기 · 26

❷ 그리스도교 전통의 영성지도 · 67

❸ 영성지도, 목회상담, 그리고 심리치료 · 152

❹ 기도와 그리스도교 영성 전통 · 219

❺ 기도생활의 실제 · 263

❻ 영성지도의 예언자적 전통을 향하여 · 293

부록: 영성지도와 화해의 성례전 · 303

주 · 349

참고문헌 · 380

나가는 말 · 390

1
영성과 요즘 분위기

이 살인적이고도 신경적 손상이 큰 종족에게서 대중 종교의 황홀경 발작 말고 다른 어떤 희망을 찾아볼 수 있단 말인가?

티모시 리어리[1]

1963년에는 하나님 개념에 대하여 한 마디만 언급해도 비웃음거리가 되기에 딱 좋았다. 하지만 1965년에 이르자, 그것은 대다수 사람들의 가장 심각한 관심사가 되었다.

제프 너탈[2]

청년들의 '영성 추구'

요즘에는 청년과 영성이라는 분야에 관하여 글을 쓰거나 생각할 때, '청년들의 영성 추구'를 자칫 과장하거나 왜곡할 위험성이 매우 짙다. 심한 경우에는 사회적 태도에 좀 더 만연해 있는 극단적 보수주의의 현상들을 아무런 점검도 없이 지속적으로 확산시킬 수도 있다. 사실 후자는 전자에 대한 반동이라고 볼 수도 있다: 서구 물질주의와 널리 퍼져 있는 정치적 무력감에 반대하는 수많은 청년들의 폭동이 여러 어른들로 하여금 방어적이고 보수적인 자세를 취하게 만들었다. 그러나 훨씬 더 폭넓게 보면, 현재의 위기는 청년들 사이에서 단 한 번도 사라진 적이 없었던 하나의 전통을 유지하는 것이다. 대부분의 청년들은 단 한 번도 영성적인 순례에 반항한 적이 없으며, 결코 그것에 항의한 적도 없고, 그것을 떠맡은 적도 없다. 그들은 단지 자신들의 부모처럼, 인습적이고 보수적인 자세에 머물러 있을 뿐이다.

초기 연구에서[3] 나는 1960년대의 '청년 문화'가 지니고 있던 몇 가지 특징들을, 청년들의 영성 추구에 관한 특별한 언급과 더불어 설명하고자 노력했었다. 그 후로 나는 수많은 비평가들로부터 비난을 받았다. 그들은 내가 그 시기의 청년 운동을 배타적인 "종교적" 범주에서 설명한다고 비난했으며, 또한 런던 중심부의 극소수 청년들 경우를 일반화한다고 비난하였다. 그러므로 여기에서 우리가 본질적으로 해야 할 일은 좀 더 폭넓은 범위를 인정하는 동시에 명확한 한계를 설정하는 것이다. 나는 그 동안 수많은 연구들에서 묘사되어 왔던 '반-문화'나 '청년 과격화'와 관련된 운동들이 지금까지 어느 정도 이상으로 현대 문화에 영향을 미쳐왔다고는 믿지 않는다. 물론 신문에 대한 그들의 집중과 집회, 미디어로의 접근 등 그들이 대도시에 미친 영향력을 가지고 필요 이상의 과장을 할 수도 있다. 하지만 사실 나와 다른 사람들이 설명했던 문화적 흐름은 의미심장한 소수 운동을 상징한다. 한 사회학자가 지적한 것처럼, '부르슬렘, 타드캐스터, 크류에서의 삶은 그리 대단한 영향을 입은 게 아니었다.'[4]

동시에 그 운동들은 좀 더 중요한 의미를 지니고 있으며, 그것들이 미치는 영향은 흔히들 말하는 것보다 좀 더 희미하다. 더욱이 영성에 관한 청년들의 관심과 기성 세대들의 관심은 단 한 번도 '반-문화'에(아무리 넓은 의미의 '반-문화'라 할지라도) 한정된 적이 없으며, 지금도 역시 그런 것에 결코 한정되지 않는다. 그것은 여전히 적절한 연구와 증거수집이 필요한 하나의 현상이다. 나에게 그것은 개별적인 영성지도를 진지하게 받아들이게 된 내 사역의 출발점이 되어 주었다. 또한 그것은 나로 하여금 내 자신의 내면적 삶과 내면적 원천을 재검토하게 만들어 주었다. 나는 그러한 나의 욕구가 개별적인 계획이나 사회학적인 기술보다 좀 더 많은 것들을 요구한다는 사실, 그리고 목사의 훈련과 금욕적·영성적 신학에서 가장 무시해 왔던 분야에 대하여 좀 더 깊이 있는 탐구를 하게 만들어 주었다는 사실을 깨닫게 되었다.

1960년대에는 인간의 미래가 '비-종교적'일 것이며, 사회는 세속화될 것이고, 교회의 사명도 그런 가정에 의존하게 될 것이라는 논의가 활발하게 일었다.

> 우리는 점점 더 이 모든 게 사실이라고 믿게 되었다. 심지어는 우리의 종교적 제도와 다양한 가톨릭교회들조차도 그것이 사실이라고 믿게 되었다. 그들은 그 후 줄곧 이러한 가정에 입각하여 움직여 왔다. 그러나 이 가정은 결코 사실이 아니다: 신학자들도, 사건들도, 결코 그것의 신빙성을 뒷받침해 주지 않았다. 사실 우리가 들어간 것은—우리가 생각했던 세속화의 시대가 아니라—신뢰할 수 없는 종교성의 시대였다.[5]

사회가 점점 더 불가피하게 '비종교적인' 상태로 나아간다는 견해는 미국의 사회학자 앤드류 그릴리에 따라 철저히 비판을 받았다. 그릴리는 '후기 빙하시대 이후로 기본적인 인간의 종교적 욕구와 기본적인 종교적 기능이 눈에 띌 만큼 변화한 적은 단 한 번도 없다'고 주장하고 나서, 다음과 같은 결론을 내렸다:

> 나는 종교가 현재 붕괴 상태에 있다고 믿지 않는다. 그 동안 내가 이용해 온 경험적 자료들 가운데 그 어느 것도 나에게 그러한 믿음을 심어 준 것은 없다……지식 공동체의 종교적 위기는 결코 대중의 종교적 상황을 반영하지 않는다. '서구인', '현대인', '기술인' '세속

인'은 대부분 대학 캠퍼스에서만 찾아볼 수 있으며, 날이 갈수록 마술이나 점성술이나 그 밖의 괴상한 종파 같은 데 빠진 학생들처럼, 고참의 뛰어난 능력자들에게서만 찾아볼 수가 있게 된다.[6]

어쨌든 1968년에 이르러 현대 생활의 많은 영역에서 '영성적인' 쟁점에 새로운 관심이 쏠리게 된 것은 확실하다.

그것은 청년들과 함께 일하는 많은 사람들이 접하게 된 혼란스럽고도 기묘한 관심이었다. 엘에스디(강력한 환각제)나 그 밖의 다른 환각제들을 복용하는 청년들도 있었고, 그런 환각제를 복용하는 이들이나 외부의 마약 문화로부터 벗어나 좀 더 의식을 탐구할 수 있도록 즉각적인 지도를 요구하는 청년들도 있었다. 앨런 왓츠와 로날드 랭의 저서들은 매우 유명해졌다. 그들은 둘 다 자아, 곧 일시적으로 깨어 있는 자기가 초월의 경험을 가로막고 있는 장벽을 허무는 데 관심이 있었다. 대부분의 청년들 경우에, 엘에스디가 처음에는 이와 같은 과정을 도와주는 것처럼 보였으나, 그들은 이 경험에 머무르지 않고 좀 더 앞으로 나아가고자 하였다. 그들은 자신의 요구를 전적으로 영성적인 용어를 사용하여 설명했으며, 나아가 캐나다정부위원회의 중간보고에서도 마약을 복용하는 사람들이 지니고 있는 종교적 관심의 정도에 대한 비평을 싣게 되었다.[7] 이 청년 추구자들은 자신의 욕구를 채워 줄 수 있다고 여겨지는 것들을 찾아 사방을 헤매었다―명상 학파, 페이퍼백 신비주의, 요가, 심지어는 교회까지. 하지만 교회는 그들의 욕구를 채워 줄 준비가 전혀 안 되어 있는 것처럼 보였다.

이 청년들은 한 가지 사회 계급이나 문화 집단에 제한되어 있지 않았다. 그들 모두가 마약을 복용하지는 않았으며, 그들의 대부분이 '히피'도 아니었다. 그들은 매우 복잡한 집단이었다. 그나마 그들이 공통적으로 지니고 있는 것처럼 보이는 것은 바로 삶의 의미를 추구하는 것이었는데, 여기에서 그들이 의미하는 것은 곧 내적인 의미, 영성적인 의미였다. 로날드 랭은 그들이 추구하는 것을 가리켜 자아의 초월성 추구, '메타—에고의' 경험 추구라고 일컬었다.

> 자아 상실의 상태를 탐구하는 사람들은 좋든 싫든 어쩔 수 없이 준거들—세계 속의 세계 지도, 메타—에고의 시간과 공간 지도—을 추구하게 된다. 여기에 연루된 사람들은 대개 자신의 준거 조건들을 위하여 그리스도교적인 전통을 언급하지 않는다. 그들의 관심은 성서가 아니라 티베트의 사자의 서(고대 이집트인이 묘지에 넣어둔 기도문, 주문서 따위)나 밀라레파의 일대기, 타오 테 칭, 황금 꽃의 비밀 등으로 향하며, 불교 신자들이나 선, 티베트나 그 밖의 학파들, 도교 신자, 수피파(이슬람교의 범신론적 신비주의자), 힌두교 신자들에게로 향한다. 그런 본문들은 에고의—시간적·공간적·문화적 조건의 장벽을 뛰어넘어 이 메타—에고의 자아 상실 경험의 조건들에 대해서 이야기해 줄 수 있는 것처럼 보인다.[8]

환각제 사용자와 가장 빈번하게 연결되어 나타난 것은 이와 같은 초월성과 자아 상실의 추구였으며, 1967년에 이르러 환각제 운동은 하나의 대중문화로 성장하였고, 특히 샌프란시스코의 하이트—애쉬베리 지역에서 집중적으로 성장하였다. 영국의 경우는 런던 거리가 환각제 사용자들의 표면적인 특징에 익숙해졌다. 그리고 그 표면 아래에는 새로운 영성이 서서히 모습을 드러내기 시작하는 것처럼 보였다.

물론 이러한 출현에서 엘에스디와 그 밖의 환각제들이 차지한 자리를 과장해서는 안 된다. 그러나 그것이 무척 중요했고 또 지금도 중요하다는 것만은 확실한 사실이다. 그것은 단순히 우발적인 연결의 문제가 아니었다: 환각제는 단지 의식을 깨워서 직접 영성으로 인도해 줄 뿐이었다. 그것은 차라리 기술적·물질주의적 문화에서 이용할 수 있는 유일한 방책—곧 환각제들—을 한동안 사용해 왔던 영성의 소생이었다.

어떤 의미에서 볼 때, 싸이키델릭(환각제) 운동은 단지 '환각제 복용을 통하여 더 나은 삶을 살아보자'는 매우 훌륭한 주제를 영의 영역에 적용시키는 것에 불과했다. 아니면, 1968년에 메어 바바가 주장한 것처럼, '알약 속에 계신 하나님'[9]의 영역에 적용시키는 것이었다. 리어리가 환각제에 대한 초기 저서를 발표하고 얼마 안 되어 그의 동료 리차드 앨퍼트는 인도의 정신적 지도자(guru) 한 사람을 찾아냈다. 그 지도자는 다음과 같은 말을 해주었다:

> 엘에스디는 마치 칼리 유가에서 미국을 향해 다가오시는 그리스도와 같다. 미국은 온 세계에서 가장 물질주의적인 나라이며, 그들은 물질의 형태를 띤 자기 아바타를 원했다. 청년들 역시 자신의 아바타가 물질의 형태를 취하기를 원했다. 그리하여 그들은 엘에스디를 복용하였다. 만일 그들이 그런 약품들을 맛보지 않았다면 어떻게 알 것인가?—그들이 어떻게 알 수 있겠는가?[10]

앨퍼트 본인은 마약 복용을 중지하였음에도 불구하고, 그는 이 약품을 이성적인 의식 상태에서 사용했을 경우 이것이 어떤 사람들로 하여금 자신의 제한된 개념적 이점을 포기하고 대안적인 현실의 가능성을 이해할 수 있도록 만들어 왔다고 계속해서 주장한다.[11] 이에 비하여 데오도르 로작은 1968년에 좀 더 소극적으로, 어쩌면 좀 더 냉소적으로, 다음과 같이 주장하였다:

> 정교하고 행복한 미국인들은 늘 즐거운 모습을 하고 있었다. 인간의 모든 문제에는 기술적인 해결책이 존재한다는 편안한 가정 때문이었다. 개별적인 구원과 사회적인 해방을 캡슐 안에 포장해 넣을 수 있다고 선포함으로써 그들은 부조리를 개선하기 위하여 위대한 환각제 운동을 실시하였다.[12]

환각제 운동의 기본적인 주제는 티모시 리어리의 초기 마약 실험에서 잘 표명되었다. 그의 주장에 따르면, 인간의 뇌는 '한없이 새로운 차원의 인식과 지식들을 포용할 수 있다'고 한다. 그러나 '머리를 사용하기 위해서는 마음으로부터 벗어나야만 하며; 의식의 새로운 영역에 익숙해지기 위해서는 모든 것을 초월할 필요가 있다'고 한다. 〈감사한 죽음〉의 제리 가르시아는 "엘에스디가 의식을 전적으로 변화시켰다. 미국은 지난 몇 년 동안 변화를 겪어왔는데, 그것은 최초의 환각 물질이 의미하는 것은 다름 아니라 '여기에 새로운 의식, 새로운 자유가 있다. 여기가 바로 당신 안'이기 때문이다."라고 언급하였다. 리어리에게 처음으로 엘에스디를 소개해 주었던 영국인 마이클 홀링쉬드는 마약 추구가 영성적인 차원들과 신학적인 언어를 취하는 방법에 대하여 아주 자세히 기록하였다. 그는 자신의 저서 〈세상을 알게 된 남자〉에서 다음과 같은 주장을 피력하였다:

> 우리는 신학적 계시로부터 존재론적인 신비주의로의 강조점 변경, 곧 신적인 인간의 권위로부터 좀 더 개인적으로 '자유로운' 절대적 본질에 대한 신앙으로의 강조점 변경에 따른 서구인의 본성 변화를 주시하고 있다. 하나님에 대한 이 두 가지 접근을 통하여 우리는 자신이 주객의 단계를 초월하여 좀 더 심오한 영성적 의식을 지니도록 부름 받고 있다는 사실을 상기하게 된다.[13]

여러 해 전에 앨두스 헉슬리는 '초월적 경험의 화학적 조건'[14]에 관하여 기록했었다. 참고로 19세기에는 벤자민 블루드와 윌리엄 제임스가 마약과 신비주의의 문제에 관심을 가졌었다.[15] 사실, 마약 복용과 영성적 상태의 획득을 연결시키는 것은 지극히 고대로 거슬러 올라간다.[16]

엘에스디의 약물학과 환각제 운동의 역사적 과정은 다른 곳에서도 많이들 논의했기 때문에, 여기에서 그 문제로 지체해서는 안 될 것이다.

중요한 사실은 바로 마약에 관심의 초점을 두는 것은 잘못이라는 점이다. 마약이 할 수 있는 일은 기껏해야 이미 존재하는 행동에 기능을 집중하거나 억제하는 것이다. 원칙적으로 마약은 결코 우리 마음이나 행동에 어떤 새로운 것을 소개해 주지 못한다. 마약을 복용하지 않고 그저 전통적인 의식 변화의 방법―명상, 감각적 결핍, 단식, 노래, 요가, 댄스 등―을 통해서도 얼마든지 '마약 효과'의 전체적인 범위가 생산될 수 있다는 사실이 곧 재발견되었다. 더욱이 이 '자연적이고도' 비―화학적인 방법들은 풍요로운 의식 상태가 지속적으로 이어지도록 만들어 줄 수 있었다. 이렇게 해서 환각제 운동으로부터 비―화학적 접근법에 관한 관심이 자라났으며, 자연적인 수단에 따라 자기를 탐구하고 의식을 풍요롭게 만드는 방법론에 대한 관심도 지대해졌다. 그러므로 우리는 1960년대와 1970년대에 걸쳐 의식의 수준을 향상시키는 데 목적이 있는 광범위한 영성 운동과 집단들이 마침내 꽃피우는 광경을 목격하였다.

이러한 새로운 영성적 요구의 중심적인 가정은, 로작이 '의식의 축소 양식'[17]이라고 부른 극심한 영성적 박탈감으로 말미암아 서구 세계가 고통을 받고 있다는 것이었다. 랭이 1967년에 처음으로 출판된 자신의 베스트셀러, 〈경험의 정치학과 낙원의 새〉에서 그토록 강력하게 주장했던 점도 바로 이것이었다.

> 우리는 세속적인 세계에서 산다. 이 세계에 적응하기 위하여 어린이는 엑스터시를 포기해야 한다……우리는 영에 관한 경험을 상실한 채, 그저 신앙을 갖게 되기만을 기대하고 있다. 그러나 이 신앙은 명백하지 않은 현실에 대한 믿음에서 비롯되는 것이다. 아모스서를 들여다보면, 땅에 기근이 드는 시기가 닥칠 것이라는 예언이 들어 있다. 이 기근은 빵이 없어 굶주리는 것도 아니고, 물이 없어 목마른 것도 아니다. 이 기근은 주님의 말씀을 듣지 못하는 것이다. 그 시기가 이제 우리 앞에 도래하였다. 현대가 바로 그런 시기인 것이다.[18]

역설적이게도 랭은 수많은 신학자들이 마치 정신과 의사라도 되는 것처럼 저술하였던 바로 그 시기에 신학자의 책임을 떠맡고 있었다! 다른 사람들 역시 같은 주장을 펼칠 수 있었다. 1968년에 맥루한은 '우리는 지금 완전히 종교적인 시대로 접어들고 있다'고 기록하였으며,[19] 경제학자인 E. F. 쉬마허는 경제학의 자율성을 강력하게 공격하고 나서 다음과 같이 영성의 회복을 촉구하였다: '이 일에서 우리가 필요로 하는 지도는 과학이나 기술, 또는 그것들의 목적에 전적으로 의존하는 가치관에서 발견되지 않는다; 우리에게 필요한 지도는 인류의 전통적인 지혜 속에서만 발견할 수 있다.'[20]

1960년대에 재발견되고 재경험되었던 특정 형태의 '인류의 전통적인 지혜'는 서구적이라기보다는 동양적이었고, 그리스도교적이라기보다는 힌두교적이었으며, 이성적이라기보다는 비이성적이었다. 그리고 예언자적이라기보다는 마술적이었으며, 지성적이라기보다는 감정적이었다. 찰스 라이히는 그것을 '새로운 의식'이라고 일컬었다. 그리고 '이 새로운 의식의 경우 특별한 것은, 그것이 마치 콘크리트로 포장된 도로를 뚫고 올라온 꽃처럼, 비인간적인 법인형(法人型) 국가라는 황무지로부터 출현하였다는 점이다.'[21] 모니카 펄롱은 그것이 영성적인 탐구라는 고전적인 주제의 부활이라고 보았다.

> 마술이나 점성술 같이 원시적인 형태의 탐구로 복귀; 명상과 관상적인 형태의 경험에 대한 새로운 관심; 동양적인 종교 형태, 특히 불교와 선 불교, 베단티즘의 채택; 집단 원동력과 새로운 형태의 공동체 생활에 따라, 집단의 의미에 관하여 뭔가 새로운 것을 이해하려는 노력; 자기와 자기의 의미에 관하여 뭔가 새로운 것을 배우기 위해서 마약, 특히 엘에스디와 대마초로 전환; 헤어 같은 대중음악과 음악가들에게서 일어난 이 같은 사상의 대소동을 일부 공유하고 표현; 내가 보기에 이 모든 것은 내면적인 탐구를 시작하기 위한, 그것에

관하여 이야기하기 위한 노력의 일환인 것 같다.[22]

헤르만 헤세의 소설이 이 시기에 유명해진 것은 너무나도 의미심장한 일이다. 싯달타에서 헤세는 부처 탐구들 가운데 하나에 관한 설명을 영성지도에 대한 자기 자신의 추구를 이야기하기 위한 수단으로 이용하고 있기 때문이다.

이러한 추구, 탐구 또는 조사에서 우리는 그것들이 취하는 대부분의 형태들 속에 공통적으로 존재하는 것처럼 보이는 세 가지의 중심적인 주제를 확인할 수 있다. 비록 그 세 가지가 동시에 다 같이 존재하는 것은 아니더라도 말이다. 첫 번째 주제는 서구의 관습적이고도 확고한 종교들, 특히 제도적인 그리스도교에 대한 환멸, 또는 관심 부족이다. 두 번째 주제는 초월성에 대한 욕구, 좀 더 심오한 형태의 현실 경험 방식에 대한 욕구다. 세 번째 주제는 평화에 대한 관심, 정의에 대한 관심, 주류를 이루는 정치적 해결책들에 대한 환멸감과 더불어 생겨난 인간의 해방과 인간의 성취에 대한 관심이다. 현대의 영성에 비추어 볼 때 이 세 가지 주제들 가운데 일부는 좀 더 자세히 검토해 볼 필요가 있다.

내면세계의 탐구

헤세의 싯달타에서 브라만 승려의 어린 아들은, 비록 다른 사람들을 행복하게 만들어 줄 수는 있지만 정작 자기 자신은 진정한 평화를 누리지 못한다는 사실을 깨닫게 된다. 그는 관상도 하고, 명상도 하고, 위대한 옴 만트라도 사용하였다. 그러나 그 모든 노력에도 불구하고 그는 여전히 공허한 채로 남아 있다. '그의 지식은……만족스럽지가 못하고, 그의 영혼은……평화롭지가 못하며, 그의 마음은……고요하지가 못하다.' 그는 지적인 지식 대신 직접적인 경험을 해야 할 필요가 있으며, 자기 자신의 자기 속에서 현실을 발견해야만 한다. '사람들은 자기 자신의 자기 속에서 방책을 찾아내야만 한다.' 그러므로 싯달타 역시 진정한 영성을 탐구하기 위해, 자신의 친구이자 상담 상대인 고빈다와 함께 산으로 들어간다. 몇 년에 걸친 금욕수련이 끝난 다음에도 그는 여전히 자아가 존재한다는 사실을 깨닫는다. 그는 아직도 평화롭지가 못하다. 그래서 그는 부처를 탐구하기 시작하고, 고빈다는 부처의 제자가 된다. 그러나 싯달타는 '모든 교리와 모든 스승을 떠나 오직 하나의 목표에 도달하기—아니면 죽기'를 선택한다.[23] 그는 이 탐구 과정에서 '스승이 꼭 필요한 것은 아니라는, 위로가 되는 비밀 한 가지를 깨닫게 되었다.'[24] 그는 아름다운 고급 매춘부 카말라가 사랑의 기술을 전해 주었던 도시로 이동한다. 그러나 나중에는 그 도시를 떠나 숲으로 들어간다. 그는 자살을 생각하지만, 그의 과거로부터 들려오는 옴 만트라의 희미한 소리 때문에 잠시 주저하다가 잠이 들게 된다. 잠에서 깨어난 그는 이제 승려가 된 고빈다를 발견하게 된다. 그러나 싯달타는 자신이 온갖 투쟁을 통하여 드디어 자아—자기로부터 자유로워졌음을 깨닫고, 강가에 머물면서 그 목소리로부터 배움을 얻는다. 그는 마침내 깨달음의 경지에 도달한 것이다.

물론 그 책은 처음부터 끝까지 다 읽어 보아야 한다. 수많은 청년들이 이러한 탐구 과정—스승이 없는, 과거의 온갖 형식과 구조들로부터 자유로운 영성순례, 자기 배후에 있는 자기를 추구하는 과정—을 겪고 있는 자신의 모습을 발견하게 되었던 1960년대의 바로 그 시점에서 헤세가 숭배—대상의 신분을 떠맡기 시작했다는 것은 별로 놀랍지도 않은 일이다. 싯달타의 순례는 사실 헤세 자신의 순례이기도 하다. '이 모든 이야기는 사실 나 자신을 다룬 것이며, 나 자신의 길을 반영한 것이고, 나 자신의 비밀스런 꿈과 희망들, 나 자신의 괴로운 번뇌를 반영한 것이다.'[25] 그리고 이 이야기들은 수많은 사람들의 길과 꿈, 고뇌를 반영해 주었다.

마약을 멀리하게 된 수많은 청년들이 이제는 명상이야말로 자신의 탐구에 가장 좋은 방법이라고 여기게 되었다. 명상 학파, 집단과 예배, 주로 오리엔테이션 과정의 힌두교도들은 이제 신비로운 마술 운동뿐만 아니라 선과 수피 신비주의의 좀 더 전통적인 훈련에 이르기까지, 아주 여러 가지 측면에서 번성기에 접어들었다. 이렇게 동양 전통들에 대한 탐구를 재개하는 것은 단지 청년들이나 이전에 마약을 복용했던 사람들에게만 영향을 미친 것이 아니었다. 이 운동 중 일부는 지금 수많은 중년층과 노년층을 신도로 두고 있으며, 마약을 전혀 사용하지 않는 청년들도 이 운동에 연루되어 있다. 영국에 존재하는 동양 학파들은 세 가지의 주요 집단으로 구분할 수가 있다. 그 기원에 따라 힌두교와 불교, 그리고 이슬람 전통으로 나눌 수가 있는 것이다. 힌두교는 여러 가지 형태를 취한다. 힌두교의 경전은 베다고, 힌두교 신도들은 종종 은둔자의 암자나 공동체 주택에서 다같이 결합하는 경우가 많다. 좀 더 중요하고 좀 더 많이 알려진 힌두교의 성전은 바가바드—기타이며, 그 중에서도 끄리쉬나 의식 운동의 창시자인 A. C. 박티베단타 스와미크르가 번역한 책이 영국에서 가장 광범위하게 판매되고 있다. 파탄잘리의 요가 수트라스 역시 힌두교의 전통에서 비롯된 것으로서, 요가를 통한 명상을 실천할 경우 필수적으로 사용되는 경전들 가운데 하나다. 요가와 베단타는 사실 힌두교 문학으로부터 성장한 두 가지 주요 학파다. 현재 이 두 개의 학파로부터 파생된 운동들이 가장 대중적으로 알려져 있는 실정이다. 요가는 런던과 그 밖의 중심지들에서 매우 광범위한 사상과 실천이 이루어지고 있다. 비록 가장 대중적인 형태는 건강을 목적으로 널리 보급되었던 가장 서구화된 형태의 하타 요가이지만 말이다. 이 요가의 경우 대부분의 관상적 핵심이 제거되어 버렸다. 때때로 이 요가는 그저 단순한 형태의 명상처럼 여겨질 수도 있겠지만, 가장 기본적인 매력은 신체적 건강과 경쾌함을 유지하는 것이다. 그러나 좀 더 심오한 수준의 학파도 존재하는데, 대부분의 대형서점들은 방문하는 사람들에게 그런 학파들에 관하여 엄청나게 많은 저서들을 소개해 주려 들 것이다.

베단타 학파는 라마끄리쉬나 협회와 좀 더 최근에 만들어진 여러 집단들의 활약으로 대규모의 성장을 이룩하였다. 그들은 만트라와 신조, 음성기도, 그리고 침묵을 사용한다. 지난 몇 해 동안 영국에서는 몇 개의 불교 학파들이 확립되었다. 런던의 불자 협회는 60년도 더 걸려서 완성되었지만, 최근 들어서 다시 불교에 대한 관심이 부활하고 있다. 또한 중국의 티벳 침략 이후로 티벳 승려들은 서구에 그 중심지를 수립하였다. 여기에서 이슬람 기원을 지닌 두 가지 운동은 수피파와 수브드파다. 수피즘은 이슬람 안의 신비주의 운동으로서, 영국에서는 피르 빌라야트 인야트 칸을 중심으로 대규모의 성대한 수피파 운동이 일어났다. 이것들 외에도 동서양의 요소들뿐만 아니라 다양한 종교적 전통들까지 전부 혼합한 통합적인 운동들이 점점 더 빈번하게 발생하였다. 그리고 역사상 가장 많은 관심을 불러일으키고 청년들 가운데서 가장 많은 지지자를 이끌어냈던 것은 바로 이 '독립적인' 학파들이었다.

이 광범위한 운동들 가운데는 물론 상이한 매력을 풍기는 독특한 운동도 있었다. 예를 들면, 신의 빛 선교회는 몇몇 그리스도교 신앙부흥 운동 집단들과 마찬가지로, 마음이 순진한 청년들에게 좀 더 강한 매력을 풍기기도 하였다. 사실 신의 빛 선교회의 분위기와 스타일은 신앙부흥 운동의 전통과 딱 들어맞는 것이었다. 1973년 7월, 알렉산더 궁전에서는 블루 아쿠아리우스가 약 8천명의 사람들을 모아놓고 연주회를 열었다. 더 썬데이 타임즈의 음악 평론가는 이 이벤트를 가리켜 '구세군 이후로 지금까지 종교적인 이유에서 음악적인 표현 양식을 동원한 것들 가운데 가장 급속한 동력화'라고 일컬었다.[26] 그 노래의 가사들은 일종의 환각제 무디와 생키였다.

우주의 주께서 오늘 우리에게 오셨네.

그가 당신에게 향하실 것이라네.
누가 세계를 구원할 것인가?
살아계신 하나님이 세계를 구원하실 것이라오.
그가 무엇을 주실까?
사랑, 빛, 그리고 평화.
구루 마하라지 지가 누구신가?
인류의 구원자시라네.[27]

신의 빛 선교회는 '지식'을 제공하였다. 최초로 그 지식을 전수받은 영국 소녀는 1972년에 그것을 가리켜 '자기 자신의 진정한 자아, 자기 영혼의 진실한 본성에 관한 지식'이라고 묘사하였다.[28] 그러나 자기에 대한 지식은 하나님에 대한 지식이라고 볼 수도 있는 것이었다. '내가 바라는 단 한 가지는 당신의 사랑입니다. 내가 바라는 단 한 가지는 당신의 신뢰입니다. 그리고 내가 당신께 드릴 것은 절대로 사라지지 않을 순전한 평화입니다……나는 당신께 하나님이 존재하신다는 것을 보여 드릴 수 있습니다.' 1974년에 이르러 내부적인 갈등에 휩싸이기 전까지, 신의 빛 선교회는 미국 전역에서 무려 6만 명이 넘는 추종자들에게 이와 같은 주장을 펼쳤다. 그 운동은 내면세계에 관한 지식으로의 접근을 강조하고, 의심과 혼란 투성이인 이 세계에서 평화와 확실성의 획득을 강조했기에('당신의 마음속에 조금이라도 의심의 여지를 남겨 두지 마세요'), 또한 내면의 하나님에 대한 직접적인 경험을 강조하고, 안전하고 확실한 방법의 사용을 강조하였기에, 그토록 성공적인 결과를 가져올 수가 있었다. 신의 빛 선교회의 대변인은 1973년 다음과 같이 주장하였다:

구루 마하라지 지에 관한 '지식'은 평화롭게 넘겨받아 평화롭게 실천하는, 단순하고도 부드러운 내면의 명상이다……나이든 여자들,

아이들, 주부들, 사업가들—기이하거나 비밀스런 것들에 쏟을만한 시간이 전혀 없는 보통 사람들—이 날마다 그 지식을 받아들이고 날마다 그 지식을 실천하였다. 그들은 점점 더 평화로워졌으며, 좀 더 많은 인내심과 이해심을 갖게 되었다. 또한 그들은—아무런 대가도 없이—자기들에게 그런 방법을 가르쳐 준 구루를 사랑하게 되었다.[29]

이러한 패턴—내면의 평화, 확실성, 직접적인 경험, 그리고 확실한 방법—은 다른 많은 운동이나 유사 종교에서도 반복적으로 나타나는 패턴이다. 신의 빛 선교회는 이제 배후로 물러난 데 비해, 이와 유사한 여러 가지 운동들이 여전히 남아서 거의 이상적이라 할 수 있는 길을 제공해 주고 있으며, 시시때때로 새로운 운동들이 나타나곤 한다.

엄청난 규모의 제자들을 획득했던 운동 한 가지를 더 들면 바로 마하리쉬 마헤쉬 요기와 그의 정신개조 운동에 따라 생겨난 초월명상이 있다. 현재는 초월명상 실천가들의 주요 식이요법을 형성하는 20분씩 이틀 동안 실천하는 방법을 법에 실제적이고도 과학적인 저서들에서 많이들 다루고 있다. 마하리쉬의 운동은 너무나도 잘 짜여 있으며, 창조적인 지능의 과학 과정들은 수없이 많은 교육기관들에 판매되었다. 그 운동은 인간의 온갖 고민의 원인이 되는 스트레스와 불안감을 명상을 통하여 완전히 제거할 수 있다고 주장하였다. 새로 입문한 사람에게는 비밀스런 만트라가 주어진다. 곧 저마다의 입회자들에게 개별적으로 주어지는 무지하고도 성스러운 어구들을 받게 되는 것이다. 그들은 마음이 고요해지고 의식이 자각상태 너머로 솟아오를 때까지 혼자서 그 만트라를 어떻게 반복해야 하는지에 대해서 가르침을 받는다. 마하리쉬에 따르면, 초월적인 의식은 의식의 네 번째 주요 상태로서, 심리학적으로 정의되어 있는 나머지 세 가지, 곧 깨어 있음, 꿈꾸기, 깊은 잠 상태와 마찬가지로 본질적인 것이라고 한다. 어떤 특별한 믿음이 필요한 것도 아니고,

어떤 신앙고백이 필요한 것도 아니다. 어떤 것을 포기할 필요도 전혀 없으며, 어떤 것에 헌신할 필요도 전혀 없다. 초월명상은 학습이 가능한, 순전히 본질적인 기술이라고 여겨진다.

> 초월명상은 본질적인 기술이다. 이것은 의식이 있는 정신으로 하여금 좀 더 나은 상태의 사상들을 체계적으로 경험할 수 있게 만들어 준다. 그리하여 가장 적합한 상태의 사상에 도달하고, 그것을 초월하여, 그 사상의 원천인 순전한 지식의 상태에 이르게 하는 것이다.30)

이 운동은 초월명상의 기원이 고대의 베딕 전통까지 거슬러 올라간다고 주장한다. 그것이 '다수를 위한, 마약 남용에 대한 효과적이고도 비화학적인 대안'으로서의 잠재력을 지니고 있다는 데 상당한 강조점이 주어진다.31) 약물 남용에 대한 미시간 주립 사무소는 초월명상을 '마약 남용에 관한 온갖 교육적 시도들에 반드시 필요한 구성 요소'로 만들었다.32) 마하리쉬는 도시의 범죄율을 급속도로 감소시키겠노라고 제안하였다. 그리고 그는 시민의 1%가 초월명상을 실천하고 있는 미국의 12개 도시에서는 범죄율이 6%나 감소한 반면, 명상가가 거의 거주하지 않는 12개 도시에서는 범죄율이 9%나 증가하였음을 보여 주는 실험 결과가 있다고 주장한다.33) 하지만 그는 여기에서 만족하지 않았다. 그는 자신이 한 세대 안의 세계적인 문제들을 해결할 수 있다고 말했으며,34) 미국의 육군과 대기업들도 초월명상이 자기들의 문제를 해결하는 데 아주 유용하다는 사실을 발견하게 되었다. 그러므로 마하리쉬의 초기 제자들이 장발의 히피들이었던 반면에, 현 세대들은 좀 더 짧은 머리의 전문가들에 가깝다는 사실을 흥미롭게 주목할 필요가 있을 것이다. 1974년에 마하리쉬가 주장했듯이, 그것은 '지식의 영향'이다.35) 1972년에 착수한 마하리쉬의 세계 계획에는 개인의 전적인 잠재력 개발뿐만 아니라 환경의 지적인 이용, 정부 활동의 개선, 경제적 목표의 달성, 그리고 이 세대가 바라는 인류의 영성적인 목표달성까지도 모두 포함되어 있다.

신의 빛 선교회와 초월명상은 둘 다 인도에 뿌리를 둔 운동, 그러다가 고도로 '서구화' 되고 '세속화' 되었으며 서구사회의 기술적·문화적·재정적 접근들을 완전히 흡수하게 된 운동의 예에 속한다. 현대에는 서구화된 구루, 서구화된 광신자들과 집단들이 굉장히 많이 있다. 그리고 이들 가운데 대부분은 동양의 영성적인 전통과 서양의 미신적인 행위들을 기묘하게 혼합한 것이다. 예를 들어서, 신비로운 것들에 대한 관심은 여러 학파와 개인들에게 대단히 많은 영향을 미쳤다. 어떤 학파나 개인들은 종교적인 범주를 전혀 들여다보지 않고, '집단' 경험에서 현재 유행하고 있는 것처럼, 집단을 의식의 확장 수단으로 간주한다. 그러므로 우리는 '성장산업' 의 괄목할 만한 고조를 목격하였다: 성장집단의 세계, 만남, 감수성, 그리고 그 밖의 집단들, 유아기처럼 울부짖는 감정노출 치료, 형태치료 워크숍, 몸 자각 등. 자기의식과 자기탐구에 대한 관심이 반드시 어떤 종교적인 형태를 취할 필요는 없다. 마찬가지로 명상에 대한 관심도 언제나 어떤 종교적인 신앙 쪽으로 인도해 줄 필요가 없다.

그렇지만 너무나도 확실한 것은, 수많은 사람들이 그 동안 우리의 물질주의적인 문화 속에서 거부당해 왔던 폭로의 내적 경험을 추구하고 있다는 사실이다. 그것은 좀 더 깨어 있는—아니, 어떤 경우에는 좀 더 잠들어 있는!—존재의 경험이다. 물론 어떤 사람들의 경우에는 기분전환이나 긴장완화가 본래 목적일 수 있을 것이다. 하지만 여러 명상 교육자들에 따르면, 이것은 단지 온전히 깨어 있는 상태로 가기 위한 예비행위일 뿐이다. 명상의 목적에 관하여 아주 잘 설명해 놓은 책이 있는데, 바로 베트남의 불교 신자 낫 한이 저술한 〈깨어 있음의 기적— '젊은 수행자들을 위한 명상 설명서' 〉가 그것이다.

우리가 주의를 기울이고 있을 때, 우리의 몸과 마음은 둘 다 평화로워지고 완전한 휴식을 취하게 된다. 그러나 이러한 평화와 휴식의 상태는 쉬면서 꾸벅꾸벅 졸 때의 게으르고 준의식적인 마음 상태와 근본적으로 다르다. 주의를 기울이고 있는 상태와 전혀 달리, 그렇게 게으른 자기의식 상태는 마치 어두운 동굴 안에 앉아 있는 것과도 같다. 주의를 기울이고 있을 때 우리는 편안해지고 행복해질 뿐만 아니라 민감해지고 빈틈이 없어지기까지 한다. 명상은 결코 교묘한 도피가 아니다: 명상은 현실과의 차분한 만남이다.

명상은 매순간마다 현재에 집중하고, 자신의 존재와 현실을 의식하며, 주의를 기울이는 것이다―설거지를 하거나, 차를 준비하거나, 목욕을 하는 동안에도 말이다. 주의는 기계적인 사고의 반대말이다. 아무것도 기계적으로 이루어지지 않는다. 따라서 낫 한은 사고의 분산을 막고 주의를 유지해 주는 본질적이고도 효과적인 도구, 곧 '삶과 의식을 연결해 주고, 우리의 몸과 우리의 생각을 하나로 이어 주는 다리'[36]로서 올바른 호흡법을 강조한다. 그것의 목표는 합일, 곧 일상생활 한가운데서 내면의 깨어 있음과 자각을 획득하는 것이다. 이것이 바로 마하리쉬 마헤쉬 요기가 '초월적 의식'이라고 일컫는 것이다. 그는 실천을 통하여 그러한 초월적 의식과 일상생활의 활동이 서로 공존하게 만들 수 있다고 주장한다. 그는 이러한 자각의 상태를 가리켜 '우주적 의식'이라고 일컬으며, 그것이 지속적인 명상으로부터 통상적으로 획득하게 되는 결과라고 간주한다. 더 나아가 그는 다음과 같이 말한다:

> 우주적 의식은 가장 고도로 정제된 행동 양식, 곧 헌신을 통하여 하나님 의식으로까지 발전한다. 그리고 이것은 하나님의 빛 안에서 우주적 의식의 두 가지 분리된 측면들, 곧 자기와 활동을 합일시킨다.[37]

물론 비판적인 주제도 있다. 명상을 통하여 우리가 과연 깨어 있음을 증가시키는 것인지 아니면 그저 잠을 유도하는 것인지 하는 문제 말이다. 초월명상에 관한 저서를 집필하면서 한 영국인 의사는 유용한 연구들을 다음과 같이 요약한다: '명상을 하는 동안 사람들은 신경 생리학적인 상태에 빠지게 되는데, 이것은 곧 빈틈이 없는 휴식이다.'[38] 그러나 어떤 형태의 명상은 통찰력 있고 예리한 지각으로 안내하기보다는 우리의 의식을 무디게 하거나 흐리게 만들 수 있다는 것도 명백한 사실이다. 명상은 진정제가 될 수도 있고, 의식을 압박하는 도구, 현실의 영향을 회피하기 위한 수단이 될 수도 있다. 우리는 현대의 명상 부흥을 통하여 이 두 가지 동기가 한꺼번에 작용하는 것을 볼 수 있다. 여기에서 우리는 마하리쉬 마헤쉬 요기가 기만과 거짓된 길을 회피하기 위하여 반드시 개별적인 지도가 필요하다는 사실을 강조하고 있다는 점에 주목할 필요가 있다.

> 초월명상의 실천은 개별적인 교육에 따라 전해져야 한다. 그것은 결코 책을 통하여 전달받을 수 없다. 스승은 지원자들에게 미묘한 상태의 사고를 경험하는 방법에 관하여 가르쳐 줄 뿐만 아니라, 지원자들이 그 길을 걷는 동안 경험하는 것들도 점검해야 할 책임이 있기 때문이다……그러므로 초월명상의 실천은 언제나 그것을 정확하게 전달하고 나아가 경험들을 점검할 수 있도록 전문적인 훈련을 받은 명상 숙련자들에게 가르침을 받아야 한다.[39]

명상과 기도의 거짓된 길이 지니고 있는 위험성에 대해서는 앞으로 좀 더 자세히 언급해야 할 것이다. 하지만 일단 여기에서는 현 연구의 긍정적인 측면을 진지하게 받아들이는 것이 중요하다. 명상을 하는 개인들이 추구하는 것은 과연 무엇일까? 가장 빈번하게 들려오는 답들을 보면, '자신의 내면적 자기에 대한 좀 더 나은 자각'[40] 또는 '내면적 공간의 탐험, 곧 사랑과 온유와 친교와 합일과 인간의 총체적인 환경에 대한 탐험'[41]이다. F. C. 해폴드는 '우리 시대가 의식이 새로운 단계의 자각과 통찰로 넘어가는, 인류 역사상 도약의 시기에 속하며, 이런 시기에 획득할 수 있는 종교는 오로지 신비주의적인 종교일 뿐'[42]이라고 주장하였다. 인류 역사상 여섯 번째로 달에 발을 내딛은 우주 비행사 에드가 미첼 역시 이와 유사한 분위기에서 글을 썼다. 그는 이러한 의식의 변화를 강조하였다.

> 나는 문명이 현재 비판적인 상태에 있다고 믿는다. 또한 나는 인류가 진화의 중대한 갈림길에 서 있다고 확신한다. 한편으로는, 온 세계적인 규모의 문제와 갈등이 빚어졌으며, 사회는 점점 더 확대되는 세계적 위기의 상태로 몰리게 되었다. 그리고 다른 한편으로는, 창의적 변화와 완성을 이룩하고 자신의 환경을 호의적으로 통제할 수 있는 인간의 잠재력이 더 이상 성장하지 못하였다. 이 두 가지 문제와 성격이 궁극적으로는 인간의 의식이 수행하는 기능에 속한다고 믿는다—곧 세계 속에 존재하는 사람들이 더 나아지지 않는 한 이 세계 역시 조금도 나아질 수가 없는 것이다. 이 문제들을 해결하고 잠재력을 실현할 수 있는 가장 효과적이고도 가장 지속적인 방법은 바로 개인의 깨달음이다. 나는 인간의 의식이야말로 우리 스스로가 미래에 세워 나갈 바로 그 비판적인 요소라고 확신하는 바이다.[43]

예수회의 선(禪) 권위자인 윌리엄 존스톤 역시 에드가 미첼의 말에 동의한다. 또한 그는 이 주제를 교회의 미래와 연결시킨다:

> 만일 제도적인 종교가 명상을 추구하는 사람들을 실패로 이끈다면, 그것은 제도적인 종교가 지난 수십 년간의 특징이라고 할 수 있는 의식의 갑작스런 발달과 도약에 발맞추어 나가지 못했기 때문이기

도 하다. 이제 우리는 새로운 사람, 좀 더 신비주의적인 사람과 대면하고 있다. 그러므로 우리가 관심을 모아야 할 것은 바로 종교의 신비주의적 차원인 셈이다.[44]

다시 말해서, 제도적인 그리스도교가 의식을 향한 이 새로운 관심을 제대로 처리하지 못하고 그 요구에 응답하지 못하도록 만든 것은 바로 제도적인 그리스도교의 야트막한 솔직성이었던 것이다. 다른 한편으로는, 동양의 전통들이 어느 정도의 지침과 방법론을 제공해 준 것처럼 보인다. 앨런 왓츠에 따라 대중화된 선에 대한 관심은, 선이 지적인 신앙, 특히 '어떤 신'에 대한 믿음에 연루되어 있지 않으며 역사나 교리보다는 현재의 삶 자체에 더 강조점을 둔다는 사실과 밀접한 관계가 있다. 그것은 두뇌가 아닌 다른 곳에서 성격의 중심을 발견해 내려는 시도이며, 주체와 객체의 한계로부터 벗어나기 위한 노력이다. 바로 이런 이유 때문에 선과 다른 모든 형태의 불교들이 지니고 있는 이른바 무신론이 우리에게 그토록 매력적으로 다가오는 것이다. 사실 선은 대상이 없는 명상의 형태를 취한다. 그리고 선의 목표는 '청결한 존재'에 대한 자각을 획득하는 것이다. 어느 유명한 선의 글귀를 빌자면, 그것은 단어나 문자에 의존하지 않고 '인간의 영혼을 직접적으로 지적하는 것, 자기 자신의 본성을 직접적으로 바라보는 것, 그리고 불교 신앙의 획득에 의존하는' 전통이다.[45]

이러한 획득과 진정한 본성에 대한 이 인식은 지금 여기에서 실현된다. 가장 중요한 것은 바로 직접성과 현재의 순간이다. 과거에 대한 교리를 형성하느라 괴로워할 필요도 없고, 미래에 대한 전망을 살피느라 괴로워할 필요도 없다. 바로 지금이 중요한 것이다.

이것은 당신 자신의 시간이다. 당신이 서 있는 이곳은 당신 자신의 장소다. 당신이 부처가 되는 것은 바로 이 장소, 바로 이 순간이다.

보리수 아래의 아주 먼 삶이 결코 아니다."⁴⁰⁾

예수님의 부활과 성령

'예수운동'은 본래 1960년대 말 미국에서 발생했던 예수님을 향한 종교적 열광의 고조 현상에 붙여진 이름이었다. 그리고 이러한 현상은 대부분 제도적인 교회의 울타리 밖에서 발생하였다. 하지만 영국에서의 예수운동은 상당히 다른 양상을 띠었다. 그 운동은 좀 더 억제적이고, 좀 더 교회에 기반을 둔 것이었으며, 어쩌면 훨씬 더 관습적인 것이었는지도 모른다. 그럼에도 불구하고, 두 가지 운동의 특징들 가운데 일부는 서로 일치한다. 예수운동에 관한 초기 저서들은 대부분 피상적인 것에 지나지 않았다. 1971년 6월 타임 지에 저 유명한 논문, '새로운 반역의 부르짖음―"예수님이 곧 오신다!"가 실리고 그 뒤에 엄청난 양의 보도들이 쏟아져 나온 이래로, 그 현상에 대한 미디어의 관심은 차츰 가라앉기 시작하였다. 그러나 이 초기 관심의 대부분은 예수님 스티커와 예수님 티셔츠에 관련된 것이었으며, 그 운동권 안에 속해 있는 많은 사람들은 이 사실을 개탄하였다. 예수가족의 짐 팔로사리는 이러한 현상들이 그 운동의 초기 단계에 속한다고 설명하였다. 그러므로 여기에서 반드시 거쳐야 할 것은 예수운동, 또는 예수운동들 간에 서로 다른 갈등적인 요소들을 최대한 구별해 내는 일이다. 갈등적인 요소들은 여러 가지가 존재한다. 첫째는 단순히 '유행을 따르는' 비예전적인 그리스도교 집단의 현상이다. 우리는 어떤 의미에서 이것을 가리켜 '예수운동'이라고 부를 수 있다. 하지만 이것은 앞에서 종종 설명해 왔던 반―문화로부터 자발적인 고조를 향해 나아가는, 근본적으로 다른 종류의 성장이다. 미국의 경우가 어쨌든지 간에, 영국에서는 실제로 잘 확립되고 재정적으로 안정된, 그리고 평판이 아주 좋은 복음주의적 기업과 조직들로부터 다량의 예수님 페이퍼와 예수님 스티커, 그리고 수많은 '예수운동' 기구들이 생겨났음이 틀림없다. 그런 것들은 아무래도 반—문화의 일부라고 할 수가 없다. 기껏해야 청년들을 향한 사절단 또는 옹호 운동의 일부일 뿐이다. 그 다음 두 번째로는 비예전적인 교회 안에 거리낌 없이 서 있는 청년들, 은사중심의 부흥에 영향을 받은 청년들의 집단이 있다. 그들은 당연히 비예전적인 교회들과 나란히 공존한다. 그렇지만 그들과 비예전적인 교회의 관계는 흔히 융통성이 있으며, 때로는 불편한 관계에 놓이기도 한다. 예를 들어, 일찍이 라크데일과 맨체스터에 기반을 두었던 예수가족의 경우를 보면, 침례교 신자들과 밀접한 관계를 유지하고 있었다. 이 집단은 몇 년 전 영국의 로운썸스토운투어 무대에 섰던 '미국예수그룹'의 직계후손이었다. '예수가족'은 주류를 이루는 교회들에 대하여 비판적인 태도를 취했으나, 그 교회들과 나란히 작업하였다. 한편으로는 교회의 청년들과 관계를 맺고, 다른 한편으로는 '더 마이티 플라이어스'라고 하는 그들의 록 그룹을 통하여 무소속 청년들과 관계를 맺으면서 말이다. 세 번째 요소로는 '하나님의 자녀들'이라고 하는 좀 더 극단적인 분파의 집단이 있었다. 그 집단은 다른 모든 그리스도교 집단들이 맘몬신과 동맹을 맺은 사이라고 보았다. 1975년에 '하나님의 자녀들'은 주장하기를, 1971~5년에 자기들이 240,578명의 개종자를 얻었노라고 하였다. 그들은 현대의 메시아적 · 천년왕국적 집단으로서, '예수님께서 곧 임하신다'는 견해에 강하게 매달리는 한편, 중동의 사건들 속에서 종말이 임박했다는 증거를 찾고자 애쓴다. 그들은 가다피 대령을 후원하며, 미국의 체제와 교회에 대해서 매우 비판적인 태도를 취하고, 다른 모든 예수집단에 소속된 사람들을 가리켜 '장발의 조직원들과 교회에 붙어사는 무리들'[47]이라고 부르면서 그들을 비난한다.

하지만 이렇게 중요한 차이점들이 있음에도 불구하고, '예수 혁명'에서 우리는 이 집단들의 호소와 유인에 빛을 던져 주는 몇 가지 공통적인 요소들을 찾아볼 수가 있다. 그것들은 '이데올로기의 종말'에 관하여 너도나도 즐겁게 이야기하고 도그마와 논쟁은 그저 에큐메니칼 이전

시대에 속하는 것이라고 간주했던 1960년대의 모호한 자유주의에 대한 반동으로 일어났다. 그러한 모호성에 반대하고 일어선 '예수님의 사람들'은 '오직 하나의 길'만을 가리킨다. 그들은 성서를 글자 그대로 받아들이고, 성서의 본문만 연구하고 그 메시지는 무시해 버리는 대부분의 서구 그리스도교 성향에 반대하여 일어선다. 그들은 하나님을 직접 체험하고픈 욕구, 그리고 하나님을 찬미하기 위한 성령의 자유에 대한 욕구를 증명해 주는 신—오순절 운동과 거의 완벽하게 결합되며, 그것의 영향을 강하게 받는다. 그들은 대부분의 경우 혼외정사와 동성애, 그리고 현대 서구 사회의 수많은 '급진적' 태도들—그런 것들은 마귀의 일에 귀속되는 경향이 있다—에 대해서 엄격한 견해를 유지한다. 그들은 무엇보다도 예수님과의 개별적 관계에 대하여 강력한 의식을 지니고 있으며, 예수님의 미래 부활에 대한 소망이 그들을 지배한다. '예수님께서 곧 오십니다!'는 가장 대중적인 예수님 스티커들 가운데 하나다. 결국 그들은 인류의 정치적 투쟁에 관하여 거의 또는 전혀 관심이 없는 셈이다. 미국의 사회학자 제임스 T. 리차드슨은 정치적 자기—평가를 자세히 분석하는 연구에서 미국의 대규모 예수 공동체 한 곳을 관찰하였다.

정치적 자기—평가	입회 전	입회 후	변 화
보수적이다	8	6	-25%
온건하다	6	5	-17%
자유주의적이다	19	1	-95%
급진적이다	23	3	-87%
아무것도 아니다/관심 없다	27	71	+163%

그 결과는 매우 뜻이 깊었다.[48]

예수운동은 일부 청년들이 변화—최근 몇 년 동안 대부분의 서구 사상을 지배하고 있었던 그리스도교의 이해 변화, 그리고 옛 부흥주의자, 그리스도 재림론자, 좀 더 개별적인 복음 이해로의 복귀라는 변화—를 요구하고 있다는 사실을 여실히 드러내 준다.

미국 노선의 예수운동이 그 동안 여러 영역에서 상당히 많은 영향력을 행사해 온 극소수 집단이나 은사부흥, 또는 신-오순절 운동 이외에도 다른 어떤 기원을 두고 있는지에 대해서는 명확한 증거가 없다. 하지만 그것의 영향력은 계속해서 증가하고 있는 추세다. 은사운동에 관한 저술 작업은 끝이 없는 것처럼 보이며, 그 운동을 좁은 공간에 적절히 요약한다는 것은 매우 어려운 일이다. 신학자들과 대중작가들, 의사소통과 표현기구들, 그 자체의 언어와 방법론 등을 골고루 다 갖춘 하나의 체계적인 운동이 존재한다는 것은 부인할 수 없는 사실이다. 어떤 사람들은 그것이 '운동'이 아니라 하나의 '경험'이라는 사실을 몹시 강조하고 싶어한다. 하지만 이 두 가지 모두 좀 더 자세한 설명이 필요하다.

오순절 운동을 특징짓는 것은, 그것이 고전적인 형태든 좀 더 새로운 형태든 간에, 성령의 은사, 특히 방언과 치유의 은사에 관한 숭고한 교리다. 보통 방언을 통하여 표명되는 '성령세례'는 그리스도교적인 경험에서 하나의 독특한 단계에 속하는 것으로 보인다. 개종과는 좀 다르며, 개종 다음에 오는 이차적인 사건인 것이다. 그것은 '하나님과의 두 번째 만남으로서, 그리스도인들은 그 만남을 통하여 성령의 초자연적인 능력을 자신의 삶 속으로 받아들이기 시작한다……이 두 번째 경험은……그리스도인들을 하나님의 예배 능력으로 무장하기 위한 목적에서 주어진다.'[40] 최근에 부흥하기 시작한 오순절 운동의 역사는 현재 완벽하게 기록되어 있으며, 학자들은 이 운동의 기초가 되는 신학 쪽으로 관심을 돌리게 되었다.

우리의 목적을 위하여 중요한 것은, '은사체험'의 확산이 전통적으로 신-오순절 운동의 교회들, 특히 로마가톨릭교회 안에서 발생한 이후로, 그 경험에 대한 신학적 해석들이 매우 다양하게 나타나고 있다는 점에 주목하는 것이다. 어떤 이들은 '성령세례'라는 용어 사용이 딱 한 번만 세례 받을 수 있다는 주장과 일맥상통하는 게 아닌가 하고 의아해 할 것이다. 그러나 여기에서 공유하게 되는 것은 성령의 능력 경험이며, 그 운동의 결속력을 유지시켜 주는 것도 바로 이 경험의 공유다. 예를 들면, 모든 은사가 다 '방언'은 '성령세례'에 반드시 필요한 요소라고 주장하는 것은 아니다. 프랜시스 설리반은 이 경험이 '자신의 삶 속에서 하나님의 강력한 임재와 역사하심에 대하여 결정적으로 새로운 의식을 갖기 시작하게 되는 종교적 경험이며, 하나님의 역사하심에는 보통 한 가지 이상의 카리스마적인 은사가 뒤따른다'고 주장한다.[50]

이 운동의 확산과 더불어 우리는 자발적인 기도 집단이 증가한다거나, 새로운 찬송가와 성가, 합창단, 찬미의 표현 양식들이 생성된다거나, 대중적인 기도와 개인적인 기도를 가리지 않고 방언이 사용된다거나, 치유사역과 귀신축출을 위하여 머리에 손을 얹는다거나 하는 등의 결과를 많이 보아왔다. 은사부흥의 가장 괄목할만한 특징은 바로 기도모임이다. 로마가톨릭의 성만찬에서는 그 운동의 결과로 성례전적인 고백에 대한 재평가와 대중의 예전 참여가 가능해졌다.

은사부흥은 주로 그 이름이 가리키듯이 하나의 부흥 운동이며, 단지 간접적으로만 복음주의 운동에 속한다. 그것은 믿지 않는 사람들에게 직접적으로 다가가지 않고, 교회의 부흥을 목표로 하는 운동이다. 물론 부흥 운동을 하다 보면 그것의 영향을 받은 그리스도인들 사이에서 복음주의에 관한 인식과 의식이 점점 더 증가하는 것을 피할 수 없겠지만 말이다. 그리고 사실 그런 일이 발생하기도 했다. 영국에서의 은사부흥은 지금까지도 중산층과 중년들 사이에서 가장 강력한 영향을 미쳐왔다. 어떤 연구자들은 그것이 환멸과 공포와 실패의 시대에 새로운 희망을 발견하는 것이라고 본다. 또 어떤 연구자들, 특히 남아프리카의 연구자들은, 그 운동이 배타적 소집단의 결속력을 강화시켜 주는 내적인 흥분 경험과 그에 따른 전문용어들(은어) 속에 피난처를 마련함으로써 그리스도인의 책임이라고 하는 어려운 문제를 교묘히 회피하는 방법에 불과하다고 주장한다. 확실히 은사운동에는 현실 도피와 감상주의, 영지주의 성향의 증거가 상당히 많이 들어 있다. 그 운동은 수에넨스 추기경이 '교회의 기습공격 원칙'이라고 일컬었던 것에 대한 반응을 매우 신속하게 중지시킬 수 있다. 그리고 그것 대신에 의례화된 형태(방언)와 예식적인 몸짓(박수)—맥스 웨버의 표현을 그대로 빌자면 '은사의 관례화'[51]—을 시작하게 만드는 것이다. 영국과 전 세계의 조직화된 운동 지도자들 가운데 한 사람인 마이클 하퍼는 '성령강림 운동의 자세가 특별히 영지주의의 일탈에 대하여 개방적이거나 또는 그런 식의 성향을 지니고 있다'고 인정하였다.[52] 비록 그가 염두에 두고 있는 것은 엘리트주의적 태도와 종파적 태도의 위험성이기는 하지만 말이다. 물질주의 세계로부터 영지주의로 움츠르드는 것, 그리고 세계의 요구에 대한 진지한 관심을 완전히 무시해 버리는 것도 마찬가지로 위험한 태도다. 물론 은사운동이 사회에 급진적인 영향을 불러일으킨다고 하는 주장도 자주 제기되곤 한다. 하지만 서구의 경우 그와 정반대되는 증거가 훨씬 더 많이 나타난다. 은사운동은 종종 현실 도피적이고 비—예언자적이며 지나치게 감상적인 사회적 태도로 이어지는 경향이 있다. 그나마 가장 진보적인 입장이 바로 개혁주의의 일환이다. 정반대의 성향은 그 운동이 라틴아메리카, 특히 칠레와 쿠바에서 취했던 형태로 나타나는 것 같다. 그곳에서는 계급투쟁과 정치적 행동에 좀 더 깊이 관여했던 것이다. 그 운동이 그 밖의 다른 곳들에서도 '급진적인' 성향을 띠게 될 것인지는 좀 더 두고 봐야 할 것이다. 어쨌든, 1973년에 로마에서 발행되었던 〈가톨릭 은사부흥의 신학적 기초에 대한 선언서〉의 결론은 지금까지도 여전히 사실로 남아 있다: '어떤 경우에는 진정한 사회적 참여가 발생하기도 한다. 하지만 그러한 개입은 피상적인 것이어서, 억압과 부조리의 구조에는 접근조차 못한다.'[53]

억압당하는 이들에게 자유를

영국과 미국의 급진적인 그리스도교 운동은 전체적으로 오순절 운동가들이 취했던 것과는 전혀 다른 노선을 따랐다. 그들은 현대의 영성적인 풍토에 또 하나의 중요한 요소를 제공한다. '해방신학' 이라는 용어는 처음에는 알베스, 구티에레즈, 보니노 같은 신학자들의 저서에 설명되어 있는 라틴아메리카의 신학적 발달을 가리킬 때에만 매우 특별한 의미로 사용되었다. 그러나 점점 시간이 흐르면서 좀 더 광범위하게 사용되기 시작하여, 마침내는 그리스도교 신학의 본질적인 차원으로서 인간의 해방에 관심을 두는 서구의 여러 운동들을 가리키게 되었다. 따라서 미국의 여성신학자 로즈메리 류터는 〈해방신학〉(1972)이라는 연구서에서 수도생활, 독신생활, 반—유대주의 운동, 여성해방, 환경보존, 흑인신학, 사회주의, 그리고 라틴아메리카 운동까지 총체적으로 검토하였다. '해방' 이라는 단어는 비단 복음과 인간의 억압에 관한 그리스도교적 논의에서만 중요한 개념으로 자리잡은 게 아니다. 그 단어는 1960년 이래로 교회 외부에서 발생해 온 운동의 영역과 심지어는 교회에 상당히 적대적인 운동의 영역—여성의 해방, 게이의 해방, 흑인의 해방 등—에서도 중요한 개념이 되었다. 이 집단들은 대체로 억압에 반대하는 운동을 펼치려면 그 동안 백인 남성 자본가들의 질서와 일치되어 왔던 그리스도교 전통과 단절하는 일이 필수적이라고 생각한다. '하나님은 죽지 않았다. 그녀는 흑인이다' 라고 하는 벽보가 명백히 알려 주는 것처럼 말이다.

영국의 경우, 그리스도교를 억압 받는 이들을 위한 해방의 메시지로 이해하는 것은 '학생크리스천운동' 에서 찾아볼 수 있으며, 그들의 정기간행물인 〈운동〉에 잘 명시되어 있다. 초기의 〈운동〉 팸플릿에는 성서 연구의 정치학, 폭풍의 눈(신비주의와 영성에 관하여), 지금 쿠바는! 하나님 나라의 표징들, 게이 해방의 신학을 향하여, 버림 받은 이브의 자녀들(여성신학개론) 등이 실렸다. 1973년에 '학생크리스천운동'은 이른바 '해방의 씨앗'을 뿌리기 위하여 350여 명의 그리스도교 청년들을 데리고 후더스필드 회의에 참석하였다. 나중에 이 사건에 대하여 기록해 놓은 어느 보고서에서, 그 회의에 참석했던 사람들 중 한 명은 다음과 같이 기록하였다: '우리가 재검토해야 했던 것은 신학이나 정치학의 이성적 비판이 아니라 차라리 영성적 뿌리의 살과 피 발견이었다.' 그는 계속해서 다음과 같이 기록하였다: '정치적으로 급진적인 영국의 그리스도교 단어사전에 새로운 단어가 실리게 되었다―바로 영성이다.'[5O)] 유럽의 경우, '교회의 봄'을 추구하는 수천 명의 청년들에게 활동의 초점을 제공해 주는 것은 바로 떼제(Taizé)다. 1970년, 프랑스 버건디 언덕에 위치한 이 공동체로부터 다음과 같은 부활절 메시지가 만방에 선포되었다: '부활하신 그리스도께서 인간의 마음 한가운데에 축제를 앞당기기 위하여 오신다. 그분은 우리를 위하여 교회―권력의 수단이 전혀 없는 교회, 모든 사람들과 나눌 준비가 되어 있는 교회, 온 인류를 위한 눈에 보이는 친교의 장소―의 봄을 준비하고 계신다.' 그로부터 4년이 지난 1974년 9월 1일, 떼제는 하나님의 백성에게 보내는 서신을 낭독함으로써 청년협의회를 개최하였다.

교회여, 여러분은 앞으로 어떻게 하겠습니까?

권력의 수단들을 포기하겠습니까? 정치적 권력, 재정적 권력과의 타협을 포기하겠습니까?

자신의 특권을 포기하고, 자본의 투자를 그만 두겠습니까? '나눔의 우주적 공동체,' 결국에는 화해하게 되는 공동체, 전 인류를 위한 친교와 우정의 장소에 들어가겠습니까?

각 지역과 전 세계에서, 여러분은 이런 식으로 계급 없는 사회, 그 누구도 특권을 지니지 못하는 곳, 한 사람이 다른 사람을 지배하지 못하고, 한 민족이 다른 민족을 지배하지 못하는 곳의 씨앗이 되겠습니까?

교회여, 여러분은 앞으로 어떻게 하겠습니까?

그리스도 외에는 아무런 보호 장치도 없는 '행복의 백성,' 가난하고 관상적이며 평화를 창조하고 기쁨과 인류의 해방 축제를 만들어 내는 백성, 심지어는 정의를 위하여 핍박 받을 준비까지도 갖춘 백성이 되겠습니까?

멋진 말들이다. 많은 사람들이 이 말이 지니고 있는 전문용어로서의 매력에 푹 빠지게 된다. 하지만 이 말들은 제3세계의 그리스도교 청년들 또는 제3세계의 영향을 받은 그리스도교 청년들— '이웃, 억압당하는 사람들, 착취당하는 사회 계급, 경멸당하는 인종, 지배당하는 나라로의 전향에 집중하게 될' 해방의 영성을 추구하는 그리스도교 청년들—이 그 동안 취해 왔던 태도의 전형이라고 볼 수 있다.[55] 1968년 8월 11일 산티아고 성당 문에 못박아 놓았던 칠레청년교회선언서는 그 주제를 좀 더 강력하게 표명해 준다:

> ……우리는 다시 한 번 복음서에서처럼 똑같이 가난하고 단순한, 투쟁하면서 살아가는 백성들의 교회가 되기를 원한다: 그렇기 때문에 우리는, 사회적 타협의 구조 아래 노예가 되어 버린 교회에게는 아니오라고 말하고, 모든 사람들을 섬기기 위하여 자유로운 교회에게는 예라고 말한다……권력이나 부와 타협을 하는 교회에게는 아니오라고 말하고, 인간에 대한 믿음과 예수 그리스도에 대한 신앙 안

에서 얼마든지 가난해질 준비가 되어 있는 교회에게는 예라고 말한다……체계적인 무질서에는 아니오라고 말하고, 인간의 존엄성을 되찾아 주고 사랑의 가능성을 열어 줄 새로운 사회를 위한 투쟁에는 예라고 말한다.[50]

이것은 그저 과거의 낡은 질서를 재창조하는 데에만 몰두해 있는 교회에는 전혀 관심이 없는, 온 세계의 수많은 그리스도교 청년들의 심금을 울리는 메시지임에 틀림없다.

인간의 해방을 위한 메시지로서 복음을 이해하는 것은 신학적 급진주의자들뿐만 아니라 복음주의 교회들에게까지도 영향을 미쳤다. 그 결과 1974년 8월에 열렸던 '로잔세계복음화국제대회'에는, 복음이 '개인적·사회적·지역적·우주적인 해방과 회복과 합일과 구원에 관한 복된 소식'[57]이라고 주장하는 사람들이 상당수 참석하게 되었다. 그리고 특히 제3세계와 미국에서, 새로운 복음주의적 급진주의—우리를 보수주의로 인도하고 나아가 조직적인 사회 구조를 지지하게 만드는 복음주의적 전통 내부의 성향을 강하게 비판하는—가 성장하게 되었다. 하지만 주로 해방신학은 보수적 복음주의가 아닌 다른 원천와 전통으로부터 지지를 이끌어 내었다. 라틴아메리카의 '개혁신학' 성장에 중요한 영향을 미쳤던 요소 한 가지는 교황 바오로의 회칙인 〈민족들의 발전〉(*Populorum Progressio*)이다. 〈월 스트리트 저널〉은 이 회칙이 '마르크스주의를 한층 더 자극적으로 개조한 것'이라고 규탄하였다. 이 회칙이 지니는 의미는, 이것이 라틴아메리카에서 그리스도교와 마르크스주의의 대화 과정을 처음으로 열어 주었다는 데 있다. 우정어린 지식인들 사이의 논쟁이라고 하는 예전의 형태와 본질적으로 다른 그런 대화를 말이다. 제3세계 상황에서 그리스도교와 마르크스주의의 관계는 지식인들의 논쟁 쟁점이 아니라 개혁적인 상황 아래서 신학실천에 관한 문제가 되었다. 신학은 구체적인 상황, 곧 라틴아메리카의 변화 과정 속에서 시작된다. 푸에

로토리코의 안톨리오 파릴라 보닐라 주교는 다음과 같이 말하였다: '현재 라틴아메리카가 돌이킬 수 없을 정도로 심각하게 사회주의 형태를 향해 나아가고 있다는 사실은, 아무리 장님이라고 해도 쉽게 알 수 있다.'[58] 그리하여 라틴아메리카의 수많은 그리스도인들, 로마가톨릭교회 신자들과 종교개혁교회 신자들은 복음에 대한 헌신을 사회주의에 대한 헌신과도 같은 것으로 생각해 왔다. 1972년 4월, 4백 명의 라틴아메리카 그리스도인들이 산티아고에 모여, '사회주의를 위한 그리스도인 운동'을 발족시켰다. 그들은 스스로를 가리켜 '우리 라틴아메리카 국가들이 현재 겪고 있는 해방 과정으로부터 출발하고, 사회주의적인 사회의 건설을 위한 우리의 구체적이고도 활동적인 참여로부터 출발하여, 우리의 신앙에 관해 깊이 생각해 보고 억압당하는 이들을 향한 우리의 애정 어린 태도를 재검토하는 그리스도인'이라고 정의 내렸다.[59]

그러는 동안, 서구의 '개발' 국가들에서는 복잡한 형태의 급진주의적 신학, 곧 신학연구 분야에서 급진적인 그리스도교 운동이 출현하였다. 영국의 '학생크리스천운동', 이제는 현존하지 않지만 캘리포니아에 있는 버클리 자유교회(그 예전서인 〈평화의 언약〉은 수많은 '해방 교회들'의 모범이 되었다), 베리건 형제단 주변에 모여들었던 급진주의 집단들, 하비 콕스와 제임스 콘, 존 로빈슨, 그리고 그 밖의 작가들의 영향력, 〈가톨릭 노동자〉와 무정부주의의 전통, 아시안 아메리칸 집단, 그리고 도미니크 수도회 내부의 다양한 사고방식들, 세계교회협의회 내부의 급진적인 목소리—이 모든 것이 온 세계가 주목하는 가운데 정의와 평화와 자유를 위하여 투쟁하는 그리스도교 양식의 형성에 이바지하였다.

미국의 경우, 급진주의적 그리스도교가 그 동안 구시대 좌파 그리스도인들의 근본주의적 가정들에 문제를 제기해 왔던 두 가지 특수 영역은 바로 흑인신학과 여성해방 운동이었다. 미국 흑인신학의 대표적 지도자는 뉴욕 유니온신학교의 제임스 콘이었다. 콘은 흑인 세력이 결코 그리스도교와 대립되는 것은 아니지만, 현대의 미국에게 주는 그리스도의 메시지인 것은 틀림없다고 주장한다. 만일 그리스도가 억압당하는 이들 속에 거하신다면, 그분은 분명히 흑인의 세력 투쟁을 통하여 역사하셔야만 한다. '흑인의 항거는 백성을 해방시키려는 목적에서 현재 일어나고 있는 일들에 적극적으로 관여하시는 하나님 자신의 현현'이기 때문이다. 콘의 견해에 따르면, 흑인신학의 목적은 흑인의 존엄성에 대한 새로운 이해를 창출해 내고 나아가 인종차별주의를 철폐시키는 데 필요한 영혼을 흑인들에게 제공하기 위하여, 현재 흑인들이 처한 조건을 계시에 비추어 분석하는 것이다. 흑인신학은 거리의 신학이며, 적극적인 신학이다. 흑인신학은 프롤레타리아 계급의 신학이며, 억압당하는 이들을 위한 신학이다. '미국에서 흑인이 된다는 것은 피부색과 전혀 상관이 없는 것이기 때문이다. 흑인이 된다고 하는 것은 곧 당신의 영혼과 당신의 마음과 당신의 몸이 소외된 이들 가운데 처해 있다는 것을 의미한다.'[60]

여성신학 운동도 마찬가지로 남성과 여성에 관한 역사적 고정관념의 노예 상태로부터 그리스도교를 자유롭게 해방시키는 일에 관심을 집중시켰다. 일부 여성해방신학자들, 특히 메리 데일리의 경우에는 전통적인 그리스도교가 돌이킬 수 없을 정도로 가부장적이고, 성차별적이고, 남성우월적인 것으로 다가선다. '구원이라는 개념은 가부장제의 억압 문제를 남성 구원자에 따라 독특한 방식으로 영속화시키는 것이다.'[61] 전통적인 그리스도교는 남성 지배의 영향을 너무나도 많이 받아서, 여성들은 전통적인 그리스도교로부터 물러나 그리스도교 이후의 운동에나 접근할 수 있을 뿐이다. 한편 로즈메리 류터 같은 여성신학자들은 가톨릭 전통 내부의 여성 혐오증을 강력하게 비판한다. 하지만 그들은 이 여성 혐오증의 뿌리를 예수님의 가르침이 아니라 자신의 성적인 특질에 대한 남성의 공포에서 찾는다. 따라서 여성은 언제나 이브가 된다. 외부의 유혹자, 불결의 상징, 남성의 성적인 특질에 반대되는 색정적인 집단이 되는 것이다. 여성신학자들은 이제 더 이상 하나님에 관한 경험이 교회의 남성중심적인 언어들을 통하여 전달될 수는 없는 노릇이라고 말한다.

> 남자와 여자가 교회에서 어깨를 나란히 할 때 비로소 우리는 진정한 친교를 보여주고 (여성과 모든 억압당하는 이들을 부정적인 자아의 환상적인 상징으로 만들어 버리는) 부조리와 비인간화의 악한 영을 축출해 줄만한 새로운 인간관계를 창출해 낼 수 있다.[12]

류터는 여성 억압과 자연 질서의 억압을 밀접하게 연결시킨다. 자연환경을 지배의 대상으로 간주하는 사고방식이 남성의 여성 지배에 기초한 이미지와 태도를 이끌어 냈다는 것이다. 그녀는 여성해방 운동의 요구와 생태학적 운동의 요구를 사회주의를 위한 투쟁의 일환으로 한 데 묶는다. 두 가지 모두 사회적·경제적 체계의 급진적인 재구성을 요구한다는 것이다.

해방신학은 여전히 변화의 과정을 겪고 있다. 해방신학의 근본적인 확신들 가운데 하나는, 하나님께서 미래에 거하시면서 우리로 하여금 새로운 진리를 깨닫고, 새로운 꿈을 꾸고, 우리를 노예로 만드는 과거의 사고방식들로부터 자유를 얻게 이끌어 주신다는 것이다. 해방신학은 지속적인 발달과 투쟁의 신학, 영구적인 혁신의 신학이다. 해방신학은 창조질서의 구원 신학인 동시에, 인류의 구원 신학이며, 성례전으로서의 우주 개념을 재발견하려는 시도다.

> 이 낯설고 늦은 시간에 들어설 때마다 우리는 다음과 같이 느낀다. 사방에 퍼져 있는 화려함과 도덕률 초월주의 아래에서, 하나님의 부재 가운데, 그럼에도 불구하고 우리가 어느 정도 성례전적인 경제 질서— '유행에 발맞추어 산다는 것'은 곧 종교적인 실체와 '더불어' 사는 것을 의미하는—속에서 살아갈 수 있는 세계를 발견하려

면, 오늘 점점 더 많은 사람들이 가장 깊은 감동을 받게 되는 자극적인 열정이 절실히 필요하다. 우리는 모세가 시내산 근처에서 받았던 확신, 곧 우리가 서 있는 모든 곳이 성스러운 땅이라고 하는 확신을 얻게 되기를 가장 절실하게 원하고 있는 사람들이다.[49]

1970년대 이후로 그리스도교 의식에는 의미심장한 변화가 일었다. 그 시기에는 여러 가지 다양한 전통들 속에서-여러 도시에서는 새로운 종류의 복음주의자들이, 미국과 영국에서는 뚜렷한 정치의식을 지닌 로마가톨릭 여성해방론자들이, 중앙아메리카와 남아메리카에서는 해방신학자들이, 그리고 다른 많은 사람들이-영성과 사회적·정치적 투쟁 간의 좀 더 강력한 통합에 대한 요구가 거세게 일어났다. 사회적·정치적 행위를 지지하고 강화시켜 줄 진정한 투쟁, 곧 양육적인 영성을 위한 투쟁은 지금도 지속되고 있는 실정이다.

미국의 로날드 레이건과 영국의 마가렛 대처 시대에 들어서면서부터 교회들은 널리 퍼져 있는 기업체 분위기, 곧 개인주의와 소비주의의 영향을 받게 되었다. 물론 일부 교회들은 그것에 저항하고 비판을 제기하기도 했지만 말이다. 다양한 형태의 새로운 권리들이 중요한 토대를 확보하게 됨으로써, '영성'에 관한 관심의 대부분은 개인적인 성장과 개인의 내면적 삶에 대한 관심 쪽으로 기울게 되었다. 교회 안의 여러 분야와 교회 밖의 영역에는 거짓 내향성 문화의 증거들, 그리고 자기애적인 문화와 종교의 상관관계를 분명하게 입증해 주는 증거들이 많이 존재한다. '영성'은 현재 심각한 위기에 처해 있다. 어쩌면 '영성'은 점점 더 '상품화되어' 소비주의의 시장 세계로 흡수될지도 모르며, 영성적인 인식의 중요 임무도 어쩌면 지배 문화의 가치로부터 복음의 가치를 찾아내는 것이 될지 모른다.

교회와 영성

이제까지 나는 현대의 영성적인 풍토에 기여해 온 몇 가지 운동을 설명하기 위하여 노력하였다. 아직 갈등을 겪고 있는 성향도 있지만, 그것들은 우리 교회 내부의 사건 과정에도 어느 정도 영향을 미쳐 왔다. 여기에서 우리는 세 가지 광범위한 운동들을 차례로 살펴보게 될 것이다. 첫째는 내면세계의 추구, 명상과 침묵과 관상기도의 추구다. 둘째는 능력, 직접적인 성령체험, 예수님의 개별적인 사랑에 대한 필요의식이다. 그리고 셋째는 정의 추구를 복음의 통전적인 요소로 보아야만 한다는 점증적인 필요의식이다. 물론 이러한 요소들을 포함하지 않는 현대의 영성은 부적절한 것이 될 것이다. 하지만 이 운동들이 어느 정도나 교회의 이해에 영향을 미쳐 왔을까?

예를 들어서, 내적인 추구는 온 교회 안에서 진지하게 받아들여졌는가? 수많은 청년들이 동양의 스승들에게 관심을 돌리게 된 것은 바로 그리스도교 주류에 널리 퍼진 성향이 '참여'와 사회적 행동 쪽으로 기울던 시기였다는 사실, 이것은 놀라운 사실이다. 명상과 신비주의적 기도가 다 그리스도교 전통의 일부라는 사실을 알고서 깜짝 놀라는 사람들은 아직도 부지기수다. 1960년대에 수많은 목사들은 전통적인 명상의 실천이 너무나도 힘겹다는 사실을 깨닫게 되었으며, 따라서 관계와 참여와 만남이 중심 주제인 영성 스타일을 추구하게 되었다. 존 로빈슨이 〈신에게 솔직히〉(1963)에서 분명하게 표명한 것도 바로 이러한 걱정, 이러한 추구였다. 그 책에서 그는 비종교적인 기도 이해를 밝히기 위하여 노력하였다. 로빈슨은 특히 '전통적인 영성'이 기도를 삶으로부터의 움츠림, 이탈로 여겨왔다는 점에 관심을 집중시켰다. 그는 다음과 같이 기록하였다:

물론 이탈이 전혀 불필요한 것은 아니다. 그러나 오순절 운동의 중점은 바로 참여에 있다……하지만 사랑 안에서 누군가에게 무조건적으로 자기 자신을 개방하는 것은 하나님 앞에서 그 사람과 함께 거하는 것이며, 그것은 곧 중보기도를 드리는 심정과 같다. 다른 사람을 위하여 기도하는 것은 자기 자신과 그 사람을 우리 존재의 공통적인 토대 위에 폭로하는 것이다; 그것은 그 사람에 대한 자신의 관심, 궁극적인 관심을 보여주는 것이며, 하나님과 관계를 맺기 시작하는 것이다. 중보는 침묵으로든, 열정이나 행동으로든, 아주 심오한 차원에서 다른 사람과 함께 하는 것이다. 그것은 우리가 다른 사람의 다름을 가장 진지하게 받아들일 때, 경청을 통하여 간단히 형성될 수 있다……참여와 움츠림 간에는 피할 수 없는 변증법이 존재한다. 그러나 대부분은 우리가 가장 중요하다고 생각하는 것에 의존한다.[64]

1967년, 더글라스 라임스는 〈세속도시에서 드리는 기도〉라는 중요한 저서를 통하여, 기도를 '우리 일상생활의 모든 행동을 내부로부터 조명해 주는 내적인 그리스도 탐구' 라고 정의 내림으로써, 로빈슨의 사상을 현대의 남성과 여성의 기도생활에 연결지어 발달시켜 보려고 노력하였다. 이러한 연구는 아직까지도 여전히 가치가 있는 연구다.[65] 나중에 로빈슨은 〈하나님 탐구〉(1967)에서 자신의 사상을 직접 발달시킬 수 있었다. 다른 사람들 역시 '세속적인 영성' 을 자신의 주요 관심사로 추구하는 경우가 많았다.

그러나 세속 도시의 그리스도교는 초월명상이나 불교로 향했던 추구자들에게 거의 아무것도 제공해 주지 못한 것처럼 보인다. 그들은 이제껏 접해 왔던 다양한 형태의 그리스도교가 심오한 깊이도 없고, 자신들이 겪고자 하는 여정에 별 도움도 주지 못할 것이라는 점을 깨달았다. 물론 1960년대에는 대다수의 그리스도교적 신비주의자들이 별로 대중적인 호응을 얻지 못하였다. 하지만 1960년대 말엽에 다가서면서부터 그리스도교 전통 내부에는 기도와 관상, 신비주의에 대한 관심이 다시 부활하기 시작하였다. 앤토니 블룸의 저서, 그리고 후기의 러네 부아욤, 사이먼 터그웰, 모니카 펄롱 등 많은 학자들의 저서가 사람들에게 관상기도를 소개하기 시작하였다. 그러니까 마이클 램지 주교의 말을 빌자면, 많은 사람들이 진리를 깨닫기 시작하였던 것이다:

> 몇몇 사람들에게는 신비주의적 경험이 주어진다. 그러나 관상은 모든 그리스도인들을 위한 것이다……[기도는 우리의 인격이 세계의 소란이 아니라 하나님의 영원과 평화를 향하여 규칙적으로 나아가는 것이다. 만일 이것이 기도의 심정이라면, 기도의 관상적인 부분이 커질 것이다. 그리고 관상생활 속에서 교회 자신과 교인들을 갈망하는 교회는 얼마든지 영성적인 편향을 경험할 가치가 있다.[66]

그리스도교적인 신비주의 작품들이 급기야 문고 형태로 재발행되기 시작했다. 〈무지의 구름〉은 극적으로 유명해지기 시작했으며, 십자가의 성 요한의 저서들이 미국 서점에 등장하였다. 더욱이 그리스도인들은 자신의 길을 밝게 비춰 줄 새로운 통찰과 새로운 시각을 발견하기 위하여 동양의 요가나 선, 명상 학파의 전통들 쪽으로 눈을 돌리기 시작했다. 그리하여 데샤네는 몇 년 전 인도의 잭 윈슬로우처럼 '그리스도교적인 요가'를 언급하게 되었고, 앨레드 그레이엄은 '선(禪) 가톨릭교회'를, 그리고 윌리엄 존스톤은 '그리스도교적인 선'을 이야기하였다. 또한 허버트 슬레이드는 그리스도교적인 관상 예배에 파탄잘리의 요가 수트라스를 사용하기 시작했다. 그리고 후기의 압히쉬크타난다는 그리스도교적인 방식으로 힌두교 이름기도를 채택하였다. 또 어떤 사람들은 초월명상을 그리스도교적인 기도의 형태로 개척해 내기도 하였다.[67]

이 내면적인 추구에 적응하기 위해서는 확실히 영성지도가 필요하다. 어떻게 하면 함정에 빠지지 않고 마약으로부터 명상으로 방향전환을 가장 잘 촉진시킬 수가 있을까? 어떻게 해야 엘에스디에 의존하여 하나님을 경험하였노라고 믿는 사람들이 그 경험을 다시 해석하고 평가해 보도록 도와줄 수 있을까? 어떻게 하면 이것저것 번갈아 가며 동양적인 방법과 기술들을 '장난삼아 시도해 보는 사람들'이 영혼의 안정과 침착성을 획득하게 되도록 도와줄 수 있을까? 요가나 선을 통하여 영성에 대한 소중한 통찰을 얻고자 노력하고 있는 사람들에게 어떤 방편이 유용할까? 초월명상과 같은 운동들로부터 무엇을 배울 수 있으며, 거기에는 우리가 반드시 인정하고 넘어가야 할 위험성이 존재하지나 않는가? 그리스도교적인 기도의 성장에는 어떤 기술들이 도움을 줄 수 있을까? 영성지도는 없어서는 안 될 중요한 요소다. 하지만 내적 추구의 현재 상황을 면밀하게 짚고 넘어가지 않는다면 영성지도는 결코 존재할 수 없다.

 그렇다면 예수운동과 은사운동은 무엇인가? 이 운동을 펼친 교회들에 긍정적인 영성적 효과를 끼쳐 온 것들은 무엇인가? 우리는 그것들을 한꺼번에 받아들임으로써 일부 영역으로 귀착된 일련의 중요한 결과물들을 확인할 수가 있다: 하나님의 능력에 대한 직접적이고도 단순한 증거의 증가, 하나님의 임재와 기도의 능력에 관하여 좀 더 심오해진 의식, '살아 숨쉬게 된' 성서의 의미, 그리스도교 공동체들 내부에서 좀 더 따스해진 친교, '방언' 뿐만 아니라 아주 다양한 영성적 은사들에 대한 심오한 평가, 그리고 그리스도인들 저마다의 빈번하고 심원한 품성의 변화. 이 결과물들이 모두 다 그리스도의 몸을 풍요롭게 만들어 줄 수 있고 또 실제로 그렇게 하고 있는 것들이라는 점에는 아무런 이견이 없다. '성령세례' 경험에는 하나님 찬양과 예배를 통한 인격의 해방이 존재하며, 방언의 은사를 통하여 빈번히 표명되는 것도 바로 이 해방이다. 많은 사람들의 경우, 은사 경험은 관상기도의 시작을 의미하는 것일 수 있다. 미국의 로마가톨릭교회 작가인 조안 매싱버드 포드는 은사 경험이 '고취된 관상의 접촉—상태가 아님'[86]이라고 주장한다. 그러므로 만일 은사운동이 발전할 수 있으려면 조심스럽고 전문적 지식을 갖춘 영성지도가 반드시 필요하다. 은사운동은 절정 경험을 통하여 개인들을 도와줄 수 있고 피할 수 없는 어둠의 경험—전통적인 오순절 운동의 영성은 이 경험에 대한 준비를 전혀 안 시키고 그대로 방치할 수가 있다—을 제대로 처리해 나가도록 도와줄 수 있는 영성지도자 네트워크를 내부에 개설해야만 한다.

사회적 쟁점과 정치적 투쟁에 깊이 관여하는 급진주의 그리스도인들은 자칫 자신의 영성적 뿌리와 접촉을 상실할 수 있는 위험에 빠지기 쉽다. 위대한 영성지도자 에벌린 언더힐은 50년도 더 전에 이미 '야트막한 행동주의'의 위험을 간파하였다.

> 실천적 그리스도교라고 잘못 불리고 있는 쾌활한 윤리적 경건과 동일시되려는 성향, 곧 야트막한 종교성은……현대의 제도적 종교가 지니고 있는 결점들 가운데 하나다……그리고 그것은 제대로 사용되지 못하고 있는 종교의 형태에 속한다. 삶의 고통과 신비가 너무나도 강렬하게 느껴지는 그 끔찍한 순간에, 그것은 영혼을 위하여 거의 아무것도 하지 않는다.[69]

계속해서 에벌린 언더힐은 '종교적 지도에도 이렇게 야트막한 사회 형태의 성향이 명확하게 나타난다'[70]고 말한다. 관상과 행동의 연결은 영성지도에 반드시 필요한 방책들 가운데 하나다. 그러나 현대의 투쟁 때문에 생기는 소동과 혼란을 통하여, 우리가 흔히 가둬 놓거나 보호하고 있는 영성적 패턴들을 뒤흔들어 줄 필요가 있다. 진정한 영성지도는 영성적인 안전에 대한 위협, 영의 내적 혼란, 그리고 새로운 지식이나 새로운 비전과의 대결에도 만반의 준비를 갖춰야만 한다. 해방의 영성은 그러한 위험과 위기에도 개방적인 태도를 취해야 한다: 폐쇄된 영성은 억압의 영성, 그리고 궁극적으로는 죽음의 영성이 될 수밖에 없다. 그러면 어떻게 해서 우리가 흑인 혁명이나 도시 게릴라, 성적 해방, 그리고 지구상의 가난한 이들의 목소리가 지니고 있는 파괴적이고도 치유적인 영향력에 우리 스스로를 개방시킬 수 있을까? 그리스도교적 금욕주의나 그리스도교적 관상이 빛 좋은 개살구나 오락거리, 또는 베리건이 말한 대로 '그들 사이의 감시자와 그들 주변의 공포'[71]로 전락하지 않게 막으려면, 어떤 종류의 영성지도가 필요할까? 영성지도란 폭풍우와 불 앞에서 영혼을 발가벗기고, 폭로하며, 귀 기울여 듣는 것이다.

영성지도가 필요한 구조는 이러하다. 명상과 침묵의 세계를 탐구하는 사람들은 그런 식의 개인적인 지도가 필요하다. 은사부흥을 통하여 성령의 능력을 좀 더 심오하게 경험하게 된 사람들은 역시, 특정 단계의 그리스도교적 경험에 고착되지 않고 지속적인 발전을 이룩하기 위하여 개인적인 지도가 필요하다. 그리스도교적 제자훈련이라고 하는 급진주의 운동이, 우리 시대의 인간해방 운동에 주의를 기울이는 영성지도를 통하여 내부세계와 외부세계를 연결시킬 수 있도록 도와주려면, 개인적인 지도가 반드시 필요하다. 역사상 현대의 영혼탐구 풍토에서만큼 영성지도가 긴박하게 요구되었던 적은 단 한 번도 없다.

2
그리스도교 전통의 영성지도

그렇게 해서 영적인 아버지는 전통과 생생한 유대 관계를 맺게 된다.

앙드레 로우프[1]

실수를 저지르지 않으려면 당신에게 조언을 해줄 만한 사람—영적인 아버지나 영성상담가, 마음이 통하는 형제—이 있어야 한다; 그리고 기도를 하는 동안 당신에게 일어나는 모든 일들을 그 사람에게 알려줘야 한다.

은둔자 테오판[2]

영성지도의 시작

한 개인의 특별한 요구에 관련될 때, '영성지도'라는 용어는 보통 영혼의 치유를 가리키는 것으로 사용된다. 다음과 같은 막스 뚜리앙의 정의는 유용한 출발점이 되어준다: '영성지도 또는 영혼의 치유는 특정한 심리적·영성적 상황에서 성령의 인도를 추구하는 것이다.'[3] 여기에서 강조점은 추구에 주어진다. 그리고 추구는 상호적인 것이다. 지도자와 지도를 받는 사람은 둘 다 추구하는 사람이다: 그들은 둘 다 영성지도와 영성의 흐름, 그리고 관계의 신적-인간적 과정에 속하는 사람들이다. '영성' 과 '영성생활' 은 종교적인 부분이나 순탄한 생활영역이 아니다. 차라리 영성생활은 하나님께로 향하는 전인적인 삶이다.

그럼에도 불구하고, 영성지도 사역에는 기술과 훈련이 필요하다. 따라서 마틴 쏜톤은 금욕신학의 과제와 지도자의 임무를 다음과 같이 서로 연결지었다:

> 금욕신학은 기도와 그 기도를 후원해 주고 양육해 줄만한 기술, 방법, 그리고 훈련에 관한 실천적인 이론이다. 영성지도는 이 이론을 제대로 숙련한 사람이 개개인들의 개별적인 요구에 따라 그것을 적용하는 것이다.[4]

쏜톤은 영성지도가 그리스도교 목사들이나 신부들의 기본적인 관심이라고 보았다. 금욕신학과 기도생활에 관한 전문적 지식과 기술을 획득하는 것이 그들의 본질적인 임무인 것이다. 램지 주교 역시 이 직무야말로 목사들의 우선순위에서 가장 높은 곳에 위치한다고 주장하였다.

> 적극적 행동주의에 굶주린 수많은 사람들이 하나님을 관상하면서 영성적인 지도를 추구하는 우리 시대의 영성적인 굶주림 속에서, 정작 본인은 기도의 사람이기를 그만 둬버린, 그래서 아무런 도움이나 지도도 제공해 줄 수 없는 그런 목사들은 끔찍한 판단을 내릴 수밖에 없다.[5]

쏜톤은 성직에 관한 이해의 상실을, 성령의 분야에 무능력한 아마추어가 널리 보급되어 있는 현대의 풍조와 연결시켰다.

사람들이 배관공을 부르는 것은 그가 배관 계통에 관하여 잘 알고 있기 때문이지, 결코 폭넓은 인생 경험을 갖추고 있기 때문은 아니다. 또 사람들이 골프 전문가에게 코치를 받는 것은 그가 일주일 경력의 아마추어가 아니기 때문이다. 사람들은 20년 동안 의학서적을 전혀 읽지 않아서 현대적인 의약품에 관하여 전혀 모르는 의사들은 절대로 신뢰하지 않는다. 이와 마찬가지로 나는 지적인 현대 그리스도인들이 기도, 학문, 전문적인 업무 외의 다른 것들에만 전념하는 목사를 점점 더 의심하게 되는 게 아닌가 생각한다……한 목사가 몹시 혼란스러운 이 세계의 사람들을 인도할 때 그것이 그만한 가치를 지니게 되는 것은 바로 그가 기도할 시간, 연구할 시간, 성찰할 시간을 갖고 있기 때문이다.[6]

마찬가지로 나는 기도와 연구와 금욕신학이 모든 목사들의 사역에 반드시 필요한 것이며, 이러한 훈련이 없다면 결국 목양 업무는 시들해지거나 또는 피상적인 것에 머무르고 말 것이라고 확신한다. 그러므로 영성지도는 결코 목회의 보조 활동이나 '특수한' 형태가 아니다. 영성지도는 모든 목사들에게 요구되는 일상적인 목회 업무의 통전적 일부인 것이다. 그리고 이러한 주장은 모든 목사가 사실상 신학자로서의 사명을 띠고 있다고 말하는 것이나 다름없다.

'학문적' 신학과 목양적 돌봄, 영성지도의 실습 간에 존재하는 격차는 그것과 관련된 모든 것에 비참한 결과를 가져왔다. 우리는 종종 그러한 격차가 지나치게 과장되고 있다는 말을 듣는다. 또 우리는 그러한 격차가 실제로는 전혀 존재하지 않으며, 이러한 확신은 그저 불확실한 것에 지나지 않는다고 하는 말을 듣게 된다. 신학연구, 최소한 그리스도교 신학의 연구는, 기도생활과 경건의 추구로부터 동떨어져 있는 한 절대로 건전한 상태를 유지할 수 없다. 신학자는 모름지기 기도의 사람이어야 한다. 에바그리우스의 표현을 그대로 빌자면, '신학자는 진실한 기도를 하는 사람이다. 만일 당신이 진실로 기도하는 사람이라면, 당신은 이미

신학자이다.'[7] 또한 성 요한 클리마쿠스는 다음과 같이 말했다: '순결함의 극치가 곧 신학의 출발점이다.'[8] 사실 그리스도교적 동양 세계의 총체적인 영성 전통은 '분리된' 신학의 개념을 거부한다. 신학은 살아계신 하나님과의 만남이지, 행동에 옮겨지지 않는 학문적 연습이 결코 아니다. 만일 신학의 자리가 그저 강단이나 도서관에 그치고 만다면 이러한 만남은 결코 지속될 수가 없다. 신학은 성례전적인 예배, 고독, 목양적 돌봄, 그리고 영혼의 치유를 촉진해야 한다. 신학은 실제 상황과 지속적인 관계를 맺고 있어야 하며, 그 실제 상황으로부터 생겨난 것이라야 한다. 다시 말해서, 동양의 전통 사상에 따르면 모든 신학이 다 신비주의적인 셈이다.

> 그러므로 신학이 없는 그리스도교적 신비주의는 결코 존재하지 않는다; 하지만 무엇보다도, 신비주의가 없는 신학은 절대로 있을 수 없다……그것은 전인적으로 관계를 맺는 실존적 태도: 경험과 동떨어진 신학이란 그 어디에도 존재하지 않는다; 변화하는 것, 새 사람이 되는 것이 반드시 필요하다. 하나님을 알기 위해서는 하나님께 가까이 다가가야 한다. 하나님과의 합일이라는 길을 따르지 않는 사람은 결코 신학자가 될 수 없다. 하나님을 알아간다는 것은 곧 하나님을 신격화하는 것이다.[9]

우리의 서구적인 전통에서는, 살레의 성 프란시스가 '신비신학'을 기도와 동의어로 사용하였다.[10] 신비주의에 가장 적대적인 자세를 취한 신학자들 가운데 한 사람으로 정평이 나 있는 칼 바르트조차도 〈종교개혁 교회 신학〉이라는 저서에서 '신학적인 작업의 가장 우선적이고도 기본적인 행위는 바로 기도'라고 강조하였다. 계속해서 그는 다음과 같이 말했다: '신학적인 작업은 단순히 기도로 시작된다거나, 단순히 기도에 병행되는 것이 아니다; 기도는 오로지 기도의 행위를 통해서만 수행할 수 있는 신학의 전체적인 작업들 가운데 한 가지 특별한 특징이다.' [11] 그러므로 교리와 영성 간에는 최대한으로 밀접한 연결이 가능해진다. 영성은 응용 교리다: 거짓 영성은 거짓 교리의 응용이다. 그러나 교리가 언제나 완벽하게 의식적인 것은 아니다. 예를 들면, 마틴 쏜톤은 그리스도에 대한 대부분의 헌신이 인간성의 결핍 때문에 고통을 당하고 있으며, 이 때문에 제한하는 긴장과 마니교 비슷한 형태로 나아가게 된다는 사실을 지적하였다. '이런 경우 올바른 영성지도는 반-아폴로주의의 적용이며, 나지안젠의 그레고리가 쓴 글을 읽으면 읽을수록 우리는 점점 더 유능한 영성지도자가 될 것이다. 그러나 우리에게는 성 버나드의 본보기도 필요하다. 그가 우리에게 어떤 식으로 영성지도를 적용할 것인지 가르쳐 줄 것이기 때문이다.' [12] 그러므로 신학과 영성 간에는 아무런 갈등도 없어야 한다. 더더구나 신학을 단순히 영성생활의 이론적인 구조로 간주하는 일은 결코 없어야 한다. 오히려 모든 신학은 관상적인 것이며, 그리스도 안에 계시된 하나님을 전심으로 바라보는 것이다. 곧 하나님 안에서 그리스도와 함께 숨어 지내는 삶 속에 명백히 표명된 하나님을 전심으로 바라보는 것이다.

그리스도교적 신비신학은 그 뿌리를 성서에서 발견한다. 전통적인 '세 가지 방법'(정화, 조명, 합일)은 복음서에 인위적으로 부과되는 신비주의 유형들과 그리 다르지 않다. 하지만 그것들은 복음서의 메시지가 지니고 있는 가장 특징적인 것들—회개, 성령 안에서 사는 삶, 그리고 완전—로부터 비롯되었다. 영성발달 활동은 성서적 계시의 본질적인 요소다. 그것이 한 백성의 발달, 곧 죄와 회개, 사막과 유랑, 갈등과 투쟁으로 특징지어지는 발달에 관심을 두고 있기 때문이다. 이 발달에는 성령의 조명, 예언자적 비전도 포함되며, 이것들은 성육신에서 최고조에 이른다. 그리스도교적인 삶은 신약성서에서 하나의 발달 과정으로 묘사된다: 자기 손에 쟁기를 잡고 뒤를 돌아다보지 않는 것(누가복음 9:62), 끝까지 참는 것(마태복음 24:12, 13), 달리기 경기나 투쟁을 준비하는 것(고린도전서 9:24~26). 거기에는 그리스도 안에서 사는 삶이 지니는 완전함, 거룩함, 충만함이 명백하게 요구되고 있다. 이 완전해지라고(*teleios*) 하는 요구(빌립보서 3:15)는 여러 가지로 번역된다. 영성적인 성숙(RSV와 NEB)에 대한 요구로 번역되기도 하고, 영성적인 성인(J. B. Phillips)이 되라는 요구로 번역되기도 한다. 영성적인 성장 과정, 이것이 바로 영성지도의 목적이다. 한편 목양적 돌봄과 큐라 아니마룸(*cura animarum*)의 주제들 역시 성서로부터 이중적인 강조점을 도출해 낸다. 라틴어로 큐라(*cura*)는 본디 돌봄(*care*)을 의미한다. 하지만 그것은 동시에 치유(*healing*)를 의미하기도 한다. 그리고 성서에서 반복적으로 나타나는 목자의 상징은 이 두 가지 주제를 동시에 포함한다. 목자는 양떼를 먹이고 기르는 사람이다. 약한 양들을 튼튼하게 키워 주고, 병든 양들을 고쳐 주며, 다리가 부러지고 상한 양들을 싸매어 주고, 잃어버린 양들을 찾는 사람이다(에스겔 34:3~4; 15~16). 이 목자 이미지는 영혼의 치유 역사에서 자주 되풀이하여 나타난다. 에스겔서에서는 목자가 치유(34:16)뿐만 아니라 조화와 샬롬(*shalom*), 곧 평화의 성취(34:24)에도 관심을 보이는 것으로 나타난다. 그리고 신약성서에서는 상처 입은 치유자, 살해당한 양, 피로워하는 목자, 그리고 양떼를 기르는 안내인 등의 주제들이 한꺼번에 등장한다.

그러므로 영성지도자인 목사들은 하나님과의 만남에 관심을 두며, 인간 공동체와 개별적인 인간이 신적인 존재와 하나가 되는 과정에 관심을 모은다. 목자는 양떼에게 열중한다. 그리고 이러한 영성의 사회적 차원은 매우 중요하다. 그리스도인들은 하나님과의 고독한 산책이나 비밀스런 신비주의적 여행, 오직 한 분만을 향한 오직 한 사람의 이동을 추구하지 않는다. 그리스도인들은 인간성, 갱신, 하나님의 나라, 변형된 우주, 그리스도의 몸에 관심을 집중시킨다. 온갖 신비신학들은 바로 이러한 양떼 또는 그리스도의 몸의 맥락 안에서 실천되고 있다. 그리고 이러한 틀을 벗어나서 영성적인 추구가 발생할 때에는 아주 심각한 위험과 사고가 발생할 수 있다. 물론 그렇다고 해서 교회의 범위를 벗어난 영성의 실제를 부인하려는 것은 결코 아니다. 하지만 거의 모든 전통들의 경우, 영성생활의 위대한 스승들은 영성적인 자아-탐구의 위험을 경고하며, 일상적인 삶과 인간 공동체, 그리고 정의와 평화에 대한 욕구를 무시하는 조명 추구의 위험을 경고한다. 14세기에 러이스브뢰크는 그런 추구자들에 관하여 다음과 같이 가혹한 비판을 한 바 있다: '성령의 조명을 받은 사랑의 사람은 하늘과 땅의 모든 자비의 사람들에게서 나온다……이 사람들은 모두 자기 갈 길을 간다.'[13] 다른 한편, 영성지도자들은 다음과 같은 사실을 강조한다: '그리스도인의 완전은 완벽한 정의이며, 완벽한 정의는 완벽한 자비이다……만일 우리 영성생활의 완전이 바로 정의와 자비의 성장이라면, 그것의 본질적인 법도 진보할 것이다.'[14]

따라서 영성신학의 업무가 진행되는 곳은 바로 양떼와 그리스도의 몸의 일상적인 생활 속에서다. 우리는 금욕신학이란 기도생활의 성장에 도움이 될 만한 방법과 기술, 원칙들을 발견해 내고 사용하기를 바라는 그리스도의 몸 안에서의 활동이라고 정의 내릴 수가 있다. 그리고 그 과정을 통하여 이 성장에 장애가 되는 것들도 발견하게 된다. 금욕주의적(ascetic)이라는 말은 아스케인(askein)이라는 그리스어에서 파생된 것이다. 이 그리스어는 행동으로 준비하다, 연습을 통하여 적응하다, 수련하다의 의미를 지니고 있다. 따라서 금욕주의는 영성수련, 십자가를 지고 그리스도를 따르는 것이다(마태복음 8:34). 그러한 수련의 목적은 우리 안에서 그리스도를 발전시키는 것, 그리고 성령 안에서 점점 더 많이 협동하는 것이다. 이제껏 금욕신학은 '완전에 대한 갈망을 이루는 데 필요한 수련'을 취급하는 용어로 간주되어 왔다.[15] 그러나 그런 것은 신학의 발달이 아니라 차라리 '기도를 지지하고 육성하기 위하여 기도의 스승들이 정신적·신체적 수련과 더불어 해석, 채택하는 그리스도교 교리'[16]라고 할 수 있다. 베들레헴과 갈보리에서 발생했던 사건들은 지금 나에게 일어나는 사건과 생생하게 연결되어 있다. 그 도그마와 영성이 일치

하기 때문이다. 11세기 신약성서학자인 성 시므온은 다음과 같이 기록한 바 있다:

> 말씀이 어머니로부터 육체의 형태를 띠고 태어나는 이 형언키 힘든 탄생과 우리 안에서 말씀이 영성적으로 태어나는 탄생은 전혀 별개의 것이다. 첫 번째 탄생은 하나님의 아들과 말씀으로 탄생함으로써 인간의 재형성, 전 세계의 구원이라는 신비가 탄생하는 것이었다─ 우리 주 예수 그리스도와 그분으로부터 멀리 떨어져 있던 것들을 그분과 재결합시키고 세상의 죄로부터 멀리 떼어 놓으신 하나님; 그리고 두 번째 탄생은 성령 안에서 하나님의 말씀과 지식으로 탄생하는 것인데, 이것은 곧 인간 영혼의 부활 신비를 우리 가슴 속에서 지속적으로 성취하는 것이다.[17]

모든 진정한 신학과 모든 영성지도가 관심을 표명하는 것이 바로 이와 같은 인간 영혼의 부활이 지니는 신비이다.

내면생활의 개인지도라고 하는 개념은 그리스도교만의 독특한 개념이 아니다. 원시 문화에서는 남아프리카의 주술사나 침부키(*chimbuki*), 그리고 매우 많은 사회에서 찾아볼 수 있는 샤만(*shaman*)이 영성지도나 치유의 역할을 수행하였다. 영성지도는 힌두교, 요가, 불교뿐만 아니라 전통적인 철학 학파들 사이에서도 중요한 역할을 담당하였다. 나중에 가서 현인(*sage*)은 지혜와 덕망과 통찰력으로 제자들의 생활을 개선하고 변형시키는 사람으로 간주된다. 소크라테스는 비록 디다스칼로스(*didaskalos*)라는 개념을 부인하였지만, 피타고라스는 이러한 유형의 현인이었다. 확실히 소크라테스는 스스로를 이아트로스 테스 푸쉬케스(*iatros tes psuches*), 곧 영혼의 치유자라고 보았다. 숙련자/제자의 관계는 정치학이나 철학에 헌신할 수 있는 좀 더 숭고한 삶을 위한 준비였다. 그 관계는 자발적인 것으로서 무상으로 이루어졌으나, 제자들은 당연히 시시각각 주어지는 테스트에 순종해야만 했다. 에피쿠루스(*Epicurus*)는 대개의 사람들이 지도자를 필요로 하는 데 비해 간혹 혼자 힘으로 진리에 도달하는 사람이 있기는 하지만, 때로는 특별한 훈련과 연습이 필요한 사람도 있다고 주장하였다. 에피쿠루스에 따르면, 그런 사람들은 무신론자임에도 불구하고 '우리 영혼의 건강'을 매우 강조한다고 한다. 스토아학파는 양심의 체계적인 점검과 명상에 관하여 교육하였다.

그러나 영성지도의 그리스도교적 개념에 좀 더 가까운 것은 힌두교의 구루(*guru*) 개념이다. 그 용어는 요즈음 점점 더 광범위하게 사용되고 있다. 하지만 '신성모독은 아니다 하더라도 경박하게 사용되는' 경우도 종종 있다.[18] 힌두교 영성에서 구루는 스승이나 숙련자, 지도자가 아니다. '아니다. 구루는 이런 것들 가운데 하나가 아니다. 숙련자도 아니고, 스승도 아니고, 지도자도 아니다. 구루는 빛이요, 신적인 현현이다.'[19] 구루의 역할은 태양의 역할과도 같은 것으로 전해진다—존재하는 것, 빛을 비추는 것이다. 힌두교 문학은 이 구루를 매우 두드러지게 묘사한다. 수많은 초기 본문들을 보면, 구루가 최고의 덕망과 깨달음을 갖춘 사람이라고 묘사되어 있다. 그리고 어느 힌두교 교리 문답에는 이러한 내용이 들어있다:

> 자만과 오만은 그 누구에게도 적합하지 못하다: 절개와 인간성, 상냥한 마음씨, 동정심, 진실성, 이웃에 대한 사랑, 부부간의 신뢰, 선량함, 친절, 청결은 모두 정말로 덕망 있는 사람들에게 특징적으로 나타나는 자질들이다. 이 열 가지의 자질을 모두 다 갖춘 사람이야말로 진정한 구루라고 할 수 있다.[20]

비쉬누 법전에는 다음과 같은 말이 실려 있다: '한 사람에게는 아버지, 어머니, 영적인 스승, 이렇게 세 명의 특별히 탁월한 어른들(atigurus)이 있다.'[21] 물론 끄리쉬나는 '구루 중에서도 최고의 구루'다. 많은 작가들은 구루의 지배가 힌두교 영성의 근본적인 약점으로 작용한다고 주장해 왔다.

동양 전통들 가운데 영성지도의 예는 그 외에도 아주 많다―불교의 탁발승(bhikkus), 중국의 현인, 그리고 수피교의 무르쉬드(murshid, 올바르게 지도해 주는 사람). 수피교의 영성지도는 10세기 무렵에 이르러 제대로 형성되었다. 11세기에 쓰인 알-후지위리의 저서 〈베일을 벗은 이들의 베일을 벗기기〉는 제자와 지도자의 관계를 설명해 주고 있는데, 영성적인 욕구를 충족시켜 줄 수 있는 무르쉬드의 기술을 특히 강조한다. 11세기 후반의 알-가짤리는 샤이크나 지도자의 자문을 추천하였으며, 그의 저서 〈마음의 경이로움을 점검하기〉는 양심의 점검에 대한 가르침을 상세히 실었다. 오늘 수피교의 지도자인 피르 빌라야트 인아트 칸은 지도자를 가리켜 제자와 함께 길을 걷는 사람이라고 말한다. '제자는 무르쉬드, 스승의 마음속에 모래 알갱이와도 같은 존재다. 그는 이 모래 알갱이를 진주로 변화시킨다.'[22]

유대교 전통에서 야훼와의 관계 의식은 곧 개별적인 지도에 대한 욕구가 상당히 감소한다는 것을 의미했다. 야훼 자체가 지도자이자 안내자였으며(시편 73:24; 지혜서 7:15), 야훼의 말씀은 영혼의 등불이었기 때문이다(시편 119:105). 그럼에도 불구하고 영성지도자는 여전히 존재했다―예언자, 제사장, 현자. 예레미야는 다음과 같이 의미심장한 말을 한다: '율법은 제사장으로부터 결코 사라지지 않을 것이고, 지혜는 현자로부터, 말씀은 예언자로부터 결코 사라지지 않을 것이다' (예레미야 18:18, RSV). 또한 예레미야는 에돔에도 이집트와 바빌로니아처럼 현자들의 학교가 있었음을 시사해 준다(49:7). 그리고 열왕기상(4:31)과 역대상(26:14)에는 초기 이스라엘의 몇몇 현자들에 관한 언급이 들어 있다. 신명기 33:8~10의 고전적인 제사장직 정의와 희생제 정의를 들여다보면, 그들은 두 가지의 상이한 기능을 수행했었다: 신탁(툼밈과 우림)을 전달할 수 있는 능력, 그리고 교훈(*mishpatim*)과 율법(*toroth*)을 가르칠 수 있는 능력. 이 두 가지 영역에서 특별한 능력을 지닌 사람은 그만큼 인정을 받았으며, 이것들은 제사장 업무의 본질적인 부분으로 여겨졌다. '제사장은 지도(torah)에 부족함이 없어야 한다'(예레미야 18:18). 이 본문은 위에서 인용한 본문처럼 번역되기도 한다. '네가 제사장이라고 하면서 내가 가르쳐 준 것을 버리니, 나도 너를 버려서 네가 다시는 나의 성직을 맡지 못하도록 하겠다'(호세아 4:6). 그러므로 영성지도는 제사장직의 주요 사상임에도 불구하고, 그저 제사장에게만 한정되어 있지 않았다. 집회서에는 의사의 중요성에 관하여 설명해 놓은 유명한 본문이 있다(38:1~15). 또한 집회서는 독자들에게 신적인 인간의 지도를 추구하라고 열심히 권유한다(6:34~36; 37:7~15). 나중에 가서는 랍비들이 영성지도자가 되었다. 그러므로 속죄의 날 이전에 후기의 전—그리스도교적 유대교에서는 회개와 고백의 권유가 있었다. 그리고 후에 하시디즘 공동체에서는 짜디크가 제자들에게 하나님에 관한 지식을 지도하는 영성지도자 겸 조력자의 역할을 담당하였다.

초기 그리스도교에서 목사와의 개별적 관계에 관한 언급은 때로 그리스도교 공동체 내의 회개와 친교 회복의 필요에 특별히 연결되기도 한다. 그러나 초기 교부들의 글에는 영성지도의 필요에 관한 좀 더 일반적인 언급들이 들어 있다. 예를 들면, 성 바질(330~79)은 독자들에게 '당신이 거룩한 삶을 살 수 있도록 가장 확실하게 지도해 줄 수 있는' 사람, '곧장 하나님께로 가는 길'을 잘 알고 있는 사람을 찾으라고 말한다. 그리고 '자기에게는 상담이 전혀 필요 없다고 믿는 사람은 매우 자만심이 강한 사람'이라고 경고한다.[23] 나지안젠의 성 그레고리(330~87) 역시 영성지도야말로 '모든 학문들 가운데 가장 위대한 학문'이라고 말한다.[24] 성 제롬(340~420)은 자기 친구인 루스티쿠스에게 충고하기를, 인도자 없이 잘 알지 못하는 길에 들어서지 말라고 했다. 그리고 그는 영성지도에 관한 서신을 많이 남겼다. 성 어거스틴(354~430)은 '어느 누구도 지도자 없이는 걸어갈 수 없다'고 강조한다. 그러나 이 초기 그리스도교의 영성지도의 성장에 관하여 좀 더 상세한 설명을 하기 위해서는 동양의 사막 교부들을 살펴보아야 한다.

사막의 교부들과 동방 전통

그리스도교 전통 내부에서 영성지도가 상당한 정도로 성장했다는 최초의 증거는 4~5세기 이집트, 시리아, 팔레스타인의 사막 교부들에게서 찾아볼 수가 있다. 제자들은 이 거룩한 남자와 여자, 곧 사막의 압바(*abba*)와 암마(*amma*)들로부터 조언과 지도를 구해야 했다. 제자들은 그들로부터 가르침보다는 마음의 거룩함과 청결함을 추구했으며, 그들의 중심개념은 영적인 아버지가 되는 것이었다. 4세기에 이르자 영적인 아버지(*pneumatikos pater*)라는 용어가 교부들의 저서에 제대로 확립되었다. 제자들은 이제 이 남자와 여자들에게서 분별을 추구하게 되었다. 이와 같은 미덕은 위대한 수도사 성 안토니 시대부터 계속해서 진정한 영성지도자의 본질적인 특징으로 간주되어 왔다. 영성지도자는 그저 영성적인 기술을 가르치는 사람이 아니었다. 영성지도자는 자신의 자녀가 기도와 관심과 목양적 돌봄을 통하여 내적인 삶을 제대로 확립할 수 있도록 도와주는 아버지와도 같았다. 우리는 아포프테그마타나 사막 교부들의 잠언에서 영적인 아버지의 장소를 분명하게 찾아볼 수가 있다. 여기에서 우리는 카리스마를 지닌 광야의 거룩한 사람, 곧 압바(*abba*)의 특징을 접하게 된다. 이 사람들의 금언에는 실제적인 문제와 어려운 일들에 대한 해답도 실려 있다. 성 안토니의 것으로 간주되고 있는 금언 한 가지를 예로 들면 다음과 같다: '자기 자신의 일만 신뢰하기 때문에 힘든 일을 많이 겪고 나서도 결국 쓰러져 미치광이로 타락하고 마는 신부들을 나는 알고 있다.' 그는 계속해서 이렇게 말한다: '할 수만 있다면, 신부는 경험이 풍부한 연장자들에게, 자신이 얼마나 많은 발걸음을 떼고 있는

지, 자기 밀실에서 얼마나 많은 물방울들을 받아 마시는지, 대담하게 말해야만 한다. 자칫 실수를 저지르면 안 되기 때문이다.'[25] 실제로 어떤 형제는 자기 연장자에게 다음과 같이 고백하였다:

> '밀실에서 하라고 권유 받은 모든 일들을 내 밀실에서 이행하고 있습니다. 하지만 나는 하나님의 위로를 전혀 못 받고 있습니다.' 연장자가 이렇게 말했다: '이런 일이 벌어지는 것은 네 자신의 뜻이 이루어지기를 바라고 있기 때문이다.' 그 형제가 말했다. '아버지, 그렇다면 나에게 무슨 일을 시키실 겁니까? 그러자 연장자가 이렇게 말했다. '너 자신이 하나님을 경외하는 사람, 하나님 앞에서 자신을 낮추는 사람, 하나님께 자신의 뜻을 양보하는 사람에 소속되어야 한다. 그렇게 하면 하나님의 위로를 받게 될 것이다.'[26]

이 초기 그리스도교 시대에도 이미 영 분별(*diakrisis*)이 영성지도의 중요한 요소로 간주되고 있다. 사막 교부들의 이야기에는 터무니없이 극단적인 것으로 흘러버린, 그래서 영 분별을 못하여 영성적인 피해자로 전락하고 만 수도사들의 예가 많이 실려 있다. 동양의 수도사들은 인도자 없이 탐구하는 것의 위험을 강조하였다. 그러나 맹목적인 복종이나 지배라는 개념은 전혀 나타나지 않는다. 영적인 아버지들은 일차적으로 모범을 통하여, 그리고 이차적으로는 말을 통하여 가르쳐야 했기 때문이다.

> 한 형제가 교부 포에멘에게 물었다: '몇몇 형제들이 저와 함께 살고 있습니다: 제가 그들을 책임지기를 원하십니까?' 그러자 그 노인은 이렇게 대답하였다: '아니다, 그냥 맨 먼저 일해라. 만일 그들이 너처럼 살고 싶다면 스스로 그렇게 할 것이다.' 그 형제가 다시 말했다: '하지만 아버지, 저더러 그들을 책임져 달라고 하는 쪽은 바로 그들 자신입니다.' 그 노인이 그 형제에게 말했다: '아니다, 그들의 본보

기가 되어야지, 그들의 법률가가 되어서는 안 된다.'[27]

사막의 영성 전통에서는 두 사람이 저마다 스승과 지도자로 등장한다: 에바그리우스와 카씨안. 에바그리우스 폰티쿠스(345~99)는 지금까지도 '우리 영성 문학의 아버지'[28]라고 불려오고 있으며, 이제껏 그는 '진정한 영성적 변화를 불러일으키는 사람'[29]이라고 인정받아 왔다. 팔라디우스에 따르면, 그가 영성지도자로 널리 추대 받아왔던 이유는 그가 고된 수련의 열매, 청결한 마음의 열매로서 '영들에 대한 지식과 지혜, 그리고 분별'[30]의 은사를 받았기 때문이라고 한다. 사막으로 이동하던 초기에 에바그리우스는 어느 늙은 사막의 교부(아마도 이집트의 마카리우스일 가능성이 크다)를 찾아가 다음과 같이 요청하였다: '제 영혼을 구할 수 있도록 제게 몇 가지 조언을 해주십시오.' 그 노인의 대답은 이러했다: '만일 네 영혼을 구하고 싶다면, 질문을 받기 전까지 절대로 말을 하지 마라.'[31] 그 대답은 고독과 침묵에 강조점을 두고 있는 사막 영성의 주류에서는 굉장히 중요한 의미를 지니고 있었다. 에바그리우스는 나중에 가서 '이해심이 깊은 사람'[32]으로 일컬어지게 되었다. 그는 사막 수도사 운동 출신의 가장 중요한 작가였으며, 최초로 기도에 대한 사막의 가르침을 체계적인 형태로 제시한 사람도 바로 그였다. 그의 사상 속에서 우리는 영혼의 파멸을 가져오는 7가지 죄의 기초를 형성하고 나중에는 자기-점검의 발달을 불러일으키는 죄의식의 8가지 범주들을 발견하게 된다. 또한 그의 업적 가운데에는 죄의식과 '악마' 간의 갈등을 아주 상세하게 다뤘다는 것도 포함되어 있다.

에바그리우스의 제자인 요한 카씨안(360~435)은 베들레헴의 수도원에서 몇 년 동안 생활하다가 이집트 사막으로 떠났다. 이집트에서 거주하던 시기에 그의 24권짜리 〈회의들〉이 집필되었는데, 이것은 사막의 여러 지점에서 은둔자들로부터 들은 담화들에 대한 보고서이다. 영성적인 문제에 관한 회의 또는 확장된 담화의 전통은 파코미우스 통치 시대로까지 거슬러 올라간다. 그리고 4세기 말엽에는 그것이 영성지도의 표준적인 방법론으로 자리잡게 되었다. 마르세일레스에 있는 카씨안의 수도원에서 우리는 성만찬 예식과 매일기도서, 영성지도의 고백에 토대를 둔 생활양식을 발견하게 된다. 거기에는 최소한 여섯 겹의 매일기도서가 있으며, 새벽기도나 아침기도 같은 일과는 베들레헴 수도원에서 창안된 것이다. 하지만 개별적인 고백의 성례전 체계는 아직까지 전혀 존재하지 않았다. 그럼에도 불구하고 끝없는 회개에 관한 사상과, 한 사람의 생각이나 유혹이 경험이 풍부한 연장자 형제에게 흘러넘친다고 하는 사상은 그 시대에도 이미 존재하고 있었는데, 이 두 가지 사상은 나중에 하나로 통합되었다.

카씨안의 〈회의들〉에서 우리는 교부 모세의 이야기를 읽게 된다. 그는 덕망과 관상기도의 실천으로 유명한 사람이었다. 다른 사람들이 와서 그에게 부탁했다: '우리의 영성 발달에 도움이 될 만한 말씀을 해주십시오. 우리는 신앙과 진심에서 우러나오는 참회 때문에 영성생활에 대한 교훈을 추구하는 사람들 말고는, 그 어떤 교훈도 주지 말라는 매우 융통성 없는 규칙만을 들어왔습니다.' [33] 그러한 추구자들에게 현명한 노인 수도사는 은둔적인 삶과 마음의 청결함, 그리고 하나님에 관한 지식을 말해 주었다. 그는 그들에게 하나님의 은총 가운데 가장 큰 은사인 분별과 생각의 통제에 관하여 말하였다. 그는 '자기 생각을 연장자들에게 털어놓은 다음 그들로부터 사려분별을 배우는 것이 매우 중요하다' [34]고 강조하였다. 그와 마찬가지로 교부 이삭 역시 추구자들에게 끊임없는 기도와 기도의 유형, 그리고 주님의 기도를 본보기로 사용하는 것에 관하여 말하였다.

이 거룩한 사람들은 자기 자신의 삶과 경험의 깊이에 입각하여 기도를 이야기하였다. 그들의 대화는 제자들이 그들에게서 추구하던 것이 바로 그것이었다는 사실을 암시해 준다. 게르마누스가 교부 이삭에게 이렇게 말했다: "우리가 하나님을 마음속에 품을 수 있도록, 그리고 마음속에

품은 것이 영속적으로 유지될 수 있도록 이 회상의 구성 요소들을 우리에게 가르쳐 주시기 바랍니다." 그러자 이삭은 계속해서 자기가 '관상의 공식' 이라고 일컫는 것에 관하여 가르쳤다. 그는 다음과 같이 말했다: "그 공식은 살아 있는 최고령의 아버지들 가운데 몇 분이 우리에게 주신 것이다. 그분들은 새로운 방식을 열망하고 있는 아주 소수의 사람들을 제외하고 모든 제자들에게 그 공식을 전달하였다." 그 공식은 사실 '오, 하나님, 신속하게 저를 구원하여 주옵소서: 오, 주님, 어서 속히 저를 도와 주옵소서.'[35]라는 문장을 지속적으로 사용하게 구성되어 있다. 이삭은 언제 어느 때나 어떤 상황에 놓여 있든지 간에 그 공식을 지속적으로 사용할 것을 권유하였다. 이렇게 해서 우리는 영성지도의 중심 부분을 차지하고 있는 '영성수련'의 기원을 살펴보게 된 셈이다.

동방정교회 전통의 '영적인 아버지'

5세기 초에 사망했던 이집트의 교부들 가운데 한 사람으로서 고된 수련의 길을 걸었던 성 마가는 니콜라스 수도사에게 이렇게 말했다. 그리스도를 따르기로 한 사람들은 '다른 종들에게 하나님에 관하여 질문해야 한다……어떻게, 어디로 [그들의] 발걸음을 옮겨야 할지 알아내기 위해서. 그리고 그들은 밝은 등불이 없이 어둠 속으로 걸어가서는 안 된다.' 7세기의 또 다른 동양 지도자 성 도로테오스는 자신의 저서 〈영성수련지침〉에서 다음과 같이 말했다:

> 그 어떤 사람도 하나님께로 나아가는 길에 스승이 전혀 없는 사람들보다 더 불행할 수는 없다. 지도받을 만한 사람이 전혀 없는 사람들은 어찌하여 나뭇잎처럼 떨어지고 마는 것일까? 나뭇잎은 처음에는 초록색으로 아름답고 울창하게 우거지지만, 점점 시들어가면서 떨

어지고, 결국에는 발아래 짓밟히게 된다. 따라서 나뭇잎은 지도자가 전혀 없는 사람과도 같은 것이다.

그러므로 그는 제자들에게 충고하기를, '우리가 신뢰할 만한 사람'에게 상담을 받으라고 한다. 6세기 후반의 시리아 사람 성 이삭은 다음과 같이 촉구하였다:

> 비록 학식이 조금 부족하더라도 실천적인 업무를 많이 연구한 사람이 있다면, 당신의 생각을 그 사람에게 털어 놓으십시오. 그리고 모든 것을 직접 경험해 왔기에, 당신의 경우 어떤 안목이 필요한지를 끈기 있게 판단해 줄 수 있고, 나아가 당신에게 정말로 유용한 것이 무엇인지 지적해 줄 수 있는 그런 사람의 조언을 잘 따르십시오.[36]

7세기의 성 요한 클리마쿠스는 이집트를 떠나 약속의 땅으로 들어가고 싶은 초심자들은 또 한 명의 모세를 지도자로 모셔야 한다고 주장하였다. 또한 어느 정도 진전을 이룬 사람들도 지도자의 대표적인 인물이라고 할 수 있는 사람에게 자신의 영혼을 보호해 주도록 맡겨야 한다고 주장하였다.[37] 이와 비슷하게, 8세기의 시나이 반도 사람 아나스타시우스 역시 '영혼의 경험을 지니고 있는 영성적인 사람들'에게 고백하라고 충고하였다. 영성적인 길을 따라가는 사람들은 '경험이 풍부하고 우리를 치유해 줄 수 있는 영성적인 사람을 발견해 내야 한다.'[38]

사막 운동은 수세기 동안 계속해서 영성적인 성장의 원천으로 전해져 내려왔다. 이것은 중세의 영성지도에 관하여 방대한 분량의 자료들을 전해 주고 있는 동양의 수도사들로부터 비롯된 것이다. 11세기의 신약성서 학자인 성 시므온은 영적인 아버지께 복종할 것을 촉구하였다: '하나님의 손에 맡기는 것처럼, 모든 것을 당신의 영적인 아버지 손에 맡기십시오. 그것이 바로 완전한 신앙의 행위입니다……하나님 안에서 자기 아버지에 대하여 적극적인 신앙을 획득한 사람은, 아버지를 볼 때에 그리스도를 보는 것처럼 생각합니다.' 시므온은 영적인 아버지는 '격렬한 감정들에 대한 지식과 더불어 경험을 많이 한 스승', '격렬한 감정들로부터 자유로운 성스러운 교육자'여야 한다고 말한다. 14세기 시나이의 성 그레고리는 '어떤 사람이 스스로 미덕의 기술을 배운다는 것은 불가능하다' 는 견해를 피력하였다. 따라서 그는 기도 가운데 성장하기를 바라는 사람이라면 경험이 풍부한 사람들의 말에 귀를 기울여야 한다고 주장하였다. 또한 14세기의 수도사 칼리스투스와 크산토풀로스의 이냐시오는 제자들에게 다음과 같이 촉구하였다: '스승과 지도자를 찾아내기 위하여 온갖 노력을 다 동원하여라……성령을 자기 안에 품고 있는 사람, 자신의 말과 일치하게 삶을 이끌어 가는 사람, 마음속의 비전이 매우 높은 사람, 자기 생각에 겸손한 사람, 모든 면에서 좋은 기질을 지니고 있는 사람, 그리고 일반적으로 그리스도의 스승과 같이 될 수 있는 사람.' 그들은 계속해서 다음과 같이 말한다:

> 그런 사람을 찾아내고 나면, 마치 자기 아버지께 헌신적인 아들처럼 몸과 마음을 다해서 그 사람에게 충실하십시오. 그리고 계속해서 그의 명령에 절대적으로 복종하십시오. 모든 면에서 그와 일치되도록 하십시오. 그를 단순히 사람이 아니라 그리스도라고 생각하십시오……그렇다면, 하나님의 말씀과 일치하도록 신적인 삶을 따르고 있는 사람이, 만일 지도자 없이 살아간다 하더라도, 자기 자신을 선동하고 자기 자신의 아집에 복종하는 일이 가능하다고 생각하십니까?[39]

7세기에 시나이 산 위에서 '예수기도'가 완성되었고, 8세기에 아토스 산에서는 시나이 산의 영성 유형을 자체적으로 통합시켰다. 15세기에는 예수기도, 그리고 그것과 통합된 영성지도가 러시아까지 확산되었다. 예수기도에서는 영성지도가 가장 중요한 요소로 강조되었다. 특히 작가들은 지도자의 면밀한 안내 없이는 그 누구도 호흡수련—이른바 '신체적인 방법'—을 실천하지 말아야 한다고 강조하였다. 만일 그러한 지도자가 없을 경우에는 신체적인 기술을 사용하지 말고 그저 기도만 해야 한다. 물론 그런 경우라 할지라도, 어떤 식으로든 예수기도를 실천하는 사람이라면 누구나 다 성만찬 예식 때 성례전적인 고백과 성만찬에 정식으로 참여할 수 있다는 것이 바로 정교회 지도자들의 주장이다. 따라서 언어기도와 침묵기도에 관하여 글을 쓴 바 있는 은둔자 테오판(1815~94)는 다음과 같이 경고하였다: '여기에서 경험이 풍부한 사람의 교훈이 얼마나 중요한지, 그리고 자기 혼자서 스스로를 지도하고 이끄는 게 얼마나 위험한 일인지 모른다.' 그는 예수기도에 동양의 모든 스승들이 따랐던 영성지도의 일반적인 원칙들을 규정해 두었다:

> 교부들이 설명해 놓은 여러 가지 방법들(자리에 앉기, 엎드려 절하기, 그리고 기도를 할 때 사용되는 다른 많은 기술들)이 모든 사람에게 다 적합하지는 않다: 사실 개별적인 지도자가 없다면 정말로 위험스런 방법들이다……실수를 저지르지 않으려면 당신에게 조언을 해 줄 만한 사람—영적인 아버지나 영성상담가, 마음이 통하는 형제—이 있어야 한다; 그리고 기도를 하는 동안 당신에게 일어나는 모든 일을 그 사람에게 알려 주어야 한다.

테오판은 예수기도를 사용하는 것에 관하여 〈필로칼리아〉 속에 들어 있는 지침 부분에서 다음과 같이 기록하였다:

> 이 지침은 예수기도를 수행하는 올바른 방법에 대하여 잘 아는 스승이 지켜보는 가운데 실천되어야 한다. 단지 책에 있는 설명만 보고 나름대로 그것을 실천해 보려 애쓰는 사람은 결코 환상을 피할 수 없

을 것이다. 설명에는 단지 이 작업의 피상적인 윤곽만 소개되어 있을 뿐이다: 한낱 책에다, (그 기도에 수반되어야 할 내적인 상태를 잘 이해하고, 따라서 초심자들을 관찰한 다음 그가 필요로 하는 좀 더 나은 지도를 펼칠 수 있는) 스타레쯔가 제공해 주는 온갖 상세한 조언들을 다 실을 수는 없기 때문이다.

테오판은 내면의 흥분을 의식함으로써 자기—기만의 위험에 빠질 수도 있음을 경고하였다. 특히 신체적인 수련에만 지나치게 많은 관심을 쏟을 수도 있는 위험에 말이다. 그러므로 마음의 진정한 동기를 식별해 내는 것은 지도자의 업무들 가운데 본질적인 부분이었다. '우리가 개별적으로 만날 수 있는 지도자, 우리의 얼굴을 직접 보고 우리의 목소리를 직접 들을 수 있는 지도자가 있는 게 더 좋기 때문이다; 그리고 이 두 가지는 내면의 것들을 드러내 줄 수 있기 때문이다.' 테오판은 '자신을 지도해 줄 만한 노련한 사람이 주변에 없을 경우 가장 길을 잃고 헤매기 쉬운 것이 바로 이처럼 내면의 기도를 실천하는 시기'[40]임을 인정하였다.

러시아의 위대한 영성지도자들은 스타르치였으며, 영성지도자 자체는 스타르케스트보라고 일컬음을 받았다. 스타레쯔(Staretz, 복수는 startsy)는 단순히 '늙은이'를 뜻하는 러시아어이며, 스타레쯔가 된다는 것은 곧 소박하고 겸손한 삶, 성령의 획득에 헌신하는 삶을 오랜 세월에 걸쳐 완성하는 것으로 여겨졌다. 최초의 러시아 스타르치 가운데 한 명인 소라의 닐루스(1453~1508)는 여러 해를 아토스 산에서 생활하였다. 17세기와 18세기에는 우리가 주목할 만한 러시아 영성지도자들이 상당수 눈에 띤다. 로스토프의 드미트리 주교(1651~1709)는 러시아의 전원적인 감독제도를 잘 보여주는 대표적인 예였다. 곧 '선한 목자 생활의 상징이었으며, 전형적으로 동양적이었던 감독 생활—말하자면 관리자가 영성지도자에게 자리를 비켜 주는 것—의 본보기'[41]였던 것이다. 그 외에도 성 니코데무스(1748~1809)가 있다. 그는 예수기도에 집중했던 그리스

교부들의 글을 편찬하고 나아가 동양에서 사용할 수 있을 만한 서구의 다양한 영성수련들을 채택하는 〈필로칼리아〉(1782)의 책임자였다. 이러한 활동을 가장 잘 보여주는 두 가지 예를 들면, 이냐시오를 기초로 한 그의 저서 〈영성수련〉과 스쿠폴리를 기초로 한 〈보이지 않는 전쟁〉이 있다. 18세기의 파씨 벨리치코프스키(1722~94) 역시 예수기도를 토대로 하여 영성지도의 전통을 부활시켰다. 그는 몰다비스에 정착하여 살았지만, 그가 죽은 이후로 그의 영성적인 영향력은 중앙 러시아 코젤스크 부근 옵티노의 수도원에 집중되었다. 옵티노에서 두 번째로 위대한 스타레쯔, 마카리우스(1788~1860)는 우리에게 〈평신도들에게 보내는 편지〉라는 저서를 남겨 주었다. 이 책은 그가 사망한 뒤 20여년이 되어서야 모스크바에서 출간되었다. 그는 이전의 모든 위대한 지도자들과 마찬가지로 '싸움의 경험이 풍부한 현인들의 지도'를 따라야 할 필요성에 대해서 강조하였다.

> 영성지도를 추구하지 않고도 얼마든지 행복한 사람, 좀 더 심오한 그리스도인의 삶—마음과 정신의 삶—을 위하여 끝없이 고민하지 않고도 더없이 행복한 사람은 숙련자들의 평화가 아니라 이 세계의 평화를 누리게 된다. 그래서 우리가 내면의 길을 걸어가기로 굳게 마음먹을 때마다 언제나 유혹과 박해의 폭풍우가 우리를 엄습하게 되는 것이다. 우리가 수도원으로 들어가 은둔 생활을 하든지 아니면 계속해서 이 세상에 살든지 간에, 영성지도가 우리에게 도움을 주는 것, 아니 우리에게 반드시 필요한 것은 바로 이 어두운 무리들 때문이다.[42]

19세기에는 세 명의 탁월한 러시아 스타르치—사로프의 성 세라핌, 크론쉬타트의 교부 요한, 그리고 스타레쯔 암브로시—가 더 등장하였다. 성 세라핌(1759~1833)은 확실히 가장 위대하고 가장 전설적인 러시아의 지도자였다. 그는 그리스도인의 삶의 목적이 '성령을 획득하는 것' 이라고 보았다. 영성지도는 성령 안에서 공유하는 삶의 관계, 영광 안에서 나누는 삶의 관계였다. 다음은 그 성인에 관한 가장 유명한 일화들 가운데 하나다:

'아들아, 우리는 하나님의 성령 안에서 둘 다 함께 있다! 그런데 왜 너는 나를 바라보지 않느냐?' 그러자 제자가 대답하였다: '아버지, 제가 볼 수 없는 것은 아버지 눈에서 빛나고 있는 그 빛 때문입니다. 아버지의 얼굴이 태양보다도 더 빛나서 제 눈이 너무 고통스럽습니다!' 이에 교부 세라핌이 다음과 같이 말하였다: '두려워하지 마라, 내 아들아. 너 역시 이제는 나처럼 이렇게 밝아졌단다. 너 역시 이제는 하나님의 성령의 충만함 가운데 있단다; 만일 그렇지 않다면 지금 내 얼굴을 보지도 못했을 것이다.' [43]

교부 요한(1829~1908)은 조금 다른 인물이었다. 평범한 교구 사역자였던 그는 아마도 러시아의 영성지도 전통에서 가장 좋은 본보기라고 할 수 있을 것이다. 그의 '특별한 역할은 기도하는 성직자로서의 역할' [44] 이었으며, 그는 서구의 쀠흐 다흐스와 견주어도 손색이 없는 인물이었다. 성직에 관한 교부 요한의 견해는 다음과 같은 주장을 통하여 확실히 알 수 있다:

목사는 영성적인 의사입니다. 아무런 수치심 없이, 진지하게, 개방적으로, 당신의 상처를 그에게 다 보여주십시오. 그를 아버지처럼 믿고 신뢰하십시오: 영성상담가는 당신의 영적인 아버지이며 어머니이기 때문입니다: 그리스도의 사랑은 그 어떤 친부모의 사랑보다도 더 고매하기 때문입니다. 그분은 여러분을 위하여 반드시 하나님께 응답하셔야 합니다. [45]

암브로시 또는 알렉산더 미카일로비치 그렌코프(1812~91)는 마카리우스의 제자였다. 그는 1860년에 마카리우스가 사망하자 지도의 사역을 인계 받았다. 그리고 약 30년 동안이나 옵티노 수도원의 영성지도자로 남아 있었다. 도스토예프스키와 솔로프예프가 암브로시를 방문하였다. 그는 확실히 카라마조프가(家)의 형제들에서 조씨마의 신체적인 모델들 가운데 한 사람이었다. 톨스토이 역시 1877과 1881년에 암브로시를 방문하였다. 그 당시 그는 '그와 같은 사람과 대화를 나누는 동안 사람들은 하나님과 가까이 있음을 느끼게 된다'[46]고 기록하였다. 암브로시는 치유자로서 널리 알려지게 되었으며, 지도에 관한 그의 서신들은 금식과 금욕생활에 관한 문제들을 광범위하게 취급하고 있다.

그러므로 동방정교회 전통에서 찾아볼 수 있는 영적인 아버지들은 주로 세 가지 주요 특징을 지니고 있는 것 같다. 첫 번째로, 통찰력과 분별력(diakrisis)을 지닌 사람이라는 것이다. 영적인 아버지는 다른 사람들의 마음을 꿰뚫어 볼 수가 있는데, 그것은 기도와 금욕적인 투쟁의 열매로 주어지는 은사다. 두 번째로, 영적인 아버지는 다른 사람을 사랑할 줄 알고, 또한 다른 사람의 고통을 자신의 것으로 만들 줄 아는 사람이다. 도스토예프스키는 다음과 같이 기록하였다: '스타레쯔는 여러분의 영혼과 여러분의 의지를 자신의 영혼과 자신의 의지로 받아들이는 사람이다.' 조씨마의 입을 통하여 그는 다음과 같이 전달한다: '구원의 방법은 딱 한 가지뿐인데, 그것은 바로 여러분 스스로가 모든 사람의 죄를 책임지는 것……여러분 스스로가 모든 사물과 모든 사람을 최대한 진실하게 책임지는 것이다.' 다시 말해서, 스타레쯔의 임무는 그리스도의 수난과 죽음을 같이 나누는 것이다. 세 번째로, 영적인 아버지는 자신의 강렬한 사랑으로 우주를 변화시킬 수 있는 힘을 지닌 사람이다. 조씨마는 다음과 같이 이 사상을 매우 강력하게 표현하였다:

몇 가지 개념에서 여러분은 혼란스러움을 경험할 것입니다. 특히 인간의 죄에 대하여, 무력으로 맞서 싸워야 할지 겸허한 사랑으로 맞서 싸워야 할지 무척 혼란스러울 것입니다. 언제나 '나는 겸허한 사랑으로 그것과 맞서 싸워야지' 하고 결심하십시오. 일단 그런 식으로 굳건하게 마음을 먹기만 한다면 온 세상을 정복할 수 있을 것입니다. 겸허한 사랑은 굉장한 힘을 지니고 있습니다: 그것은 모든 것 가운데 가장 강력한 것이며, 그것에 비할 것은 아무것도 없습니다.[47]

서방에서 종교개혁 이전의 발전과정

서방에서 꽃핀 영혼의 치유 사상에서는 성 그레고리 대제(540~604)가 중요한 자리를 차지한다. 그는 〈목회규칙〉이라는 저서 전체(세 권의 분량)를 '설교는 여러 가지 종류여야 한다'는 주제에 바쳤으며, 이 원칙을 35가지 유형의 청취자들에게 적용시켰다! 그레고리는 특히 처음의 두 권에서 목사에 관하여 언급한다. 그리고 여기에서 '영혼을 지배하는 기술은 기술 중의 기술'(Ars est artium regimen animarum)[48]이라는 유명한 주장이 등장한다. 그는 목사와 영혼의 인도자에게 본질적인 세 가지 내면적 기질을 강조한다: 올바른 행동과 수련에 대한 열의; 사랑과 학식, 인내, 연민, 그리고 모든 것에 순응하고 상냥하게 대하려는 욕구; 겸허한 행동, 순수한 목적에 대한 보장. 그레고리는 '목사의 마음이란 오로지 하나님을 추구하고 이웃에게 선한 일을 행하는 데에만 쏠려 있는 마음' 이라고 말하였다. 그리고 그는 분별력과 절제력, 그리고 고백으로 구성되는 신중함의 미덕을 격찬하였다.[49]

그레고리가 이 책을 저술하는 동안, 영국의 켈트 교회에서는 패트릭이나 콜룸바 같은 성인들과 그들의 추종자들이 양성되고 있었다. 켈트 전통을 통하여 우리는 그리스도교가 도착하기 전부터 이미 존재하고 있었던 것 같은 '영혼의 친구'(soul-friend)라는 인물을 만나게 된다. 안므카라(anmchara)라는 아일랜드어는 '영성지도자' 또는 '영성인도자'로 번역되어 왔다. 확실히 켈트족의 모든 족장들은 자기 법정에, 그리고 주문을 외우거나 점을 치거나 주술을 거는 등 자신의 사역을 베풀 때, 드루이드교의 성직자나 상담자를 곁에 두고 있었다. 성 콜룸바가 이오나에 도착했을 때, 주교라고 칭하는 두 명의 드루이드교 성직자들을 추방해야 할 것으로 생각되었다. 그러나 켈트 교회의 교인들은 이 늙은 드루이드교 성직자들의 목회적 지위와 기능을 아주 많이 물려받고 있었다. '켈트족은 안므카라 곧 영혼의 친구라는 이름 아래, 드루이드교 성직자를 왕의 최고 조언자로 들어앉혔다.'[50] 영혼의 친구 자리는 자발적인 것이었으며, 콜룸바는 에이그의 도난이라는 사람과 영혼의 친구가 되는 것을 거부하였다. 하지만 모든 사람이 영혼의 친구를 소유하는 것이 필수적이었던 것 같다. 그리하여 '영혼의 친구가 없는 사람은 머리가 없는 몸과도 같다'라는 말(브리지트와 콤갈 둘 다에게 귀속되는 말)은 결국 켈트족의 확고한 금언이 되었다. 성 콜룸바는 아일랜드에서 성 라이스렌을 영혼의 친구로 맞아들였다. 어떤 영혼의 친구들은 브리지트나 브렌단의 영성상담가였던 클라우인 그레딜의 이타처럼 여자들이었다. 콜룸바누스는 한 여자에게 성례전적인 고백을 하였지만, 나중에는 성직자에게로 되돌아갔다. 영혼의 친구는 본질적으로 상담자와 지도자였으며, 그 직무를 특별히 성례전적인 관점에서 바라보지는 않았다. 종종 영혼의 친구는 남녀 평신도가 되기도 하였다. 마찬가지로 동양에서도 수도사들이 선포하는 용서의 선언은—평신도 형제들이 선포하는 용서의 선언을 포함하여—전혀 금지되지 않았다. 1274년 이룔 공의회에서 맺은 동양과 서양의 협약 때문에 서구의 학자적이고 성례전적인 가르침이 영향을 미치기 전까지는 말이다.

구조적으로 점점 더 수도원에 가까워지게 된 켈트 교회에서는 이오나나 린디스파르네 같은 중심인물들이 영성지도의 기초가 되었던 것 같다. 그리고 켈트족 영성과 동양의 사막 운동 간에는 밀접한 연관이 있었던 것으로 생각된다. 확실히 안므카라(웨일즈어로 페리글로우, *periglow*)는 그리스어의 신셀루스(*syncellus*), 곧 방을 공유하는 사람과 같은 의미를 지니고 있다. 콜룸바누스가 저술한 〈수도사의 규칙〉에서는 베네딕토 수도회나 그 밖의 규칙들에서는 찾아볼 수 없는 부분, 곧 '신중함에 관하여'라는 항목이 눈에 띤다. 사막의 교부들이 매우 고귀하고 소중하게 여겼던 신중함의 특성은 '온건한 학문'으로 묘사되었으며, 이것은 하나님께서 신중함의 빛을 주심으로써 받게 되는 은사였다. 켈트족의 영성지도에 관한 이해에서 중요한 요소 한 가지를 더 들자면, 그들이 목사와 참회자의 상호 관계를 지극히 강조했다는 점이다. 그러므로 테오둘프의 제1차 참사회의는 다음과 같이 지적하였다: '우리는 목사에게 성례전적인 고백을 함으로써 다음과 같은 지지를 얻게 된다. 곧 그들을 통하여 유익한 상담을 받고 건전한 교류를 나누고 참회의 관례를 따르고 기도를 교환할 때마다, 우리는 우리 죄의 중압감으로부터 벗어나게 된다.'[51]

나중에 서구의 수도원 제도는 성 베네딕트의 규칙에 따라 형성되었다. 그 규칙의 제46장을 보면, 대수도원장이나 '자기 자신의 상처를 제대로 다룰 줄 알고 다른 사람들의 상처를 폭로하거나 발표하지 않을 만한 영성적인 연장자들'에게 자신의 죄책감을 드러내는 데 대하여 불쾌감을 느끼는 사람들에게 주는 교훈이 들어 있다. 이러한 규정은 성례전적인 고백과 아무런 관계도 없다. 다만 스승과 제자의 관계에 머물러 있을 뿐이다. 사실 성 베네딕트는 모든 수도사들에게 그러한 관계를 전제로 내세우고 있다. 수도원에 들어온 사람들 대부분은 글을 읽지 못했으며, 모든 교육은 일종의 도제 제도를 통하여 모두 스승에게 집중되었기 때문이다. 한편, 영적인 아버지(*pater spiritualis*)라는 용어는 오로지 성 베네딕트에게서만 찾아볼 수 있는데, 이것은 사순절의 참회를 위하여 허가를 받는 것과 관련이 있다. 여기에서는 그 용어가 윗사람을 의미하는 게 틀림없다. 수도원의 온 가족은 '주님을 섬기기 위한 학교'로 간주되었으며, 수도사들은 '귀를 기울여야만 하는 제자'로 묘사되었다. 그러므로 대수도원장은 '자기가 맡고 있는 힘들고 곤란한 업무—영혼을 다스리고 다양한 인물들에 맞게 자신을 적응시키는 일—를 잘 이해하고'[52] 있어야만 했다.

수도원 밖에도 7, 8세기부터 참회자와 헌신자 집단이 존재했다는 증거들이 있다. 9세기에 올리언즈의 요나스가 쓴 〈평신도 훈련에 관하여〉(De Institutione Laicali)는 평신도들의 영성생활을 위하여 안내서를 제공해 주려는 수많은 노력의 일환이었다. 요나스는 규칙적인 자기-점검과 성례전적인 고백의 중요성을 강조한다. 그와 비슷한 시기에 트로에스의 주교인 프루덴티우스는 〈시편으로 드리는 매일기도서〉를 출간하였는데, 그것은 한 부유한 여자가 탐구를 하는 동안 사용하기 위하여 만들어진 축약판이었다. 또한 카롤링기안 시대에는 도시지역의 사역자협의회가 크게 성장하였다. 이 사역자협의회의 주요 목적은 물질적·영성적 후원을 제공하려는 것이었다. 평신도 지침서나 참회예식서들이 계속해서 등장하였다. 비록 참회예식서들은 '죄의 목록'에 별로 관심이 없고 오히려 동기나 내적인 책임에 더 많은 관심을 지니게 되는 경향이 있었지만 말이다. 이즈음에는 성서와 예배용 문서들에 대한 요구도 점점 증가하였다. 789년의 회칙에서 카를레마그네는 다음과 같이 기록하였다: '많은 사람들이 좀 더 기도를 잘하고 싶어한다. 그러나 그들은 잘못된 책들 때문에 기도를 잘 못한다.'[53] 알퀸의 성서는 이러한 욕구에 대한 반응으로 생겨난 성서들 가운데 하나였다. 그 외에도 수많은 주석서들과 종교적인 문학 작품들이 발표되었다.

한편 알퀸(735~804)은 잦은 고백과 지도를 강력하게 옹호하는 인물이기도 했다. 그는 다음과 같이 주장하였다:

> 오, 참회자여, 그러므로 와서 당신 자신의 죄를 고백하십시오. 당신의 죄악의 비밀을 고백하고 털어 놓으십시오. 당신이 은밀하게 한 행동들, 당신의 혀가 내뱉은 말들, 그러나 양심은 절대 감출 수 없는 것

들을 모두 하나님께 털어 놓으십시오. 재판관의 분노를 얻기 전에 어서 빨리 당신의 죄를 고백하십시오……그러므로 내가 가장 사랑하는 아들아, 고백의 치료에 귀를 기울여라. 치료약이 네게 효과를 미칠 수 있도록 네 상처를 솔직하게 고백하여라.

또 다른 곳에서 그는 다음과 같이 말한 적도 있다: '말과 행동의 가장 작은 더러움조차도 부지런히 정화시키십시오……신실하고 사려 깊은 영성상담가 앞에서, 당신의 양심에 따라, 아무것도 남겨 두지 말고 말입니다.' 54)

18세기에 평신도협의회가 성장한 것은, 좀 더 많은 평신도들이 수도사들로부터 개별적인 영성지도를 받게 되었다는 것을 의미한다. 약 965년경에 작성된 〈일치규정〉은 모든 수도사가 매주 일요일마다 '영적인 아버지', 곧 대수도원장이나 자신의 대리인에게 성례전적인 고백을 해야만 한다고 규정하고 있다. 어떤 경우에는 성직자를 한 명 택하여 날마다 성례전적인 고백을 하는 경우도 있었다. 끌루니의 울리히는 다음과 같이 기록하였다: '무엇보다도 먼저 바라는 것에 대하여 성직자에게 동의를 구하여라.' 55) 그리고 현명한 지도자로서 이름을 날렸던 성 안젤름(1033~1109)의 전기문에서 이드머는 다음과 같이 주장한다: '내면의 지혜를 추구하는 빛으로 밝게 빛났던, 그리고 판단력이 뛰어난 이성의 인도를 받았던 그는 모든 시대와 성별의 인물들을 너무나도 정확하게 분석할 수가 있었고, 그리하여 그가 말을 할 때는 모두들 그가 장막을 걷어 올리고 저마다에게 자기 자신의 마음을 보여주고 있다는 사실을 깨닫게 되었다.' 56)

클레르보의 관상 공동체에도 '고백'이라고 하는 제도가 있었다. 하지만 그것은 우리가 잘 알고 있는 참회의 성례전이 아니라 영성인도자에게 양심을 표명하는 것이었다. 성 버나드의 저서에서 자주 등장하는 '고백'은 죄의 고백을 뜻하는 것이 아니다. 그것은 찬양의 고백, 대화 또는 영성적인 토론을 의미한다. 성 버나드는 '영적인 형제'에 관하여 이야기한다. 이것은 베네딕토 수도회의 영적인 연장자들(spirituales seniores)과 비슷한 의미를 지닌 용어다. 버나드는 특히 많은 이들의 영성지도자가 되어 주었던 수도사 훔벌트에 관하여 이렇게 언급한다:

> 오, 상담자여! 얼마나 정직하고 사려가 깊은가! 그의 가슴에 내 머리를 기댈 수 있는 기회가 많아지기 전에는 나도 결코 그런 사실을 알지 못했다. 하지만 이제 나만이 그를 이런 식으로 알고 있는 것이 아니다; 당신도 나와 마찬가지로 그를 알 수 있었다. 그의 시험 횟수와 강도에도 불구하고, 그의 입으로부터 나오는 원인과 치료에 대하여 배우지 못하는 사람이 과연 누구란 말인가? 그는 어떻게 해야 병든 양심의 구석으로 파고들 수 있는지를 잘 알고 있었다. 그에게 고백하러 온 사람이 그는 모든 것을 보아 왔고 모든 곳에 존재해 왔다는 사실을 믿을 수 있도록 말이다.[57]

성 버나드는 자기 밑에 있는 한 젊은 수도사의 부모에게 다음과 같은 서신을 써 보냈다: '제가 그에게 아버지와 어머니, 형제와 자매가 되겠습니다. 그를 위하여 굽은 길을 곧게 펴주고, 험한 길을 편안하게 만들어 주겠습니다. 그의 영혼이 전진할 수 있도록, 그가 고통을 겪지 않도록, 제가 모든 것을 알맞게 조절하고 해결하겠습니다.'[58] 그는 신앙생활을 막 시작한 초신자들에게 촉구하기를, 그들을 인도해 주고 격려해 줄만한 지도자를 반드시 두어야 한다고 하였다. 그러한 지도가 없다면 그들은 분별력을 잃고 더 이상 헌신하지 않게 될 수도 있으며, 자칫 건강을 해칠 수도 있다. 그러므로 우리는 분별을 매우 강조하게 된다: '분별은 덕들의 어머니이고 완벽한 완성이다.'[59]

초기 시토 수도회의 전통에서 지도자에 대한 순종이 얼마나 중요했는지는 세인트 티에리의 윌리엄이 쓴 책을 보면 잘 알 수 있다:

겸허하고 애정어린 마음으로 권위자에게 복종하는 것은 마음에 평화를 가져다준다. 그것은 마치 성령이 임하시는 것 같은 순간이 와서 자기 귀에 들리는 말을 모두 이해할 수 있게 될 때까지, 맹목적인 신앙을 안전하게 보호해 준다……그러나 만일 우리가 신앙생활을 처음 시작하는 순간부터 곧바로 권위자에 의존하지 않고 무시해 버린다면, 어쩔 수 없이 잘못된 길로 들어서게 될 것이고, 아무런 도움도 되지 않는 우리 자신의 이성의 인도를 받게 될 것이다……이것은 우리가 그리스도의 사랑을 위한 도제 기간에 맨 처음으로 겪게 되는 하나의 단계에 불과하다.[60]

그러나 제자와 영적인 아버지의 관계는 종종 온화함과 상호적인 사랑으로 가득 찬 관계로 나타나기도 하였다. 이것은 특히 리보의 앨레드가 보여준 자비심을 통하여 잘 알 수 있다. 그에 관하여 사람들은 다음과 같이 말해 왔다: '그의 저서는 거의 대부분이 영성지도자의 일기 형태를 띠고 있다.'[61] 그의 저서 〈목회기도〉는 중재에 표현된 영적인 아버지에 관한 놀라운 예를 보여준다. 그리고 초심자들은 영성적인 대화를 나누기 위하여 앨레드를 자주 찾아갔는데, 그의 저서 〈자비의 거울〉과 〈영성적인 우정〉은 이러한 대화를 몇 가지 싣고 있다. 〈목회 기도〉에서 앨레드는 다음과 같은 기도를 올린다:

제가 저마다의 성격과 방법, 기질, 은사, 단점을 모두 수용하도록 해 주옵소서. 상황이 허락하는 대로, 또 주님이 가장 좋게 보실 쪽으로 그 일을 하게 하옵소서……주님, 주님은 제 의도가 그들보다 우위에 서려는 게 아니라 그들을 사랑으로 도와주고, 그들을 겸허하게 섬기며, 그들 편에 서서, 그들 가운데 한 사람이 되고자 함임을 다 아십니다……주님, 그들에게 은총을 내려 주옵소서. 그들이 나를 보고 당신을 위해, 그리고 그들의 영성적인 행복을 위하여 최선을 다하는 주님의 종, 그들의 종이라 생각하고 느낄 수 있도록 하옵소서. 그들이 나를 사랑하고 두려워하게 하옵소서. 단 주님이 그들에게 좋다고 생각하시는 만큼만 그리 하옵소서.'⁽⁶²⁾

'우정'의 중요성을 가장 강력하게 강조한 것도 바로 앨레드의 글이다. 그는 다음과 같이 말한다: '친구들이 없는 삶은 마치 짐승과도 같은 삶이다.'⁽⁶³⁾ 토마스 머튼은 이렇게 말했다: '앨레드의 수도신학에서 가장 특징적인 면은 바로 우정을 강조한다는 것이다.'⁽⁶⁴⁾ 그의 친구이자 제자인 이보는 '하나님은 친구시다'는 요한복음의 구절을 앨레드가 그대로 받아들여 표현만 달리 것이라고 보았다. 그에게는 영성적인 우정이야말로 하나님께로 가는 길이었다. '우정은 하나님의 사랑과 지식으로 우리를 들어올려 주는 발걸음과도 같은 것이다······우정은 완전과 매우 밀접한 곳에 있다.'⁽⁶⁵⁾

12세기에는 평신도 지도에 대한 책과 안내서들이 더 많이 출간되었다. 블루아의 피터는 12세기 말엽에 〈성례전적인 고백에 관한 논문〉이라는 저서를 펴냈다. 그리고 비록 교류는 자주 없었지만 그래도 평신도들을 위한 성만찬예식협의회가 생겨났다. 한편으론 헌신의 고백이 점점 더 증가하기 시작했다. 13세기 내내 영국에서는 은둔자들이 영성지도자가 되었으며, 이러한 과정은 14세기까지 지속되었다. 여성 은둔자들을 위한 12세기 말엽의 안내서 〈안크레네 리블레〉는 '신앙지도를 위한 최초의 걸작으로서, 거의 200년이 지난 지금에도 결코 이것과 견줄 만한 것이 없다'⁽⁶⁶⁾고 여겨져 왔다. 영성에 심오한 영향을 미쳤던 또 하나의 주요 발달은 프란체스코회 운동과 도미니크회 운동의 확산이었다. 이 두 집단의 경우는 예언자적인 설교와 사도적인 사역을 매우 강조하였다. 프란체스코회 운동에서 가장 중요한 영성 작가는 바로 성 보나벤투라였다. 그의 저서인 〈세 갈래 길〉은 기도생활의 세 가지 길을 최초로 상세히 다룬 책이었다. 보나벤투라는 양심의 규칙적인 점검과 잦은 성례전적인 고백을 강조한다. 비록 그는 성장의 초기 단계만 지나면 영성지도자와의 잦은 만남이 별로 필요하지 않다고 생각하는 것 같지만 말이다. 그러니까 나중에는 분별의 은사로 대체되어야 한다는 것이다. 하지만 좀 더 평신도들을 향한 영성지도를 강조하는 것은 도미니크회 운동이다. 비록 처음에는 각 개인들을 돌보는 일에 장기적으로 헌신하는 것을 회피하려 했었지만 말이다. 그들은 새로운 도시 집단들을 중심으로 설교하고 가르쳤다. 특히 독일의 경우에는 베귀네스, 베가르츠, 파르티첼리 같은 교파 집단들을 대상으로 삼았다. 13세기에 이르러 평신도들은 초기 수도회 운동을 통하여 스스로 지도자 역할을 담당할 수 있게 되었다. 도미니크 수도회는 매우 진지한 자세로 영성지도 분야를 바라보게 되었다. 1220년, 〈원시 회헌(會憲)〉의 서문에서는 연구나 설교, 영혼의 선, 수도회를 위하여 면제가 허락되는 '설교와 영혼의 구원을 위한 제도'가 마련되었다. 그리고 1215년 제4차 라테란 공의회는 의무적인 연례 성례전적인 고백과 성만찬 예식의 규칙을 제정하였으며, 교구목사가 아닌 다른 영성상담가나 지도자들의 가능성도 인정하였다. 1221년 2월 4일, 교황 호노리우스 2세는 모든 그리스도교 국가의 고위 성직자들에게 설교자의 규칙을 추천하였다. 또한 '그는 그들에게 성례전적인 고백의 직무에 충실해 달라고 열심히 권고하였다.'[67]

도미니크 수도회에서 영성지도의 이상으로 꼽는 것은 바로 1220년에 작성된 파울 훈가리의 저서 〈스승 바오로 전집〉(Summa Magistri Pauli)에 기록되어 있다:

> 그가 기꺼이 잘못을 바로잡고 스스로 책임을 감당하고 싶어지게 하십시오. 그는 다른 사람들의 실수에 대하여 자비로워지고, 온화해지고, 자애로워져야 합니다. 그는 저마다의 경우에 따라 분별 있게 처신해야 합니다. 그로 하여금 기도와 자선 행위와 그 밖의 좋은 행동들을 통하여 자신의 참회자를 도울 수 있게 하십시오. 그는 참회자의

두려움을 가라앉히고, 참회자를 위로하고, 참회자에게 다시 희망을 안겨 주고, 그리고 필요하다면 참회자를 꾸짖음으로써 도움을 제공해야만 합니다. 그로 하여금 말로써 동정심을 보여주고, 행동으로써 가르침을 주도록 하십시오. 기쁨을 함께 나누고 싶다면 먼저 슬픔을 함께 나누게 하십시오. 그는 참을성을 되풀이해서 가르쳐야만 합니다.(68)

13세기가 끝나기 오래 전부터 도미니크 수도회는 신앙심이 깊은 여성들에게 영성지도를 제공해 왔다. 전집들과 참회예식서들도 점점 더 증가하였다. 1260년 앙글로-노르만이 작성한 〈원죄의 교리서〉(*Manuel des peches*)는 1303년 로버트 매닝이 〈죄를 씻는 법〉이라는 제목 아래 영어로 번안하였다. 또한 1260년에 '자유로운 영을 지닌 형제단' 은 학식이 있는 사람들에게 자문을 구하지 말아야 한다—경건에 대해서든지 다른 것들에 대해서든지(*sive de devotione sive de aliis*)—고 가르친 탓에 비난을 한몸에 받기도 하였다. 14세기의 작가들 가운데 영성지도와 안내에 관한 참고서를 펴낸 사람들이 매우 많다. 월터 힐튼이 영성지도자들을 염두에 두고 〈완전의 규모〉을 썼다는 것도 얼마든지 가능한 일이다.(69) 애덤 홀슬리에게 보내는 서신에서 그는 다음과 같이 기록하였다:

나는 책이건 사람이건 지도자나 유능한 안내자가 없이 영성생활에 접어드는 것을 전혀 두려워하지 않는, 자기 자신의 충동에 따라 행동하는 세속적인 사람들에게 말합니다……스승이나 지도자 없이는 그 어떤 기술도 배울 수가 없습니다. 하물며 기술 중의 기술, 곧 영성생활에서 하나님을 완벽하게 섬기는 기술을 지도자 없이 습득하기란 훨씬 더 힘든 일이지요.(70)

힐튼은 관상생활에서 영 분별력과 통찰력이 필요하다는 사실을 강조한다. 그리고 특히 초기 단계에는 더더욱 지도자에게 의지할 것을 촉구한다. '현대적 경건'(devotio moderna)의 창시자인 게르하르트 호로테는 지도자에게 순종할 것을 강조하였으며, 그의 제자인 게르하르트 쩨르볼트 역시 자신의 저서인 〈영성적인 오르막길〉에서 바로 그 점을 강조하였다. 이 학파로부터 토마스 아 캠피스가 나왔는데, 그의 저서인 〈그리스도를 본받아〉는 서구 그리스도교에서 가장 대중적으로 가장 광범위하게 사용되는 영성지도 관련서적들 가운데 하나가 되었다. 그 책은 독자들에게 '현명하고 양심적인 사람으로부터 상담을 받아라. 당신 자신의 의향대로 행동하지 말고, 당신보다 더 나은 사람들의 조언을 구하라'[71]고 권한다. 토마스는 겸허한 성례전적인 고백은 악마가 좋아하지 않는 것이라고 경고하였다. 〈신비신학에 관하여〉의 저자 요한 게르슨은 지도자로서 널리 이름을 떨쳤다. 또한 그는 〈영성적인 분별에 관하여〉와 〈성례전적인 고백을 듣는 기술에 관하여〉를 저술하였다.

도미니크 수도회 전통에서, 시에나의 성 캐더린(1347~80)은 아름다운 공동체(bella brigada)를 위하여 영성지도자가 되어 주었다. 그리고 그녀는 수없이 많은 영성지도 편지를 썼다. 성 빈첸시오 페레리오(1346~1416)는 자신의 저서인 〈영성생활에 관한 논문〉에서 다음과 같은 사실을 강조하였다: '지도자가 있어서 그 지도자로 하여금 자신을 인도하도록 하고, 그의 크고 작은 모든 행동에 순종하는 사람은, 자기 혼자서 애쓸 때보다 좀 더 쉽고 좀 더 빠르게 완전에 도달하게 될 것이다.' 그러나 그는 이렇게 덧붙인다: '불행히도 우리는 이러한 사실을 인정해야 한다. 요즘 세상에는 완전에 이르는 길에서 남을 지도해 줄 만한 사람을 발견하기가 너무나도 어렵다는 사실을 말이다.'[72] 타울러(1300~61)는 경고하기를, 그런 지도자들은 마치 토끼를 주인에게로 데려다주지 않고 오히려 먹어치워 버리는 사냥개와도 같은 존재라고 하였다.

목양적 돌봄에 관한 문헌들은 일반적으로 14세기에 이르러 절정에 도달하였다. 여러 가지 관점의 출발점은 1215년의 라테란 공의회, 특히 연례적인 고백과 성만찬 규칙을 제정하였던〈모든 이들과 남녀 모두〉(*Omnis utriusque sexus*) 교령이었다. 그런데 이 규칙을 진지하게 받아들이기 위해서는 성직자들을 위한 영성지도 안내서가 절실히 필요하였다. 그래서 '참회의 성례전을 올바르게 사용하는 것은 13세기와 14세기에 등장한 대부분의 종교서적들의 가장 중심적이고도 기본적인 주제였다.'[73] 성례전적인 고백에서 성직자가 담당하는 목양적 역할은 설교 시간에 수행하는 역할과 매우 관련이 깊었다. 〈성직자의 눈〉(Oculus sacerdotis)에는 다음과 같이 기록되어 있다: '그러나 만일 성직자가 시간이 부족하거나 참회자가 너무 많아서 그런 문제들을 개개인에게 일일이 설명해 줄 수 없을 경우에는, 사순절이 시작될 때 그들을 모아놓고 공적으로 설교해야 한다.'[74] 13세기의 여러 주교들은 성례전적인 고백을 듣는 방법에 대하여 많은 지침서들을 발간해 냈다. 리히필드의 주교인 스타벤스비의 알렉산더는 그의 헌장들(1224~37) 속에 일반적인 규정들을 제공해 놓았으며, 반면에 히어포드의 주교인 월터 캔틸루프는 모든 목사들이 소유하고 사용할 수 있는 성례전적인 고백 보고서에 대하여 이야기하였다. 링컨의 주교인 로버트 그로쎄테스테는 그 주제에 관한 보고서를 몇 개 작성하였으며, 1281년에 대주교인 페캄은 정교한 법전을 발행하였다. 안내서들 가운데서는 1314년에 윈저 근처 윈크필드의 비카 지방에 사는 파굴라의 윌리엄이 쓴 저서라고 간주되는 〈성직자의 눈〉이 대표적이다. 이 안내서는 영성상담가들을 위한 입문서(제1부), 교인들을 위한 프로그램(제2부), 성례전의 과정(제3부)으로 구성되어 있다. 저작 시기와 저자가 알려져 있지 않은 〈눈의 속눈썹〉(Cilium Oculi)은 초기의 작품을 보완하기 위하여 작성된 것으로 보이는 반면, 1343년경에 기록된 〈영혼의 지도〉(Regimen Animarum)는 주로 목양적 돌봄에 관하여 다루고 있다. 1344년경에 쓰인 〈성직자들의 비망록: 사회적 죄에 대한 참회지침서〉(Memoriale Presbiterorum)에는 성례전적인 고백에 관한 부분이 포함되어 있고, 〈눈의 눈동자〉(Pupilla Oculi, 약 1385년) 역시 마찬가지다. 1400년경에 기록된 요한 미르크의 〈성직지침서〉(Manuale Sacerdotis)는 성직자의 생활과 영성에 초점을 맞춘 책이다. 〈원죄의 교리서〉를 비롯하여 평신도들의 영성지도를 목적으로 하는 책들도 많이 등장하였다.

15세기에는 영성상담가와 지도자들의 교육을 위한 안내서들이 점점 더 증가하였다. 그 좋은 예는 일반 목사의 〈성례전적인 고백〉(confessio sacramentalis)과 전문가의 〈지도적인 고백〉(confessio directiva)을 서로 구별해 놓은 기 드 몽호세의 〈치유 공동체〉(Manipulus Curatorum)였다. 이 전문가는 멀리서 와서 지도자로 남아 있을 수도 있었다. 따라서 현대적인 개념의 기초는 교구목사와 영성지도자가 전혀 다른 부류에 속하도록 형성되었다고 볼 수 있겠다. 15세기의 여러 작가들은 규칙적인 지도의 미덕을 칭송하였는데, 그 대표적인 예를 들면, '상담의 아버지'인 성 안토니를 손꼽을 수 있다. 그는 다음과 같이 기록하였다:

> 하나님을 향한 사랑과 헌신에 도움을 주기 위하여, 평화를 얻기 위하여……반드시 필요한 것은, 언제나 당신의 행동과 실수를 보고할 수 있을 만한 영성지도자를 갖는 것이다. 그가 당신을 도와줄 것이고 상담해 줄 것이며, 매 시간마다 당신 자신의 상태를 파악할 수 있도록 해줄 것이다.[75]

이 시기에 영성지도 분야의 주창자로 활동했던 인물을 한 명 더 들자면 〈영 분별과 점검에 관하여〉의 저자인 리켈의 카르투시안 데니스가 있다.

트리엔트 공의회 이후의 서방 가톨릭 전통

트리엔트 공의회 이후로 영성지도는 좀 더 폭넓게, 그리고 좀 더 한정적으로 변화하였다. 실제적인 측면에서는 좀 더 광범위해져서, 수도원 밖의 수많은 남녀 평신도들까지 포함시키게 되었으며, 기도생활에 관한 책들도 점점 더 증가하였다. 서구 영성지도의 보편적인 틀이 형성된 시기도 바로 트리웬트 공의회 이후다. 이 틀은 3백년이 넘는 세월 동안 서구 가톨릭교회를 지배하며 존속해 왔다. 그러나 심각할 정도로 협소한 관점도 역시 있었다. 영성지도는 지나칠 정도로 꼼꼼한 취급과 종교적 소명에 관한 결정에 관심을 집중시켰다. 물론 종교적 질서의 변혁은 트리웬트 공의회 이후로 영성지도가 취했던 형태의 결정적인 요소였다. 습관적인 지도가 수도원 훈련의 중심요소가 되었다. 영성지도에 관한 안내서가 점점 더 증가하였으며, 마음기도의 중요성이 점점 더 강조되었다. '안전한' 방법의 모색이, 이단이나 모호한 형태의 신비주의를 회피하기 위하여 애쓰는 많은 영성지도자들의 주요 관심사가 되었다. 따라서 영성지도자는 방법론을 가르치는 스승일 뿐만 아니라, 정통을 수호하는 수호자이기도 했다. 1623년 일루미나티는 지도자가 전혀 필요 없다고 가르쳤으며, 정적주의자 미카엘 몰리노스는 영성지도라는 개념이 우스꽝스럽고도 희한한 것이라고 주장하였다. 이리하여 트리웬트 공의회 이후로 영성지도자는 자각의 원인(casus conscientiae), 곧 특수한 사건이나 문제를 해결하는 좀 더 전문적인 양심의 지도자가 되려는 경향이 있었다. 토마스 머튼이 말한 것처럼, '불행하게도 이것은 오히려 전통적인 개념에 법률적 제약을 안겨 주기만 하였다.'[76]

트리웬트 공의회 이후로 서구 가톨릭 전통은 탁월한 영성지도자들을 수없이 배출하였다. 그들 가운데 가장 중요한 사람들을 몇 명 골라 자세히 살펴보는 것도 가치 있는 일이다.

I 로욜라의 성 이냐시오 (1495~1556)

성 이냐시오의 저서인 〈영성수련〉에는 지도자의 역할에 관한 명료하고도 상세한 견해가 들어 있을 뿐 아니라, 여러 영성지도 학파들이 발달하게 된 근거도 설명되어 있다. '이냐시오의 영성수련'은 서구 교회에서 체계적인 영성수련의 형태로 자리잡았으며, 교황 비오 11세는 1919년 12월 20일 그의 회칙인 '우리의 마음'(Mens Nostra)에서 〈영성수련〉을 가리켜 '영성지도에 관한 가장 현명하고도 가장 포괄적인 안내서……내면적인 대화와 심오한 경건으로 이끌어 주는 가장 확실한 안내서'라고 불렀다. 국제적으로 명성이 나 있는 예수회 소속의 한 작가는 '영성수련을 개별적인 지도에 포함시키고 싶은 욕구가 점점 더 확산되고 있다'고 평가하였다.

〈영성수련〉은 1548년 로마에서 처음 출간되었다. 거기에는 다양한 형태의 명상과 기도가 포함되어 있다. 그것들은 영성수련 시간에 사용하기 위하여 만들어졌으며—1922년 7월 25일에 교황 비오 11세는 성 이냐시오를 영성수련의 수호성인으로 임명하였다—거기에는 주로 지도자들이 사용할 수 있을 만한 일련의 교수법들이 들어 있었다. 사실 그 책 전체는 본디 지도자들을 위한 안내서였지, 영성수련에 참가한 사람들 자체를 위한 것은 아니었다. 지도자는 영성수련을 수련에 참가한 사람들의 나이와 능력, 재능, 그리고 기질에 따라 알맞게 적용시키는 방법을 배웠다. 지도자의 역할은 배후에 머물러 있으면서, 영성수련에 참가한 사람들을 지켜보고 그들을 격려하는 것이다. 그럼으로써 하나님이 역사하실 수 있도록 준비하는 것이다: '영성수련을 제공하는 사람은 어느 한 편에 치우치거나 어느 한 쪽으로 기울어서는 안 되며, 언제나 한가운데서 균형을 이루고 있어야 하고, 창조주께서 곧바로 피조물에 역사하실 수 있도록, 그리고 피조물이 그 창조주와 함께, 주님과 함께 일할 수 있도록 만들어 줘야만 한다.' 이런 일들을 통하여 지도자는 영성수련을 '제공하는' 이로 간주되고 또 그렇게 설명되어 왔다. 사실, 이 책에는 하나의 지침서가 들어 있는데, 이것은 40개의 장으로 구성되어 있으며, 그런 식의 지도를 어떤 방법으로 수련해야 하는지 가르쳐 주고 있다. 지도자는 영성을 수련하는 사람들을 안내하고, 각 부문에 알맞은 시간의 길이를 결정하고, 필요할 경우에는 영성을 수련하는 사람에게 질문을 할 책임이 있다. '영성수련을 제공하는 사람은 수련자의 경험이 그 사람의 영혼에 위안이나 쓸쓸함 같은 영성적인 동향을 전혀 일으키지 않고 잠수부 영혼에 따라 마음이 동요되는 일도 전혀 없다는 사실을 깨닫게 되었을 경우, 영성수련에 관하여 그 사람에게 자세한 질문을 던져야만 한다……' 만일 그 사람이 쓸쓸해하거나 시험에 빠져 있음을 알게 될 경우, 지도자는 '그 사람의 미래를 위하여 친절하고 온화하게, 용기와 힘을 불어넣어 주어야 한다.' 그리고 지도자는 '저마다 다른 영혼들의 내면에서 일어나는 다양한 흥분과 생각들에 대해서 충실하게 잘 알고 있어야 한다; 그 사람이 다소 얻게 되는 이익에 따라 지도자는 그렇게 흥분된 영혼이 필요로 하는 적합한 영성수련을 적용시킬 수가 있을 것이다.'[80]

〈영성수련〉은 영성지도자를 위한 안내를 포함하여 두 개의 긴 부분으로 이루어져 있다: 하나는 '영 분별을 위한 규칙', 곧 '영혼 속의 흥분된 여러 가지 동향들', 그리고 초기 예수회 소속 몇 사람이 만들어 낸 지침서와 여러 가지 간략한 설명들이다. 영 분별은 영성지도에서 매우 중요한 부분으로 간주되고 있다. 여기에는 두 가지 규칙이 있다: 하나는 시험과 쓸쓸함에 대해서 다루고 있으며, 다른 하나는 하나님이 영감을 불어넣어 주신 생각이나 몸짓을 악마의 속임수와 구별해 내는 방법에 대해서 다루고 있다. 이 지침서는 수련하는 사람의 준비 자세, 수련을 제공하는 사람의 방법, 그리고 선택 절차에 관심을 집중시킨다. 선택은 이냐시오의 영성수련에서 매우 중요한 요소지만 필수적인 부분은 아니다. 이것은 한 사람의 소명과 생활 상태에 관하여 하나님 앞에서 특별한 결정을 내리는 것이다.) 수련을 제공하는 지도자는 그 수련에 대한 경험이 풍부해야 하고, 수련을 제공하거나 그 방법을 설명하는 데 노련한 사람이어야 한다.

그러므로 훌륭한 이냐시오의 지도자 자질은 명백하게 드러난다. 그러

한 지도자는

    a '영성적인 것들, 특히 이와 같은 수련에 정통해 있어야 한다';
    b '사려 깊고 신중하며 조심성이 있고 겸손하며……온화해야 한다.' 그리고 되도록이면 '수련받는 사람들을 개별적으로 받아들여야 한다';
    c '참모습 그대로, 스승의 위치와 특성을 유지해야 한다';
    d '자기 자신의 노력이나 기술에 매달리지 않고' 오로지 '하나님만을 완전하게 신뢰해야 한다';
    e '순전히 자기 자신의 것을 덧붙이지 않도록 주의를 기울여야 하며', '수련을 받는 사람이 하나님의 뜻을 제대로 볼 수 있도록 방법을 가르쳐 주는 데에만 모든 노력을 기울여야 한다';
    f ' 가장 적합한 도움을 줄 수 있도록 '수련 받는 사람을 주시해서 살펴야 한다';
    g '수련'을 철저하게 연구해야 한다.[81]

지도자들은 자신의 보호 아래 있는 사람들에게 질문을 해야 한다고 이냐시오는 주장한다. 지도자들은 '수련을 받는 사람들에게 지난번 마지막 만난 뒤로 어떻게 지냈는지, 특히 명상 차원에서 어땠는지, 어떤 방법들을 추구했는지' 등을 물어봐야 한다. 또한 지도자들은 '수련을 받는 사람이 쓸쓸함과 무미건조함의 시험을 잘 이겨내도록 준비시켜 주고', 인내심과 안정을 지니도록 권고하며, '결코 수련을 받는 사람이 자기 자신을 초라하게 여길 만한 일이 생기지 않도록 최선을 다해야 한다'고 교육 받는다. 실제적인 영성지도 업무에서, 지도자는 단지 명상을 소개시켜 주고(되도록이면 서면으로) 난 다음, 그것을 '기도에 너무 극단적으로 적용시켜'[82] 지나치게 무리하는 일이 없나 잘 지켜보기만 하면 된다. 수련의 마지막 과정에서 지도자는 다음 양식을 추구해야 한다:

a 매일 규칙적인 명상을 지켜 나가고;
b 매일 양심을 점검하고;
c 매주 성례전적인 고백과 성만찬 예식을 갖도록 촉구해야 한다;
d '좋은 영성상담가를 찾아 이 영성적인 탐구에서 그의 인도를 받고, 자신의 영혼과 관련된 모든 것을 그 사람과 함께 처리하라'고 제안할 것;
e 그 사람이 영성적인 독서를 실천하고 다른 그리스도인들과 친교를 나눌 수 있도록 인도할 것; 그리고
f 날마다 덕망의 성장을 이룩할 수 있도록 인도할 것.

따라서 여기에는 오늘의 영성지도에서도 여전히 중요하게 여겨지고 있는 방법론과 엄격한 수련에 대한 강조가 특징인, 일반적인 의미와 통찰들로 가득 찬 영성지도의 총체적 개념이 실려 있다. 성 이냐시오는 개종 후 얼마간 만레사에서 회상 생활을 하며 초기에는 소규모의 영성지도자 역할을 담당하기 시작했던 것으로 보인다. 그러나 그가 그 단계에서 어떤 방법론을 사용하였는지에 대해서는 전혀 알 수가 없다. 1541년 예수회의 창립 이후로 영성지도는 〈영성수련〉을 형성하는 데 집중되었다. 이제까지 종종 방법론의 사용은 이냐시오 영성의 가장 큰 특징으로 간주되어왔다. 심지어는 푸라트마저도 〈영성수련〉을 '일정한 방식에 따른 기도의 발달'[83] 단계의 절정이라고 간주한다. 그러나 정작 성 이냐시오는 이러한 방법을 창안해 보자고 주장한 적이 없었다. 〈영성수련〉에 묘사되어 있는 상상적 관상 방법은 13세기 성 보나벤투라의 〈세 갈래 길〉과 로만 룰의 〈관상의 기술〉, 그리고 그보다도 더 일찍이 리보의 앨레드가 쓴 저서에도 나타난다. 확실히 이냐시오는 매우 다양한 여러 가지 수련들을 단순성과 강력한 영성수련이라고 하는 편리한 구조 안에 한 데 모았다. 그러나 드 기베흐의 저서에 쓰인 대로, '방법'을 이냐시오의 방법이 지니고 있는 결정적인 특성이라고 간주하는 것은, 마치 '기관차의

성능을 그것에 입혀진 색깔에 따라 판단하는 것과도 같은' 짓이다.[84] 차라리 방법은 이성과 가슴의 일치를 매우 강조하는, 사랑을 통한 봉사의 본질적인 업무에서 사용되는 것이라고 할 수 있다. 이러한 강조—봉사, 이성, 사랑의 강조—야말로 이냐시오의 영성에서 가장 중심이 되는 요소인 것이다.

예수회 수사들에 따라 제공된 영성지도는 대부분 성례전적인 고백에 기초를 둔 것이었다. 가브리엘 헤베네시(1656~1715)는 1년에 23,000명의 고백을 들었다.[85] 수많은 예수회 수사들이 종신 영성상담가로서 자신들의 시간을 바쳤으며, 참회자들의 대부분은 영성지도를 추구하는 독실한 영혼들이었던 것처럼 보인다. 그러나 예수회 수사들이 담당했던 또 하나의 중요한 사역이 있었는데, 그것은 바로 설교의 임무였다. 싸크라멜리로 하여금 그의 신비주의적이고 금욕주의적인 지침서를 하나로 모아 편찬하도록 만든 것은 바로 그 기나긴 설교 임무 경험이었다. 알바레스 데 빠스, 호베흐 벨라흐민, 알폰수스 로드리게스, 루이 랄멩, G. B. 싸크라멜리, 그리고 J. N. 그후를 포함한 수많은 사람들이 이냐시오의 영성지도 양식을 따랐다. 이들에 관해서는 앞으로 더 자세히 살펴보게 될 것이다.

II 어거스틴 베이커(1575~1641)

영국의 베네딕토회 수도사인 어거스틴 베이커는 완전에 이르고자 노력하는 모든 사람들의 경우 '외부적인 강사나 인도자'의 존재가 절대적으로 필요하다는 사실을 강조하였다. 그는 은총의 상태에 있는 그리스도인들이, 그리스도인의 삶을 살기 위한 일상적인 임무라든가 죄의 회피와 선의 실천에 대해서 그들을 이끌어 줄만한 내적인 빛은 충분히 지니고 있는 데 반해, 내면적인 삶의 영역, 특히 관상을 향한 성장의 측면에서는 속임수에 빠질 위험성이 다분하다고 주장하였다. 바로 이 점 때문에 은

총은 그리스도인으로 하여금 다른 사람들의 중재를 받아들이게 인도한다. 그러나 베이커의 주장에 따르면, 이러한 영성지도는 지속적으로 필요한 게 아니다. '외부 강사는 일반적으로 관상 과정의 초기에만 필요하다.'[86] 베이커에 따르면, 지도자의 목적은 '제자들에게 내면적인 삶의 특별한 임무들을 전부 다 가르쳐 주는 것'이다. 여기에는 무엇 무엇이 포함되는 것일까?

> ……제자가 하기 쉬운 관상 방법들을 판단해 주고, 지도자라면 최소한 어떻게 해야 자기에게 알맞은 단계의 기도를 할 수 있는지 정도는 가르쳐 줄 수 있어야 한다; 지도자는 모든 단계의 내면적 기도들을 다 알고 있으며, 따라서 제자가 얼마동안이나 그 단계의 기도에 머물러야 할 것인지, 그리고 언제 좀 더 높은 단계로 나아가야 할 것인지도 결정할 수 있다; 지도자는 어떤 방법을 적용하는 것이 제자의 내적인 발달에 도움이 되는지 방해가 되는지도 판단할 수가 있다; 그러나 무엇보다도 지도자는 어떻게 해야 하나님의 내적인 가르침에 귀를 기울이고 그 가르침을 따를 수 있는지, 그리하여 외부 지도자의 자문이 더 이상 필요하지 않은 상태에 이를 수 있는지에 대해서 제자에게 가르쳐 줄 수가 있다.[87]

그러므로 지도자의 역할은 아래와 같이 크게 네 가지 기능으로 요약할 수가 있다:

    a 개인의 기도—잠재력을 '평가'하고 적합한 형태의 기도를 발견하도록 지도한다;
    b 개인의 발달 정도를 '측정'하고 새로운 방식의 기도를 개발할 수 있도록 도와준다;
    c 개인의 영성생활에 도움이 되는 요소와 장애가 되는 요소를 '확

인' 한다;

d 개인이 좀 더 하나님께 개방적인 인물이 될 수 있도록, 그리고 인간 지도자에 대한 의존을 점점 줄여갈 수 있도록 '힘을 불어넣어' 준다.

어거스틴 베이커는 영성지도의 임무에서 다음 세 가지 자질을 강조한다: 훌륭한 천부적 판단력, 학식, 그리고 경험. 이 가운데 오직 학식만이 위험적인 요소이다. 그는 관상기도의 도중에 있는 개인들에게 자칫 해를 입힐 수도 있는 '부적절한 지도자들'의 학식에 대하여 경고한다:

> 그렇게 부적절한 지도자들은 학식이 많으면 많을수록, 관상기도에 도달하기 위하여 노력하고 있는 영혼들에게 점점 더 불완전한 방법을 적용시킬 수가 있다; 만일 그들이 그러한 관상기도에 대하여 아무런 지식도 없다거나, 그러한 기도가 현재 자신이 실천하고 있거나 다른 사람들에게 가르치고 있는 기도보다 더 완벽할 수도 있다는 사실을 인정하지 않으려 든다면, 그들의 학식은 영혼들을 방법과 형태라는 밧줄로 꽁꽁 묶어서 완전히 감금해 버리게 될 것이다. 이러한 방식은 초기 단계의 영혼들에게는 어느 정도 유익할 수도 있겠지만, 오래지 않아 그들이 고독과 삶의 특정한 추상 작용 가운데 살아가는 것이 매우 고통스럽고 도저히 견딜 수 없는 것으로 만들어 버릴 것이다.[88]

물론 베이커는 관상기도에 관한 글을 쓰고 있다. 하지만 그의 경고는 사람들로 하여금 지나치게 커져 버린 형식과 방법론의 노예가 되도록 유도하는 이들에게 좀 더 일반적으로 적용된다. 성령께서는 오히려 그것들을 초월하라고 이끄실지 모른다. 만일 그렇다면 '가장 적합한 지도자는 자신이 가르치는 방법에 정통해 있는 사람이다.' 베이커는 천부적인 판단력도, 학식이나 경험도, 결코 한 사람이 성령의 내적인 길에서 인도자가 되기에 충분한 자질일 수는 없다고 주장한다. 그는 다음과 같이 말한다: 종종 '실질적인 초자연적 조명이 필요할 것이다.' 베이커는 현재 영성지도자의 직무가 '전혀 그것에 적합하지 않은 사람들 때문에 침범 당한 상태'라고 불만을 토로한다.[89]

지도자를 추구하는 영혼들은 '추구자의 눈을 흐리게 하는 열정이나 성질 같은 것이 자칫 지도자의 눈마저 가리는 일이 발생하지 않도록 주의를 기울여야'[90] 한다. 일단 관계가 형성되고 나면, 추구자는 지도자에게 자기 제자를 알아가는 초기 단계에 적당한 만큼의 시간을 할애하도록 권유한다. 그렇지만 이 단계가 지나면, 추구자가 지속적으로 지도자에게 의지할 필요가 없도록 자신의 영성적인 길을 걸을 수 있게 노력해야 한다. 베이커는 자신의 제자로 하여금 확연하게 자기만을 의지하도록 만드는 지도자 유형에 대하여 경고한다:

> 그러나 요즈음 지도자들 사이에서는, 자기에게 총체적으로 그리고 지속적으로 의지하려고 애쓰는 제자들에게 계속해서 필수적인 존재가 되는 것, 그리하여 제자들의 영성적인 발달에 커다란 손해를 미치는 것이 너무나도 일반적인 유머가 되어 있다. 다른 많은 불편들을 특별히 언급할 필요도 없이 말이다.[91]

성 이냐시오와 마찬가지로 베이커 수사 역시 영 분별력을 강조한다. 그는 제자들의 내적인 경험을 점검하는 것에 대하여 반대하는 입장이다. 내적인 삶에서 뭔가가 나쁘게 돌아간다면 그것이 외부적으로도 확연히 나타날 것이라고 확신하기 때문이다.

III 살레의 성 프란시스 (1567~1622)

살레의 성 프란시스는 영성지도의 필요성에 관하여 가장 집요하게 글을 쓴 작가들 가운데 한 사람이다. 푸라트는 다음과 같이 주장하였다: '〈경건생활입문〉이 발간되기 전에는, 아직까지 영성지도에 대한 보편적인 필요성이 그리 확실하게 표명되지 않았었다. 영성지도에 관하여 그토록 완벽한 가르침은 그 어디에서도 찾아볼 수 없었다.' [92] 프란시스는 그 어떤 예외도 허락하지 않는다.

그리고 우리는 영이 관계된 것에 대하여 우리가 우리 자신의 주인이 되기를 기다려야 한다. 그것은 우리가 몸이 관계된 것에 대해서는 그렇게 하지 못하기 때문이다. 의사들도 자신이 아플 때는 다른 의사들을 불러 자신에게 가장 적합한 치료약이 무엇인지 판단해 달라고 하는 것을 우리는 잘 알고 있지 않는가? [93]

〈경건생활〉에서 프란시스는 '지도자가 헌신적으로 참여하여 발달하게 도와줘야 할 필요성'에 관하여 언급한다. 그리고 그는 계속해서 다음과 같이 말한다:

그를 발견했을 때에는, 그를 단순한 인간으로 바라보거나 그를 단순한 인간으로 신뢰하거나 그의 인간적인 지식을 신뢰하지 마십시오. 오직 하나님만 신뢰하십시오. 하나님은 당신에게 호의를 베풀고, 이 사람을 통하여 당신께 말씀하실 것입니다. 하나님은 당신의 행복을 위하여 꼭 필요한 것들을 그 무엇이든 이 사람의 가슴과 입술을 통하여 말씀하실 것입니다. 그러므로 당신은 그의 말을 들을 때, 멀리 떨어져 있는 당신을 인도하기 위하여 하늘로부터 내려온 천사의 말을 듣는 것처럼 귀 기울여야 합니다. [94]

그러나 성 프란시스는 이런 관계보다도 친구 관계를 더 좋아한다. 지도자는 '신실한 친구'여야 하며, 따라서 지도자와 참회자 사이에는 '전적으로 영성적이며 성스럽고 거룩한, 그리고 신적인……우정'이 존재해야만 한다.

성 프란시스는 지도자의 자질을 다음과 같이 요약한다: '지도자는 자비와 지식과 신중함이 충만한 사람이어야 한다; 만일 이 세 가지 자질 가운데 하나라도 부족한 점이 있는 사람이라면 매우 위험하다.'[95] 그는 영성상담가를 바꾸는 일에 대해서도 다음과 같이 충고하였다:

> 너무 쉽사리 영성상담가를 바꾸지 말고, 한 사람에게 꾸준히 고백하십시오; 정기적으로 영성상담가를 찾아가 당신의 죄를 아주 솔직하게, 그리고 진지하게 털어 놓으십시오. 한 달에 한 번씩은 꼭 당신의 기분을 드러내고 모든 죄로부터 멀어지십시오; 예를 들면, 슬픔 때문에 당신이 괴로웠다거나, 즐거움을 느꼈다거나, 탐욕스럽게 느꼈다는 사실 등을 말입니다.[96]

성 프란시스는 영성상담가가 당연히 지도자의 역할도 담당해야 한다고 주장한다. 그렇지만 그는 이 영성지도를 문자적인 의미에 한정시키지 않았고, 스스로도 아주 많은 서신들을 친필로 썼다. 이 서신들 가운데 하나에서 그는 자신의 '방법이 아주 온화하며, 영혼에 점점 더 많은 영향을 미치는 영성수련들을 허용해 주는 방법'이라고 정의 내린다. 그러나 또 다른 서신에서는 유능한 지도자가 매우 부족하다고 말한다:

> 모든 문제에 대하여 포괄적으로 명확히 바라볼 수 있는 그런 다방면의 분별력을 지닌 사람을 찾기란……매우 어려운 일입니다: 그리고 제대로 된 지도를 받기 위하여 반드시 이런 부류의 사람을 찾아낼 필

요는 없습니다. 내가 보기에는, 우리가 혼자 힘으로는 결코 찾아낼 수 없는 꿀을 수많은 꽃들로부터 끌어 모으는 것도 전혀 해롭지 않은 일 같습니다.[97]

성 프란시스를 성자의 반열에 올리는 시성식을 올리기 위한 성인의 유체 이장예식에서, 샹탈의 성 제인은 '그는 하나님의 영이 영혼들 속에서 일할 수 있도록 커다란 자유를 남겨 두길 좋아했다'[98]는 사실을 언급하였다. 프란시스 방썽은 성 프란시스의 방법론에 관한 연구에서, 그가 영성지도의 대가들 가운데 한 명이었을 뿐만 아니라, 최초의 이론가들 가운데 한 명이기도 했고, 현대의 전통을 확립한 창시자들 가운데 한 명이기도 했다고 평가하였다.[99] 살레의 성 프란시스와 동시대에, 또는 바로 직후에, 베휠(1575~1629), 드 꽁드항(1585~1641), 쌍 방썽 드 뽈(1576~1660), S. J. 올리에(1608~57), 페늘롱(1651~1715), 쌍 알폰수스 리구오리(1691~1787) 같은 인물들이 프랑스 학파에 대거 유입되었다. 쌍 방썽은 영성지도란 '지극히 유용한 것'이지만 지도자를 쉽사리 만날 수 없는 곳에서는 '주님께서 지도자의 자리를 대신해 주시고 자신의 선하심으로 여러분을 지도하실 것'[100]이라고 말하였다. 쌍 알폰수스는 신앙심에서 우러나온 영성지도야말로 영성상담가의 임무들 가운데 가장 중요한 임무라고 보았다. 그는 영성지도란 고된 수련, 성례전의 수용, 기도, 미덕의 실천, 그리고 일상적인 행동의 신성화에 관심을 가져야 한다고 주장하였다.

IV 성 테레사(1515~82)와 십자가의 성 요한 (1543~91)

카르멜 수도회의 위대한 성인, 성 테레사와 십자가의 성 요한의 가르침에서는 영성지도자가 하나의 중요한 역할을 맡고 있는 것으로 간주된다. 관상기도를 시작할 때, 또는 돔 요한 캄프만이 말하는 '연결' 초기에, 유능한 영성지도자는 반드시 필요한 존재다. 십자가의 성 요한은 이렇게 말한다: '이 시기에 영혼은 이전의 방식과는 완전히 반대되는, 전혀 새로운 방식으로 지도를 받아야 한다.'[101] 그는 다음과 같이 힘주어 말한다:

> 만일 이 시기에 그들을 이해해 주는 이가 한 명도 없다면, 그들은 올바른 길을 떠나, 뒤돌아서게 될 것이고, 다시 약해지거나, 아니면 앞으로 나가는 일에 실패하고 말 것입니다……그리곤 이것이 자신의 부주의나 죄악에서 비롯된 결과라고 상상하겠지요.[102]

관상기도의 지도자는 반드시 경험이 풍부한 사람이어야 한다. '학식도 많고 분별력도 있어야겠지만, 동시에 경험도 많아야 한다.'[103] 곧 지도자 자신이 관상기도에 대한 경험적 지식을 지니고 있어야 하는 것이다. 성 테레사는 이 단계에 좋지 못한 지도자를 갖느니 차라리 지도자가 전혀 없는 게 낫다고 말한다. '세속사람들로 하여금, 그들 스스로 자신의 지도자를 선택할 수 있게 해주신 하나님께 감사를 올리도록 하십시오. 그리고 그들이 이전의 자유를 포기하지 않도록, 아니, 오히려 주님께서 그들에게 보내 주실 그 사람을 찾아내는 순간까지 그 사람 없이도 잘 버텨낼 수 있도록 하십시오.'[104]

성 테레사와 십자가의 성 요한은 둘 다 무능한 부적격 지도자라는 주제에 상당히 많은 관심을 기울인다. 특히 성 요한은 수많은 영혼들이 '자기 스스로를 제대로 이해하지 못한 탓에, 그리고 자신을 정상으로 인도해 줄 만한 유능하고 빈틈없는 지도자가 없는 탓에'[105] 영성적인 길에서 벗어나 아무런 발전도 이룩하지 못하는 것에 대하여 탄식한다. 그는 특별히 관상기도에 대하여 전혀 모르는 지도자들, 그리하여 자신의 불행한 제자들로 하여금 명상에 좀 더 많은 노력을 기울이도록 재촉하는 지도자들을 공격한다. '그런 지도자들은 영혼에 대해서 아무것도 모른다. 그들은 마치 대장장이처럼 영혼을 두들겨 망가뜨릴 뿐이다.'[106] 그런 지도자들은 너무나도 해롭고 파괴적인 존재다. 따라서 성 요한은 그런 지도자들에 대하여 매우 엄격한 자세를 취한다.

> 그들은 더 나은 방법을 알지 못하기 때문에, 비록 좋은 의도를 갖고 있다손 치더라도 자칫 실수를 저지를 수가 있다. 하지만 무엇보다도 영혼의 영이 가야 할 길과 방법에 대하여 아무것도 모르면서 만용을 부리며 조언하는 행위에는 결코 변명의 여지가 없다; 좀 더 제대로 이해하고 있는 사람에게 넘기지 않고, 그들 자신도 이해하지 못하는 것들을 서투른 솜씨로 주물럭거리는 행위 말이다.[107]

이런 지도자들은 '하늘 문에 이르는 길을 방해하는 장애물' 이다. 그들은 '자신에게 조언을 구하는 사람들이 하늘 문으로 들어가지 못하게 가로막아 버린다.'

좀 더 일반적으로 말하자면, 성 테레사와 십자가의 성 요한은 둘 다 지나치게 엄격한 지도에 대해서는 반대한다. 그들은 '모든 사람이 다 하나의 길로 여행하는 것은 아니며,'[108] '하나님은 모든 사람들을 저마다 다른 길로 이끌어 주신다'[109]고 주장한다. 성 테레사는 기도생활 기간에 독서하는 것을 금지하거나 또는 좋지 않게 생각하는 지도자들에 대해서 아주 비판적인 자세를 취한다. 그리고 그녀 자신이 18년 동안 경험한 바에 따르면 책의 도움 없이 기도하는 게 전혀 불가능한 일이라고 말한다.[110] 성 테레사는 자신의 영성지도자와의 관계에 특별한 문제를 지니고 있었다. '나는 지도자를 발견할 수가 없었다—그러니까 내 말은 나를 이해해 주는 영성상담가가 전혀 없었다는 것이다—내가 지금 말하고 있는 그 시절이 지나고 20년 동안이나 그런 사람을 찾아 헤맸지만 말이다.'[111] 아마도 성 테레사는 그녀에게 명상하려고 애써 노력을 하지는 말라고 주장했던 지도자의 조언에 반항을 했던 것 같다. 그리고 그 후 20년에 걸친 투쟁 끝에 그녀는 드디어 효과적인 마음기도를 재발견하였다. 그러나 그녀는 다음과 같은 사실을 인정한다: '뭘 어떻게 해야 할지 전혀 몰랐기 때문에, 나 자신도 굉장히 많은 괴로움을 겪었으며, 엄청나게 많은 시간을 허비해 버렸다.'[112] 하지만 성 테레사 스스로가 무능한 부적격 지도자에 대하여 그토록 많은 비판을 했음에도 불구하고, 그녀는 종종 영성지도가 반드시 필요하다는 주장을 펼친다.

> 모든 그리스도인은 가능한 한 학식이 있는 사람에게 조언을 구해야 하며, 좀 더 학식이 많은 사람일수록 좀 더 나은 조언을 해줄 수가 있다. 내 견해는 언제나 그래왔으며, 앞으로도 변함이 없을 것이다. 기도의 길을 걷고 있는 사람에게는 좀 더 많은 학식이 필요하다; 그리고 좀 더 영성적인 사람일수록 학식에 대한 필요성이 더 크다.[113]

기도의 초기 단계에는 지도자가 특히 더 필요하다. '초심자들은 자기에게 가장 도움이 될 만한 것이 무엇인지를 결정하기 위하여 다른 사람의 조언을 필요로 한다. 그리고 이러한 목적을 위해서라면 지도자가 가장 필수적이다; 그러나 그 지도자는 반드시 경험이 풍부한 사람이라야 한다.'[114] 또한 성 요한은 '모든 사람의 관리와 지도가 자신과 닮은 다른 사람들의 책임 아래 이루어지는 것', 이것이 바로 하나님의 뜻이라고 말한다. 그에 따르면, 영성적인 성장이 발생하는 것도 바로 이러한 관계를 통해서라고 한다. '제자들의 영이 영적인 아버지의 영과 조화를 이루는 가운데, 비밀스럽게 감추어진 방식으로 성장을 이룩하는 방법에 대해서 설명하기란 매우 어려운 일이다.'[115]

V J. P. 드 꼬싸드(1675~1751)

드 꼬싸드는 지금까지 영성지도를 도움보다는 차라리 방해가 되는 것으로 간주하는 사람들 가운데 한 명으로 여겨져 왔다. 물론 그 자신이 영성적인 지도자였고, 영성지도에 관한 편지도 수없이 많이 썼다는 것만은 명확한 사실이다. 그럼에도 불구하고, 드 꼬싸드는 지나치게 제도적이고 획일적인 형태의 영성지도는 확실히 거부했다는 생각이 든다. 그는 자신의 가장 유명한 저서 〈하나님의 섭리에 자신을 포기하기〉를 다음과 같은 말로 시작한다:

> 하나님은 이전에, 그러니까 지금처럼 지도자나 어떤 일정한 지도 방법론이 없던 시대에 우리 조상들에게 말씀하셨던 것처럼, 오늘도 계속해서 말씀하신다. 그 당시에는 모든 영성이 하나님의 설계에 충실한 형태로 이루어졌다. 영성생활에는 그것을 자세히 설명해 줄 만한 정규적인 영성지도 체계가 전혀 없었으며, 스승들도 지금처럼 많지 않았고, 가르침이나 본보기들도 그리 많지 않았기 때문이다. 확실히 우리 시대가 겪고 있는 어려운 문제들은 이러한 것들의 필요성을 일깨워 주었다. 그러나 영혼이 좀 더 단순하고 솔직했던 초기 시대에는 그런 것들이 별로 필요치 않았다.[116]

이 책은 한 권 전체가 다 '현재 순간의 성례전' 의 단순성과 수용을 위한 위대한 변증에 속한다. 드 꼬싸드는 영성의 본질을 이해하는 데 실패한 사람들이 그렇게 단순한 추종자들을 간섭하는 일에 대해서 굉장히 비판적인 태도를 취한다. 그는 다음과 같이 지적한다: '게다가 이 사람들은 아주 훌륭한 지도자의 도움 때문에 이 상태에 이르렀으므로, 다른 사람들보다 지도가 덜 필요하다.' 그는 그러한 영혼들을 강력하게 옹호한다. 그리고 그들은 언제든지 기꺼이 지도를 받을 것이며, 필요할 경우에는 얼마든지 조언을 구할 것이라고 말한다. 그러나 여기에서 본질적인 것은 그들이 박탈을 당할지라도 '최초의 지도자가 자기에게 제공해 준 조언에 의존하게 된다'는 사실이다. 그 결과 '그들은 언제나 아주 훌륭한 지도를 받게 되는 것이다.'[117]

드 꼬싸드가 쓴 서신으로 보건대, 그가 영성지도에 반대하지 않았다는 사실은 매우 확실하다. 그 역시 카르멜회 지도자의 영향을 받았던 사람이다. 그는 어느 수녀에게 조언하기를, '우리 자신에 관한 문제는 우리 자신의 빛을 신뢰하지 말고, 우리의 지도자로 하여금 우리 양심을 인도하게 허용하라'[118]고 말한다. 그러는 한편, 또 다른 수녀가 자신의 영성지도자를 상실하였을 때, 그는 그 수녀에게 조언하기를, 이제 하나님께 직접적으로 의존할 수 있게 되었으니 오히려 기뻐하라고 하였다.[119] 그의 보편적인 관심사는, 초기 단계의 훌륭한 지도를 통하여 제자들이 내면적인 지도를 성취하고 나아가 성령의 직접적인 영향력에 의존하도록 만들어 주는 것이다.

VI J. N. 그후 (1731~1803)

장 그후는 18세기, 19세기 이전에 전통 속에서 전체적인 쇠퇴를 맛보았던 영성지도에 관한 예수회의 위대한 작가들 가운데 마지막 주자가 되었다. 그는 자신의 저서인 〈내면의 영혼을 위한 지침서〉에서 소중한 한 장을 영성지도 문제에 바친다. 그는 '이제껏 영성상담가인 동시에 지도자인 사람이 너무나도 부족했다'는 사실에 유감을 표함으로써, 영성지도를 성례전적인 고백과 밀접하게 관련지으면서 이 장을 시작한다. 그후는 영성지도의 목적에 대하여 아래와 같이 설명한다:

영혼을 지도한다는 것은 곧 영혼을 하나님의 길로 인도하는 것이며,

신적인 영감에 귀 기울이고 그것에 응답하는 방법을 영혼에게 가르치는 것이다; 영혼을 지도한다는 것은 영혼에게 특정 상태에 적합한 방식으로 온갖 미덕을 실천하라고 내보이는 것이다; 영혼을 지도한다는 것은 영혼의 청결함과 순수함을 지켜주는 것일 뿐 아니라, 영혼이 완전 가운데 발전하도록 만들어 주는 것이다: 한 마디로 말해서, 영혼을 지도한다는 것은, 가능한 한 최고로, 하나님께서 정해 주신 만큼 영혼이 신성해질 수 있도록 그 영혼을 일으키는 데 이바지하는 것이다.

따라서 지도자는 '하나님의 음성이자, 신적인 은총의 도구, 성령의 역사하심을 돕는 조력자' 여야 한다. 지도자는 기도하는 사람이어야 하며, 오직 하나님의 영광과 영혼의 선함만을 생각하는 사람이어야 한다. 이렇게 볼 때, '진정한 지도자가 극히 드물다' 는 사실도 그리 놀라운 일이 아니다. 그후는 다음과 같이 말한다. 그럼에도 불구하고 '모든 실수들 가운데 가장 큰 실수는, 우리 스스로를 지도하고픈 욕망' 이라고 말이다. 우리가 완전의 길을 추구하는 데에는 그 어떤 예외도 있을 수 없다: '우리는 지도자가 있어야 한다. 곧 우리가 모든 것을 다 설명할 수 있도록 도와줄 만한 안내자, 마치 하나님이라도 되는 것처럼 순종할 수 있는 안내자가 우리에게는 필요한 것이다.'

그후는 영성지도를 위한 다섯 가지 규칙으로 이 장을 마무리한다:

    a '필요한 경우를 제외하고는 결코 만나지 말 것, 그리고 오로지 하나님에 관련된 것만 이야기할 것' ;
    b 상호 존중과 공손한 언동, 그리고 엄숙한 태도;
    c 그 어떤 것도 절대 감추지 말 것;
    d 무한한 복종; 그리고
    e '사람을 초월하여 오로지 그 속에 있는 하나님만을 바라볼 것; 오

로지 하나님만을 위하여 그 사람에게 소속될 것, 그리고 하나님이 필요로 하신다면 그 어느 때든지 기꺼이 그를 포기할 수 있을 것.[120]

장 그후 이후에는 영성지도에 관한 문헌이 절대적으로 부족하다. 사실 영성신학에 관한 진지한 작품은 그 어느 때에도 부족했었다. 트루먼 디큰은 '장 그후의 사망과 더불어 영성신학의 진정한 목소리가 완전히 침묵해 버렸으며, 아베 쏘드호의 저서에서 비로소 다시 등장하기 시작했다'[121]고 말하였다. 그렇지만, 사실 그후와 쏘드호 사이에도 한 편의 저서가 있기는 있었다. 그것은 영성지도 연구에서 매우 중요한 자리를 차지하는 것으로서, F. W. 페이버가 저술한 〈거룩 속에서 성장하기〉(1854)이다.

페이버는 본디 옥스퍼드 운동 지도자들 가운데 한 사람이었다. 하지만 그는 1845년 로마 공의회에 참석하였다. 그는 영성지도가 '총체적인 영성생활에서 가장 곤란한 문제'라고 말한다. 종교적인 규율은 자칫 영성지도를 과장하기가 쉽다. 그리하여 영성지도는 세상에 적합하지 않은 비현실적인 것이 될 수 있다. 페이버는 옛 작가들이 좀 더 균형적이고 건전했다고 주장한다. 그의 주장에 따르면, 지도자는 그저 단순한 '영성적 조언자'가 아니다.

> 가정적인 임무의 조절에는 마음기도의 단계를 바꾸는 것만큼이나 많은 분별력이 필요하다. 사회의 부당한 요구들은 훨씬 더 우리를 혼란스럽게 한다. 그리하여 우리는 오직 흐릿한 소명의 불확실함 속에서만 우리의 길을 볼 수 있게 된다. 순전히 영성적인 차원의 지도자인데도, 그가 우리로 하여금 세상적인 것들을 영성화하도록 인도해 주는 사람보다 더 많은 것들을 획득하도록 만들어 주는 사람이어야 한다고 사람들이 생각하는 것은, 나에게 매우 불가사의한 일이다.

따라서 지도자는 세상적인 일에도 관심을 지닌 사람이다. 사실 페이버는 '영성지도가 세계에 대한 증언'이며 교회는 '세계에 대한 신적인 음모' [122]라고 주장한다.

페이버는 전통과 상식, 이성, 영성생활의 본질, 지도자 업무의 본질, 그리고 보편성에 관한 자신의 논의에 입각하여 지도자의 필요성을 주장한다. '영성지도자가 교회의 금욕적인 체계에서 차지하는 자리는 어머니로서의 상식을 표명하는 것에 지나지 않는다.' [123] 페이버의 주장에 따르면, 영성지도의 세 가지 부분은 기도와 고통, 그리고 행동이다. 사실 이 영역들은 자기-기만이 가장 좋아하는 영역이라고 한다.

페이버의 견해에 따르면 지도자는 결코 선각자가 아니다. 지도자의 역할은 '뒤를 따르면서, 앞서 가시는 하나님을 지켜보는 것이다.' 성령께서 참회자들을 인도하신다. 그러므로 영성지도자는 공동체 속에서 초보 지도자 같은 존재가 아니다. 페이버는 다음과 같이 주장한다: '그는 승인 받은 전통에 따라 공동체를 인도하고, 확고한 질서 의식을 공동체에게 심어 주고, 성스러운 창시자들의 신실한 모방자로서 공동체에게 본보기가 되어 준다. 그러나 이것은 결코 영성지도자의 기능이 아니다.' [124] 오히려 페이버는 미래의 하나님, '흐릿한 앞날'의 하나님을 바라본다. 그는 영혼을 구속하려 드는 지도자에 대해서 경고한다. '영성지도는 공기처럼 자유롭고 아침 해처럼 신선해야 한다.' 그러나 영성지도는 결국 '압제적인 것이 될 수밖에 없는', 그리하여 사악한 것이 될 수밖에 없는 운명에 처해 있다. 페이버는 '종교적으로 탁월한 사람과 영성지도자를 혼동하는 것은 우리의 영혼에 너무나도 치명적인 결과를 가져올 수도 있다' [125]고 다시 한 번 강조한다. 그러므로 지도자와의 관계는 근본적으로 다르며, 선택의 자유는 절대적인 요소다. 페이버는 지나친 영성지도의 위험 요소들을 지적한다. '지나친 영성지도 때문에 손상된 영혼들이 어느 큰 도시의 병원을 꽉 메울 것이다.' [126]

19세기 말엽에 이르러 교황 레오 13세는, 1899년 1월 22일에 자신이 내린 교령 〈선의의 증인〉(Testem Benevolentiae)에서 영성지도에 관하여 언급하였다. 그는 성령의 인도만으로도 완벽한 그리스도인의 삶을 충분히 유지할 수 있다고 주장하는 사람들을 공격하였다. 그리고 그는 완전을 추구하는 사람들이 좀 더 쉽사리 길을 잃어 버리므로, 그들이야말로 그 누구보다 더 영성지도가 필요한 존재라고 주장하였다. 사실 예수회 수사들은 성례전적인 고백을 통하여 19세기 내내 지속적으로 영혼을 지도해 왔었다. 그리고 이 시기에 쓰인 영성지도에 관한 서신들은 셀 수도 없이 많다. 또한 19세기에는 프랑스 작가인 쥘 미슐레가 영성지도에 대하여 굉장히 공격적인 〈성직자와 여자와 가족〉을 저술하였는데, 이 책은 1845년 〈영성지도와 귓속말 고백〉이라는 제목 아래 영어로 번역되었다. 이 책에서 쥘 미슐레는 지도자가 폭군이라고 주장하였다. '인내심이 많고 조심성 있는 그 사람은……날마다 당신에게서 당신 것들을 조금씩 박탈해 가고 있습니다……이것은 특권과는 전혀 다른 것입니다. 이것은 신성입니다. 이것은 다른 사람의 하나님이 되는 것입니다.'[127]

20세기 초에 이르러 영성지도는 아베 쏘드호의 두 권짜리 책, 〈영성생활의 등급들: 미덕 속에서 그들의 진보에 따라 영혼을 지도하는 법〉(1907)에서 영성신학의 구조 속에 자리잡게 되었다. 쏘드호는 영성생활의 발달 단계들을 인정하는 것이 얼마나 중요한가에 관하여 설명함으로써 이 책을 시작하였다. 그는 다른 많은 권위자들 가운데서도 특히 부쒸에, 페늘롱, 트홍쏭이 작성한 〈이씨의 조항들〉을 인용하였다. 조항 제34조는 '초심자들과 완벽한 영혼들이 서로 다른, 상당히 다른 규칙에 따라 지도를 받아야 함은 마땅하다'고 강조하였다. 쏘드호는 그리스도인을 다음과 같이 7단계로 구분한다: 믿음을 지닌 영혼, 훌륭한 그리스도인의 영혼, 독실한 영혼, 열렬한 영혼, 완전한 영혼, 영웅적인 영혼, 그리고 위대한 성인. 쏘드호는 영성지도의 필요성을 느끼게 되는 것은 바로 두 번째 단계의 초기라고 확신하며, 그러한 영성지도가 지니는 네 가지 특징을 강조한다. 첫 번째, 그러한 영성지도는 아버지다워야 하며, 사랑이 넘치고 온화해야만 한다. 여기에서 쏘드호는, 일전에 영성지도자들에게 가장 중요한 규칙은 무엇이라고 생각하느냐는 질문을 받은 바 있었던 생 알폰수스 리구오리의 말을 인용함으로써, 온화함을 특히 더 강조한다. '나는 너무나도 확고하게 믿는다: 영성지도의 진정한 특징, 곧 하나님의 영, 복음의 영과 가장 조화를 잘 이루는 것은 바로 온화함이다.'[128] 두 번째, 그러한 영성지도는 견고해야 한다. 세 번째, 그러한 영성지도는 초자연적이어야 한다. 지도자는 관심을 자기 자신이 아니라 하나님에게로 편향시켜야 한다. 네 번째, 그러한 영성지도는 실천적이어야 한다. 특히 기도훈련에 관심을 기울여야 하며, 회상과 생활규칙, 그리고 자기-점검과 고된 수련을 포함한 금욕을 통하여 일상적인 행동을 정화시키는 것에 관심을 기울이고, 나아가 성례전의 잦은 이용에도 관심을 기울여야 한다. 쏘드호는 개인이 마음기도의 발달로 인도 받을 수 있는 방법들에 관하여 상당히 길게 논의하고 있다.

세 번째 단계에 속하는 독실한 영혼의 경우, 쏘드호는 조명 방법의 발달과 효과적인 기도의 성장, 그리고 즐거움과 무미건조함의 발생에 대하여 관심을 표명한다. 여기에서 지도자는 회상과 훈련, 금욕, 그리고 겸손을 강조하도록 교육 받으며, 영혼이 명상으로부터 감정적인 기도의 단계로 넘어갈 수 있도록 도와주라는 요구를 받게 된다. 쏘드호에 따르면, 네 번째 단계인 열렬한 영혼의 경우에도 이와 똑같은 원칙들이 적용된다고 한다.

쏘드호의 범주에서 다섯 째, 여섯 째 단계는 조화로운 생활, 관상기도에 해당한다. 쏘드호는 관상생활의 규칙에 대한 지식의 중요성을 매우 강조하며, 영혼을 구속하고 괴롭힘으로써 영혼의 발달을 방해하는 지도자들에 대한 성 테레사의 비평에도 관심을 기울인다. 발타자르 알바레스 수사 역시 마찬가지 견해를 제시한다: '이제 그 누구에게도 이 발달을 방해할 수 있는 권리는 없습니다. 신중한 양심을 지니고 있는 지도자라면 결코 하나님께서 휴식을 취하라고 부르신 사람들을 활동적인 상태로 복귀시킬 수가 없습니다. 그렇게 할 경우 그들은 영혼이나 신체 둘 다 위험에 처하게 될 것입니다.'[129] 그러므로 쏘드호는 관상기도의 지도 원칙과 관상기도의 보편적인 윤곽을 강조한다. 서서히 마지막 단계인 영웅적인 영혼, 그리고 위대한 성인으로 나아가면서, 쏘드호는 이 단계에 속하는 영혼이 '말하자면 성령의 지속적인 영향력과 은총, 그리고 계속적인 지도 아래 있음이 확실하다'고 강조한다. 그러므로 영적인 아버지 역할은 영혼으로 하여금 이러한 신적인 지도에 잘 따를 수 있도록 도와주고, 영혼이 그 신적인 지도로부터 멀어지지 않도록 막아주는 것이라고 할 수 있을 것이다.[130]

쏘드호와 같은 시기에, 메레드수스의 대수도원장인 베네딕토 수도회 소속 동 콜룸바 마흐미옹(1858~1923)은 세계적으로 명성이 높은 영성지도자가 되었다. 그럼에도 불구하고, 그는 영성지도를 너무 지나치게 신뢰하지는 않았다.

> 필요한 것은 지도자가 영혼을 완전하게 아는 일이다. 그리고 그 일이 끝나면, 지도자는 그 영혼이 따라야 할 길을 제시해 준 다음, 그 영혼을 성령께 맡겨야 한다. 때로는 오랜 간격을 두고서, 그 영혼의 발달을 통제해 주어야 하며, 일상적이지 못한 방향으로 일이 발생했을 경우에는 지도자가 그 사실을 잘 알아야만 한다. 그러나 내가 생각하기에, 영성지도에 관한 장편의 서신을 자주 쓰는 것은 좋은 영향보다는 오히려 해로운 영향을 더 많이 미칠 것 같다.

또 다른 서신에서 마흐미옹은 다음과 같이 기록하였다: '성령께서 홀로 수많은 영혼을 길러낼 수 있다. 지도자는 그저 자신의 영성적인 자녀에게, 하나님께서 그 자녀를 어디로 이끄시는지 그 길을 지시해 주고, 일반적인 행동 규칙들을 몇 가지 알려 주며, 그 영성적인 자녀의 발달을 조절해 주고, 그가 겪고 있는 어려운 문제들에 대하여 해답을 제시해 주기만 하면 된다. 될 수 있는 한 간혹 말이다.'[131] 또한 마흐미웅은 어느 수녀에게 보내는 서신에서 지도자의 역할에 관한 자신의 견해를 다음과 같이 피력하였다:

> 내 쪽에서 할 수 있는 일은 오로지 당신을 위하여 끝없이 기도하고, 당신 앞에 도사리고 있는 위험을 지적해 주며, 어려운 경우에 당신에게 조언을 해주고, 마지막으로 당신이 아무 거리낌도 없이 예수님께 스스로를 맡길 수 있도록 촉구하는 일뿐입니다.

마흐미웅은 수녀 협의회에서 이에 관하여 좀 더 자세히 설명하였다:

> 대부분의 사람들은 성령에 관하여 전혀 생각하지 않습니다. 그러나 하나님께서 영혼의 지도를 믿고 맡긴 것은 바로 성령이십니다. 많은 사람들이 상세한 지도가 필요하다고 생각합니다. 그들은 영혼을 끊임없이 분석하고, 그것에 관하여 장황하게 기록합니다. 하지만 영혼의 위대한 지도자는 바로 성령이십니다. 목사들이 배워야 할 것을 모두 다 배웠을 때 필요한 지도가 이루어지며, 대개는 가장 짧막한 지도가 가장 훌륭한 지도입니다.[132]

마흐미웅의 주장에 따르면, 지도자는 '양심의 제작자가 아니라 인도자, 계몽가, 도우미다.'[133] 지도자에 대한 지나친 의존은 자칫 개인적인 책임감의 대용품이 되어 버리기 십상이다.

쏘드호의 방대한 저서들 이후로, 영성생활에 관한 일련의 로마가톨릭 교회의 연구서들이 뒤따라 편찬되었다. 이것들은 모두 동일한 보편적 형태를 따르고 있다. 가장 널리 알려져 있는 것들을 예로 들자면, A. 뿔랑의 〈내면기도의 은혜〉(1907), 아돌프 떵뀨헤의 〈영성생활〉(1923) 등이 있다. 후기의 저서들로는 도미니크회 수사인 R. 갸히구-라그헝쥬의 〈그리스도인의 완전과 관상〉(1923)과 〈내면생활의 세 시기〉(1947, 두 권), 그리고 교황 비오 10세가 종종 추천했던 동 J—B. 쇼따흐의 〈사도직의 핵심〉(1946) 등이 있다. 또한 특별히 영성지도에 관하여 기록한 저서들도 상당히 많았는데, 그 가운데서도 V. 헤몽의 〈영성지도와 의사〉(1917), 더 나중에 쓰인 C. H. 도일의 〈영성지도에서 인도하는 법〉(1950), 그리고 호베흐 드 씨네티의 〈정신병리학과 영성지도〉(1934)가 대표적이다. 보편적으로 이 저서들은 하나같이 영성지도의 중요성을 강조한다. 비록 그들이 매기는 중요성의 정도는 저마다 다르지만 말이다. 떵뀨헤는 '영성지도의 도덕적 필요성' [134])에 관하여 언급하고, 나아가 평범한 서구 권위자들의 말을 인용함으로써 지도자들의 의무와 지도를 받는 사람들의 의무를 요약 정리한다. 갸히구-라그헝쥬 역시 그 주제에 한 장을 할애하며, 떵뀨헤와 마찬가지로, 영성지도가 절대적으로 필요한 것은 아니지만 그것이 '영성적인 진보의 보편적인 수단' [135])임에는 틀림이 없다는 주장을 피력한다. 쇼따흐는 '영성지도의 결핍 때문에 성장을 이룩하는' [136]) 종교적 질서의 구성원들에 관하여 언급한다. 반면에 1920년 A. 고디네스는 관상의 부름을 받은 대부분의 사람들이 영성지도의 결핍 때문에 응답하는 데 실패하고 만다고 주장하였다.[137] 교황 비오 12세는 1950년 9월 23일 내린 교령 〈우리의 마음〉에서, 영성지도 없이는 성령의 자극에 적절히 응답하기가 매우 어렵다고 주장했다. 나아가 그는 신학교 학생들의 훈련에서 특별히 영성지도가 차지하는 중요성을 강조함으로써, 영성지도자들을 높이 샀다. '예수님의 작은 형제단'을 창시한 창시자인 샤를 드 푸코는 영성지도의 필요성에 대하여 가장 강력한 주장을 펼쳤던 사람들 가운데 한 명이었다. '영혼의 생명은 거기에 달려 있다: 그것이야말로 본질적인 것이다. 만일 당신에게 이것만 있다면, 나머지 모두는 없어도 좋다……이것이야말로 신성화의 열쇠며, 내면적인 평화 가운데 살아갈 수 있는 수단이다.' [138])

현대 로마가톨릭교회의 영성지도 사상

로마 공동체 안에서, 로마 그레고리안 대학교의 금욕신학과 신비신학 교수였던 조제프 드 기베흐(1942년 사망)의 저서는 영성지도 전통에 관하여 가장 멋지고 가장 간결하게 요약해 놓은 책들 가운데 한 권이다. 그의 주요 저서인 〈영성생활의 신학〉(1956)는 그의 강의 노트를 편집해 놓은 것인데, 이 책의 한 장을 충분히 이용하여 그는 지도자의 역할에 관하여 논의하였다. 드 기베흐는 지도를 세 가지 유형으로 구분하였다: 성례전적 지도, 목양적 지도, 그리고 영성적 지도. 성례전적 지도는 참회의 성례전 동안에 유효하고도 결실이 많은 성례전을 확실히 받기 위하여 제공되는 조언과 교훈을 뜻한다. 목양적 지도는 보편적인 훈계와 개인적인 인도의 형태를 띤다. 그리고 영성적 지도는 '그리스도인의 생활에서 좀 더 고상한 완전'을 목표로 하는 지도다. 그러므로 영성지도자는 '개인이 자신의 영혼 상태를 그대로 표출하는 대상이며, 완전에 이르는 도중에…… 습관적으로 지도를 받을 수 있게 자신을 드러내 놓는 대상이다.'[139] 드 기베흐는 지도의 습관적이고도 지속적인 성격, 그리고 관계 속에서 제공되는 선택의 자유, 지도자의 가르침 업무를 강조한다. 그렇지만 그는 영성지도자를 오로지 '일종의 상담자 또는 친구로 두고서, 그의 충고에 귀 기울이다가 완벽한 자유 의지로 그 충고를 받아들이든지 거절하든지 하는' 사람도 더러 있다는 사실을 주목한다. 드 기베흐는 자신의 견해에서 중심을 차지하는 관계의 중요한 요소 두 가지를 지적한다. 첫째, 영성지도자에게는 복종을 요구할만한 권한이 전혀 없다. 영성지도자는 종교적으로 탁월한 사람도 아니고, 교회의 직원도 아니다. 사람은 누구나 자신의 지도자를 자유롭게 선택할 수 있으며, 자유롭게 그를 떠나갈 수도 있다. 드 기베흐에 따르면, 사실 '영혼과 지도자 간의 관계의 본질을 정의내릴 만한 신학적 근거는 전혀 없다'[140]고 한다. 그는 이 견해를 지지하기 위하여, 특별히 지도자의 역할은 '명령이 아니라 상담'으로 구성된다고 못 박았던 살레의 성 프란시스가 쓴 편지들을 인용한다. 그렇지만 성 프란시스는 분명히 '오직 한 명의 영적인 아버지를 두는 게 바람직하며, 그 영적인 아버지에게 제공된 권위는 모든 경우, 모든 문제에 미칠 것'이라고 강조했었다.[141] 둘째로, 드 기베흐는 지도자/제자의 관계가 결코 동등한 관계나 친구 관계일 수는 없다고 말한다. 오히려 지도자는 교육자이자 스승이며, 이것은 곧 복종을 요구한다고 한다. 비록 교회법에 따른 복종이 아니라 겸손에서 비롯된 복종이긴 하지만 말이다. 어쨌든 그런 복종이 없이는 영혼이 결코 지도로부터 이득을 얻을 수가 없다. 다른 한편, 지도자는 친구라고도 부를 수 있는데, 사실 살레의 성 프란시스는 지도자를 가리켜 '신실한 친구'[142]라고 부른다.

　　드 기베흐는 영성지도자의 직무가 비단 목사들에게만 제한될 수는 없다는 견해를 피력하였다. 전통은 남녀 평신도들을 포함시킨다―아씨시의 성 프란시스, 로욜라의 성 이냐시오(성직 안수 이전), 제노아의 성 캐더린, 아빌라의 성 테레사 등. 그러나 한편으로 드 기베흐는 평신도의 지도가 극히 드물었다는 주장도 제기하였다. 그의 논의 가운데 대부분은 종교적 소명에 관한 것이었으며, 이것은 본 연구의 관심사가 아니다. 본 연구의 관심사는 매우 단순하고 보편적으로 적용되고 있는 영성지도에 관한 그의 방법론 요약이다. 첫째, 지도자는 영혼에 관하여 잘 알고 있어야 하며, 영혼이 스스로를 표출할 수 있도록 도와주어야 한다. 둘째, 지도자는 가르쳐야 한다. 그리고 셋째, 지도자는 선의를 촉진시키고, 결심을 행동으로 옮겨야 한다. 드 기베흐는 훌륭한 지도자가 갖추어야 할 자질에 관하여 다음과 같이 목록을 작성한다: 지식, 특히 영성신학과 심리학에 관한 지식; 사려분별과 멋진 판단력; 경험; 그리고 거룩함. 그는 또한 영성지도자들이 빠지기 쉬운 함정에 관해서도 다음과 같이 짧막하게, 그러나 멋지게 요약한다:

　　독재, 곧 영혼을 영속적인 수감자처럼 다루거나, 모든 사람에게 무차별적으로 자기 자신의 사상과 방식을 강요하는 것; 부적격, 곧 아무런 준비도 없이 온갖 형태의 영혼들을 지도하려고 하는 것; 내담자들의 숫자와 종류에 대한 과시와 자기-만족; 시간의 낭비와 수다스러운 호기심; 비효율성, 연약함, 그리고 자신의 지도 방법에 대한 인간적 존중, 또는 자신의 영성적인 자녀를 너무 지나치게 좋아하는 것; 계몽주의, 곧 자신이 하나님으로부터 직접 받았다고 생각하는 빛을 따라서 맹목적으로 나아가며 영혼을 지도하는 것.[143]

결론적으로 드 기베흐는 서신을 이용한 지도와 영성적인 친교에 관하여 논의한다. 그는 서신을 이용한 지도에 대해서 매우 신중한 자세를 취한다. 서신은 거기에 들어 있는 조언이 전혀 적절하지 않은 사람에게 전달될 수도 있으며, 더욱이 비밀을 유지하기도 매우 힘들기 때문이다. 그럼에도 불구하고, 드 기베흐는 지도 서신들로부터 보편적인 필요성을 제거하지 않는다. 그것은 이미 영혼에 대하여 친밀한 지식을 지니고 있는 경우, 서신이야말로 가장 효과적인 방법이라고 확신하기 때문이다. 영성적인 친교에 관한 논의에서 그는 이러한 관계가 영성적인 성장을 도울 수도 있지만 때로는 방해할 수도 있다고 지적한다. 그러한 관계는 거룩함에 아주 큰 도움을 줄 수도 있고, 반대로 장애물이 될 수도 있다. 하지만 어느 경우에든지, 그러한 관계는 영성지도의 관계와 본질적으로 다른 관계임이 확실하다.

드 기베흐 이후로, 로마가톨릭 공동체의 영성지도 형태와, 이 사역의 본질에 관하여 지속적으로 이어져온 일종의 사상에서, 아주 중요한 변화가 발생하였다. 제2차 세계대전 이후 이탈리아에서 일어난 '가톨릭행동운동'의 확산은 영성지도가 그 나라에서 좀 더 대중적인 것으로 자리잡게 해주었다. 그리고 이러한 영성지도는 곧 보편적인 목양적 업무의 일부로 자리매김하게 되었다. 돈 까를로 그노치는 1940년대의 영성지도에 관하여 말하기를, '성직의 보편적인 조직을 통하여 그리스도의 신비로운 몸을 고양하기 위하여 그리스도의 위임을 받은 행동'이라고 하였다.[144] 맨발의 카르멜 수도회에서 영성신학 교수로 있었던 가브리엘 수사는 1950년, 다음과 같이 기록하였다: '우리 시대에는 철두철미 능력을 갖춘 영성지도자들이 절대적으로 필요하다.'[145] 그러나 정작 이 분야에서—특히 미국의 예수회 수사들 가운데서—가장 의미가 깊은 저서와 사상들이 등장한 것은 바로 지난 몇 년 동안의 일이었다.

이 분야에 관한 드 기베흐의 연구 이후로 가장 먼저 등장한 주요 저서는 바로 장 라플라스의 〈양심의 지도〉(1967)였다. 라플라스는 '영성지도가 별로 호평을 얻지 못하고 있다'고 주장함으로써 이 책을 시작하였다. 이전의 수많은 작가들처럼, 그 역시 지도에는 자유로운 관계가 필요하다고 주장하였다. 그러나 그는 개인적인 지도가 집단적인 업무보다는 좀 더 심오해질 수 있다는 사실을 강조하기도 하였다. '무엇보다도 분별력은 평화로운 가운데 얻을 수 있다: 그것이 바로 개인적인 지도의 목적이다.' 이 라플라스의 저서 서문에서, 레오 트레제는 영성지도란 '즉각적인 상황에서 평상시에 일어나는 것보다는 좀 더 영성적인 깊이를 지닌 단순한 목회상담'[146]이라고 정의 내렸다.

최근의 일부 작가들은 지도가 결코 필수적인 것은 아니라고 주장해왔다. 예를 들면, 예수회 수사인 제임스 왈쉬는 다음과 같이 주장하였다: '개인적인 영성지도는 오로지 그리스도교 공동체 안에서의 삶을 최대한 충만하게 영위하고 있는 한 개인이 완전을 향한 하나님의 특별한 부르심을 인식하게 되었을 경우에만 유용하고 필수적인 것이 된다.' 이러한 견해에 입각해서 보면, 영성지도는 평범한 교구목사의 업무가 아니라 특별한 훈련을 받은 전문가를 필요로 하는 업무다. '보통 목사들이 목표로 하는 것은, 무엇보다도, 자기 교인들에게 주일예배를 제공하는 것이다.'[147] 또 다른 작가 프리드리히 울프는, 영성지도자의 업무 가운데 대부분이 이제는 집단활동을 통하여 완성될 수 있다고 주장한다.

오늘 우리는 영성지도의 '위기' 라는 말을 많이 듣게 된다. 그리고 새로운 방법을 모색해야 할 필요성도 확실히 제기되고 있다. 그 가운데 한 가지는 소집단 형태의 논의다: 이것은 공동으로 하는 영성수련인 생활의 성찰(la revision de vie), 곧 '감수성 훈련' 을 하는 동안에 명상에 관하여 논의하는 것이다. 그러한 논의는 오로지 동질 집단 사이에서만 가능하다. 이것은 개인이 상담자로부터 개인적으로 추구하는 영성지도를 대체하는 것이 결코 아니다. 다만 좀 더 나은 사회적 조정을 통하여 특별히 주어지는 가능성 속에서, 그것을 좀 더 적절하게 만들어 주는 것일 뿐이다.

울프에 따르면, 지도자의 주요 임무는 다음과 같다: '(a) 개인이 자기-이해를 갖추도록 도와주는 것; (b) 개인이 자기-수용을 할 수 있도록 도와주는 것; (c) 개인이 자기 자신의 자아로부터 분리되어 나올 수 있도록 도와주는 것; (d) 개인이 하나님의 실질적인 뜻을 파악할 수 있도록 도와주는 것.'[148]

1972년에 열린 예수회 심포지엄에서 존 H. 라이트는 영성지도를 다음과 같이 정의한다: '한 사람이 영성적인 삶에서 발전을 이룩하고 좀 더 성숙할 수 있도록 다른 사람이 도와주는, 사람과 사람 사이의 상황' 이라고 말이다. 라이트는 지도가 본질적으로 유용하거나 치료적 또는 조언적인 것은 아니라고 주장한다. 물론 때로는 이 세 가지 모두에 해당할 수도 있겠지만 말이다. 오히려 '영성지도의 기본적인 기능은 다른 두 가지 영역, 곧 정화의 영역과 분별의 영역에서 도움을 주는 것이다.' 대화라는 방법을 통하여 개인은 자신의 영성생활과 발달을 객관화하고 식별할 수 있도록 도움을 받게 된다. 이러한 관계는 당연히 부모/자녀의 관계가 아니라 어른/어른의 관계다.

때로는 발달과 성숙의 차이 때문에 어느 정도 부모—자녀 관계에 참여할 수도 있을 것이다. 하지만 근본적으로는 결코 그런 관계가 아니다.

라이트의 말에 따르면, 대화는 기도생활의 세밀한 요소들(시간, 문제 등)에 관한 논의와, 개인의 괴로운 문제들, 그리고 다른 사람들과의 관계에 관한 논의를 포함한 것이어야 한다. 그러나 라이트의 논문에 관한 예수회 수사들의 논의를 보면, '우리의 영성지도는 대부분 집단 속에서 앞으로 성취될 것'[149]이라고 한다.

영성지도의 중요성에 기여한 작가들을 두 명 더 들자면, 저마다 1974년에 저서를 펴낸 캘리포니아 버클리의 예수회 소속 그레고리 칼슨과, 미네소타 바울신학대학원의 제랄드 키프를 들 수 있다. 칼슨은 영성지도와 평범하고 우정어린 조언, 문제해결과 심리학적인 상담을 서로 구별한다. 그는 영성지도란 '한 사람이 다른 사람의 도움으로 자신의 신앙 경험을 표현하고 그것의 특징과 동향을 분별해 내는 대화'라고 정의 내린다. 이러한 과정 속에는 대화, 경험, 그리고 분별이라고 하는 삼중 유형이 포함된다: 따라서 지도자의 역할 역시 삼중으로 되어 있다: 명료화하고 판별하기 위하여 질문을 던진다; 때때로 해석을 제시한다; 그리고 격려한다. 지도자가 하는 일은 결코 지도가 아니다. 칼슨은 신실함, 경험, 신중함, 그리고 열정이야말로 지도자가 갖춰야 할 덕목이라고 강조한다. 키프는 지도의 삼위일체적 본질을 아주 힘주어 말한다.

영성지도는 인간적이면서도 영으로 충만한 대화를 통하여 이러한 신적인 관계를 재생산해 내기 위한 몸부림이다. 따라서 영성지도자는 아들인 동시에 아버지로서도 행동한다; 곧 영성지도자는 반영하는 동시에 전수하기도 하는 것이다. 아버지/아들의 대화를 통하여 그들은 성령 안에 함께 모이게 된다. 그리하여 총제적인 관계는 하나님의 본질에 대한 생각, 하나님과 인간의 관계에 대한 생각으로

간주된다.[150]

키프가 이런 주장을 펼친 이후로 로마가톨릭교회에서는 수많은 활동들이 전개되었다. 다른 교회의 구성원들에 의하여 종교적 질서의 여자 구성원들이 대거 지도자로 추대되었다. 영성지도 연구소들이 우후죽순처럼 늘어만 갔고, 이냐시오 영성과 이냐시오 영성수련이 특별히 부흥하였다.[151]

영국 성공회의 영성지도

17세기의 성공회는 개인지도 영역에서 얻은 것이 상당히 많았다. 예를 들어, 조지 허버트는 독자들에게 다음과 같이 충고한다: '당신의 영혼에게 옷을 입히고 벗기십시오. 당신 영혼의 쇠퇴와 성장을 표시하십시오.'[152] 〈성전으로 간 성직자〉(1632)라는 저서에서 허버트는 성직자란 '모든 단계의 위로를 완전히 터득한' 사람이라고 설명하면서, 다양한 집단의 사람들에게 영성지도를 어떻게 해야 할 것인지에 대하여 조언해 준다.[153] 허버트와 그의 동료인 니콜라스 페라는 둘 다 수많은 사람들의 영성지도자였다. 17세기의 성공회에서 영성지도에 관하여 출판된 주요 저서를 들자면, 그것은 바로 길버트 버넷의 〈목양적 돌봄에 대한 강화〉(1662)이다. 이 책은 '목사의 의무감을 배가시키기 위한' 책이었다. 한편 토마스 윌슨이 쓴 〈성직자를 위한 지침서〉(1708) 역시 귀중한 참고 문헌이다. 윌리엄 로(1686~1781)는 영성지도에 높은 가치를 부여하였지만, 그와 편지를 주고받았던 사람들 가운데 한 명에게 경고하기를, '의사들의 일에 일일이 간섭하고 그 사람의 조건을 시험하는 것이 온전한 판단력을 완전히 상실해 버리는 지름길'인 것처럼, 우리는 '온갖 경우에 일일이 영성적인 조언을 듣고 행동함으로써' 자칫 우리의 영성적인 건강을 해칠 수가 있다. '많은 문제들을 짊어지고 있는' 개인에게는 '절대적인 체념 상태와 솔직한 신앙, 그리고 하나님을 향한 순수한 사랑이야말로 가장 고상한 완전'이라고 말해 줄 수 있다. 로의 주장은 그것들에 관하여 매우 꼬싸드 같은 반항을 불러일으킨다. 그는 열의가 넘치는 어느 지도자에게 충고하기를, '지나칠 정도로 열의가 넘침으로써 오히려 다른 사람들을 바로잡지 못하는 일이 발생하지 않도록 주의하라'[154]고 한다. 그러므로 그의 책 〈경건하고 거룩한 생활을 향한 진지한 부르심〉(1728)에 영성지도에 관한 언급이 전혀 들어 있지 않다는 사실은 매우 충격적이다.

제레미 테일러의 〈양심의 규칙〉(Doctor Dubitantium, 1660)은 성공회 지도자들을 위하여 마련된 안내서였다. '우리의 필요는 여전히 존재한다.' 테일러는 독자들에게 이렇게 상기시켰다: '그리고 로마가톨릭교회의 창고가 없다면 우리의 필요는 결코 채워지지 않을 것이다.'[155] 테일러는 그 시대의 저급한 영성 수준을 보고 그만 소름이 끼쳤다. 그래서 그는 1661년 자신의 감독직을 수행하면서 다음과 같이 말하였다:

> 목사들이 모두, 자기 교인들에게 명상이나 마음기도의 사용, 실천, 방법론, 그리고 유익함을 가르치게 만듭시다……목사들이 모두, 자기 교인들에게 죄를 자주 고백하고 영혼의 상태를 진술할 수 있도록; 영성적인 차원에서 자신의 목회자와 대화를 나눌 수 있도록; 자기 임무의 모든 부분에 관하여 조사할 수 있도록 권유하게 만듭시다; 영혼의 온갖 필요들은 설교와 교리문답과 개별적인 교제를 통하여 가장 잘 채워질 수 있습니다; 그러나 설교만으로는 불가능한 일입니다.[156]

이것은 캐럴린 시대의 영성에 관한 중요한 진술이다. 캐럴린 시대 사람들은 설교의 역할을 강조하는 한편, 설교와 함께 개별적인 영성지도도 이루어져야 한다고 보았기 때문이다. 테일러는 〈거룩한 삶의 규칙과 수련)(1650)에서 말하기를, 자신은 수많은 성공회 신도들이 발견해 낸 것들에 대해서 관심이 많기 때문에 영국연방 시대의 개별적인 영성지도를 찾아내기란 불가능한 일이라고 한다. 그 자신도 존 에블린과 그 밖의 다른 사람들을 위하여 영성지도자의 역할을 담당했었다. 테일러가 아일랜드 교회의 영성에 미친 영향은 굉장히 컸다. 그러므로 그 나라에는 17세기 성공회의 영성지도에 관한 증거가 굉장히 많이 남아 있다.[157]

테일러보다 조금 이른 시기에, 1641년부터 죽 노리치의 주교로 있어왔던 조지프 홀(1574~1656)은 영성지도를 경시하는 풍조에 대하여 다음과 같이 비판하였다:

> 중용은 두 끝의 중간에서 성공을 거두는 것이다: 한 쪽 끝은 우리의 영적인 아버지들을 부주의하게 경시해 버리는 태도며; 다른 쪽 끝은 그들을 지나치게 신뢰하고 의지하는 것이다……로마가톨릭교회의 평신도들은 자신의 영적인 아버지들에 관하여 신탁이나 우상을 만들어 낸다; 만일 우리가 자신만의 암호를 만들어 낸다면 그들과 우리 가운데 어느 쪽이 더 많은 상처를 입게 될 것인지, 나로서는 알 수가 없다. 우리는 전혀 완화되지 않는 고통 속에서 당신의 양심을 괴롭혀 강제적이고 민감한 고백을 하게 만들려는 게 결코 아니다; 다만 우리는 당신 자신의 이익을 위하여, 하나님께서 당신의 지도와 위로와 구원을 위하여 보내 주신 사람과 좀 더 친밀한 관계를 맺고 그로부터 결코 멀어지지 않도록 당신을 설득하려는 것이다.[158]

또한 〈인간의 온전한 의무〉(1684)의 저자는 신적인 사람에게 고백할 것을 권고한다. 프란시스 화이트(1684)가 피셔(1622)와 존 커신(1594~1692)에 대한 답변에서 그랬던 것처럼 말이다. 1634년의 아일랜드 교회법 제19조는 모든 목사들에게 이르기를, 교인 한 사람을 정해서 성만찬을 베풀기 전 오후가 되면 종을 치게 하라고 명령한다.

조금이라도 양심의 가책을 느끼는 일이 있거나 특별히 화해의 사역을 간절히 바랄 경우, 목사가 그것을 필요로 하는 사람들에게 도움을 줄 수 있도록 말이다. 그리고 이것을 위하여 사람들은 종종 자기 영혼의 상태를 특별히 점검해 보도록 권유 받는다; 또한 지나치게 권태롭거나 마음속에 너무 많은 문제들이 있음을 알게 될 경우, 그들은 하나님의 사역자들에게 의존함으로써, 죽은 마음을 되살려 주고 이러한 타락을 저지할 수 있는 충고와 조언을 그들에게서 얻을 수가 있다. 그리스도께서 그러한 목적을 위하여 자신의 사역자들에게 위탁하셨던 열쇠의 힘으로, 그들의 양심을 진정시키기 위하여 용서를 선언할 수 있는 특권을 위임 받았던 바로 그 목사들을 통하여 말이다.[159]

캐럴린 시대 사람들은 금욕신학과 도덕신학이 서로 일치하는 것이라고 보았다. 그들이 사용한 용어에서도 알 수 있듯이, '결의론적인 신성'은 단순히 범죄 행위의 확인과 평가에만 관심을 갖는 게 아니라 하나님의 비전 획득에도 관심을 쏟았다. 비록 캐럴린 시대 사람들은 '영성지도'를 거의 사용하지 않았지만, 개별적인 지도라는 개념은 그들의 사상에서 중심적인 자리를 차지하게 되었다. 마틴 쏜톤은 다음과 같은 사실을 제대로 지적한다: '이 시기의 작가들 가운데 개별적인 영성지도가 그리스도인의 삶에서 지극히 규범적이고 필수적인 부분이 아니라고 주장하는 사람을 찾기란 그리 쉬운 일이 아니다.'[160]

그러나 옥스퍼드 운동론자들은 성례전적인 고백의 일반적인 영역에서 당대의 프랑스 저서들에 의존하는 경향이 아주 심했다. 푸세이는 아베 장 조제프 곰이 1854년에 맨 처음 써냈던 〈영성상담가들을 위한 지침서〉를 다시 채택하고 편집하였다. 그 책의 서문에서 푸세이는 영성지도에 관하여 언급하였다. 그리고 그의 주장에 따르면 이 영성지도는 '성례전적인 고백의 지도와 전적으로 다른' 것이었다고 한다. 계속해서 그는 자신이 제아무리 많은 조언을 하였다 할지라도 그것이 결코 지도자의 직무를 떠맡은 것은 아니었다는 사실을 명확히 한다.[161] 그는 '과도한 지도'에 대하여 경고하며, 이 점을 좀 더 확고히 하기 위하여 페이버의 말을 인용한다. 사실 곰의 저서는 영성상담가들을 위한 일련의 교육을 총망라한 것이었다. 그리고 비록 지금은 그것들 가운데 상당 부분이 구시대적인 것으로 변했지만, 여전히 중요한 의미를 지닌 부분도 상당히 존재한다. 다른 옥스퍼드 운동론자들은 영성지도에 대하여 조심스런 태도를 취하였다. 캐논 T. T. 카터는 지도란 '영성적인 상담과 조언이 습관적인 것이 되는 것'이라고 정의 내린다. 그리고 그는 이렇게 말하였다: '나 자신은 영성지도자라는 말보다 영성인도자라는 말을 더 좋아하는 편이다.'[162] J. M. 니일은 성례전적인 고백과 영성지도를 아주 명확하게 구별하였다:

> 하나는 사도행전만큼이나 오래된 것이고, 다른 하나는 기껏해야 지난 3세기 동안에 만들어진 것이다: 하나는 (비록 모든 경우에 필수적인 것은 아니지만) 모든 경우에 매우 도움이 되는 것이고, 다른 하나는 (때로 도움이 되는 경우도 있겠지만) 대부분의 경우에는 확실히 해로운 영향을 미치는 것이다: 하나는 진지한 사람이라면 결코 남용하지 않을 것이고, 다른 하나는 좀 더 양심적인 사람일수록 좀 더 함정에 빠지기 쉬운 것이다: 하나는 그것을 거부하는 것이 곧 열쇠의 힘을 실질적으로 부인하는 것이고, 다른 하나는 그것을 부인하는 것도 그저 단순히 목사의 영향력을 거부하는 것에 불과하다. 일반적인 지도의 이해에서처럼, 이 두 가지는 체계적인 측면과, 목사와 참회자 사이에 반드시 존재해야 할 영성적인 교류 이상의 차이를 지니고 있을 수 있다……영국의 교인들 앞에서 다음과 같은 사실을 두드러지게 강조하는 것보다 더 중요한 일은 없을 것이다: 곧 성례전적인 고

백은 이런 종류의 지도와 어떤 식으로든 관련을 맺을 필요가 전혀 없다는 것이다. 이 두 가지를 혼동함으로써 그 동안 셀 수 없이 많은 오해가 생겨났다.

그러나 니일은 계속해서 다음과 같이 말하였다: '그리고 지도를 성례전적인 고백에 융합시키려 드는 위험성이 존재하는 것처럼, 때로 우리들 가운데 이 제도가 이미 널리 보급되어 있으며 그 열매 또한 명확하게 드러나 있다는 사실을 나는 부인할 수가 없다.'[163] 다른 한편, 존 케블은 푸세이와 마찬가지로 수많은 사람들의 영성지도자였다. 비록 그가 지도자로서의 역할은 거부했지만 말이다. 사실 윌리엄 커닝햄은 자신의 주요 저서인 〈영혼의 치유〉(1908)에서 다음과 같은 주장을 피력한다: '사역 직무의 이러한 측면에 부가된 중요성은 이제까지 성공회 공동체의 특별한 특징이었으며 지금도 여전히 그러하다: 성공회의 경우, 모든 시대, 모든 학파가 목양적 책임감을 주장하고 그것을 조명하는 것에 관련되어 있었다.'[164]

1930년대에는 성공회 내부에서 영성신학의 특징적인 학파가 성장하였는데, 그것은 F. G. 벨톤, F. P. 할톤, 에벌린 언더힐, H. S. 복스, 그리고 베데 프로스트의 이름과 결합되었다. 이 작가들은 모두 (벨톤이나 복스의 경우처럼) 지도와 성례전적인 고백에 관하여, 또는 (나머지 작가들처럼) 기도생활에 관하여 주요 저서들을 펴냈다. 할톤의 〈영성생활의 요소들〉(1932)는 그 동안 매우 많은 비판을 받아왔다. 하지만 그 책은 아직도 그 가치를 인정받고 있다. 베데 프로스트의 〈마음기도의 기술〉(1931) 역시 마찬가지다. 프로스트의 저서는 마음기도의 7가지 학파에 대해서 짤막한 설명을 담고 있다. 그리고 하나의 장에는 대체로 프랑스에서 끌어온 영성지도에 관한 설명이 들어 있다. 벨톤의 〈영성상담가들을 위한 지침서〉(1916)는 이제 구시대적인 것이 되어 버렸지만, H. S. 복스의 〈영성지도〉(1938)는 그저 스카라멜리, 어거스틴 베이커, 페이버, 그리고 그 밖의 로마가톨릭교회 작가들의 저서를 이리저리 편집해 놓은 것이다. 쏜톤은 이 '학파'에 주목하여, '그 본질적 가치가 무엇이든지 간에 죽어가는 신학적 외관을 보여 주고 있는 현대의 영성신학 교과서를 바로 이 시기가 보충해 줄 것'[165]이라고 주장하였다. 그는 이 학파의 권위적인 성격을 비난하였으며, 영성지도에도 특별히 영국인다운 '경험주의적 관계'가 결여되어 있다고 비판하였다. 가톨릭교회의 영성 개념은 너무나 협소한 것이었고, 반종교개혁 운동의 사상 형태로부터 지나치게 많은 영향을 받은 것이었다. 사실 이 기간에 쓰인 지도 관련 저서들은 대륙, 특히 프랑스 작가들의 영향을 강하게 받았던 경향이 있다. 1930년대의 학파는 뭔가 다른 것의 시초가 아니라 그저 옥스퍼드 운동의 끝을 대표하는 것이었다는 게 바로 쏜톤의 견해다.[166]

그렇지만 이 시기에는, 영성에 관하여 매우 폭넓고도 풍요로운 견해를 제공해 준 두 사람의 위대한 지도자가 출현하였는데, 그 가운데 한 명은 레지널드 서머셋 워드(1881~1962)였다. 워드는 34세의 나이로, 개별적 지도라는 영역에 뛰어들어야 한다는 강력한 소명감을 느끼게 되었다. 그리하여 여러 해 동안 그는 성공회에서 가장 유명한 '전업' 지도자들 가운데 한 사람이 되었다. 쏜톤은 그를 가리켜 '현대의 성공회에서 아마도 가장 영향력이 큰 영성지도자'[167]일 것이라고 하였다. 워드는 수많은 목양서신들과 교훈서들을 기록하였으며, 이 가운데 일부는 결국에 가서 〈길〉(1922), 〈길을 따라서〉(1922), 〈예루살렘으로〉(1931), 〈기도의 길〉(1932), 〈사순절 기도〉(1956) 등의 책으로 출판되었다. 하지만 이 책들은 모두 작자 미상으로 기록되었다. 워드는 본질적으로 매우 실천적인 사람이었다. 따라서 그는 발전과 봉사를 위하여 영혼을 해방시키는 방법으로서 실천적인 훈련의 중요성을 강조하였다. 그는 다음과 같이 주장하였다: '대부분의 삶에서, 효력을 지닌 체계적 삶의 실질적 토대는 시간의 적절한 선용과 관련된 몇 가지의 단순한 규칙들 속에서 발견된다.'[168]

또 한 명의 위대한 지도자는 바로 길버트 쇼였다. 그는 1968년 '하나님의 사랑의 자매회' 책임자로 있다가 사망하였는데, 이 공동체는 쇼의 저서를 출판해 주기도 하고, 쇼의 영성적인 견해를 역사에 길이 남겨 주기도 하였다. 사실, 길버트 쇼의 가장 영구적인 업적들 가운데 하나는, 그가 자신의 공동체에 미친 영향, 그리고 그 공동체를 엄격하고 편협한 형태로부터 이끌고 나와 카르멜 수사회의 관상생활이 지니는 풍요롭고도 자유로운 형태로 인도해 주었다는 것이다. 성공회를 위한 은둔생활의 부활에 적극적으로 참여했던 쇼의 노력은 자신의 쓴 책에서 근본적인 요소가 되기도 하였다. 그리고 스테이틀허스트의 베데 하우스에 기거하는 은둔자들은 그의 비전을 보여주는 기념비와도 같다. 쇼는 다른 측면에서도 영혼의 지도에 지속적인 공헌을 하였는데, 그것은 바로 효과적인 기도의 방법론을 사용하는 것이었다. 이것에 관해서는 그의 주요 저서인 〈사랑의 얼굴〉(1959)과 〈순례자의 기도서〉(1945)를 읽어보면 알 수 있다.

그러나 몇몇 경우만 제외하고, 1950년대의 성공회에는 지도와 성례전적인 고백의 영역에 관한 저서가 거의 없었다. 기껏해야 성례전적인 고백에 관한 몇 권의 소책자와 팸플릿이 있었을 뿐이다. 전쟁 이전의 작가들에게서 비롯된 것으로 보이는 금욕주의적 구조의 쇠퇴 때문에 생긴 틈을 메우려는 노력이 전혀 없었다. 한편 미국에서는 목회상담 운동에 대한 관심이 점점 증가하고 있었으며, 영국 역시 영혼의 치유라는 맥락에서 상담과 치료에 차츰 관심을 기울이기 시작하고 있었다. C. G. 융이 회장으로 있던 목회심리협회, 그리고 종교와 의학연구소 같은 집단들은 교회와 심리치료 간에 다리를 놓으려고 애쓰고 있었으며, '개인적인 사역'에 대한 관심은 점점 일반적인 영역으로까지 확대되어 갔다. 그렇지만 가장 중대한 관심사는 결코 개인적인 영역에 국한되는 것이 아니었다. 예전 갱신, 교구 전략, 사회적 증언과 같은 문제들 역시 중대 관심사였다. 그러한 분위기는 문제제기와 '행동주의' 시대인 1960년대에 들어 더욱 더 무르익었다.

마틴 쏜톤이 1956년 〈목회신학: 그 길을 다시 묻는다〉에서 자신의 트

럼펫 소리를 발산하였던 것은, 무비판적인 행동주의 또는 그가 '다수복리주의'라고 일컫는 것에 대하여 저항하기 위해서였다. 쏜톤은 '나머지'를 위한 영성지도야말로 목사의 기본업무라고 보았다. 〈그리스도인의 진보〉(1959)에서 그는 이 진지한 그리스도인들의 '나머지' 또는 '숙련자'들의 특징이라고 할 수 있는 금욕적인 훈련들에 관하여 좀 더 상세하게 논의하였다. 그리고는 〈영국의 영성〉(1963)에서 다시 지도에 관한 논의로 돌아왔다. 이 연구에서 그는 자신의 '확신, 곧 영성지도는 오늘 우리의 가장 위대한 목양적 요구라고 하는 확신'을 표명하였다. 이러한 확신은 좀 더 광범위하게 공유될 수 있는 것처럼 보인다. 하지만 그는 이것이 결코 영국의 전통과 모순되지 않는 것이라야 하며, '이러한 전통의 중심에는 사람들이 생각하고 있는 것보다 훨씬 더 광범위한 의미의 "영성지도" 개념에 대한 해석이 자리잡아야 한다'[169]고 말하였다. 영성은 총체적인 삶과 관련이 있으며, 개별적인 헌신은 예전이나 신학과 결코 분리할 수 없다. 쏜톤은 성공회의 지도 유형이 권위적이기보다는 차라리 경험적인 것으로서, 그리스도 안에서 서로 결합된 두 사람이 완전을 향한 길에서 서로 협력하는 것이라고 본다. 그는 성공회의 지도 전통에서 다음 8가지 요소들을 강조한다:

    a 짤막한 대화를 통하여 형성되는 경험주의적 관계;
    b 근본적인 금욕주의적 지도와 구조에 반대되는, 개인에 관한 적절한 지식;
    c 성만찬 예식과 매일기도에 관한 설명, 그리고 그것들에 대한 주장;
    d 개인의 필요에 따른 회상 속의 기술들;
    e 기억을 되살리기 위한 형식적인 개별 기도;
    f 계획된 방법에 따른 영성적인 독서;
    g 규칙적인 성례전적 고백의 격려;
    h 제레미 테일러의 '성령의 우호적인 감금'에 찬성하여, 관계의 '영

성적인 긴장'을 거부.[170]

길버트 쇼의 지도 방법론에 관한 논의에서 가장 지배적인 것은, 그와 같이 '우호적인 감금', 곧 성령의 자유 가운데 확장해 나갈 수 있는 자유였다. 쇼는 자신의 원고들 가운데 한 곳에서, 지도의 본질과 목적을 다음과 같이 밝혔다:

> 지도는 영혼들로 하여금 그들이 받은 은총에 가장 쉽게 응답할 수 있도록 인도해 주는 기술이다. 초자연적인 계시가 없을 경우 자기 스스로를 인도할 수 있는 영혼은 거의 없다. 그리고 초자연적인 계시의 인도를 받는다 할지라도, 그러한 계시의 실재를 잘못 이해할만한 위험성은 결코 사라지지 않는다. 자기 스스로 인도된 영혼은 흔히 망상에 사로잡히게 되어 있다.[171]

최근 몇 년 동안에는 쏜톤과 쇼의 저서에 대한 관심이 다시 부활하였다. 이 시기에는 영성지도자들과 안내자들을 훈련하기 위한 네트워크도 급속히 성장하였으며, 특별히 평신도들이 강조되었다. 사우스워크 교구의 스파이더(SPIDIR) 네트워크는 그러한 집단들 가운데서도 가장 탁월한 성장을 이룩한 집단에 속한다. 최근 몇 세기 동안의 가톨릭교회 부흥에 따라 벌어진 영성수련 곧 피정 운동은 초기 형태를 초월할 정도로 눈부신 성장을 이룩하였으며, 그 후로 피정에 대한 접근 방법은 훨씬 더 다양해졌다. 그렇지만 20세기에 이르러 발달을 이룩한 성공회의 영성지도 전통에 대한 진지한 연구는 여전히 실질적으로 필요한 상태에 있다. 가장 경험이 풍부하고 폭넓게 이용되었던 몇몇 지도자들—쇼, 서머셋 워드, 에번 필킹톤 등—은 정작 우리에게 남겨준 저서가 거의 없기 때문이다.

종교개혁교회의 영성지도 접근법

개인 영성지도라는 개념은 종교개혁교회 전통에서 그다지 큰 관심을 얻지 못했다. 그것은 부분적으로 이 개념이 성직제도 또는 중재자로서의 그리스도 지위를 위태롭게 한 것 같은 행동들에 대한 혐의를 받고 있었기 때문이다. 그렇지만 이 용어가 사용되지 않았던 동안에도, 종교개혁교회 전통 안에는 개인적인 지도와 상담자를 강조하는 시기가 여러 번 있었다. 예를 들면, 루터는 구두나 서신을 통하여 개인적인 지도사역을 수행했던 것이 확실하다. 그가 동료 학생인 조지 쉬펜레인에게 보낸 초기의 서신을 살펴보면, '그대 영혼의 상태'[172]를 그대로 드러내라고 촉구한 내용이 있다. 그러나 루터교 전통에서 좀 더 의미심장한 인물을 들자면 그건 바로 부처다. 부처의 저서인 〈영혼의 참된 치유에 관하여〉(1538)는 굉장히 의미가 깊은 책이다. 그는 에스겔 34:16을 그리스도교 목회자가 지켜야 할 5대 규칙의 토대로 삼는다. 부처에 따르면, 그리스도교 목회자는 '소외된 사람들을 그리스도께로 이끌어 와야 하며; 멀리 떨어져 나간 사람들을 다시 데려와야 하고; 죄에 빠진 사람들의 삶을 변화시켜 주어야 하며; 약하고 병든 그리스도인들에게 힘을 불어넣어 주어야 하고; 전인적이며 강인한 그리스도인들을 보호해 주어야 하고; 그리스도인들로 하여금 모든 선한 일에 앞장서도록 촉구해야 한다.'[173] 대체로 이러한 루터와 부처의 가르침, 그리고 필립 제이콥 스펜서(1705년 사망) 같은 지도자들의 가르침 때문에, 루터교에서는 평신도들에 따른 영혼의 상호 돌봄이라는 형태가 점점 더 성장할 수 있게 되었다.

츠빙글리는 오직 하나님 한 분께만 성례전적인 고백을 해야 한다고 적극 주장하였다. 그러나 한편으로 그는 만일 필요하다고 생각될 경우에는, 그리스도인도 현명한 상담자에게 조언을 구해야 한다고 충고하였다.

그는 이렇게 주장하였다: '은밀한 고백은 단지 우리가 하나님께서 임명하신 사람으로부터 받는 조언에 지나지 않는다……어떻게 해야 우리가 마음의 평화를 안전하게 지킬 수 있는지 등의 조언 말이다.' 그러므로 '수첩이 아니라 양심을 들여다보는 현명한 학자라면 얼마든지 유용한 지도자가 될 수 있다.'[174] 다시 말해서, 칼뱅은 우리에게 종교개혁교회 전통의 개인 영성지도를 위한 흥미로운 예를 제시해 준다. 장-다니엘 브누아는 칼뱅을 가리켜 '영혼의 지도자'라고 일컫는다. 그리고 브누아는 종교개혁교회 영성에도 영성지도의 증거가 굉장히 많이 담겨 있지만 거기에는 가톨릭교회 형태와 결정적으로 다른 뭔가가 존재한다고 주장한다.[175] 그러니까, 종교개혁교회 지도자는 그다지 많은 권위를 주장하지도 않으며, 관계의 영속성도 추구하지 않는다. 종교개혁교회 지도자는 종종 '위기의 상담자' 역할 같은 것을 담당한다. 그럼에도 불구하고 칼뱅은 양심의 지도에 굉장히 많은 관심을 지니고 있었으며, 그만큼 그가 기록한 지도 서신도 많은 양이 전해지고 있다. 칼뱅은 무슨 일에서든지 언제나 자기 자신이 하나님께 복종하는 것을 강조한다. 그는 서머셋의 듀크에게도 다음과 같은 사실을 상기시켜 준다: '우리는 오직 하나님만이 우리 영혼의 유일한 통치자가 되시도록 해야 합니다. 우리는 오직 하나님의 법만이 우리 양심의 유일한 규칙이자 영성적인 지침서가 되도록 해야 합니다. 결코 인간의 어리석은 생각에 입각하여 그분을 섬겨서는 안 됩니다.'[176]

영국의 종교개혁교회에서는, 영성편지가 스코틀랜드 장로교 전통의 중요한 특징으로 자리잡았으며, 존 녹스가 아주 많은 영성지도 편지를 쓰기에 이르렀다. 얼빈의 데이비드 디킨슨(1662년 사망)은 영성인도에 관한 논문, 〈거룩한 치유〉(Therapeutica Sacra)(1656)를 썼다. 이 논문에서 그는 영혼을 온화하게 설득하고 지도하는 목회자 또는 '분별 있는 친구'의 역할을 강조하였다. 이것은 펜윅의 윌리엄 구드리(1665년 사망)의 경우도 마찬가지였다. 그는 목사란 '부러진 영혼을 접합시켜 주고 의심스러운 양심을 밝혀 내는 탁월한 외과의사' [177]라고 말하였다. 영국의 청교도주의자 토마스 카트라이트(1535~1603)는 어느 훌륭한 장문의 서신을 통하여, 성례전적인 고백을 권유하고, '하나님을 향한 인간 자신의 양심에 대한 지도와 확립과 위로' 를 장려한다. 그리고 계속해서 다음과 같이 말한다:

> 정말이지 당신은 분별 있는 그리스도인을 자유롭게 선택할 수 있습니다. 성서에 대한 학식을 충분히 갖추고 있으며, 학습과 상담과 위로에 호소하는 그런 그리스도인 말입니다: 하지만 뭐니뭐니 해도, 당신 자신의 목회자만큼이나 당신의 목적을 제대로 성취시켜 줄 만한 사람은 없습니다(만일 그가 로마가톨릭교회 신자가 아니라면, 그리고 성서를 잘못 판단하지 않는 사람이라면, 오로지 정직하고 분별 있으며 하나님의 거룩한 말씀을 제대로 훈련 받은 사람이라면 말입니다). 그 사람은 하나님께로부터 당신의 영혼에 귀기울여 주도록 임명 받은 사람이기 때문입니다……. [178]

17세기의 청교도 발달은 또한 '종교개혁교회가 영성지도자에 대한 요구를 거절하지는 않았다' [179]는 사실을 증명해 준다. 양심에 대한 인도와 계몽은 윌리엄 퍼킨스의 〈양심의 사례에 대한 논문〉(1602), 임마누엘 번의 〈독실한 사람의 안내서〉(1631), 윌리엄 애먼스의 〈양심에 대하여〉(*De Conscientia*, 1631) 같은 여러 저서들의 주요 관심사였다. 청교도 지도자인 로버트 볼턴은, 개인지도의 측면에서 보면 '위로해 주는 사람' 이었지만, 설교 측면에서 보면 '격렬하게 비난하는 사람' 이었다고들 한다. 그리고 '괴로움에 허덕이고 상처 입은 영들을 위로할 줄 알았던' 볼턴의 '기묘한 능력' 은 그 자신의 새로운 탄생으로 인한 '지독한 고통' 에 기인한다고들 말한다. '그는 신적인 차원에서 교육을 받은 적이 전혀 없이, 처음에는 자기 자신의 마음에 입각하여 글을 썼기 때문이다.' [180] 여기에서 강조되고 있는 것은, 영성적인 사람은 바로 경험이 충분한 사람이라는 것이다. 이것은 동양의 영성에서 매우 중요한 요소다.

이 분야의 청교도 저서들 가운데 가장 널리 알려진 것은 리차드 백스터의 주요 저서인 〈그리스도인의 지침서〉(1673)와 〈개혁교회 목사〉(1656)다. 백스터에 따르면 목사는 개인상담 업무를 '가볍게 아무렇게나 넘겨버려서는' 안 되며, '아주 열정적으로 실천해야만' 한다. 백스터는 특별히 관심을 기울일 필요가 있는 '개종자들의 발전'이라는 보편적인 주제 아래 모든 사람을 다음 네 가지 집단으로 분류한다: 미숙한 사람들, '은총 아래 지속되는 특별한 부패'의 사람들, '쇠퇴하는 그리스도인', 그리고 강한 사람들. 그리고 그는 이 마지막 그룹, 곧 강한 사람들이 가장 큰 관심을 갖고 돌봐야 할 대상이라고 주장한다.[181] 그렇지만 버니언의 〈천로역정〉(1678)에서는 전혀 다른 강조점이 주어진다. 여기에서는 영성탐구의 고독한 특성이 강조되어 나타난다. 그리스도인은 오직 혼자서 이 길을 걸어야 하며, 도중에 만나게 되는 거짓-지도자들을 거부해야만 한다. 이렇게 강건한 독립성, 곧 '스스로 해라' 식의 영성은 청교도뿐만 아니라 복음주의 그리스도교의 광범위한 영역에서도 여전히 중심적인 특징으로 자리잡게 되었다.

퀘이커교는 '내면의 빛'으로부터 나오는 지도를 특히 더 강조한다. 비록 조지 폭스 자신은 영성지도자였지만 말이다. 펜은 조지 폭스를 가리켜 '인간의 영을 식별할 수 있는 자', 하나님의 영을 통하여 '사람들을 그들 자신의 길로부터 끌어내어 하나님께로 인도해 줄 수 있는 이'[182]라고 불렀다. 그러나 퀘이커교의 결정적인 특징은 바로 상호지배와 상호지도의 요소였다. 코튼 매더(1728년 사망)는 이러한 상호지도의 원리를 영국의 신청교도주의 전통 속으로 전달해 준 당사자들 가운데 한 명이었다. 매더는 신학생들의 위한 안내서, 〈사역학개론〉(*Maneductio ad Ministerium*, 1726)을 집필하였다. 그렇지만 상호지도를 가장 분명하게 보여준 것은 바로 웨슬리파의 밴드모임과 학급모임이었다. 이들은 다른 사람을 위하여 '자신의 마음을 쏟아부어야 하는' 사람들, '자기 자신의 구원을 위하여 서로에게 도움을 주어야 하는' 사람들로 이루어진 집단이었다. 그리고 좀 더 엄격한 밴드모임에서는 다음과 같은 요구도 제시되었다: '우리는 가능한 한 좀 더 가까이 다가서야 합니다……서두르기를 그만 두고, 당신의 마음을 저 밑바닥까지 들여다봐야 합니다.'[183] 데이비스와 럽은 '"완전에 이르기 위하여 애쓰는" 사람들, 그리고 학급모임의 다소 덜 엄중한 훈련에만 매달리는 사람들을 위한 밴드모임의 활기찬 성례전적인 고백'[184]에 관하여 언급한다. 그렇지만 1841년에 이르러 대니얼 P. 키더는, 감리교 운동 안에서 학급모임이 쇠퇴하는 현상에 대하여 탄식하는 사람들 가운데 한 명이었다.[185]

웨슬리 자신은 특별히 그리스도인으로서의 삶을 시작하는 것에 큰 관심을 지니고 있었다. 그는 '영혼의 치유'라는 말을 거의 사용하지 않은 것처럼 보이며, 그가 그 말을 사용했다 하더라도 그것은 단지 설교를 할 때뿐이었다. 확실히 밴드모임과 학급모임은 그리스도인의 삶에서 상호 영성지도와 훈련의 철저한 형태를 지속시켜 왔던 것으로 보인다. 그러나 정기적인 개인지도에 대한 욕구는, 거룩함의 교리가 웨슬리주의 전통에서 취했던 형태에 따라 서서히 약화되어 간 게 사실이다. 웨슬리는 다음과 같이 주장하였다: '올바른 의미의 성화는 모든 죄로부터 멀어지도록 순간적으로 인도해 주는 것으로서, 순간적인 능력 다음에는 언제까지나 하나님께 충실히 나아가는 것이다.'[186] 웨슬리는 상대적인 완전을 신뢰하였으며, 완전의 상태에서 이루어지는 성장을 믿었다.[187] 그 밖의 웨슬리주의자들 역시 '처음과 발달 과정, 그리고 최종적인 문제'를 강조하였으며, 성화란 '완전히 성화된 사람들에게서 사라져야 할' '죄악의 완벽한 근절'로 이끄는 것이라고 간주하였다.[188] 여기에는 영성적 발달의 교리가 존재하였다. 총체적인 정화의 교리를 발달시킨 성결교회들 역시, 완전은 실수나 유혹과 더불어 일치하는 것으로서 상실할 수도, 다시 습득할 수도 있는 것이라고 주장하였다. 그러나 하나님의 직접적인 행동에 대한 강조는 인간의 지도가 불필요하다는 견해를 불러일으키는 경향이 있었다.

19세기에 이르러, 스코틀랜드의 목사인 존 왓슨은 자신의 저서 〈영혼의 치유〉(1896)에서, 개인적인 조언을 목양 업무의 본질적인 부분으로 강조하였다. 한편 윌리엄 가든 블레이키의 〈사역을 베풀기 위하여〉(1873) 와 패트릭 페어베언의 〈목회신학〉(1875)는 개별적인 조언을 목양 업무의 부차적인 역할로 간주하였다. 이 두 권의 저서는 모두 설교 업무를 강조하였다. 그렇지만 블레이키는 1878년의 재판에서 영성적 상담에 관한 부록을 첨가하였다. 이 업무는 대부분의 현대적 종교개혁교회 전통에서 중심적인 역할을 차지해 왔다고 말할 수 없다. 비록 최근의 몇몇 연구에서 그것이 아주 중요하게 여겨지고 있긴 하지만 말이다. 확실히 막스 뚜리앙, 디트리히 본회퍼, 그리고 네빌 워드의 영향력 있는 저서들은 성례전적인 고백과 개인지도를 아주 분명히 강조하였다.[189]

영성지도자의 징표

역사적으로 볼 때, 우리가 그리스도교 실천의 영역에서 영성지도의 사상을 전해받은 것은 바로 사막의 수도원 운동이었다. 토마스 머튼이 말하는 것처럼, '영성지도는 수도원적인 개념이다.'[190] 고독한 생활의 성장이야말로 특별히 강력한 개인 영성지도의 필요성이 절실하게 느껴지는 곳이었기 때문이다. 이에 따라 동양의 영성에서는 '영적인 아버지' (pneumatikos pater)가 등장하는데, 나중에 이것은 러시아 전통의 스타레쯔가 된다. 서양의 경우, 탁발 수사들의 시대에, 우리는 성례전적인 고백과 밀접하게 연관되어 있는, 현대적인 의미의 영성지도를 접하게 된다. 그리고 이것은 반종교개혁 운동기에, 특히 관상의 지도와 깊게 관련된 영성지도 운동으로 좀 더 크게 성장한다. 20세기 내내, 교회 생활에서 지도가 차지하는 위치에 대한 우리의 견해는 괄목할 정도로 많은 변화를 이룩하였다.

전통적으로 영성지도자는 첫째, 성령에 사로잡힌 사람으로 나타난다. 머튼에 따르면, 지도자의 역할은 결코 어떤 성직 계급 제도의 의미가 없었으며, 다만 '순수하고 단순하게 카리스마적인 것이었다. 지도자의 역할은 목사 자신의 개별적인 거룩함 때문에 성화되었다.'[191] 영성지도자가 갖춰야 할 가장 본질적인 특징은 바로 거룩한 삶, 하나님과의 친밀성이다. 동양의 그리스도교 사상에서 신학자가 갖추어야 할 자질도 바로 이것이다. 그렇기 때문에 14세기 칼리스투스는 추구자들에게 조언하기를, '성령을 그 안에 품고 있는 사람'을 선택해야 한다고 했던 것이다. 러시아의 스타르치 역시 자신의 말보다는 오히려 성스러움과 내적 평화의 발산 때문에 제자들에게 도움을 제공하는 그런 존재다.

둘째로, 영성지도자는 경험이 많은 사람, 기도와 삶의 실제랑 많이 투쟁해 본 사람이다. 이 경험을 대신할 만한 것은 아무것도 없다. 자기 자신의 열정과 자기 자신의 내적 갈등을 직면해 보지 못한 지도자, 자신의 어두움과 빛을 진정으로 깨닫지 못한 지도자는, 영성적인 투쟁에서 전혀 소용이 없는 사람이다. 인류에게 가장 도움이 될 만한 사람은 '최종적인 진리의 이상적인 담지자'가 아니라 오히려 '가장 탁월하게 인간적인 공동체 구성원'인 것이다.[192]

셋째로, 영성지도자는 학식이 있는 사람이다. 비록 어거스틴 베이커의 지적대로, 영성적인 성숙이 없는 학식은 위험한 것일 수도 있지만 말이다. 그러나 성 테레사는 학식이야말로 영성지도자가 갖춰야 할 가장 중요한 자질이라고 주장한다. 지도자는 성서와 교부들의 지혜에 푹 빠진 사람이어야 한다는 것이다.

넷째로, 영성지도자는 분별력이 있는 사람이다. '분별'(*Diakrisis*)은 사막의 교부들 시대 이후 많은 작품 속에서 굉장히 자주 등장해 온 용어다. 카씨안에 따르면, 영적인 아버지는 우리에게 분별을 제공해 주는 사람이다. 그러므로 영성지도자는 직관과 통찰력이 있는 사람, 비전이 있는 사람, 시대의 징표를 읽을 수 있는 사람, 영혼의 벽에 쓰인 글을 읽을 수 있는 사람이어야 한다.

마지막으로, 영성지도자는 성령께 길을 내드리는 사람이다. 지도의 관계는 은총의 통로가 활짝 열린 관계여야 하며, 성령은 그리스도인의 인격 안에서, 그리스도인이 하나님의 자녀가 되어 좀 더 많은 자유를 누리고 좀 더 밀접한 통일을 이룰 수 있도록, 자유롭게 움직일 수 있기 때문이다. '그러므로 영성지도자는 다른 사람이 삶 속에서 은총의 영감을 인정하고 거기에 따를 수 있도록, 그리하여 결국에는 하나님이 이끄시고자 하는 목표점에 도달할 수 있도록 도와주는 사람이다.'[193] 지도자는 '그 사람이 성령의 호흡을 읽을 수 있도록 도와주어야' 한다.[194] 18세기에 장 그후는 강력히 주장하기를, 제자란 지도자를 통하여 하나님을 바라볼 수 있어야 하며, 만일 하나님이 원하신다면 기꺼이 지도자를 포기할 준비도 갖추고 있어야 한다고 하였다. 결국 영성지도는 목표에 도달하기 위한 하나의 수단일 뿐이다. 목표는 바로 하나님이며, 하나님의 역할은 우리에게 완전한 자유를 주시는 것이다.

3
영성지도, 목회상담, 그리고 심리치료

슬프다, 위대한 침묵이여! 어두움이 우리 위에 떨어졌도다. 성도들은 과거의 안개를 통하여 우리를 바라보고, 우리는 그들의 길을 이해하지 못하며, 악마들은 어깨를 으쓱인 채 이렇다저렇다 말 한 마디 없도다. 오직 사회학자와 인류학자만 새로운 어휘로 끊임없이 재잘대며……심리학자들은 자꾸만 우리 자신이 중요하다고 추켜세우니, 우리는 하나님의 교회를 훈련된 상담자들과 조언을 나누는 곳으로 변질시키는도다.

울리히 사이몬[1]

현대 목회지도력 속에 드러난 임상적 경향 가운데, [성직자들은] 죄와 용서의 문제를 영원한 쟁점으로 삼아 가려고 할 것이다. 건강해지고 온전해지는 것은 참회받고 용서받고 거룩해지는 것을 결코 대신할 수 없다.

마이클 램지[2]

목회상담 운동: 새로운 유형의 영성지도인가?

영국 성공회 신학대학을 섬기던 전 학장이 1975년에 이렇게 말한 적이 있다: "상담이 지금 영국 성공회 신학대학들 안에서 죄의 고백보다 더 많은 관심을 끌고 있습니다. 이런 현상이 다 유익할지 어떨지는 아직 미지수입니다."[3] 그의 말은 확실히 사실이다. '목회상담'과 '목회임상훈련'에 대한 관심이 증폭되면서, 그 자체가 바라는 대로, 확실히 죄의 고백이나 영성지도는 무시당하는 경향이 있다. 어떤 이들은 이런 훈련들을 진부한 것으로 여겨 폐물 취급을 해버리고, 대신 목회상담이나 심리치료 같은 좀더 새로운 훈련들로 그 자리를 채우고 있다. 따라서 오늘의 목사들은 점점 더 '치료 기법들'을 배워 가고 있는 중이다. 어떤 이들은 이런 목사와 치료사의 연합이 매우 오래된 어떤 것을 회복하는 것일 뿐이라고 암시하곤 한다. 확실히 신학과 치료, 목사와 의사 사이의 역사적 연결고리는 매우 밀접하다. 레위기에는 '구원과 치유는 하나다'라는 율법의 구성틀 안에서 목회와 의술 둘 다에 관련된 명령들이 포함되어 있다. 사도들이 보냄을 받은 이유도 하나님 나라를 선포하는 것과 치유하는 것 둘 다였다. 목양적 돌봄과 병자의 치유는 그리스도교 전 역사에서 밀접히 연관되어 있었다. 실제로, 훨씬 더 폭넓은 차원에서, 탈콧 팔슨스는 의사란 "목사의 영역과 중요한 연관관계를 지니고 있다"[4]고 지적하였다. 반면에 프레이저는 여러 해 전에 주술가와 의술가가 인간 사회의 발전 속에서 가장 오래된 전문가 계층을 구성해 왔다고 단언하였다.[5]

목양적 돌봄에서 치유적인 차원의 부흥이 상징적으로 드러난 것은 1940년대 말에 '임상적'이라는 말이 '목양적'이라는 말과 밀접하게 연관되어 있다고 소개되면서부터였다. 그러나 그 과정은 훨씬 더 이전부터 시작되었다. 1925년에 리차드 캐봇이 미국에서 〈서베이 그래픽〉에 논문 한 편을 썼는데, 거기서 그는 모든 신학생에게 '임상수련기간'을 한 해 거칠 것을 요구하였고, 1930년대 초에는 매사추세츠 제너럴 병원에서 실험적인 원목활동을 할 수 있도록 후원하였다.[6] 1930년에는 캐봇을 회장으로 한 임상훈련협의회가 발족되었고, 1940년대 초에는 목양적 돌봄 연구원이 생겨났다. 1930년대에 또 다른 중요한 기여를 한 이들이 있는데, 안톤 보이센이 신학생들을 워체스터 주립병원에서 활용하였고, 찰스 홀만[7]과 칼 쉬톨쯔[8]가 중요한 연구물들을 내놓았다.

따라서 목회신학은 이런 '영혼의 치유'나 '목회상담' 같은 주제들을 강조하기 위하여 시작되었다. 이러한 방향설정에 전환점을 찍은 두 개의 작품은 씨워드 힐트너의 〈임상목회훈련〉(1945)과 〈목회상담〉(1949)이었다. 이런 쪽의 연구들과 함께, 목회신학은 교회론적인 세부사항들—어떻게 세례를 줄 것인지, 어떻게 용서를 선언할 것인지—에 대한 관심에서 점점 멀어졌고, 대신 힐트너가 '목양적 관점'[9]이라고 부른 것들에 더 관심을 갖게 되었다. 힐트너는 확실히 역동적인 심리학과 심리치료의 지혜를 그리스도교 목사의 섬김으로 승화시켰다.

목회상담 운동의 성장은 1950년대와 60년대 미국 교회생활의 중요한 특징이었다. 1960년까지는 전문적인 상담가들이(정신의학자, 심리치료사, 심리학자, 상담가, 사회복지사를 포함하여) 70,000명 이상 미국에서 활동하고 있는 것으로 추산되었다.[10] 임상목회훈련 프로그램은 미국 병원들에서 시작되었고, 그 밖의 상담들도 다양한 유형과 차원에서 미국 전역에서 폭넓게 실시되기 시작하였다.[11] 많은 목사들이 상담가로 훈련받고 현장에서 뛰었다. 영국에서도 1930년대 중반에, 레슬리 웨더헤드 박사가 런던에 있는 템플 시에서 목회상담센터를 시작하였다. 그 밖에도 여러 곳에서 다양한 실험들이 있었는데, 미국의 아이디어들이 영국으로 확장되는 데는 그리 많은 시간이 걸리지 않았다.

목회상담 운동의 성장은 목회실천에서 다른 중요한 성장, 곧 사역의 행정적이고 자문적인 모델들과는 확연한 대조를 이루었다. 최근에는 이런 쪽의 접근이 다시 부흥하고 있다. 목사의 개인적인 사역과는 반대되는 것으로서 목사의 리더십과 조직관리 측면이 강조되고 있는 것이다.[12] 진보적인 교회들은, 대부분, 정신건강 아이디어들을 지적으로 받아들이다보니 개인적인 돌봄의 관점에서 행동으로 실천에 옮기는 데에는 느린 것이 사실이었다. 칼 웨너스톰은 이러한 실패를 무의식에 대한 부인과 경시, 사회개혁에 대한 고지식한 낙관주의나 신념, 눈에 띄지 않고 드러나지 않는 사역 형태들은 제쳐둔 채 리더십이나 강한 영향력에 대해서만 쏟는 관심, 자원들의 효율적인 사용을 강조하는 돌봄의 모델, 그리고 친밀한 개인적 접촉의 회피 쪽으로 몰고 가는 지나친 합리주의 탓이라고 여겼다. 그러한 사역 모델에서는 안전한 거리가 필수적이다:

> 은유적으로 표현하자면, 최초의 자유주의자는(어쨌든 지금까지 먼 길을 걸어 왔다) 예수님이 십자가에 달리신 곳까지 그 십자가를 옮길 수 있도록 도와주었던 사람이라고 볼 수 있다. 그는 뭔가 해야 할 일이 있었기에 그 장소에 있었다. 그는 그 일을 위하여 정력을 쏟아야만 했다. 그리고 무거운 십자가를 짊어지고 가는 동안에도 그는 예수님 가까운 곳에서 바짝 따라가지 않았다. 일단 그 장소에 이르고 나자 그는 곧바로 눈앞에서 사라져 버렸다; 우리는 신약성서에서 이 초기의 자유주의자에 관하여 더 이상 들을 수가 없다. 아마도 그 사람은 확신을 번복하고 용감하게 시도해 보고픈 기대 속에 순회 공의회에 불참했는지도 모른다. 아니면 예수님의 가족이 앞으로 후원해 줄 것이라는 기대 속에 매장 준비를 조사하고 있었는지도 모른다. 아니, 어쩌면 빌라도에 관하여 로마에 탄원서를 제출하였을 수도 있다. 그가 무슨 일에 종사했는가 하는 문제는 커다란 잠재적 의미를 지니고 있음이 틀림없다. 그러나 정작 예수님이 십자가에 못 박히는 장소에 그는 존재하지 않았다. 십자가를 옮겨만 놓고 사라진 것이다. 자유주의자에게는 사회적 거리가 최고인 것이다.[13]

이 자유주의자의 선 자리에서 볼 때, 목사는 주로 목양적 자원과 전략의 총체적인 조직화에 관심을 지니고 있다. 따라서 개인을 향한 긴밀한 사역은 자연히 덜 강조될 수밖에 없다. 사실, 자유주의적 전통은 개인지도 분야에서 그리 힘을 펴지 못해 왔다. 반면 보수주의적 복음주의자들 사이에서는 상담의 사역이 언제나 좀 더 명확하게 복음주의적인 요소를 함유해 왔으며, 특별히 개종 이후 시기와 연결지어져 왔다. 하지만 목회상담 운동이 발달하고 또 그만큼의 여세를 몰아감에 따라, 자유주의 교회와 복음주의 교회 양쪽의 구성원들을 동시에 끌어당기게 되었다. 그리스도교 목사는 개인적인 인도자와 친구로 간주될 뿐만 아니라, 조직을 꾸려 가거나 말씀을 선포하는 사람으로도 간주되었다.

그렇다면 상담(counselling)이란 무엇인가? 비록 현대에 와서는 이것이 그리스도교 교회와 완전히 이질적인 영역에서 사용되고 있지만, 사실 이 용어는 유대—그리스도교 전통에 그 기원을 두고 있다. 어느 교육심리학자가 기록한 것처럼, '그것은 주로 법적인 전문직에만 한정되어 왔던 오래된 성서적 언어다. 그런데 그것이 새로운 세계로 여행을 떠났다. 아마도 메이플라워호를 타고 말이다. 그것이 최근에 부활하게 된 것은 어디까지나 미국인들의 덕택이다.'[14] 그 언어는 집정(consul), 조정(conciliate), 조언(consult)과 동일한 원천에서 비롯된 것으로, 상호교환이라는 쌍방향의 과정을 암시해 준다. 종종 그것은 상담자가 내담자의 개인적인 문제를 해결하거나 어떤 결정에 도달하기 위하여 도움을 요청하는, 아주 짧은 기간 동안의 회의나 연속 회의를 묘사하는 데 사용되기도 한다. 좀 더 심화된 형태의 상담은 동기와 경험에 좀 더 초점을 모을 수 있으며, 심리치료에 좀 더 가까운 것일 수 있다. 그러나 일반적으로 볼 때 상담은 좀 더 장기간에 걸친 심리치료 업무보다는 특정 위기에 좀 더 국한되는 것이라고 할 수 있다. 따라서 목회상담이라고 하는 개념이 심리치료, 목양적 돌봄, 사회적 사례연구 같은 개념들과 매우 유사함에도 불구하고, 그것들 사이에는 엄격한 구분이 존재한다. 프로이드나 융의 심층심리학을 따르는 심리치료사는 여러 해 동안 한 사람의 환자에게만 매달릴 수도 있을 것이다. 그런 심리치료사들은 즉각적인 위기에 관심이 없으며, 환자의 삶의 정황이라든가 가족적인 배경 같은 것에는 흔히 연루되지 않으려 한다. 심리치료사의 관심은 내면의 세계다. 목양적 돌봄 업무는 때때로 상담 업무와 구별이 된다. 목양적 돌봄은 개인의 영성적인 자원을 좀 더 끌어오는 것과 관련이 있기 때문이다.[15] 어떤 작가들은 영성지도를 '즉각적인 상황에서 일반적으로 사용되는 것보다는 좀 더 영성적인 깊이가 있는, 단순한 목회상담'[16]으로 간주하기도 한다.

또한 '사례연구'라고 하는 개념의 사용은 적응과정의 중요한 차이점을 지적해 준다. 비록 그 용어가 상담과 다소 유사한 의미로 사용되는 경우가 많긴 하지만 말이다. 상담자는 건강한 관계의 확립에 관심을 지닌다. 사회적 사례연구자는 그러한 관심을 공유할 수 있다. 그러나 그들은 실제적인 결정과 그것의 이행에도 똑같은 관심을 기울인다. 그러므로 사회사업가들은 자연히 권위적인 인물처럼 비칠 수밖에 없다. 비록 한편으로는 사회적인 계획과 정치적인 행동에, 그리고 다른 한편으로는 도덕적인 가치관에 좀 더 연루되어야 한다는 강력한 요구가 있기는 하지만 말이다. 힐트너는 기본적인 태도, 접근, 방법론 등의 측면에서 볼 때, 목회상담이 다른 유형의 상담들과 별다른 차이를 보이지 않는다고 주장한다. 그것들이 차이가 나는 것은 오로지 배경과 종교적 자원의 이용 여부일 뿐이라고 한다. 힐트너의 정의에 따르면, 목회상담은 '사람들이 자신의 내면적 갈등에 대하여 제대로 이해하는 과정을 통하여 스스로를 도울 수 있도록 만들어 주기 위한 목사의 시도'[17]다.

상담 운동의 한복판에는 나-너 관계, 인간 대 인간의 만남, 그리고 인간적 변화에 대한 관심이 자리잡고 있었다. 그리스도교 사역과 자주 비교되는 것은 바로 이러한 강조점이다. 폴 핼모스는 목사, 의사, 간호원, 교사, 그리고 사회사업가의 직업을 한 데 묶어서 '신체적·심리적 성격에 변화를 불러일으키는 것을 기본 기능으로 하는' 직업이라고 명명하였다. 그는 그런 직업들을 가리켜 '개인적인 서비스 전문직'[18]이라고 일컫는다. 핼모스는 '상담 이데올로기'의 주요 가치관을 다음 세 가지로 요약하였다: 무-비판적이고 무-처벌적이면서도 겸손하고 수용적인 태도; 서로에게 정직하고 친밀한 나-너 관계; 그리고 온갖 형태의 자기-기만과 부정, 거짓 정의, 분노의 반대. 물론 이런 가치관들이 금세기 동안 상담이 급증한 상황으로부터 빚어진 것은 아니다. 이 가치관들은 18세기 말엽에 부상하기 시작했던 '도덕적 대우' 이데올로기의 본질적인 부분이었기 때문이다. 이것은 환자와의 사이에 '긴밀하고 우정어린 연합의 가치와 중요성을 강조하는, 그리고 환자의 문제에 관한 친밀한 논의, 매일 목표가 있는 행동을 추구하는 것의 가치와 중요성을 강조하는 이데올로기였다……그것은 의사의 지시 아래 병자들에게 제공된 삶의 방식이었다. 개인에 대한 높은 평가와 개인이 지닌 회복력에 대한 신뢰에 토대를 둔 정신적 질병에 관한 철학을 지닌 그런 의사 말이다.'[19] 이러한 '도덕적 대우'는 19세기와 20세기 초에 약리학의 발달로 환자에 대한 화학적 공격 때문에 결국 쇠퇴하고 말았다. 하지만 그것은 정신분석의 성장과 더불어, 그리고 새로운 사회사업의 성장과 더불어, 새로운 형태로 부활하기에 이르렀다. 양 대전 사이에 사회사업 사상, 특히 미국 사회사업 사상의 강조점은 개인의 결점에 놓여 있었다. 그리고 아주 최근에야 비로소 개인주의와 사례연구를 벗어난 운동이 제 갈 길을 찾을 수 있게 되었다.

핼모스의 견해에 비추어 볼 때, 상담 운동은 사실 그리스도인의 영성과 매우 밀접한 관계에 있다. 심지어 그는 상담자가 종교의 쇠퇴에 따라 만들어진 틈 속으로 걸어 들어가야 한다고 주장한다. 그는 상담자란 '이전 시대의 영성적인 조언자, 영성적인 인도자 대신에 행동하는'[20] 사람이라고 주장한다. 여기에서 특히 강조되는 것은 사랑의 치료에 대한 확신이다. '치료적 은총의 절대적인 치유 과정은 바로 사랑'[21]이라고 주장한 초기의 괴짜 심리학자 페렌치로부터 시작하여, 에리히 프롬의 저술에 이르기까지, 상담 전통 속으로 전환되어 들어온 치료에서 가장 중점적으로 강조된 것은 바로 사랑의 중요성이었다. 또한 상담과 치료 영역에 종사하는 사람들도 대부분 영성 발달에 높은 가치를 부여하고 있다. 예를 들면, 일반 개업의들을 위한 심리치료 과정을 관리했던 마이클 밸린트의 경우, 그는 영성적 참여에 대한 자신의 확신을 표현하기 위하여 신학적인 용어들을 채택하였다.[22]

'비-지시적인 접근 방법'에 대한 강조가 성장의 개념과 마찬가지로 상담 관계의 통전적인 부분으로 자리잡게 된 것은 바로 칼 로저스의 저서에서였다. '목표는 하나의 특정한 문제를 해결하는 것이 아니라, 개인이 성장하도록 도와주는 것이다.' 로저스는 개인을 강조하였으며, 전체성과 조정을 향한 개인의 욕구, 개인의 감정, 그리고 '성장 경험으로서 치료관계 자체'를 강조하였다. 치료는 변화를 불러일으킨다: '이러한 형태의 치료는 변화를 준비하는 것이 아니라 변화 그 자체이다.'[23] 로저스의 저서는 처음부터 끝까지 사랑, 자기-존중, 성숙과 같은 개념들을 사용하고 있으며, 치유와 성장을 중심적인 주제로 다룰 수 있는 인간의 잠재력에 관한 낙관적인 견해가 포함되어 있다. 목회상담에 관하여 글을 쓰는 작가들 가운데에도 이러한 개념들을 사용하는 사람이 아주 많다. 그러므로 이 분야의 그리스도교 저서들 속에서 비-지시, 개인의 전체성, 통전성, 진정성 등의 덕목을 강조하는 저서를 찾는 것은 아주 쉬운 일이라 할 수 있겠다. 비-지시적인 접근 방법은 나중에 개인상담의 영역으로부터 공동체 발달 같은 영역으로 확대되었다.

최근에 이르기까지 상담 운동은 정신분석학적 가설들의 지배를 받고 있었으며, 그것의 주요 관심사는 바로 신경증적인 형태의 행동이었다. 핼모스의 주장에 따르면, '대부분의 상담가들은, 자신들의 임상적·사회적 배경이 제아무리 다르다 할지라도, 이미 출간되어 있는 정신분석학적 사상의 영향 아래서 자신의 생각을 발전시키는 것은 다들 똑같다'[24]고 한다. 확실히 상담 운동 분야에서 병, 질환, 그리고 치료를 매우 강조하는 경향은 그것이 프로이드 학파의 임상적 기원을 지니고 있다는 사실을 증명해 준다. 심지어는 가장 최근에 등장한 '관공서' 상담 분야, 학생 상담가까지도 교육 심리학자나 아동 정신과 클리닉과 밀접한 연계 아래 업무를 보고 있는 것으로 보인다.[25] 그렇지만 최근 몇 년 동안에는 '심층 심리치료가 목회상담의 적절한 모델이 아니다'[26]는 견해가 광범위하게 인정받게 되었다. 상담과 질병의 연합이 과연 언제까지 중심적인 요소로 남아 있을 것인가는 두고 봐야 할 문제다. 확실히 질병 모델은 별로 좋지 않은 영성지도 모델이다. 그리스도인들이 제아무리 치유와 전체성이라는 개념을 사용하고 싶다 할지라도, 그것의 강조점은 질병의 예방과 치료가 아니라 오히려 구원의 성취에 있기 때문이다. 그러므로 영성지도는 위기의 개입이 아니라 위기의 과정이며, 하나님을 향한, 그리고 하나님 안에서의 움직임이다. 폰드와 그 밖의 학자들은 상담이 우리와 우주의 관계에 대한 이해의 문제를 회피할 수는 없는 노릇이라고 주장하였다.[27] 그리고 미국에서는 상담의 '실존적인' 요소가 특별히 더 중요해지게 되었다.

1958년 영국에서는, 종교개혁적 그리스도교 배경을 지닌 정신의학자 프랭크 레이크에 따라 이른바 임상신학이라고 하는 운동이 시작되었다. 일단의 그룹과 세미나들이 성공회 전체로 확산되기 시작하였다. 이것의 본디 목표는 목사들로 하여금 곤란한 문제에 빠진 사람들을 위한 목양적 돌봄에 좀 더 유능한 사람이 될 수 있도록 도와주는 것이었다. 그러나 얼마 안 되어 임상신학은 목사 자신들의 목양적 요구와도 관련을 맺게 되었다. 사실 '그 운동이 이뤄낸 주요 성과는, 그것이 연구자들에게 그들 자신의 성격 문제와 종교적 해석에 관한 통찰력을 제공해 주었다는 점이다―그들이 다른 사람을 돕는 데 사용할 수 있는 아주 결정적인 통찰력을 말이다.'[28] 이리하여 해마다 12회에 걸쳐 3시간씩 이어지는 작은 세미나들이 개최되었다. 그리고 거기서 우울적, 히스테리적, 분열적, 편집적 성격의 이해에 특별히 많은 관심이 쏟아졌다. 그 밖에도 목사는 자시 자신의 행동 양식을 이해할 수 있도록 도움을 받아야 하며 자기 내부의 감정적인 미성숙으로부터 자유롭게 해방되어야 한다는 인식이 자리잡고 있었다. 그리고 1962년에 이르러 노팅검에 세워진 임상신학센터는 목사 자신들의 포괄적인 치료 사역을 강화시키게 되었다.

레이크는 주로 사도 요한, 사도 바울, 십자가의 성 요한, 시몬 베유, 마틴 부버, 키에르케고르의 저서들, 그리고 정신의학 분야에서는 프로이드와 클라인, 페어베언, 프롬 등의 저서들에 입각하여 자신의 체계를 확립한다. 그는 상담 운동이 '신학으로부터 비롯된 역설에 대한 단서'[29]를 필요로 한다고 확신한다. 그는 자신의 탁월한 연구서 〈임상신학〉(1966)에서 신학과 정신의학의 종합을 시도한다. '그 모델의 기원이 그리스도이고, 또 그리스도인은 정의상 그 안에서 그리스도가 사시는 사람이어야 하므로, 우리가 하나님의 사람의 "심리학"에서 "영성"으로 이동한다 할지라도, 커뮤니케이션의 언어는 별반 다를 게 없다'[30]고 하는 가설에 입각하여 말이다. 확실히 역동 심리학의 언어와 성서의 언어와 그리스도교적 신비의 언어는 서로 뒤섞여 있다. 임상적 우울증은 구약성서에 기록되어 있는 다양한 경험들과 서로 관련되어 있다. 그러나 저자인 레이크 자신에 따르면, 이 책의 가장 중요한 부분은 분열적 성격장애의 조건에 관한 논의가 실려 있는 단락이며, 사실 이것이야말로 전체 조직의 심장부라고 주장할만하다.

이 단락에서 레이크는 예언자 욥과 키에르케고르, 시몬 베유가 설명한 것과 같은 의미의 공포 개념을 상당히 자주 사용한다. 또한 그는 롤로 메이의 저서에 영향을 받아, '우리의 분열적인 세계'를 접촉이 없는 사람들, 친밀한 관계를 거부하는 사람들, 느낄 수 없는 사람들의 세계로 간주한다. 레이크는 이러한 조건이 수많은 젊은 목사들 사이에 널리 퍼져 있다고 보고, 그것을 어두운 밤에 관한 십자가의 성 요한의 가르침과 연결시킨다. '어두운 밤은 분열적인 영성으로부터 벗어나 하나님과의 온화하고 감각적인 합일로 나아가는 사람들이 반드시 경험해야만 한다.' 계속해서 십자가의 성 요한은 다음과 같이 말한다: '십자가에 못 박힌 그리스도의 울부짖음은 소외당하고 있는 분열적 환자들과 비인간화된 분열적 사회의 깊숙한 곳까지 파고드는 소리다. 그러나 분열적인 교회는 질병의 가장 나쁜 특징들을 주님께로 가져온다. 주님께서 돌봐 주시라고 말이다.' [31]

그러므로 임상신학은 영성생활의 깊이와 관련이 있다. 하지만 그것이 영성지도는 아니다. 그것의 관심사는 우울적이고 분열적인 상태, 심리적인 고통과 영성적인 고통, 그리고 이 조건들을 신학적인 용어로 해석하는 것이다. 이런 작업을 위하여 레이크는 그리스도교 전통 속에서 특정 분야의 영성 작가들, 특히 실존주의자들의 저서를 두루 섭렵하였으며, 그들의 연구와 정신의학의 훈련 사이에 다리를 놓아 주려고 애썼다. 이것은 엄격한 비판주의에도 개방적인 자세를 취한다. 하지만 원칙적으로 그러한 작업은 목양적 돌봄의 본질적인 요소에 속한다. 그럼에도 불구하고, 고통의 치유와 영성지도에 입각한 접근 방법들을 서로 동일시하는 것은 결코 있을 수 없는 일이다. 영성지도에 입각한 접근 방법이 훨씬 더 광범위하기 때문이다.

임상신학협회가 형성된 이후로 그리스도교의 상담 영역에서는 다른 수많은 성장과 발달이 진행되어 왔다. 1970년대 초에는 목회상담협회가 세워졌다. 그 협회가 구성될 당시, 클렙쉬와 재클의 저서를 토대로 하여 다음과 같은 정의가 내려졌다:

> 영혼의 치유 또는 목양적 돌봄과 책임의 사역은 전형적인 종교인들이 행하는 도움 행위, 그러니까 궁극적인 의미와 관심의 차원에서 곤란한 문제를 겪고 있는 사람들을 위한 치유와 지탱과 인도와 화해를 위주로 하는 도움 행위들로 구성된다. [32]

최근의 저서와 논의들을 보면 발달, 촉진 같은 주제들이 자주 등장한다. 그들에 따르면 상담자는 성장과 발달을 촉진시켜 줄만한 환경을 조성하려고 애쓰는 사람, 개인이 좀 더 효과적이고도 좀 더 인간적인 존재가 될 수 있도록 도와주려고 애쓰는 사람이다. 그러므로 '충만한 인간'이나 '자기-실현' 같은 용어들이 사용될 수 있을 것이다.

또한, 로저스와 다른 학자들의 조형적인 연구 이래로 치료관계에서는 '무조건적인 수용'과 '충만한 상호의존'이 상당히 강조되어 왔다. 로저스는 개인과 그 개인의 잠재력을 수용할 필요가 있다고 지적한다. 그리고 그러한 수용이야말로 변화를 위한 노력들 가운데 가장 강력한 요소라고 주장한다. 그러나 최근 몇 년 사이에는 조금 상이한 요소가 더욱 강조되고 있다: 곧 대립과 갈등, 개인적인 책임의 수용이 강조되고 있는 것이다. 마틴 부버는 확증과 투쟁의 여지를 주장했던 작가들 가운데 한 사람이다. 부버는 로저스의 견해에 반대하여, 치료사와 내담자 간의 동일시를 거부하였다. 그의 주장에 따르면, 확실히 그들 사이에 나-너 관계가 존재하기는 하지만, 그것은 충만한 상호의존의 관계가 아니라 신뢰와 상호적인 파트너십의 관계다. 치료자는 자기 자신과 반대되는 다른 인격과의 투쟁에 참여한다.[39] 갈등을 이런 식으로 강조하는 현상은 보통 '과격한 치료'와 '과격한 사회사업'으로 분류되는—관습적인 정신의학과 상담의 기본적인 가정들에 대하여 문제를 제기하고 있는—여러 가지 운동들의 경우에 가장 명확하게 드러난다. 사례연구는 이미 승인을 받은 사회의 구조와 가치관을 보호하기 위한 하나의 도구로 간주된다. 인간은 자기 자신의 행동을 책임지는 일보다는 오히려 과격한 변화에 참여하는 일 때문에 좀 더 심한 스트레스를 받을 수 있다.[40] 이렇게 비-지시적인 인내의 거부는 수많은 자조 운동들과 시너넌, 디랜시 스트리트와 피닉스 같은 마약·알코올 중독자 갱생 프로그램들, 그리고 싸움과 폭력이 난무하는 대다수 공동체들의 통전적인 부분이다.

최근에는 상담과 치료의 장으로서 집단도 매우 강조되어 왔다. 한 집단 내부의 공격과 환상의 표출은 프리츠 펄스와 그의 형태치료 연구에서 가장 결정적인 요소로 자리잡았다. 베르코비츠는 게슈탈트(Gestalt)와 유사한 운동들을 몽땅 다 '방출자'라고 이름 붙였다. 그것은 분노란 병에 가둬 둘 경우 정신적으로 해롭기 때문에 반드시 방출해야만 한다고 하는 그들의 주장에 입각해서다. 대부분의 방출자들은―그리고 사실 대부분의 치료사들과 온갖 종류의 치료 학파들도!―모두 캘리포니아에서 발견된다. 베르코비츠는 다음과 같이 말한다: 그들은 '헐리웃이나 디즈니랜드와 나란히 아메리칸 드림에 공헌한 캘리포니아의 일부분'35)이다. 그러나 게슈탈트와 글래써, 드레이크포드의 저서에 관련된 현실치료, 통합치료 학파의 공통점은, 개인의 책임과 온갖 형태의 심리학적 결정론을 거부한다는 것이다. 개인은 얼마든지 자기 자신의 행동에 대하여 책임을 질 수 있다. 개인과 집단 사이에서 우리는 공동―상담의 성장을 목격하였다. 이것은 두 사람이 서로를 위하여 상담해 주는 형태다. 요즘에는 상담 과정과 프로그램에 관련된 광범위한 산업이 존재하며, 수많은 목사들이 이 훈련들을 자신의 사역에 도움과 후원을 제공해 줄 만한 방법으로 간주해 왔다.

그렇다면 과연 우리가 목회상담 운동에서 현대적인 유형의 영성지도를 찾아볼 수 있을까? 목회상담은 20세기 교회들이 취해야 할 지도와 (어쩌면) 성례전적인 고백의 유일한 형태인가, 아니면 여러 유형들 가운데 하나인가? 일부 그리스도교 작가들은 실질적으로 영혼의 치유와 동의어로 간주할 정도로 매우 광범위한 의미에서 상담을 해석한다. 예를 들면, 데이비드 젠킨스는 다음과 같이 기록한다: '그리스도교 상담자의 목표는 사람들이 자기 자신으로서 살아갈 수 있도록 도와주는 것이다……그것은 신앙으로 인한 정화에 토대를 둔 개방성의 실천이다.'36) 상담자는 자기 자신으로서 살아갈 수 있는 본인의 능력이 바로 하나님의 수용과 공포로부터 해방시켜 주신 하나님의 용서 덕분이라는 사실을 잘 안다. 그러므로 상담자는 다른 사람들을 향한 하나님의 수용과 용서, 사랑의 도구로 이용될 수 있다. 그리스도교 상담자는 지배하거나 명령하기를 원치 않는다. 그리스도교 상담자는 개인이 성령의 활동에 개방적인 태도를 취할 수 있도록, 그리하여 좀 더 진실한 인간이 될 수 있도록 도와주는 사람, 촉진시켜 주는 사람이다. 확실히 그러한 시각의 상담과 영혼의 치유라고 하는 전통적인 그리스도교 사역은 매우 밀접한 관계에 있다.

때로는 장황하기까지 한 그 운동의 전문 용어들 속에 표현되는 가치관은, 영성지도의 저서들에 나타나는 가치관과 아주 비슷한 것임이 틀림없다. 목회상담자는 감정이입, 소유욕이 없는 온정과 같은 개념들을 연구한다. 그리고 한편으론 대립과 후원의 통전성을 존중한다. 사막의 교부들은 침묵과 모범을 강조하였으며, 지배와 리더십을 거부하였다. 헤시케스트 전통의 진정한 삶에 대한 침묵의 증거는 분석의 훈련과 매우 유사한 관계에 있다. 테오둘프는 후원과 유익한 상담의 필요성에 대하여 기록하였다. 그리고 J. N. 그후는 상호 존중과 관대함, 그리고 지나친 의존을 회피해야 할 필요성에 대하여 강조하였다. 확실히 그것들 사이에는 유사한 주제와 사상이 존재한다. 상담자들은 양육이나 위로, 수용, 무비판적인 후원과 같은 개념들을 이용하는 경향이 있다. 이 개념들은 모두 그리스도교 전통에 그 뿌리를 두고 있다. 그렇지만 목회상담 운동과 영성지도의 전통 사이에는 몇 가지 결정적인 차이점이 존재한다. 그리고 이 차이점들을 인정하는 것이야말로 매우 중요한 일이다.

첫째, 지금까지 목회상담자의 관심사는 정서적 고통의 상태와 관련이 있었다. 그리고 임상적 목회의 경험은 스트레스를 받는 사람들과 관련이 깊었다. 비록 그것의 주창자들은 그저 일시적인 정서적 긴장의 해소를 강조하지 않고 확실히 잘 통합된 영성적·정서적 생활의 중요성을 강조했지만 말이다. 그러나 상담 관련 책자들을 통틀어 볼 때, 문제와 문제의 해결이 지속적으로 강조되고 있다는 것, 그리고 상담자가 이 비판적인 시기에 아주 결정적인 역할을 수행하는 것으로 간주된다는 것이 분명하다. 물론 고통의 경험, 위기의 시기에 연루되어 있는 영성지도자와도 유사점이 존재한다. 그러나 그리스도교적 이해에서 목양적 돌봄은 결코 문제가 있는 사람이나 고통당하는 사람, 또는 삶의 위기에만 국한되지 않는다.

> 목양적 돌봄은 단순한 치료에 머무는 것이 아니다. 목회자가 다른 여러 가지 도움을 필요로 하는 사람들의 좀 더 다양한 욕구들에 관심을 지닌다는 것은 확실하다. 그러나 목회자는 사람들의 행복에도 마찬가지로 많은 관심을 기울인다. 목양적 관계는 그것이 정상적인 생활 속에 지속적으로 존재한다는 사실로부터, 비탄에 잠긴 사람들을 위한 특별한 사역의 의미를 유출해 낸다. 그들의 봉사를 필요로 하는 일종의 고통을 제외하면 전혀 아무런 관계도 없는 의사나 정신의학자나 사회사업가와는 달리, 목회자의 관계는 즉각적인 관심을 요구하는 문제가 전혀 없을 경우에도 똑같이 중요하다.[37]

영성지도의 사역은 사실 특별한 위기가 아닐 경우에 더더욱 중요하다. 그것은 아픈 사람들뿐만 아니라 건강한 사람들까지도 다 포함하는 지속적인 사역이다. R. S. 리는 상담과 성례전적인 고백의 차이점에 관한 여러 편의 연구서에서 다음과 같이 논평하였다:

> 그 둘은 똑같지가 않다. 그것들은 어느 한쪽만 선택할 수 있는 대안도 아니고, 동일한 문제를 처리하기 위한 방법도 아니다. 성례전적인 고백의 경우, 그것을 통하여 가장 많은 이득을 얻을 수 있는 사람은 바로 영성적으로나 심리학적으로 잘 성장한 참회자. 분열적이고 제대로 발달하지 못한 사람들은 자신의 연약함 속에 쉽사리 고착해 버리는 경향이 있다. 하지만 이 사람들의 행동에 따라 판단하건대, 이들은 좀 더 죄가 많은 사람들이다. 그런 사람들에게는 좀 더 강력한 상담이 필요한 것이다. 물론 성인들은 성례전적인 고백을 필

요로 하고, 죄인들은 상담을 필요로 한다고까지 굳이 말할 필요는 없을 것이다. 하지만 그 속에는 그 말을 증명해 줄만한 진실이 충분히 들어 있다.[38]

사실 이것은 영성지도의 총체적인 분야에까지 좀 더 광범위하게 적용되기도 한다. 목사는 건강의 기본적인 필요조건으로서 주로 영성에 관심을 기울인다. 그리고 치료사나 상담자는 주로 질병에 관심을 기울인다. 그들은 동일한 실재의 영역에서 움직이므로, 그들이 상당히 많은 부분에서 겹친다고 해도 전혀 놀라운 일이 아니다. 그러나 목사는 치료사가 아니라 영성지도자다. 그리고 영성지도는 결코 치료가 아니다.

둘째, 지금까지의 상담 운동은 교회나 공동체를 바탕으로 한 것이 아니라 임상센터나 사무실에 토대를 둔 것이었다. 그러다 보니 자연히 목양적 돌봄에 너무나도 필수적인 그들의 가정, 가족 구성원들과의 지속적인 연계가 부족했다. 목회상담이 좀 더 크게 발달한 미국의 경우, 발달이 가장 미진한 지역은 바로 소교구나 회중의 구조 안에서 상담하는 곳이다. 그러한 상담은 '상황에 따라 이랬다저랬다 달라지거나' 또는 너무 단기상담으로 끝나 버리는 경향이 있다. 그런 운동은 학교나 군대나 병원 같은 특수목회 현장과 전문치료 센터에서 가장 강하게 일어났다. 그러나 이것은 일반인들의 평범한 생활과 접촉한다는 차원에서, 심각한 위험이 도사리고 있다. 최근의 한 작가는 다음과 같이 경고하였다: '정반대되는 정직한 노력에도 불구하고, 미국의 전문적인 목회상담과 심리치료는 좀 더 규모가 큰 교회의 도덕적·영성적 상황과 연결점을 점점 상실해 가고 있는 실정이다.'[39] 다른 한편으로, 영성지도는 예전적·성례전적 구조 안에서, 그리고 그리스도의 몸의 일상적인 생활 속에서 확고하게 자리매김을 하고 있다. 고(故) R. A. 램번이 자신의 저서에서 주장하고 싶었던 것도 바로 이러한 사실이었다. 램번의 견해에 따르면, 목회(pastoralia)란, 그리고 나아가 목회상담이란 교회를 배경으로

한 것이다.

매우 강력하게 주장한다면, 목양적 돌봄(목회상담은 그것의 일부일 뿐이다)은 그 자체의 삶과 서로 분리되어 있다고 할 수 있다. 그것이 만일 친교(koinonia) 공동체인 교회의 거룩한 예배의 지속적인 부흥에 대하여 실질적인 관심을 지니고 있는 게 아니라, 오히려 구성원들 저마다의 자아—형성이나 정체성—정의, 또는 구원을 전제로 하고 있다면 말이다.[40]

그럼에도 불구하고, 램번의 견해는 그다지 널리 받아들여지지가 못했다. 그리고 지금까지 상담은 지교회의 평범한 생활과 분리되어 왔다.

셋째, 지금까지의 상담 운동은 개인의 문제만 지나치게 강조해 온 경향이 있다. 이것은 역사의 다양한 단계에서 사회사업과 교회가 똑같이 저질러 온 잘못이기도 한다. 1959년 바바라 우튼은 '우리가 개인의 실수나 불행을 검토하는 것만큼 철저하게 우리 제도의 결함까지 검토하기를 꺼린다'[41]고 경고하였다. 미국의 경우, 목회상담에만 지나치게 몰두하는 현상에 대해, 리차드 니버는 사회윤리의 경시를 초래한다는 비판을 제기하였으며,[42] 토마스 머튼은 그것이 '조직 인간의 정신 구조를 형성하고 보존하기 위한 도구로 전락해 버린 경향이 있다'[43]고 비판하였다. 사회적 적응은 종종 객관적인 것으로 간주되지만, 사회적 비판주의의 문제들은 그만 무시되고 만다. 캐스린 히스먼은 이보다 훨씬 더 나아가서, 상담은 곧 '상대방이 사회에 적응하는 데서 겪고 있는 문제들을 이해하고 해결할 수 있도록 도와주려고 노력하는 관계'[44]라고 정의 내린다.

그러나 사회로의 적응은 그리스도인들에게 너무나도 모호한 목표다. 미국의 자유주의 작가인 대니얼 데이 윌리엄스는 고통으로부터의 해방과 내면적 평화라는 목적의 달성을 추구하는 상담 운동의 성향을 강력하게 비판하였다. 그의 주장에 따르면, 우리 사회처럼 불의에 따라 많이 손상되고 진정한 평화가 존재하지 않는 사회 속에서 그런 상태로 존재하는 것은 정말로 지탱하기가 어렵다.

그리스도교의 이상적인 삶은 고통으로부터의 자유나 황폐함에 대한 난공불락보다는 좀 더 고상한 환상을 지니고 있다. 그것의 목표는 결코 완벽하게 조절할 수가 없다. 지금 이대로의 세계에서는, 돌봄의 사랑이란 참을 수 없이 자기중심적인 목표로 간주될 수밖에 없다. 우리의 세계처럼 인간의 삶에 관한 문제들은 거의 미해결 상태로 남겨둔 채 불의가 난무하고 굶주린 사람들의 울부짖음이 넘치는 세계에서, 완벽하게 조절되어 평화를 누린다는 것은 과연 무엇을 의미하는 것일까? 결국에 가서 우리는 자신이 특정 질병의 치료와 인간의 영을 위한 구원을 서로 동일시하지 못하는 이유를 깨닫게 된다. 사랑 안에서 산다는 것은 곧 삶의 위험을 받아들인다는 것, 그리고 '마음의 평화'를 위협하는 삶의 요소들을 받아들인다는 것을 의미한다. 확실히 사람을 향한 그리스도교 사역은 신체적인 질병과 걱정, 내면의 갈등을 모두 다 해소시켜 주는 것과 관련이 깊다. 하지만 개인의 부담을 벗겨 주는 것은 곧 그 사람이 좀 더 중요하고 좀 더 보편적인 것들을 생각할 수 있도록 해방시켜 주는 것이다.[6]

영국에서 상담 운동의 '문제-해결식' 접근 방법과 지나친 개인주의를 가장 강력하게 비판하였던 사람 역시 R. A. 램번이었다. 1970년대 초에 램번은 다음과 같은 주장을 피력하였다:

앞으로 20년 동안 이 나라에서 필요로 하는 목회상담은, 전문적인 문제 해결과 붕괴의 방지로부터 비롯된 관행과 개념적 구조로는 결코 확립할 수가 없다. 그러한 관행과 개념적 구조는 지난 20년 동안 미국의 임상적·의료적·정신분석학적 모델들을 토대로 한 것이다. 그리고 이것들은 이미 부적절한 것으로 판명이 되었다……나는 확신한다. 미국에서 가장 많이 발달한 목회상담 운동은 의료 전문직에서 압축적으로 나타난 너무나도 일반적인 사회적 가설—문제의 윤곽을 파악하고 나면 그 문제를 회피하던가(예방) 또는 해결하든가 함으로써 얼마든지 우리가 행복한 삶을 누리게 될 것이라고 하는 가설—의 일부로 간주해야 한다고 말이다. 그 동안 목회신학은 인간의 발달에 관한 수수께끼 해결식 관점의 영향을 지나치게 많이 받아 왔다—의료적이고 임상적이고 전문적인 정체성과 너무나도 잘 어울리는 '장식용' 신학이었던 것이다.[46]

램번의 견해에 따르면, 그 운동의 여러 부분이 '부지불식간에 신학적인 선입견과 50년대의 사회적 양식을 반영해 준다'[47]고 한다. 그는 마음이 아픈 가운데에도 다음과 같은 사실을 지적하지 않을 수 없었다. '목회상담은 정치적—개인적 과정이며, 그 근저에는 자비뿐만 아니라 권력과 정의도 자리잡고 있다. 사회적 정의에 대한 소명 차원에서 목회상담을 새롭게 인식하기 위해서는, 그 신학 역시 이런 식의 전환을 겪어야만 한다.'[48]

상담에 대한 램번의 비판은 최근 몇 년 동안 사회사업 이데올로기에 주어진 훨씬 더 광범위한 공격의 단면에 불과하다. 그리고 그러한 공격은 그리스도교 신학과도 특별히 관련이 있다. 근본적인 문제는, 공인된 사회질서와 관련된 '문제들'을 확인하고, 조화를 조장하거나 촉진하며, 사회적·정치적 차원의 인식이 부족하여 생긴 불의를 영속시킴으로써, 사회를 조절하는 하나의 양식으로서 사회사업이 차지하고 있는 지위 때문이다. 교회에 대해서도 똑같은 비판이 가해졌다. 만일 개인이 사회 구조로부터 고립된 존재라면, 또는 '사회'가 개별적인 문제들에 대하여 그저 중립적인 배경으로 존재한다면, 그렇다면 사회적 불의를 강화시키는 데 대한 비난이 합당하다고 할 수 있을 것이다. 이리하여 상담은 결국 적응을 촉진시키고 불만족을 감소시키기 위한 하나의 수단, 곧 사회적 변화의 대용품이 되어 버리고 말 것이다.

지난 몇 년 동안 사례연구 강조와 오직 개인만을 향한 방향설정은 급진주의 사회사업으로부터 지독히도 많은 비난을 받아 왔다. 사회사업에 관한 심리학의 영향 때문에 '구조적 · 정치적 함의를 희생시켜 가면서까지 병리적 · 임상적 방향설정이 지나치게 강조되었다.'[49] 사례연구를 반대하는 입장에서 가장 유명하고 가장 강력한 주장을 펼친 것은 바로 '사례반대선언' 이었다.

> 앞으로 전문적인 사회사업의 중요한 도구 하나는, 빈곤에 대한 개별적 부적응을 비난하면서 실제적인 원인—초라한 주거, 무주택, 그리고 경제적 착취—으로부터 관심을 돌리게 하고 신비화시키는 사례연구—사이비 과학—일 것이다. 사례연구 이데올로기는 내담자들로 하여금 사회에 적응하기 위해서는 스스로가 변해야 한다고 생각하게 만들어 버린다.[50]

사례연구와 상담은 언제나 반작용의 도구들로 변질된 위험성에 노출되어 있다. 그것들은 개별적인 적응이나 사회적 순응보다는 좀 더 광범위한 문제들과 관련된 그리스도교의 영성지도에 결코 적합한 모델이 아니다. '사례연구 신학'을 수립하는 것은 신학을 일시적인 윤곽의 범위 속에 감금해 버릴 뿐 아니라 그 관심사들마저도 독점해 버리겠노라고 위협하는, 너무나도 위험한 시도다. 또한 영성지도의 그리스도교 전통이 상담 운동과 임상적인 목양적 돌봄으로부터 굉장히 많은 것들을 배웠다고 하는 사실을 부인하는 것 역시 어리석은 짓이다.

영성지도와 무의식

만일 영성지도 훈련이 목회상담자 훈련과 유사하다면, 분명히 심리치료사나 정신의학자, 정신분석가의 훈련과도 밀접하게 연결될 것이다. 다시 말해서, 그것들 사이에는 중요한 경계선뿐만 아니라 서로 중복되는 부분, 지식을 공유하는 부분도 존재하는 것이다. 영성지도자를 치료사로 간주하는 것은 잘못이다. 하지만 '영성적인' 것들과 '심리학적인' 것들을 완전히 분리된 구획에 두는 것 역시 잘못이다. 영성지도는 반드시 정신(psyche)을 포함한다: 영성지도는 심리적 불안과 심리적 건강의 영역에 속한다; 영성지도는 우울증, 내면적 갈등과 격변, 그리고 정신적 고통과 관련이 깊다. 목사는 영혼을 치유함으로써 정신이라는 영역에 몰입하게 된다. 그리하여 목사들은 심리치료의 통찰과 접근 방법들을 배우고 이용하기 위하여 여러 해 동안 노력을 기울인다.

최근 들어서는 치료 학파들 내부에서도 영성과 영성적 가치관의 문제들에 상당히 많은 관심을 기울이게 되었다. C. G. 융과 R. D. 랭은 서로의 접근 방법이나 용어가 굉장히 차이나지만, 그래도 영성생활 회복의 중요성을 매우 강조했다는 점에서는 서로 일치한다. 1930년대에 융은 다음과 같이 주장하였다: '나의 사례들 가운데 약 3분의 1 가량은, 임상적으로 밝힐 수 있는 신경증 때문이 아니라 자기 삶의 무의미함과 공허함 때문에 고통을 겪고 있다. 내 생각에, 이러한 현상은 우리 시대의 보편적인 신경증으로 묘사할 수 있을 것 같다.' [50] 서두에 살펴본 바와 같이, 랭의 경우, 우리 문화의 초월성 상실은 곧 우리 문화의 몰락을 의미하는 것이었다. 사실 우리가 '제정신'이라고 일컫는 것은 영성적인 박탈과도 같다. 진짜 제정신이라는 것은 정상적인 자아의 파멸과 초월을 의미한다. 빈 출신의 정신분석학자 빅터 프랭클은, 심리치료가 신경증의 원동력을 초월하여 인간 정신의 고민거리를 직시해야 한다고 주장한다. '영성적인 차원을 무시해서는 안 된다. 영성적인 차원이야말로 우리를 인간답게 만들어 주는 것이기 때문이다.'[52] 프랭클은 심리치료의 목적이 영혼을 치유하는 것인 반면, 종교의 목적은 영혼을 구원하는 것이라고 주장한다. 그러므로 심리적 건강은 종교의 필수적인 부수효과라고 할 수 있다. 구원은 영혼의 건강을 전제로 하는 것이기 때문이다. 오늘의 정신분석학자들 가운데에도 가치와 의미의 영역에 좀 더 많은 관심을 기울이는 사람들이 있다.

그러나 정신분석학자와 환자의 관계는 본질적으로 목사와 교인 또는 공동체의 관계와 다른 특징을 지닌다. 정신분석학자는, 그가 프로이드 전통에 서 있든지 또는 융 전통에 서 있든지 간에, 의사나 사회사업가나 다른 정신분석학자들의 소개를 통하여, 또는 본인—소개를 통하여 환자를 받는다. 정신분석학자들은 상담자들에 비해서 위기의 초기 단계에 있는 사람들을 만나는 확률이 더 낮아 보인다. 그리고 정신분석학자를 찾아오는 사람들은 오랜 기간 동안, 어쩌면 몇 년에 걸쳐 그들의 관계가 지속되기를 기대한다. 정신분석학자는 상담자에 비해 환자의 생활환경, 환자의 가족적인 배경, 그리고 환자가 접하고 있는 사회적 문제들에 별로 관심을 기울이지 않는 편이다. 오히려 정신분석학자의 역할은 무의식적인 요인, 감정, 기대, 환상 등의 내면세계를 탐구하는 것이다. 이러한 탐구를 통하여 정신분석학자는 이렇게 무의식적인 요인들에 생기를 불어넣어 준다. 또한 정신분석학자는 환자가 말하지 않은 것들에 귀를 기울인다. 따라서 여러 가지 결정적인 측면에서 보건대, 정신분석학자의 관심사와 접근 방법은 목사의 경우와 다를 수밖에 없다.

그렇지만 목사는 무의식을 간과할 수 없으며, 영성지도 역시 심리학적 건강 추구와 완전히 구분될 수는 없다. 다음의 세 가지 예는 영성적 발달과 심리적 발달의 상호관계를 잘 보여준다. 첫째, 자기의 발견은 정서적 성장의 필수조건이다. 자기—인식 없이는 결코 성숙해질 수 없다. 그러나 그리스도교의 신비는 우리에게 그러한 자기—인식이 곧 하나님에 대한 지식의 필수조건이라고 말해 준다. 둘째, 우리는 신체가 정신건강에 얼마나 중요한가를 잘 알고 있다. 우리는 '몸과 마음을 함께 지켜야 한다'고 말한다. 하지만 영성적인 전통은 금욕주의, 곧 영성적인 목적을 위하여 신체적인 기술이 사용되는 훈련을 매우 강조한다. 셋째, 많은 사람들이 경험해 온 것처럼, 하나님에 대한 인식을 회복하기 위해서는 무의식의 길을 탐구해야만 한다. 랭과 필라델피아 협회 소속 동료들의 연구는, 우리가 '정신착란'이라고 일컫는 것을 이 여행으로 간주할 수 있게 도와주었다. 메리 반즈는 바로 그 정신착란을 통하여 자기 자신과 하나님을 발견했노라고 주장하였다.[58] 그리스도교의 복음은 인간의 인격, 인간의 사랑과 두려움에 관련된다. 그러므로 인간을 '영성적인' 부분과 '심리적인' 부분으로 쉽사리 구분해서는 안 되며, 마찬가지로 인간을 '육체'와 '영혼'으로 구분해서도 안 된다. 숨 쉬고, 경험하고, 두려워하고, 하나님을 예배하는 존재는 바로 총체적인 인간인 것이다.

　이번 세기에 들어서서, 정신분석학자인 C. G. 융은 심리학과 영성의 밀접한 관계를 밝혀 냈다. 그리고 우리는 융의 연구를 통하여 영성지도자의 특징들을 유추해 낼 수 있게 되었다. 융은 평생토록 전체성의 성취에 관심을 기울였으며, 이러한 추구에서 신화와 상징이 차지하는 위치에도 관심을 가졌다. 의식적인 정신이 무의식에 의사를 전달할 수 있고 또 그것의 의사를 전달 받을 수 있는 것은 바로 상징주의를 통해서다. 그리고 무의식은 '의식의 어머니'다. 영성적인 건강과 심리적인 건강은 어디까지나 무의식적인 요소들과의 건전한 관계에 달려 있다. 자아(의식적인 마음)는 지나치게 많은 무의식적 자료들의 급증 때문에 완전히 압도당할 수도 있으며, 따라서 정신착란으로 치달을 수도 있다. 그러므로 무의식에 항복하는 것은 전혀 불필요한 태도다. 오히려 의식과 무의식 사이에서 우정어린 태도를 취하고, 이를 통하여 자기를 점점 더 조화롭게 만들 필요가 있다. 영성적인 전통에 따르면, 다른 사람들을 지도하는 사람은 평화로운 영혼이어야 한다. 다른 한편, 무의식과의 접촉 결여도 똑같은(아니면 좀 더 심각한) 재앙을 불러올 수 있다. 내면세계에 대한 두려움, '그림자' 나 성격의 어두운 면에 대한 공포는 인격에 아주 큰 손상을 주거나 파괴적인 영향을 줄 수 있다. 그리고 무의식을 도저히 통제할 수 없는 상태로 만들어 버릴 수도 있다. 융은 조화가 이루어지는 심리적 과정을 가리켜 개성화라고 일컫는다. 그리고 이 전체성의 조건을 향한 탐구에 대한 그의 설명은 영성지도의 전통을 포함하는 동서양의 영성적 전통에 상당 부분 의존하고 있다. '무의식의 분출이 진행되는 동안 환자에게는 의사, 양심의 지도자(directeur de consience)가 필요하다. 안 그러면 너무나도 압도적이고 강력한 자신의 환상 때문에 쉽사리 공황 상태에 빠져버리고 말 것이다.'[54] 이와 비슷하게, 의례와 교리는 정신착란을 막기 위한 보호막이다. '교리적인 상징은 하나님을 직접 경험하지 못하도록 인간을 보호해 준다.'[55] 의례와 교리는 어두움 속에서 비치는 빛과도 같다. 그것들은 사이비 신앙에서처럼 지나치게 남용될 수도 있고, 전혀 탐구를 경험하지 못하도록 막는 방해 요인이 될 수도 있다. 그것들은 그 자체를 목적으로 하기 때문이다. 하지만 상징주의(sumballo, 전체주의화하다 또는 통일시키다)의 목적은 의식적이고 무의식적인, 이성적이고 비이성적인 정신을 통일시키는 것이다.

이렇게 해서 융은 종교를 강박적인 신경증이라고 보았던 프로이드의 견해로부터 멀리 떨어져 나왔다. 그는 '종교적인 문제'야말로 건강 추구의 결정적인 요인이라고 보게 되었다. 그의 주장에 따르면, 목사와 심리치료사들이 서로 힘을 합하는 것이 무엇보다 중요했으며, 1933년이라는 그 옛날 이미 이러한 주장을 펼쳤었다.[56] 그러나 심리학, 곧 '영혼의 학문'은 그 자료에만 국한되어야 한다. 심리학이 신학적인 영역으로 넘어와서는 안 된다.[57] 융은 심리치료사의 역할이 지니고 있는 한계를 매우 잘 알고 있었다. 그럼에도 불구하고, 그의 연구는 영성적인 성장 과정과 영성지도 연구에 굉장히 많은 빛을 던져 주었다.

융의 연구가 영성지도에서 진가를 발휘하는 영역들 가운데 하나는 바로 심리학적 유형의 분류다. C. R. 브라이언트[58]는 기도를 통한 지도가 어떻게 해서 융의 연구에 따라 증명된 것처럼 개인의 성격 이해에 좀 더 효과적이고도 좀 더 실제적인 것이 될 수 있었는가를 밝혀 주었다. 융은 인간을 내성적인 태도와 외향적인 태도의 두 가지 유형으로 분류하는데, 그것은 우리에게도 익히 알려져 있는 사실이다. 외향적인 사람은 아주 쉽사리 외부세계로 향하는 사람이고, 반대로 내성적인 사람은 쉽사리 내면세계로 향하는 사람이다. 외향적인 사람은 자기 외부세계에 속하는 사람이나 사물을 가장 중요한 존재로 간주하는 반면, 내성적인 사람은 그들에 대하여 좀 더 방어적인 태도를 취한다. 저마다의 유형은 나름대로의 장점과 단점을 지니고 있다. 그러나 융은 여기에서 더 나아가, 내성적인 사람과 외향적인 사람을 다시 삶에 대처하는 네 가지 방식으로 세밀하게 분류하였다: 감각, 직관, 생각, 그리고 감정을 통하여. 브라이언트는 이러한 성격의 변수들에 대한 이해가 어떻게 해서 사람들이 자기에게 가장 유용한 기도 형태를 발견해 내도록 도움을 줄 수 있는가를 여실히 보여 준다. 그에 따르면, 감각을 자신의 가장 강력한 기능으로 사용하는 외향적인 사람은 외부의 세밀한 것들을 소중하게 여기며, 기도를 할 때에도 책이나 물질적인 원조를 귀하게 여길 것이라고 한다. 이런 사람에게는 합동 예배나 공동체의 후원이 무척이나 중요하다. 감각을 중요하게 여기는 내성적인 사람 역시 외부적인 요인들을 강조할 것이다. 그러나 그에게는 이것들이 내면세계에 대한 상징적 지시자로서 좀 더 가치를 지니게 될 것이다. 그리고 그의 기도에서는 상상이 중심적인 요소가 될 것이다. 한편, 생각의 기능에 지배되는 사람은 교리를 평가하고 신학적인 위치를 명료화해야 할 필요성을 느낄 것이다. 신학적인 성찰은 기도를 위한 긍정적인 서곡이 될 것이다. 다른 한편, 감정을 가장 귀중하게 여기는 사람은 감정적인 형태의 기도에 좀 더 쉽사리 빨려들게 될 것이며, 좀 더 '사색적인' 형태의 기도에서는 거의 아무런 도움도 얻지 못할 것이다. 직관적인 사람들은 (만일 외향적인 사람이라면) 인간이 드리는 예배 속에서 하나님과의 협동을 인식할 것이고, 또는 하나님과의 신비로운 합일을 깨닫게 될 것이다(내향적인 사람의 경우). 물론 이런 식의 윤곽은 지나치게 단순화한 것이다. 하지만 이것은 영성적 발달에 대한 접근 방법에서 심리학적인 이해가 차지하고 있는 중요한 역할을 강조한다.

융에게는 예전적인 예배와 기도 역시, 인간 정신의 깊은 곳에 도달하기 위한 변화의 과정에서 아주 중요한 요소였다. 우리는 의례와 상징을 통하여 우리의 근본적인 영성적 욕구들을 표출한다. 그러므로 영성지도는 개인이 '상징적인 삶'을 발견할 수 있도록 인도하는 일과 가장 관련이 깊다. 그러나 융은 바로 이러한 상징적 삶이 서양에서 간과되고 있다고 주장하였다: '우리에게는 상징적인 삶이 전혀 없다. 우리는 상징적인 삶의 필요성에 대해서 너무나도 무지하다. 오직 상징적인 삶만이 영혼의 욕구—영혼의 일상적인 욕구—를 표출해 줄 수 있다.'[59] 융은 예배 시간의 변화 상징에 관한 자신의 중요한 논문에서, 그리스도교의 예전을 통하여 인간과 하나님이 하나가 되는 통합의 상징적인 의례를 발견한다. 그는 의례의 변화와 인격의 통합을 성취하는 과정에서 예전과 상징이 차지하는 자리를 굉장히 강조한다.

참 영성이 거짓 영성으로부터 분명하게 구별되어 나타나는 곳은 바로 내면세계와 외부세계의 통합이다. 지금까지 이것은 신비주의와 정신병의 실질적인 구분이라고들 주장해 왔다. 이 둘의 경험은 서로 유사한 면이 많지만, '신비주의는 내면세계와 외부세계를 연합시킬 수 있는 방법의 모델을 제공해 주는 반면, 정신분열증은 내면세계와 외부세계를 분리할 경우 비극적인 결말을 가져오게 되어 있다.'[60] 영성지도의 목적은 삶의 전체성, 곧 내면의 인격과 외부의 인격이 하나로 일치되는 통합적인 성격을 획득하는 것이다. 그러나 전체적이고 통전적인 존재가 된다는 것은 고통스러운 일이다. 그것은 갈등과 위기를 수반하는 과정이며, 모든 영성지도는 영혼의 위기에 연루된다. 죽음과 부활의 경험이 영혼의 삶 속에서 반복되며, 이러한 경험의 상황은 심리학과 신학이 중복되는 영역이다. 신학자와 치료사 둘 다 인간의 전체성, 내면세계, 영혼의 치유에 연루되어 있기 때문이다. 일부 치료사들은 자신의 업무 가운데 특징적인 영성적 차원이 존재한다고 인정한다. 그래서 랭은 다음과 같이 말한다:

> 오리웬테이션은 곧 동쪽이 어디인가를 알아내는 것이다. 내면적인 장소에서 동쪽이 어디인지, 곧 우리 경험의 기원이나 원천이 어디인지를 알아내는 것이다……인간이 하나님을 경험했다는 사실의 암시는 어디에서든 찾아볼 수가 있다……우리 시대에는 훨씬 더 많은 사람들이 하나님의 실재를 경험하거나 하나님의 부재라고 하는 실재를 경험하는 것이 아니라 오히려 하나님의 실재의 부재를 경험하는 것처럼 보인다.

계속해서 랭은 치료적인 일과 영성적인 일을 직접 연결시킨다:

> 만일 우리가 실존적인 사회적 측면에서 제정신과 정신착란을 이해할 수 있게 된다면, 목사와 의사인 우리가 일반적인 문제들과 마주치게 되는 범위를 좀 더 확실하게 파악할 수 있을 것이라고 나는 확신한다……의사나 목사들 가운데에는 지도자가 될 사람도 들어 있어야 한다. 이 세계로부터 한 사람을 교육시켜서 다른 세계로 안내할 수 있는 그런 지도자 말이다.[61]

'의미치료' 학파의 창시자인 빅터 프랭클은 삶의 의미와 우주의 의미에 관한 혼란과 절망으로부터 비롯되는 '실존적인 신경증'과 '실존적인 좌절'에 관하여 조금 다른 각도에서 이야기한다. 그의 주장에 따르면, 심리치료는 의미의 문제에 결코 무관심할 수 없다고 한다. 오히려 그 반대로 '가치에 무관심한 그런 심리치료는 없다……심리치료의 목적은 영혼을 치유하는 것, 영혼을 건강하게 하는 것이다.' 종교의 목적이 전혀 다른 것―영혼을 구원하는 것―이므로 프랭클은 종교의 부수효과가 정신위생이라고 주장한다. 그것은 영성적인 거처를 제공해 주기 때문이다. 프랭클의 말에 따르면, 영성적인 차원을 결코 간과해서는 안 된다. 그리고 그는 '자기 실존의 의미를 추구하고 있는 인간의 영성적인 고통이 그저 병리학적인 징후에 지나지 않는 것이라고 속이면서 심리학 속에 피난처를 마련하는'[42] 사람들에 대하여 매우 비판적인 태도를 취한다.

영성을 매우 강조하는 또 한 명의 치료사는 페르시아의 정신분석학자 레자 아라스테다. 그는 '최종적 통합'이라는 자신의 관점에 따라 정신분석학적 접근과 신비주의적 접근을 한 데 결합시킨다. 아라스테가 옳게 강조하고 있는 것처럼, 통합은 사회에 적응시킴으로써 신경증을 치료하는 게 아니라, 교류문화적 단계로 정신을 성숙시켜 나가는 것이다.[43] 프랭클처럼, 아라스테도 역시 실존적 불안을 성장과 발달에 대한 요구라고 본다.

그러나 분명한 사실은, 종교가 전체성과 통합의 원조자가 되어줄 수도 있는 반면에, 미숙함을 그대로 유지시키고 성장 과정을 억제할 수도 있다고 하는 점이다. 종교는 건강치 못할 수도 있고 병적인 것일 수도 있다. 프로이드는 모든 종교가 비정상적이라고 주장하였다. 하지만 프로이드의 견해를 부정한다고 해서 일부 종교는 이런 유형에 속하지 않는다는 말이 될 수는 없다. 심리학이 영성지도에 공헌한 요소들 가운데 하나는, 종교적 삶에 존재하는 병리학적인 특징들에 조명을 비춰 주고, 그리하여 참 영성을 거짓 영성이나 왜곡된 형태의 영성과 구별할 수 있게 해주었다는 것이다. 그렇다면 언제 종교가 비정상적인 형태라고 할 수 있을까? 대답은 간단하다: 종교가 인격의 통합을 위한 수단이 되기를 그만 둘 때, 그리하여 인간으로부터의 도피 형태가 될 때, 그 종교가 바로 병적인 종교인 것이다. '종교적인' 존재가 된다는 것은 곧 미숙함을 연장시키기 위한 수단이며, 인격의 합일을 방해하기 위한 수단이다. 세바스쳔 무어는 로마 공동체에 관한 글을 쓰면서, '가톨릭교회의 신경증'에 대하여 언급하였다. 이것은 '젊은 가톨릭 신자들을 이상하리만큼 미숙한 상태로 남아 있게 만드는 성향'의 특징들 가운데 하나다. 무어는 온갖 일상적인 인간적 응답들의 예배에 방해가 되는 요소들에 대해서 이야기한다. '종교적인 사람들의 주변에는 어느 정도의 비이동성, 완전한 인식의 실패가 존재하는 것 같다. 그리고 이것이야말로 타락한 인간의 뿌리가 되는 것 같다.' [64] 그러므로 종교는 삶을 방해하고 죽음을 유지하는 수단이다. 종교는 인위적인 세계 속에 사람들을 보호함으로써 죄악과의 실질적인 대립을 차단시켜 버린다. 롤로 메이가 '거짓-순수'라고 부르는 것이 바로 이러한 신드롬이다. 이것은 종종 선에 대하여 잘못된 판단을 내리는 유년기에 고착되는 현상을 가리킨다. 그리고 이것은 사실상 영성의 적이다. '책임을 회피하기 위한 방패로서의 순수는 성장을 가로막는 방패이기도 하다.' [65] 순수는 사람들을 새로운 인식과 새로운 이해, 새로운 통찰로부터 보호해 준다. 영성은 경험을 토대로 한 것이므로 순수와는 정반대되는 것이라는 사실을 언급하기 위하여, 메이는 헤르만 멜빌의 소설 〈빌리 버드〉를 인용한다. 경험을 가로막고 순수를 유지시키는 종교 형태는 분명히 미숙함도 유지시킬 것이다.

물론 종교는 깊숙한 내면의 불안을 은폐하기 위한 덮개가 되어 줄 수도 있다. 종교는 치유의 과정이 되기는커녕, 병세를 오히려 더 악화시킬 수도 있다. 영성지도자는 질병과 불안에 관심을 기울인다. 그러므로 영성지도자의 임무를 수행하려면 심리학적인 통찰에 대한 이해가 상당해야만 한다. 그렇지만 영성지도자는 정신의학적 이론들을 평가하는 일에 비판적인 정신을 가지고 신중을 기해야 한다. 자기 내담자의 영성을 평가할 때와 마찬가지로 말이다. 영성에 관련된 것들의 대부분은 확실히 병이 들고 정신이 흐트러진 상태에 있다. 한편, 정신의학은 인간에 관한 가장 진부한 가정들도 수용할 수 있다는 사실, 그리고 정신의학자들이 언제나 질병의 이름과 모델에 대한 자기 자신의 수용을 충분히 인식하고 있는 것은 아니라는 사실을 깨달을 필요가 있다. 어떤 사람에게 '분열적 성격장애자'나 '정신병자'라는 이름표를 붙인다고 해서 반드시 우리가 그 사람에 대하여 매우 많은 것을 알게 되는 것은 아니다. 비록 그 이름표를 붙이는 과정과, 이 이름표를 달고 있는 사람에게 가장 적합한 심리학적 모델의 종류에 관해서는 알 수 있겠지만 말이다.

개인에게 이름표를 붙이는 용어들 가운데 가장 보편적으로 사용되는 것 하나를 예로 들면, 바로 '분열적'(schizoid)이라는 말이다. 우리는 레이크의 연구와 임상신학 운동을 설명하면서 이 용어를 잠깐 다뤘었다. 롤로 메이는 우리 문화가 온통 분열적이라고 주장하였다.[66] 그가 분열적이라고 말할 때 의미하는 것은 만질 수 없는 것, 친밀한 관계를 회피하는 것, 느낄 수 없는 것이다. 분열적 성격장애자는 성인 세계의 위협과 대립을 두려워한다. 레이크는 자신의 논의에서 미국정신의학협회가 채택한 '표준정신의학명명분류표'를 분열적 성격의 기본적인 정의로 이용한다. 그 정의는 다음과 같다:

1 타인과의 친밀한 관계를 명백히 회피하는, 지속적이고도 조정 불가능한 유형의 행동;
2 적대감과 공격적인 감정들을 직접적으로 표출할 수 없는 무능력한 상태;
3 자폐증적인 사고(곧, 외부세계로부터 실질적으로 이용할 수 있는 정보를 모두 희생해 가면서까지 자기 자신과, 상황에 대한 자기 내면의 개인적인 견해에 대해서만 지나치게 생각하는 것);
4 틀어박힌, 틀어박히기를 좋아하는, 고립된, 내향적인 성격.

그런 다음 레이크는 일부—키에르케고르나 시몬 베유 같은—작가들이 공포와 두려움이 넘쳐 나는 경험 그 자체, 그 경험에 대한 언급과 변호를 초월할 수 있었던 방법에 대하여 이야기한다.[67] 하지만 많은 사람들의 경우 그러한 경험은 너무나도 끔찍한 것이며, 따라서 보호의 영역이 형성된다. 레이크가 '분열적인 문제'라고 일컫는 것이 바로 그러한 보호와 방어로부터 발생하는 행동 양식이다. 그리고 레이크는 '오늘의 임상목회가 젊은 사람들, 특히 수많은 젊은 목사들의 분열적인 문제들을 주로 취급해야만 한다'[68]고 확신한다. 이러한 견해에 비추어 볼 때, 레이크가 자신의 저서에서 그와 같은 조건을 검토하는 데 많은 지면을 할애했다는 사실도 전혀 놀랍지가 않다.

개인지도 사역에 관여해 온 대부분의 목사들은 아마도 레이크가 분열적인 문제라고 부르는 것이 종교적인 사람들 가운데서도 자주 발생한다는 사실에 동의할 것이다. 그런 사람들은 신체와 감정을 보호하기 위하여 지식을 사용하게 되며, 냉정하고 초연해진다. 메이는 이전의 연구논문에서 다음과 같이 말한 바 있다:

> 우리가 살고 있는 이 시대의 전형적인 정신적 문제는 히스테리가 아니라(비록 우리 문화의 대부분이 히스테리를 일으키고, 소비 상품을 숭배하고 거기에 매달리며, 사람을 소비 상품처럼 취급하고 있기는 하지만)······분열적인 유형, 다시 말하자면 초연하고, 무관하고, 감정이 결핍되어 있고, 비인간화 성향이 있고, 합리성 추구와 기술적 형성을 통하여 자신의 문제를 덮어 버리는 사람들의 문제다.[69]

이 시점에서 종교적 교리나 형식은 풍부한 경험의 신호들 대신에 공포의 도구, 실재의 경험에 대한 방어기제가 될 수 있다. 성격에 실질적인 위기가 다가오지 않는다면 종교는 언제까지나 삶의 방어수단, 전체성을 가로막는 수단으로 남아 있게 될 것이다. 종교는 인간을 찌부러뜨리고 절름발이로 만들어 버린다. 종교는 결코 해방시켜 주지 않으며, 그렇게 해줄 능력도 없다. 많은 목사들이 자기 자신과 타인들에게서 그 신드롬을 경험하였다. 목양적 사역은 종교적 경험이 인격의 통합과 전체성으로 이끌어 줄 수 있는 경험이 되게 하는 것이다. 그러나 이러한 변화가 일어나려면 우선 어두움의 경험, 곧 마음의 방어 기제가 모두 파괴되는 경험을 가져야만 한다. 이러한 어두움은 끔찍한 소외의 경험이다. 그러나 이것은 온정과 친밀의 경험으로 나아가기 위한 하나의 돌파구다. 레이크는 다음과 같이 주장한다:

> 제아무리 그리스도인이라 할지라도 하나님을 믿고 싶은 욕구가 싹 가시게 해버릴 만큼 '하나님'이 그 무엇보다도 끔찍한 형태로 나타나는 영혼의 어두운 밤은, 분열적인 요소 때문에 초연해진 영성을 끌어내어, (우리 스스로 거리를 두는 행동을 그만 두기만 한다면 얼마든지 타인이 우리에게 손을 뻗칠 수 있는 접촉과 민감성을 통하여 우리를 만나 주시고 우리를 사랑하시는) 하나님과 합일을 이루는 삶으로 인도하도록 부름 받은 사람들에 따라 자세히 검토되어야 한다.

삶과 경험을 가로막는 보호물의 형태일 경우, 종교는 그 자체가 목적이 되어 버리는 경향이 있다: 다시 말해서 하나님이 목적이 아닌 것이다. 그러한 종교적 형태는 단지 그 자체로서의 가치만을 지닌다. 이러한 종류의 종교와 영합된 것이 바로 사이비 신앙이다. 사이비 신앙의 경우에는 형식과 종교 의식에 대한 관심이 강박적인 형태로 변해 버린다. 미숙한 사이비 신앙은 언제나 영성 발달을 적극적으로 가로막는 방해물이다. 반 첼러는 '초연해진 상태의 사이비 신앙이 감각의 밤',[70] 곧 관상기도를 향한 발달 과정과 궁극적으로는 영성생활의 총체적인 발달을 얼마나 연장시키는지에 대하여 강조한다. 심리학적인 관점에서 볼 때, 사이비 신앙은 미숙함을 야기하고 그것을 지연시킨다. 융은 모든 종교가 병적이라고 한 프로이드의 비난은 거부하였지만, 그럼에도 불구하고 그러한 거짓 종교를 강력하게 비판하였다:

종교를 영혼의 삶의 다른 한 면을 위한 대용품으로 사용하는 사람들에게 화가 미칠진저! 그들은 잘못을 저지르고 있으므로 저주를 받을 것입니다. 종교는 결코 대용품이 아닙니다. 종교는 완전을 위하여 영혼의 다른 활동에 첨부되어야 합니다. 삶의 충만함으로부터 여러분은 자신의 종교를 탄생시켜야 합니다; 그렇게 할 때 비로소 여러분은 축복을 받을 수 있습니다.[70]

　롤로 메이와 마찬가지로 융 역시 거짓-순수를 극구 부정한다. 행복을 위하여 그냥 지나쳐 버리는 것들 가운데 대부분이 바로 이러한 형태이며, 이것은 매우 해로운 영향을 미칠 수 있다. 예를 들면, 정서적인 삶이 아직 완전하게 발달하지 못하여, 아직까지도 본능이 연약하고 혼란스러운 미숙한 사람이, 지독한 열정을 억제하기 위하여 고안된 금욕적인 기술들을 사용할 경우, 이 기술들은 도움이 되기는커녕 오히려 파괴적인 영향을 미칠 수가 있다. 프로이드는 종교 자체가 어린 시절의 성적인 욕구를 성숙한 성인의 태도로 변화시키지 못한 실패의 결과라고 확신하였다. 이것이 과연 모든 종교에 해당되는 적절한 설명인가 하고 문제를 제기한다고 해서, 대부분의 종교가 확실히 그러하다는 사실을 부인하는 것은 아니다. 진정한 종교는 본능과 정서의 성숙함을 필요로 한다.
　성욕의 영역은 전체적인 토론에서 매우 결정적인 부분을 차지한다. 영성지도자는 하나님과의 합일에 관심을 기울이며, 이러한 합일의 과정은 상당한 자기-인식과 성숙함을 필요로 한다. 우리는 성적인 존재이므로, 우리의 성욕을 수용하고 성욕과 삶의 나머지 부분을 통합하는 데 관심을 기울여야 한다. 이러한 통합은 종교의 중요한 목적들 가운데 하나다. 그러므로 영성적인 전통에서는 지도자가 열정 속에서 경험이 풍부한 사람이어야 할 것을 강조하는 것이다. 하지만 앞에서도 살펴보았듯이, 종교는 자칫 성적인 병리학의 형태로 전락할 만큼 왜곡될 수가 있다. 종교와 성은 서로 얽히고설킨 관계에 있다. 인간의 성욕을 솔직하게 직면하는 것은 영성에 매우 중요하다. 그러지 않을 경우, 영성은 비틀리고 불안정해질 것이다. 사실 그리스도교의 역사에는 성에 대한 거짓되고 해로운 태도가 특징인 거짓 영성의 예가 상당히 많이 들어 있다. 성이 삶의 거룩함을 방해하는 장애물이라는 사실을 인정한다고 해서 인간의 전체성에 어떤 이득이 주어지는 일은 거의 없을 것이다. 하지만 이것은 지금까지 그리스도인들 사이에 널리 퍼져 있었던 신념이다. 서구의 그리스도교 전통에서는 성욕과 신체에 대한 멸시의 증거가 굉장히 많이 발견된다. 그리고 그 때문에 생겨난 인간의 불행과 혼란의 끔찍한 결과들도 얼마든지 찾아볼 수 있다.

그러므로 현대의 영성이 떠맡고 있는 임무들 가운데 가장 중요한 것 한 가지는 바로 성욕에 관한 현대의 통찰과 이해를 통하여 배우고 연구하는 것이다. 그리고 영성지도자들은 이 임무를 수행하는 데 매우 많은 시간을 할애해야 한다. 그러한 임무는 성적인 존재로서의 자기 정체성을 발견하는 일과 결코 분리될 수 없다. 영성지도자는 자기 자신의 성욕과 성적인 특질을 있는 그대로 바라보는 사람, 성적인 통합과 전체성을 향해 나아가는 사람이어야 한다. 영성적인 건강과 성적인 건강은 서로 밀접하게 연결되어 있다. 노리치의 줄리안이 기록한 대로, 우리의 본질과 관능성은 하나님 안에서 하나가 되며, 그 둘이 우리의 영혼을 구성하고 있기 때문이다.[72]

지난 수세기 동안 그리스도교 전통은 (위에서 이미 상당 부분을 설명한) 성욕에 대한 부정적이고도 뒤틀린 견해 때문에 심각한 손상을 당해 왔다.[73] 그러한 왜곡 때문에 빚어진 손상을 자세히 살펴보는 것은 본 연구의 범위를 벗어나는 것이지만, 굳이 한 가지 결과를 들자면 그것은 교회가 공포, 적대감과 혼합된 성욕의 영역을 인정해야 한다고 대체로 확신하게 되었다는 것이다. 영성지도의 본질적인 부분은 이런 식의 왜곡된 견해 때문에 빚어진 상처를 치유하는 것, 그리고 개인이 성적인 생활과 영성적인 생활의 합일을 이룰 수 있도록 도와주는 것이다. 이것은 어거스틴 이래로 서구 사회에 지속되어 오고 있는 경향, 그러니까 출산을 목적으로 하는 성행위 이외에는 모든 성행위가 죄악 때문에 더러워진 행위라고 간주하는 경향의 반전을 의미한다.

그러므로 성욕은 이제 비방자들로부터 풀려나야 하며, 이 분야에서 그리스도인들의 회개와 겸손한 재학습이 요구된다. 그러나 이런 식으로 고통을 받아 온 것은 그저 좁은 의미의 단순한 성욕이 아니라 신체와 정서적인 삶이다. 몇몇 사람들의 경우, 영성은 신체의 거부로 간주되어 왔던 것이다. 애쉴리 몬타규는 '여러 종파의 그리스도교 전통과 결합된 공포, 신체적 즐거움에 대한 공포'[74]에 관하여 언급하였다. 사실 영성적인 사람은 신체적인 접촉과 부딪힘, 몸에 대한 욕구를 제대로 이해하고 그것들을 자신의 전체적인 인격과 통합시켜 온 사람이라야 한다. '접촉과 부딪힘은 확실히 우리 세계의 구조를 결정짓는 가장 중요한 요인이기 때문이다.'[75]

따라서 성욕과 인간의 신체적 측면의 이러한 통합은 영성적으로 매우 중요한 의미를 지닌다. 그리고 이것은 참 종교의 본질적인 기능들 가운데 하나다. 성 토마스 아퀴나스는 이러한 측면을 발달시키는 일에 실패한 '둔감함'(insensibilitas)을 악덕이라고 말한다. '접촉의 즐거움을 인정하지 못하는 불완전한 사람들을 가리켜 둔감하다고 표현한다……이 둔감함은 절제의 미덕과 정반대되는 것이다……그러므로 둔감함은 악덕이다.'[76] 이렇게 둔감한 사람은 무감각한 사람이다. 제아무리 자신의 미숙함을 경건함으로 포장하려고 애써도 소용이 없다. 마르쿠제의 용어로 표현하자면, 그 사람은 '일차원적인 사람'이다. 그러나 성욕의 감소가 우리 모두에게 영향을 미치는 하나의 질병이라고 하는 것이 마르쿠제의 중심적인 주장들 가운데 하나다. 우리는 감각의 박탈, 감정의 축소를 특징으로 하는 문화를 이룩하였다.[77] 그런 우리에게 다시 감정을 회복시켜 주려고 애썼던 시인들이 있다. 예를 들면, 앨런 긴즈버그는

1969년 월트 휘트먼의 비전을 설명하는 글에서, 휘트먼의 견해에 입각하여 다음과 같은 사실을 지적하였다:

> 만일 감정이나 부드러움, 용감함, 영성, 자연스러운 성욕, 그리고 서로의 몸을 통하여 느끼는 자연스러운 기쁨이 물질주의적이고, 회의적이고, 삶을 부인하는, 매우 경쟁적이고, 겁이 많고, 잔뜩 무장한 단단한 몸에 주입되지 않는다면, 영성적인 민주주의가 미국에 뿌리를 내릴 수 있는 기회도 결코 주어지지 않을 것이다.[28]

영성과 성욕은 서로 뗄 수 없는 관계에 있다. 성적으로 미숙한 사람은 자신의 영성 추구에서 성적인 통전성의 문제를 무사히 통과할 수가 없다. 만일 무사히 통과한다면 영성은 틀림없이 혼란을 겪게 될 것이다. 그리스도교의 역사에는 종교적 실제에서 거짓—출구를 발견하게 되는 성적인 혼란의 예가 많이 있다.

바로 이러한 토대 위에서 프로이드는 모든 종교가 병적이라고 간주하게 되었던 것이다. 그러나 인간의 삶에서 성욕이 차지하는 중심적인 자리를 인정하였음에도 불구하고, 프로이드는 결코 오늘 우리가 신뢰할 만한 지도자로 추앙 받을 수가 없다. 그의 성욕 이해는 지극히 부정적이며, 사실 여성에 대한 그의 태도 역시 너무나 부정적이다. 행동의 병리학적 유형들에 대한 정신의학적 관심은 사실, 인간의 성욕에 대한 매우 다양한 종류의 연구에 그리 도움이 되지 못하는 모델이다. 더더구나 영성지도자는 그러한 유형의 행동이나 태도들을 무시해 버리고 싶은 유혹, 현대의 사회적 규범들을 '신경중적'이거나, '정신착란'이거나, 또는 '도착적인' 것으로 치부해 버리고 싶은 유혹에 결코 굴복해서는 안 된다. 영성적인 분별력은 정신의학적인 통찰들로부터 배운 지혜와 동시에, 그것의 범주들을 무비판적으로 받아들이거나 또는 그것들의 포로가 되기를 거부하는 태도까지 포함해야 한다. 이것은 특히 성욕의 영역에서 더더욱 중요한 의미를 지닌다. 여기에서 우리는 이 근본적이면서도 신비스러운 인간 삶의 영역에 대해서 좀 더 많은 것들을 듣고 배우기 위하여 필사적인 노력을 기울여야 한다.

그러나 인간을 보통/일탈, 정상/비정상 등으로 구분하려는 정신의학적 성향에 문제를 제기하는 것은 제정신과 정신착란의 개념에 관한 문제를 불러일으킨다. 정신착란의 정의는 상대적이다. 어떤 사회적 질서에서는 비정상이라고 간주되는 것이 다른 사회적 질서에서는 하나의 관습이 되는 경우도 있다. 랭과 그의 동료들로부터 우리가 배워야 할 것은, 우리 속에 숨겨져 있는 정신착란의 형태를 발견하고 그것을 이겨내는 것이야말로 영성적인 성숙에 반드시 필요한 전제조건이라는 사실이다. 제정신과 정신착란, 이 둘의 반대말은 정상이다. 이것은 관습의 포로가 되어 그 속에 갇혀 버린 암울한 상태를 가리킨다. 자신의 진정한 제정신을 발견하기 위해서는 정신착란을 경험해야만 한다. 그 예로 메리 반즈는 자신의 정신착란을 통하여 이전에는 알지 못했던 자기와 전체성에 관한 의식을 발견할 수 있었다. 확실히 그리스도교의 영성적인 전통에서는 관습적인 제정신 개념을 뒷받침해 주는 것이 거의 존재하지 않는다. 프란체스코회 수사였던 야코포네 다 토디(1228~1306)의 말은 '아름다운 메시야에 미쳐 버린' 사람들의 광적인 사랑을 전형적으로 표현해 주는 것이다.

> 누구든지 그리스도에 미친 사람은 괴로움과 시련을 겪게 되는 것 같다: 그러나 그 사람은 자연과 신학의 고귀한 숙련자다. 누구든지 그리스도에 미친 사람은 사람들에게 열중하는 것 같다: 그러나 그 사람은 그러한 상태를 경험하지 않은 사람 때문에 길을 벗어나지 않는다. 누구든지 이 학과에 들어가고 싶어하는 사람은 새로운 학식을 발견하게 될 것이다: 정신착란을 경험해 보지 못한 사람은 결코 그것을 알 수 없다.[39]

물론, 그가 여기에서 말하는 정신착란은 창조적인 경험, 한계의 초월, 풍부한 의식의 경험이다. 그것은 편협한 존재로부터 실제적인 인간의 해방을 향한 비약적 발전이다. 그렇다고 해서 모든 형태의 정신착란이 다 창조적이라는 말은 결코 아니다. 그럼에도 불구하고 그리스도인은, 어떤 신학적인 원칙이 아니라 그 시대의 사회적 관습을 토대로 한 제정신과 정상의 개념을 아무런 의문 제기도 없이 받아들이는 일이 없도록 지극히 조심해야 한다. 우리는 하나의 가치로서 제정신 개념에 문제를 제기해야 하며, 아마도 이것이야말로 이 영역에서 가장 중요한 임무라고 할 수 있을 것이다. 이것은 아돌프 아이히만의 죽음에 대한 토마스 머튼의 고찰에서 가장 효과적으로 표현된다.

> 아이히만의 재판에서 가장 걱정스러운 사실들 가운데 하나는 정신의학자가 그를 점검한 다음 그가 완전히 제정신이라고 선언했다는 것이다. 나는 그 사실을 전혀 의심하지 않는다. 그리고 바로 그 때문에 나는 걱정스러웠다. 만일 모든 나치당원이 정신병자였다면—어쩌면 그들의 지도자 가운데 몇 명은 정말로 정신병자들이었을 것이다—어떤 의미에서는 아마도 그들의 소름끼치는 잔인성을 이해하기가 좀 더 쉬웠을 것이다. 이처럼 조용하고, 안정되고, 침착한 관리가 대량학살을 지휘하면서 그 사악한 행동과 행정적인 업무를 꼼꼼하게 진행시켜 나갔다고 생각하는 것이 훨씬 더 끔찍하기 때문이다. 그는 사려가 깊고, 법을 잘 지키며, 상상력이 없는 사람이었다. 그는 체계와 법과 질서를 지극히 숭상하는 사람이었다. 그는 대제국의 순종적이고, 충성스럽고, 신실한 관리였다. 그는 자신의 행정적인 업무를 너무나도 잘 이행하였다 ······
>
> 아이히만이 제정신이라는 사실은 나를 걱정시킨다. 우리는 제정신을 정의감, 인간성, 분별력, 그리고 타인을 사랑하고 이해할 수 있는 능력과 동일시한다. 우리는 세계를 야만과 정신착란, 파멸로부터

보호하기 위하여 세계 속의 제정신인 사람들에게 의존한다. 그런데 이제는 가장 위험한 존재가 다름 아닌 제정신인 이들이라는 사실이 서서히 밝혀지기 시작하고 있다.

자기들, 곧 제정신인 이들이 준비해 놓은 파멸의 대축제를 시작하게 될 미사일을 아무런 양심의 가책이나 메스꺼움도 느끼지 않고 조준하고 발사할 수 있는 사람은 제정신인 이들, 잘 적응하는 이들이다. 우리로 하여금 결국 위험은 핵전쟁의 첫발을 발사하는 위치에 서게 된 정신병자로부터 비롯된다고 확신하게 만드는 것은 무엇인가? 정신병자들은 의심을 받을 것이다. 그리고 제정신인 이들은 정신병자들이 버튼 가까이 오지 못하도록 막을 것이다. 그 누구도 제정신이 이들을 의심하지는 않을 것이다. 그리하여 제정신인 이들은 발사를 할 수 있는 완벽하고도 멋진 이유, 논리적이고도 노련한 핑계를 얻게 될 것이다. 그들은 명령체계를 따라 정상적으로 하달된 정상적인 명령에 순종할 것이다. 그리고 그 명령은 지극히 건전한 것이기 때문에 그들은 아무런 양심의 가책도 받지 않을 것이다. 그리하여 마침내 미사일이 발사된다 할지라도 그것은 결코 잘못이 아니게 될 것이다.

우리는 이제 더 이상 '제정신인' 사람이라고 해서 반드시 '올바른 정신'을 갖고 있다고 생각할 수는 없다. 영성적인 가치관이 그 의미를 상실해 버린 사회에서는 제정신이라고 하는 총체적인 개념 자체가 무의미하다. 어떤 사람이 자기 주변의 사회적 환경이 요구하고 지시하는 것에 따라 냉정하고 질서 있는 방식으로 행동하면서도 자신의 무질서한 감정들은 전혀 방해 받지 않을 때, 그 사람은 좁은 의미에서 '제정신인' 사람이라고 말할 수 있다. 그런 사람은 완벽하게 '적응할' 수 있다. 어쩌면 그런 사람들이야말로 지옥 그 자체에도 완벽하게 적응할 수 있을지……그건 아무도 모른다.

나는 이제 더 이상 '제정신'이 하나의 가치관이나 목적 그 자체가 아니라는 사실을 서서히 깨닫게 된다. 현대인들의 '제정신'은 공룡의 거대한 몸과 근육만큼이나 현대인에게 유용한 요소가 된다. 만일 그가 조금만 덜 제정신이고, 조금만 더 의심스럽고, 조금만 더 자신의 어리석음과 모순된 언동을 인식할 수 있다면, 아마도 생존의 가능성이 존재할 것이다. 그러나 그가 만일 제정신이라면, 너무 제정신이라면……아마도 우리는 우리 사회와 같은 곳에서 가장 제정신이 아닌 것이야말로 전혀 걱정할 것 없는, 아주 '제정신인' 것이라고 말해야만 할 것이다."[80]

마지막으로, 영성지도와 심리치료가 중복되거나 또는 갈등을 겪고 있는 것처럼 보이는 몇 가지 중요한 영역이 있다. 첫 번째 영역은 죄와 죄책감의 문제다. 이제까지 사람들은 목사가 죄를 저주하고 죄책감을 유발하거나 강화시켜야 하는 반면, 상담가와 치료사와 사회사업가는 죄에 전혀 관심이 없으며 죄책감은 건강하지 못한 것으로 간주한다고 믿어 왔었다. 그러나 이러한 확신은 사실 심각한 왜곡이다. 이것은 목사의 자세, 그리스도인의 자세를, 죄와 결별하고 죄인을 사랑과 이해로 받아들이는 사람으로 잘못 전해 준다. 이것은 건전하면서도 꼭 필요한 죄책감과 병적인 죄책감의 차이를 모호하게 만들어 버린다. 이것은 요즘 들어 좀 더 많은 치료사들이 가치관과 책임, 옳고 그름의 문제에 관심을 기울이게 되었다는 사실을 무시해 버린다. 예를 들면, 융 학파의 정신분석학자인 로즈메리 고든 박사는 '도덕적 가치와 분석적 통찰'이라는 중요한 논문에서, 치료적 전통이 그 동안 윤리학을 무시해 온 문제에 관하여 언급한다:

정신분석은 주로 결정론이었기 때문에, 도덕적 가치관에 관한 문제는 전혀 상관이 없었다. 하지만 좀 더 최근의 개념들은 인간에게 아주 많은 양의 선택권과 독립심이 존재한다는 사실을 암시해 준다.

그것들은 비록 임상학자들이 환자와의 실제적인 경험을 토대로 하여 발달시킨 것이라 할지라도, 우리를 윤리학의 영역으로 좀 더 가까이 이끌어 준다.

그녀는 계속해서 주장하기를, 최근 몇 년 동안 임상적인 연구의 영역에서 좀 더 개별적인 접근 방법이 발달하였고, 이 때문에 정신분석학자들은 '인간의 정신 속에는 도덕적인 철학자가 어쩌면 "선한" 것으로 판단했을지도 모르는 특징들이 본래부터 존재하고 있는 것 같다' 는 제안을 하게 되었다고 하였다. 고든은 특히 여덟 가지 특징을 열거한다: 창의성과 상상력; 진실하고 진짜로 경험이 많은 자아를 발견하고픈 욕구; 사랑하는 사람과 대상, 가치관, 그리고 그것에 상처를 입히고 배반할 경우 느끼게 될 죄책감 경험에 대한 관심; 의미의 추구; 통합; 자기를 초월하는 관계, 경이와 경외의 경험; 그리고 유머.[81]

좀 더 최근에는 미국의 정신의학자 칼 메닝거가 죄의 개념으로의 복귀를 주장하고, 나아가 일곱 가지 끔찍한 죄—자기 점검을 위한 더 나은 지도자들 가운데 하나—에 관한 연구를 실시하였다. 힐트너의 초기 연구를 끌어옴으로써,[82] 메닝거는 죄를 반항적인 철수, 공덕 쌓기, 자기-도취로 설명한다. 그에 따르면, 죄는 '타인의 사랑을 마음으로 거부하는'[83] 것이다. 정신분석학자는 죄라는 용어가 지닌 매우 책망하는 듯한 특성 때문에 그 용어를 사용하지 않을 수도 있다. 하지만 그렇다고 해서 정신분석학자가 가치관이나 윤리에 전혀 관심이 없다는 말은 아니다. 사실, 최근 들어서 정신분석학자와 그 밖의 치료사들이 죄책감의 긍정적인 측면을 점점 더 많이 강조하고 있는 반면, 일부 신학자들은 죄책감이 병적인 것이라 하여 거부하고 있음을 보여 주는 예들이 많다! 사실상 죄책감의 수용이야말로 갱신의 시작인 것이다.

현실적이면서도 인정받지 못하고 속죄받지 못한 죄책감의 그림자를 안고 살아가는 한, 그 사람은……자기 자신을 계속해서 증오할 것이고, 자기-증오의 피할 수 없는 결과들 때문에 괴로움을 겪게 될 것이다. 하지만 그가 자신의 죄책감과 죄악을 수용하기 시작하는 바로 그 순간……급진적인 개혁의 가능성이 열리고, 새로운 자기-존중의 자유와 평화가 찾아올 것이다.[84]

물론 진정한 죄책감과 거짓되고, 파괴적이고, 병든 죄책감을 구별하지 못하는 사람들도 있을 것이다. 영성지도자는 똑같은 종류의 치료를 통해서도 좀 더 많은 이득을 얻는 사람들과 시시때때로 직면하게 될 것이다. 중요한 것은 지도가 암시하는 성인 관계에 적합할 만큼 충분히 성숙하지 못한 사람들도 존재한다는 사실, 그리고 그런 사람들이 이런 식의 관계를 시도하는 것은 자칫 해로울 수도 있다는 사실을 인정하는 것이다. 그럼에도 불구하고, 치료와 영성지도가 서로 나란히 달리는 상황이 자주 벌어진다. 치료자의 관심사는 그 사람이 자유롭고 독자적인 성인이 되도록 도와주는 것이다. 그리고 영성지도자의 관심사는 죄인이 은총을 입고 하나님에 대한 지식을 갖출 수 있도록 도와주는 것이다. 그러나 이 둘은 똑같은 사람과 연루되어 있다. 둘 다 성격의 다양한 차원을 무시하거나, 성격을 '심리학적인' 욕구와 '영성적인' 욕구로 양분할 수도 없다. 이 사람의 영성적인 욕구는 심리치료를 통하여 나타날 것이고, 이 사람의 심리학적인 욕구는 영성지도자가 무시할 수 없을 것이다. 그러나 영성지도자는 본디 병든 사람같은 그런 이들에게는 관심을 기울이지 않는다. 오히려 프랑스 작가 C. 부샤르가 말한 것처럼, '질병 자체를 통하여 일할 수 있도록 발달시켜 주는 것이 바로 이 자유의 영역이다. 이러한 지식과 책임감 있는 사람에 대한 이러한 존경이 없이는 영성지도에 그 어떤 가치나 진실도 존재할 수가 없다.'[85] 영성지도는 자유와 책임을 그 출발점으로 삼는다. 지도자는 영의 자유가 확장되고 있다는 증거를 추구한다. 그러한 관계가 시작되지도 못할 만큼 자유와 책임이 부족하다면, 그것은 전혀 다른 종류의 관계가 필요하다는 증거라고 할 수 있다.

지식의 부족이나 심리학적인 질병에 대한 공포 때문에 많은 목사들이 그것의 실재가 의심 받고 있는 광경으로부터 철저하게 움츠러든다는 것은 굉장히 슬픈 사실이다. 이런 목사들은 그런 행동을 통하여 영성지도의 가장 중요한 기회들을 놓쳐 버리고 만다. 프랭크 레이크는 이러한 기피 현상을 한탄하였다:

> 영성적인 과도기 상태를 잘못 다루는 것은 영성적인 성장과 성숙의 억제 이외에도 안 좋은 결과들을 가져온다. 정화의 과정에서 분출되고 있는 이질적인 정신의 내용물은, 미숙한 목사들의 마음속에서 '오로지 정신의학자만을 위한' 문제로 낙인찍힌다. 이 그리스도교적인 사람 안에서 진행되고 있는 일의 총체적인 의미는 그만 놓쳐 버리고 만다. 성령께서 걸어 들어오고 계시는데, 목사는 미친 듯이 그 소외된 '악마' 가 쫓겨나지 못하도록 안간힘을 쓰고 있는 것이다.[86]

R. D. 랭은 많은 사람들이 추구하고 있는 죽음과 부활의 경험을 이야기함으로써 위의 사실을 좀 더 강력하게 주장한다:

> 만일 그들이 그리스도교 목사를 찾아간다면, 그 목사는 아마도 그들에게 정신의학자를 소개해 줄 것이고, 또 정신의학자는 그들에게 정신병원을 소개해 줄 것이며, 정신병원은 그들에게 전기충격 요법을 소개해 줄 것이다. 만일 이것이 십자가에 못 박히신 그리스도의 현대적인 형태가 아니라면, 과연 무엇일까?[87]

오히려 목사는 모든 그리스도교의 경험이 동요의 경험과 연루된다는 사실을 인정해야 하며, 문제에 빠져 흔들리는 개인 속에서 성령의 움직이심을 찾아내야 한다.

마지막으로, 목사와 치료사, 그 밖에도 '치유의 직업'을 가진 구성원들이 하나의 영역에서 좀 더 효과적으로 자신의 역할을 수행할 수 있도록 유용한 후원 팀을 조성할 수 있다는 사실을 반드시 강조해야만 한다. 상호학문적인 토의와 아이디어와 문제의 공유는 언제나 중요한 의미를 가진다. 그리고 많은 사람들이 목사와 의사의 일상적인 모임에서 서로 중복되는 부분과 제휴할 수 있는 부분을 검토하는 작업의 특별한 가치를 발견했다. 전체성의 획득은 의료적·심리학적·영성적 욕구들과 연루된다. 목사와 의사가 개인에 관하여 토의하려고 만날 경우, 돌봄은 분명히 신임을 얻어야 한다. 그리고 가능하다면 그 개인의 승인을 얻어야만 한다. 그렇게 하라는 특별한 승인이 내려지지 않았다고 해서, 목사가 제3자와의 성례전적인 고백 약속 아래 발생한 문제들을 절대로 논의할 수 없다고 말할 필요는 거의 없다. 상호적인 조언과 후원을 위하여 그런 모임을 형성하는 것은 신학과 의학의 좀 더 광범위한 논의들에 대한 연구를 가능케 해주며, 이 두 가지 학문의 이해와 실천도 분명하게 보여 준다.

치유의 성례전

이제까지 제3장의 내용은, 영성지도와 심리적인 건강의 확보가 서로 긴밀하게 연결되어 있으며, 영성지도와 심리치료 학문은 분명히 구분을 해야 하지만 동시에 이 둘은 다양한 각도에서 서로 중복되고 영향을 미친다는 것이었다. 영성지도자는 삶의 전체성, 몸과 영의 치유에 관심을 기울인다. 그러한 치유의 성취가 바로 성례전의 목적이며, 따라서 성례전 사역은 지도의 중심적인 역할이라고 할 수 있다. 이것을 강조하는 것은 아주 중요한 일이다. 그리스도교의 단체 생활이 지니는 한계를 딛고 개인지도의 사역을 수행하기 위하여 애쓰는 사람은, 자기 자신에게나 또는 자신의 영향력이 미치는 대상에게나 매우 위험한 과정을 추구하고 있기 때문이다. 위대한 그리스도교 신비주의자들은 영성적인 발달을 추구하는 이들이 성례전을 저버려서는 결코 안 된다고 주장하였다. 그들은 개인이 일상생활로부터 스스로를 차단해 버릴 때 빚어지는 영성적인 자존심의 위기와 고립주의의 위험을 잘 알기 때문이다.

그리스도교 전통의 중심에는 성례전이 있으며, 성례전적인 삶의 중심에는 구원과 치유가 있다. 그러므로 영성지도는 언제나 성령의 지도 안에서 발생하여, 그리스도의 몸의 기관을 통하여 흘러간다. 세례예식에는 정화와 구원, 그리고 성령의 인치심―물과 성유로 상징되는 두 가지 행동―이 있다. 용서의 선언에서 세례의 정화 과정은 조금 더 강화된 형태로 반복된다. 그리고 이것 역시 구원과 힘의 성례전이다. 성만찬 예식은 영광을 입은 몸이 우리의 몸과 영혼을 보호하여 영원한 삶으로 인도해 주는 치유의 성례전이다. 이러한 성례전을 베풀 때마다 치유목회가 이루어진다. 그러므로 영성지도의 본질적인 영역은 사람들이 성례전을 경험할 준비를 갖추고 치유의 과정으로 들어가는 것을 도와주는 것과 관련이 있다. 세례의 경우, 이것은 아무런 준비도 없이 '기계적으로' 성례전을 베푸는 것에 종지부를 찍는 것과도 같다. 세례의 예전은 상징과 예식이 풍부하고, 교회 예배의 중심이 되는, 그리하여 성만찬 예식의 상황에서 늘 이루어지는 장엄한 이벤트가 되어야 한다. 세례예식이 있기 전에는 장시간에 걸친 준비과정이 있어야 하며, 이 과정에는 세례 지원자와 그들의 가족을 위한 규칙적인 기도도 포함된다. 그리고 세례가 끝난 다음의 기도와 방문, 후원도 똑같이 중요하다. 이 부분에 상당히 많은 시간을 할애해야 하며, 지원자들을 준비시키는 목사나 평신도는 자신의 역할이 기도와 영성지도임을 잊지 말아야 한다. 행동을 취하시는 분은 하나님이고, 언제나처럼 여기에서도 영성지도의 목적은 사람들이 은총의 행위를 받아들이고 거기에 응답할 수 있도록 준비시켜 주는 것이다.

세례는 딱 한 번 발생한다(비록 성토요일처럼 예전적으로 정기적으로 경험을 재현하고 다시 체험할 수 있으며, 또 그럴 필요성도 있기는 하지만 말이다). 그러므로 세례를 위한 준비는 철저해야 하고, 의례 자체는 한 번에 모든 것을 총망라하는 드라마로 연출되어야 한다. 그것은 상징적으로 물에 빠지는 것이며, 샘은 묘와 자궁, 무덤과 어머니가 된다. 그리고 여기에서 새로운 부활의 아기가 태어난다. 그것은 하나의 위기이며, 용의 살해, 죽음의 세계로부터의 재탄생이다. 그리스도 안에서 이루어지는 모든 영성지도는 바로 이 점에서 출발한다.

> 이 입회의례를 통하여 그들은 영원한 죽음의 바다를 뒤로 하고, 그들의 악마적인 적들을 샘에 빠뜨려 버린다. 그들은 정신착란과 강박증을 벗어 버린다. 그들은 거룩함으로 옷을 입고, 하나님께 감사의 노래를 드린다.[80]

그렇지만 고백과 성만찬은 좀 더 자주 발생하는 '성장의 성례전'으로서, 지속적인 기도의 기반이 단단하게 다져져야 한다. 영성지도자는 자신의 참회자를 기억하고 특별히 그 참회자를 위하여 가능하다면 매일 기도해야 한다. 그들은 그리스도 안에서 특별히 친밀한 관계를 맺고 있기 때문이다. 고백 자체는 치유기도의 분위기 속에서 거행되어야 한다. 성만찬은 관상의 절정이고, 바로 여기에서 사람들은 신적인 삶의 경험을 하게 된다. 영성지도는 이러한 경험을 할 수 있도록 사람들을 일깨우는 것이 그 목적이며, 목양적 예전의 관심사는 이 축제를 아주 분명하게 보여 주는 것, 아주 확실하게 표현해 주는 것이다.

성례전으로서 결혼은 대체로 무시되고 있다. 그것은 부분적으로는 영국의 예전적 축제가 상상력이 부족한 의례가 되었기 때문이기도 한다. 목사는 호적 담당관의 역할을 수행하고, 극히 드문 경우에만 성만찬은 예배의 일부가 된다. 그러므로 그리스도교 공동체의 성례전 생활과 결혼의 긴밀한 결합은 거의 분명하지가 않다. 하지만 이런 현실 속에서도 예전은 결혼의 초기에만 분명히 나타나고 지속적인 삶 속에서는 명확하게 드러나는 것 같지가 않다. 잭 도미니안 박사는 '결혼에서 그리스도교 갱신의 근본적인 원천들 가운데 하나를 쉽사리 찾아볼 수 있다'[80]고 주장하였다. 도미니안의 주장에 따르면, 결혼에는 생계유지, 치유, 그리고 성장이라고 하는 세 가지의 본질적인 특징이 함유되어 있는데, 이것들은 전체적인 삶 속에서도 똑같이 필요한 것이라고 한다. 첫째, 생계유지는 집과 음식에 대한 욕구, 심리적 지원과 정서적 후원에 대한 욕구를 말한다. 둘째, 치유는 부부간의 합일을 통하여, 상호간의 수용과 서로를 향한 사랑 때문에 불안, 공포, 고독, 인간적인 약점들이 종종 치유되는 방식을 말한다. 셋째, 성장은 훌륭한 결혼을 이루게 해줄 성숙을 향한 경험과 발달의 강화를 뜻한다. 도미니안은 결혼이 교회의 예전적인 생활 중심부에 위치한다고 간주한다. 그리고 바로 이 결혼의 성례전을 통하여 그리스도인의 삶을 가장 잘 이해하고 실현할 수 있다고 주장한다. 결혼의 경험을 통하여 몸과 영혼의 치유가 이루어질 수 있다. 목사는 부부가 결혼이라는 영성적인 경험, 신적인 것을 기대하는 합일의 경험 속으로 뛰어들어 그 경험을 강화할 수 있도록 돕는 쪽으로 일해야 한다.

　기도와 성례전으로 이루어지는 교회의 총체적인 삶은 치유와 관련이 있다. 프랜시스 맥너트는 〈치유〉라는 자신의 연구서에서 질병의 네 가지 기본적인 종류에 대해서 설명한다: 개인적인 죄 때문에 생기는 영의 질병; 과거의 정서적인 상처와 손상 때문에 생기는 정서적 질병; 질환이나 사건 때문에 생기는 육체적 질병; 그리고 앞의 세 가지 질병 때문에 생기는 악마적인 압박감. 맥너트는 계속해서 주장하기를, 이러한 네 가지 유형의 질병에 상응하는 네 가지 기본적인 기도방법—회개를 위한 기도, 내면세계의 치유를 위한 기도, 신체적 치유를 위한 기도, 구원을 위한 기도—이 있다고 한다; 그리고 이 욕구들을 해소해 줄 수 있는 성례전적인 의례도 있다고 한다—참회를 통한 회개와 내면세계의 치유, 기름부음을 통한 신체적 치유, 그리고 귀신축출을 통한 구원.[90]

우리가 일반적으로 치유목회와 결합시키는 것은 거룩한 기름부음의 성례전이다. 그러나 위에서 우리는 전체적인 그리스도교 구조가 치유와 깊숙이 연관되어 있다고 주장하였다. 하지만 머리에 손을 얹는 것과 기름을 붓는 것은 중요한 위치를 차지한다. 손을 얹는 것은 살아가는 동안 아주 다양한 상황에서 빈번히, 비공식적으로 일어날 수 있는, 그리고 실질적으로 일어나는 일이다. 신약성서 시대에는 이것이 치유와 밀접하게 연관되어 있었다. 그리고 많은 사람들이 이것이 오늘에도 역시 옳다는 사실을 밝혀 내었다. 하지만 성서에서는 그 행동이 다양한 뜻을 내포하고 있었다. 그것은 축복을 의미하는 것일 수도 있고, 그리스도의 몸 안에서 기능을 부여받는 것일 수도 있으며, 성령의 보내심을 비는 기도를 의미하는 것일 수도 있다. 은사운동에서는, 머리에 손을 얹는 행위가 합일과 결속을 표명하는 것으로 널리 사용되었으며, 그 밖에도 여러 가지 목적으로 사용되었다. 하지만 은사 집단이 가장 특별하고 가장 광범위하게 사용하였던 것은 개인에게 '성령세례'를 주기 위하여 손을 얹는 행위였다. 대부분의 사람들은 사실 이 경험을 할 때에만 손을 얹었던 것으로 보인다.

영성 인도의 사역에서 머리에 손을 얹는 행위는 아주 중요한 의미를 지닌다. 이것은 견신례, 임직예식, 그리고 (좀 더 최근의) 참회예식의 성례전적 상황에서 행해지는 똑같은 행위와 결코 혼동해서는 안 된다. 손을 얹는 행위의 비공식적·반복적 사용은 성례전적이라기보다는 차라리 사적인 기도행위에 가깝다. 이것은 성수를 뿌리는 행위나 그 밖의 비슷한 행동들과 마찬가지로 '성례전적인' 것이라 할 수 있다. 구약성서에서는 이것이 희생(레위기 1:4; 8:22), 사형집행(레위기 24:14; 신명기

13:9), 임명(민수기 8:10), 그리고 축복(창세기 48:14~20)과 관련지어 사용되었다. 신약성서에서는 축복(마가복음 10:16)과 치유(마가복음 5:23)의 경우에 예수님이 머리에 손을 얹었셨으며, 예수님의 제자들이 베풀었던 치유(마가복음 16:18)에서도 이 행위가 따라온다. 사도시대의 교회에서는 머리에 손을 얹는 행위가 성령을 받는 것(사도행전 8:17; 9:17)과 결합되어 나타난다. 그리고 3세기에 이르기까지 이 행위는 아주 광범위하게 사용되었다. 이 행위는 4세기에 들어서서 이것을 목사들의 임무에 포함시킨 사도헌장이 제정될 때까지 전혀 금지되지 않았던 것으로 보인다.[91] 요즈음 로마 의례에서는 평신도들도 세례와 견신례 때 대부와 대모로서 그리고 후원자로서 머리에 손을 얹는다. 확실히 이 행위는 평신도들이 집단 속에서나 사적인 기도상황에서 좀 더 일반적으로 사용할 수 있다. 성 어거스틴이 기록한 것처럼, '머리에 손을 얹는 행위는 세례처럼 딱 한 번만 거행할 수 있는 것이 아니다. 그것은 한 사람에 대한 기도 외에도 무슨 의미를 지니고 있을까?'[92] 사실 그것은 그리스도와의 관계를 발달시키는 상황에서 발생하는, 치유가 있는 관계 속에서 발생하는 은총의 전달과 기도다.

기름부음의 성례전은 좀 더 특별한 행위다. 그것을 변형시킨 서구 유형은 모든 사람의 치유를 굉장히 강조한다. 죄의 용서와 사망으로의 접근을 강조했던 지난날의 의례와 대조적으로, 현대의 기름부음 행위는 성령의 강화 능력, 치유 능력과 연결된다. 이러한 강조점의 변화가 신중하게 진행되었다고 하는 사실은 교황 바오로 6세가 1974년 1월 1일에 발표한 사도헌장, 〈종부성사〉(*Sacram Unctionem*)에서 명확하게 밝혀졌다. 그럼에도 불구하고, 죄의 고백은 성례전의 중요한 전제 조건이다. 고백 다음에는 조용히 머리에 손을 얹고 다음과 같은 말을 통하여 기름을 붓는다:

당신을 향한 위대한 사랑과 이 거룩한 기름부음을 통하여 주님께서는 당신에게 성령의 능력을 가득 채워 주실 것입니다.
주님께서는 선하심으로 당신의 고통을 덜어 주시고
구원의 은총을 당신에게까지 확장시키실 것이며
온갖 죄의 힘에서 해방시켜 주실 것입니다.

그러므로 성례전은 무엇보다도 성령의 분출과 결합되어 있고, 그 다음으로는 고통으로부터의 해방과 연결되어 있다. 따라서 그것은 영성지도의 사역 전체에 해당되는 요소이며, 때로는 사실상 장기적인 관계의 최종적인 행위가 되기도 한다. 이것을 위해서는 굉장한 기도의 준비가 있어야 하며, 후속적인 기도와, 잘 훈련된 기도 집단의 기도도 필요하다. 그리고 가능하다면 집단 상황에서 의례를 베풀어야 한다.

거의 전적으로 죽음과 연결되는 기름부음은 서구에 해로운 결과를 안겨 주었으나, 다행히도 최근에는 좀 더 풍부하고 완전한 성례전 신학이 발달하였다. 하지만 기름부음이 죽어가는 사람들을 위한 사역에서 차지하는 역할은 여전히 가장 중요한 것으로 간주되고 있으며, 영성지도에서 죽어가는 그리스도인의 역할은 그 자체만으로도 연구의 가치가 충분한 영역이다. 종종 그것은 죽음의 고통 속에서 발견된다. 그리고 개인은 그 사람이 접촉하는 사람들에게 영성지도와 평화를 안겨 주는 원천이 된다.

물론 영성지도자는 어디까지나 자신이 돌보고 있는 사람들을 위한 개별적 중재를 가장 우선시해야 한다. 특히 병자나 문제를 겪고 있는 사람들의 경우에는 중보 기도가 절대적으로 필요하다. 그것은 하나의 훈련된 활동이다. 그 속에는 중대한 일이 포함되어 있다. 비록 실제로 일하시는 분은 그리스도이시지만 말이다.

오늘의 목사들은 중보기도의 힘이 자신들의 전문적인 영성상담 실제에 속하는 한 부분이라는 사실을 서서히 깨달아 가고 있다. 이 기도는 신체적 치유와 특히 내면세계의 치유를 목표로 한다. 그 동안 마약 중독이나 알코올 중독, 만성적인 정서장애와 같은 심각한 문제들은 경우에 따라 목사들의 도움을 받아왔던 것으로 보인다. 기도와 그것만큼이나 절실한 전문적 상담을 서로 결합시키는 것이 적절하다고 인정해 온 목사들 말이다. 그들은 그리스도의 능력이 그리스도의 사랑을 전해 주는 통로인 자신들을 통하여 전달된다고 보았다. 그러나 아직까지도 많은 목사들이 이 능력을 경험해 보지 못하고 있는 실정이다. 다만 자기 사역과의 연관성을 발견하는 데 문제가 있는 목사는 모두 사라져 버렸다.[93]

실질적인 중보도 중요하지만, 하나님 중심의 기도와 회상이 어떤 식으로 중심이 없고 단절된 사람들의 질병을 치유하도록 도와주는가를 깨닫는 것 역시 중요하다. 치유사역의 위대한 선구자 짐 윌슨은 치유에서 명상이 차지하는 역할과 병자들을 위한 명상의 중요성을 강조하곤 하였다. 이것은 특히 정신적으로 혼란을 겪고 있는 사람들에게 매우 중요하다.[94] 다시 말해서, 폴 투르니에라는 의사는 신체적인 치료만을 따로 진행하는 것이 부적절하다는 사실을 깨닫게 되었으며, 기도생활을 좀 더 심화시키고 정신구조를 이해할 필요가 있다는 사실을 알게 되었다. 치유를 위하여 기도한다는 것은 곧 심오한 단계에서 영성적인 갈등 속으로 뛰어드는 것이다. 때로 이것은 치유를 가져오는 회개와 용서일 수도 있다. 개인의 죄가 질병을 불러 일으켰기 때문이다. 또 때로는 신체적 치유를 가로막는 심각한 정서적 장애 요소가 될 수도 있다. 이것은 영성적인 발달을 저해하는 주요 원인이 될 수도 있으며, 아그네스 샌포드 이후로 최근의 작가들이 '내면세계의 치유'[95]라고 일컬어 온 것을 필요로 한다. 내면세계의 치유 또는 '기억의 치유'는 과거로부터 지금까지 이어져 온 상처, 아직까지도 영향을 미치는 상처가 치유되는 것을 의미한다. 그것은 과거의 상처와 원한이 품은 독을 떨쳐내 버리고 사랑을 대신

채워 넣는 것이다. 그것은 '그리스도의 치유 능력을, 지금 우리가 인간의 정서적인 본질이라고 알고 있는 것에 적용시키는 것'[96]이다.

마지막으로, 성직에 관한 성례전, 목사의 직무 자체와 관련된 성례전이 있다. 이제까지 치유에 관하여 말해 온 모든 것에서 목사는 매우 중요한 역할을 담당한다. 그리고 역사적으로도 그리스도교 사상에서 목사와 치유는 밀접하게 연결되어 나타난다. 사실 3세기 초 히폴리투스의 사도 전승에서는 치유받은 사람들은 안수받을 필요가 없다고 지시하였다. 은사가 저절로 명백하게 표출되기 때문이다.[97] 초기의 임직예식에서 치유는 목사의 사역 가운데 가장 중요한 요소로 간주되었다. 예를 들면, (5세기의) 사도헌장에는 안수 받는 사람들에게 '치유와 가르치는 말씀의 능력이 충만하기를'[98] 바라는 주교의 기도가 들어 있다. 그리고 히폴리투스의 교회법에는 그가 죄를 용서할 수 있는 능력, 악마의 사슬을 풀고 온갖 질병을 치유할 수 있는 능력을 간구하는 기도가 들어 있다.[99] 그러므로 목사는 화해의 사역을 수행하도록 부름 받은 사람이며, 성령의 길에서 개인들을 인도하도록 부름 받은 사람이다. 그리고 바로 이 사역에서 본질적인 역할을 수행하는 것은 바로 치유다. 목사는 치유하는 사역자다. 상처 입고 부서진 목사 자신이 이제까지 성령의 치유를 받았으며 지금도 계속해서 받고 있기 때문이다. 목사는 '상처 입은 치유자'[100]다.

귀신 축출

신약성서에서 구원은 개인과 사회를 억압하고 곡해하는 사악한 세력으로부터 구원받는 것으로 묘사된다. 하지만 이러한 신앙은 영성적인 사람이 파괴적인 영성적 세력들의 네트워크에 맞서 싸우는 좀 더 폭넓은 실재관의 일부에 불과하다. 영성의 세계는 보편적으로 좋은 세계가 못된다. 거기에는 거짓 영도 있고, 거짓된 영성지도도 있다. 그러므로 본 연구에서 잠시 이 영역을 다룰 필요가 있다.

전통은 '영들의 분별'을 영성지도의 주요 요소로 간주한다. 구약성서에서는 영성지도라는 용어는 아직 등장하지 않지만 그와 같은 개념은 이미 존재한다. 사울은 선한 영(사무엘상 11:6)과 악한 영(사무엘상 16:14~23)에 따라 움직인다. 모세에게는 그가 백성을 인도할 수 있도록 영이 주어진다(민수기 11:17, 25). 주님은 이집트에 혼동의 영을 보내신다(이사야 19:14). 참 예언과 거짓 예언을 식별하라는 명령도 내려진다(예레미야 23:28). 신약성서에서는 사도 요한이 우리에게 '진짜로 하나님의 영이 맞는지 그 영을 시험해 보라'고 가르치며, '진리의 영과 거짓의 영'을 구별하기 위한 지침들을 제시해 준다(요한일서 4:1~6). 사도 바울 역시 영 분별(diakrisis pneumaton)을 성령의 은사(charismata) 속에 넣는다(고린도전서 12:10). 사막의 교부들은 분별의 사역을 강조하였다. 비록 영성적인 갈등에 대한 조직신학이 전혀 없었지만 말이다. 그러나 오리겐은 에베소서 6:12를 토대로 한 신학을 만들어 냈다. 그는 갈등에는 두 가지 국면이 있다고 주장하였다—살과 피에 맞서 싸우는 초심자들, 그리고 권력과 지배에 맞서 싸우는 좀 더 발달한 단계의 사람들. 에바그리우스는 오리겐의 구조를 그대로 물려받았지만, 초기의 사막 은둔자들에게 그리 많은 영향을 미치지는 않은 것처럼 보인다. 에바그리우스에게서 악마는 거짓—환상과 속임수를 만들어 내는 관상의 적으로 나타난다. 에바그리우스에 따르면, 그 적들에게 맞설 수 있는 보호막은 짤막하면서도 강력한 기도, 아파테이아(apatheia)다. 영성적인 전쟁은 성 안토니의 영성에서 중심적인 역할을 차지한다. 그는 악마와의 만남에 관한 묘사를 자주 등장시킨다. 아타나시우스는 평생토록 성 안토니에게 주목하였다:

성령을 통하여 영 분별의 은사를 받고, 영의 본질—곧 어떤 영을 덜 포기하고 어떤 영을 더 포기할지, 저마다 영의 목적은 무엇인지, 저마다의 영이 무슨 영향을 미치는지, 그리고 저마다의 영혼이 어떻게 전복되고 추방당하는지—을 파악하려면 훨씬 더 많은 기도와 자기—훈련이 필요하다.[101]

따라서 기도생활은 악한 세력과 접촉하여 그것을 무찌르는 갈등의 삶처럼 보인다. 성 안토니가 경고한 것처럼, '우리는 끔찍하고 파렴치하고 사악한 악마들을 적으로 두고 있다; 그들과 맞서는 것은 곧 우리의 전쟁이다.'[102] 교부 세라피온(362년 사망)은 수도원 생활이 그리스도가 '악마와 싸워 물리친 사건을 증명해 주는'[103] 캠페인이라고 보았다. 서구의 성 베네딕트 규칙에서는 영 분별이 매우 중요한 자리를 차지한다. 여기에서 베네딕트는 신중이라는 용어를 사용한다. 그런데 이 용어는 지금까지 부절제나 임기응변을 회피하기 위한 수단으로 오인을 받아 왔다. 사실 수도원 전통에서 신중함은 점점 더 풍요로워지고 점점 더 광범위해지는 용어다. 그리고 이것은 마음의 경건과 하나님의 비전이 목적인 영 분별을 의미한다.[104] 비전은 의식을 침범하는 거짓 영들에 따라서 방해를 받는다. 따라서 〈비밀상담에 관한 책〉에서는 다음과 같이 경고한다:

> 사악한 사람이 갑자기 여러분의 집 담을 두드리고 망치로 부수면서 맹렬하게 쳐들어온다(또는 앞으로 그렇게 할 것 같다) 할지라도 결코 불안과 공포에 사로잡히지 마십시오; 또는 사악한 사람이 자신의 강력한 대리인들로 하여금 갑자기 일어서서 아무런 경고도 없이 당신을 공격하도록 만든다 하더라도 결코 불안과 공포에 사로잡히지 마십시오. 우리는 바로 이 점을 분명히 알고 있어야 합니다: 언제나

마귀에 주의를 기울여야 한다는 사실을 말입니다. 이 작업을 시작하는 사람이라면 누구나 다(그 사람이 누구인가는 전혀 상관없습니다) 적이 이런저런 감각들 속에 조작해 놓은 몇 가지 놀라운 효과들을 느끼거나 맛보거나 냄새 맡거나 들을 수 있습니다. 그러므로 그런 일이 일어나더라도 절대 놀라지 마십시오. 그렇게 중요한 일을 수행하고 있는 당신을 마귀가 높은 곳에서부터 끌어내리려고 애쓰는 것은 너무나도 당연한 일이기 때문입니다.' [105]

〈안크레네 리블레〉에는 다음과 같은 말이 실려 있다: '거룩하고 고상한 삶의 언덕이 높으면 높을수록, 악마의 돌풍과 유혹의 바람도 점점 더 거세게 많이 불어올 것이다.' [106] 영 분별이라고 하는 이 주제는 오리겐 시대부터 예루살렘의 키릴, 어거스틴, 카씨안, 그리고 그레고리 대제를 지나 클레르보의 버나드, 성 빅터의 리차드, 러이스브뢰크, 그리고 토마스 아 캠피스에 이르기까지, 그리스도교 영성에 반복적으로 나타났다.

그러나 많은 사상과 통찰들이 우리의 성격 내부로부터 비롯된 것이라는 깨달음은 아주 이른 시기부터 존재했었다. 예를 들면, 오리겐은 다음과 같이 말한다: '우리는 우리의 마음속에서 생겨난 생각들이……때로는 우리 자신으로부터 비롯되기도 하고, 때로는 미덕을 방해함으로써 자극을 받기도 하며, 또 때로는 하나님과 선한 천사들에 따라 보내지기도 한다는 것을 잘 안다.' 또한 카씨안은 다음과 같이 말한다: '사실 우리는 무엇보다도 우리의 생각이 세 가지 가능한 원천—하나님, 악마, 그리고 우리 자신—으로부터 비롯된다는 사실을 깨달아야만 한다.' [107] 이 세 가지 원천은 정신 안에서 서로 부딪히게 된다. 따라서 17세기의 작가 알바레스 데 빠스는 영을 다음과 같이 정의 내린다:

영은 인간이 자기 스스로 뭔가를 해야만 한다고 느끼는 내적 충동이다. 영은 다름 아니라 지적인 관심에 대한 이해 또는 판단이며, 내적이거나 외적인 원칙에 따라 움직이는 어떤 임무나 또는 그 임무의 생략에 대한 의지의 성향이다.[108]

영 분별은 유혹과 실수, 환상이 보통 영성적인 길 위에서 서로 만나게 된다고 하는 확고한 사실을 토대로 한다. 로욜라의 성 이냐시오, 살레의 성 프란시스, J. B. 스카라멜리 같은 작가들은 좋은 영과 나쁜 영을 분별할 수 있는 규칙들을 목록으로 작성하였다. 예를 들어, 스카라멜리가 작성한 목록은 다음의 표에 요약되어 있다.[109]

이냐시오 로욜라의 저서에서 영 분별은 영성지도의 중심적인 요소로 나타난다. 다음은 예수회 소속의 어떤 사람의 말이다: '결국 수련은 이것 말고 다른 어떤 목적도 없다고 말해도 결코 과언이 아니다.'[110] 성 이냐시오는 '양심의 보편적인 검토'에 대한 개론서에서 다음과 같이 기록하였다: '마음속의 생각에는 세 가지 종류가 있다: 하나는 전적으로 내 자신의 생각인데, 전적으로 내 자신의 자유로운 의지로부터 발생하는 것이다; 나머지 두 개는 외부로부터 발생하는 것인데, 하나는 좋은 영으로부터, 그리고 다른 하나는 나쁜 영으로부터 비롯되는 생각이다.'[111] 성 이냐시오는 영성지도자를 위한 조언을 다음과 같이 하고 있다: 영성지도자는 자신에게서 수련받는 이들의 개인적인 생각이나 죄를 알려고 해서는 안 된다. 다만 '서로 다른 영들의 행위로 말미암아 생겨난 생각들과 여러 가지 방해물에 대하여 아주 성실하게 잘 파악하고 있을 경우에는, 그것이 매우 큰 도움을 줄 수도 있다.'[112] 이냐시오의 견해에 따르면, 분별은 곧 '기도 상황에서 자유롭지 못한 운동의 기원을 발견하는 것'[113] 이다.

지성		의지	
좋은 영의 표시	나쁜 영의 표시	좋은 영의 표시	나쁜 영의 표시
1. 참	1. 거짓	1. 내적인 평화	1. 불안
2. 쓸데없는 일에 무관심	2. 소용없는, 헛된 일에 몰두	2. 참 겸손	2. 거짓 겸손
3. 지성의 등불	3. 어두움, 또는 현혹시키는 상상 속의 빛	3. 하나님에 대한 신앙	3. 절망에 대한 확신
4. 지성을 다루기 쉬움		4. 유동적인 의지	4. 마음의 완고함
5. 신중함	4. 완고한 의견	5. 올바른 의도	5. 교활한 의도
6. 겸손한 생각	5. 부절제와 과장	6. 고통 속의 인내	6. 고통을 못 참음
	6. 자만과 허영심	7. 내면의 고된 수련	7. 고난에 대한 반항
		8. 단순함과 성실	8. 이중성과 위선
		9. 영의 자유	9. 세상에 속박된 영혼
		10. 그리스도를 열심히 본받음	10. 그리스도로부터의 소외감
		11. 자비	11. 지독한 집착

그는 진정한 위로는 좋은 영으로부터 비롯되는 진정성의 증거라고 주장한다. 그러나 성 이냐시오는 다양한 영들의 운동을 경험하지 않고서는 결코 수련을 할 수 없다고 주장한다. '자기 자신을 훈련시키는 것'은 자기를 좋은 영과 나쁜 영의 영향력에 완전히 개방시킨다는 것이다. 이탈리아의 작가 이빠라귀레는 이냐시오 시대의 지적인 범주와 그가 표현하고 싶어 했던 실재를 구분한다. 여기에서 중요한 것은 이냐시오가 영은 인간의 의지와 전혀 다르지만 인간의 의지 안에서 경험되고, 인간으로 하여금 어떤 행동을 취하게 만들며, 지도가 다르면 그 결과도 다르

다고 주장했다는 점이다.[114] 따라서 이냐시오가 보기에는 사악한 세력의 확인, 그리고 그 세력과의 싸움은 영성지도의 본질적인 부분이며, 지도자의 임무는 사탄의 속임수를 밝혀 내고 거짓 선택으로부터 제자를 보호하는 것이다. 지도자는 오로지 '다양한 영들에 따라 주입된 여러 가지 자극과 생각에 대해서 성실하게 잘 파악하고 있을' 때에만 자신의 임무를 제대로 수행할 수가 있다.[115] 이와 비슷하게, 악마의 계략을 꿰뚫어 볼 수 있는 능력을 갖추지 못한 사람에게는 진정한 의미의 영성적 발달이란 결코 있을 수 없다. 오늘 영성적 분별의 전통이 부활하고 있다는 것은 부분적으로 도덕적·사회적 행위와 영성의 합일이 부활하고 있다는 것을 의미한다. '분별의 전통……은 오늘 그리스도교 영성에서 벌어지는 일들 가운데 가장 중요한 것'[116]이라는 주장이 제기되어 왔다. 분별은 비전의 명료함을 의미한다: 분별하다(diakrinein), 분별(diakrisis), 분별 있는, 식별력이 있는, 참과 거짓 사이에서 판단할 수 있는.

성 이냐시오는 사악한 영의 맹공격에 가장 잘 맞설 수 있는 방법은 바로 영성상담가와 지도자에게 자신의 마음 문을 여는 것이라고 말한다.

> 또한 적은 남에게 알려지기를 원치 않고 다만 숨어 있기만을 바라는 가짜 애인처럼 행동한다……인간적인 본성의 적이 오직 속임수와 계교만으로 공정한 영혼을 충동질하고자 한다면 당연히 자신의 속임수와 계교를 비밀에 부치고 싶어 할 것이다. 만일 영성상담가나 또는 그것들을 아주 잘 아는 영성적인 사람에게 들키게 될 경우, 적은 굉장히 불쾌해 할 것이다. 일단 자신의 명백한 속임수가 밝혀지고 나면 절대로 사악한 계획이 성공할 수 없다는 사실을 잘 알고 있기 때문이다.

그러므로 각 고백 속에서 세례와 관련된 포기선언, 사탄과 그 모든 행위에 대한 거부가 갱신된다. 하지만 그것들을 거부한다는 것은 곧 그것들을 인정한다는 것을 의미하며, 그것들이 하나님의 것인지 아닌지를 밝혀내기 위하여 분석하는 영 분별을 의미한다.

그렇다면 남녀 모두에게 침범하여 해를 끼치는 사악한 외부 세력에 관하여 생각하는 것이 가능할까? 성 이냐시오는 개인에게 영향을 미치는 힘의 객관적인 원인에 거의 관심을 기울이지 않는 것처럼 보였다. 오히려 그는 이 힘의 실재와 결과에 더 관심을 기울였던 것 같다. 그것이 인간의 외부에 있는 비인간적인 정신이든지 아니면 정신구조의 내부에서 비롯되는 방해 세력이든지 간에, 그 결과는 똑같았다: 곧 인간의 자유가 감소하고, 영성적인 불안이 해소되는 것이었다. 마이클 램지 대주교는 다음과 같이 평하였다: '우주에서 우리 인간만이 유일하게 선과 악을 아는 이성적인 존재라고 가정하는 것은 매우 독단적이다. 그리고 내 생각에, 인간이라는 종족 외에도 선과 악을 행할 줄 아는 존재가 있다고 가정하는 것이 더 이성적인 것 같다.'[117] 그러나 '거짓 영'의 전통에서 중요한 것은 귀신론의 정확한 구조가 아니라, 우리 관심의 초점이 되고 파괴적이고도 죽음을 불러오는 영성 쪽으로 영혼을 돌려놓는 거짓된 영성 지도, 거짓된 길, 우상이 존재한다는 사실이다. 신약성서에서는 세상 속에 존재하는 세력을 가리켜 천사(angeloi), 귀신(daimoniai), 지배자(archai), 그리고 권세자(exousiai)라고 일컬으며, 나아가 이 어두움의 세상 주관자, 그리고 세상의 초등학문이라고 일컫는다(고린도전서 2:6~8; 에베소서 6:12; 갈라디아서 4:3; 골로새서 2:8). 아마도 그 시대의 별 신앙에서 비롯된 것 같은 이러한 상징주의는 우주적인 전쟁에 속하는 것으로서, '세상 속에서 발생하는 사건들의 배후에 놓여 있는'[118] 불가시적인 존재들의 군대를 의미한다.

하나님 나라의 도래와 영성적인 자유의 획득은, 개인의 자유라는 관점과 노예 상태로부터 이러한 권력의 창조라는 관점에서 보아야 한다. 그리스도는 이 세력들을 정복하셨다. 그것은 신약성서의 주변 신앙이 아니라 오히려 '신앙의 가장 중심적인 항목'[119]이었다. 예수님의 귀신 축출은 그분의 모든 사역들 가운데서 가장 중요한 위치를 차지한다. 갈릴리에서의 귀신 축출은 '그분의 주된 직업'[120]이었다. 다른 한편, 공관복음서의 경우에는 우리가 오늘 상당히 다른 식으로 설명하고 있는 질병들이 등장한다—정신적 혼란, 간질, 경련, 벙어리, 소경(마가복음 5:1~13; 9:15~27; 마태복음 9:32~4; 12:22~4; 누가복음 21:21~2). 여기에서 중요한 것은, 이 모든 질병의 경우 신체적 치유와 정신적 치유에는 억압으로부터의 자유, 개인의 인간성을 가로막고 왜곡시키는 세력들로부터의 자유가 반드시 수반된다고 하는 점이다. 바로 이러한 해방과 인간적 자유의 획득이야말로 영성지도의 근본적인 요소이며, 악마적 상징과 구원의 주제가 전달하고 있는 것도 바로 이것이다.

'악마적'이라는 개념은 종종 '홀림'이라는 개념과 혼동된다. 하지만 이것은 귀신 축출에 따라 치료를 받은 사람들의 일부에만 해당되는 말이었다. '홀림 신드롬'은 정신의학 분야에서 널리 알려져 있다. 비록 아주 다양한 방식으로 설명되고 있기는 하지만 말이다. 1923년의 논문에서 프로이드는 홀림의 악마적 이론과 히스테리의 정신의학적 이론 사이의 유사점에 주목하였다. '이러한 초기의 신경증들은 악마적인 술책을 통하여 나타난다. 홀림의 상태는 우리의 신경증과 일치한다……우리가 보기에 악마들은 악하고 비난받을 만한 갈망이며, 이제까지 거부당하고 억압당해 온 본능적인 충동들의 파생물이다.'[121] 롤로 메이는 악마적인 홀림이 단순히 '정신병의 역사를 총망라하는 전통적인 명칭'[122]이라고 주장한다. 무의식의 영역에서 이루어진 융의 연구 이래로, 우리는 신학과 정신병리학의 범주가 상호배타적이거나 대안적인 것이라고 주장할 수 없게 되었다.[123] R. D. 랭은 '홀림'이라는 용어를 '히스테리성 해리'라는 용어로 바꾸는 것은 은유적인 설명의 한 가지 형태를 다른 형태로 바꾸는 것에 지나지 않는다고 지적하였다. 모든 언어는 상징적이며, 상징은 결코 실재가 아니다.[124]

그렇지만 홀림 상징의 가치가 어떠하든 간에, 귀신 축출이라고 하는 개념은 그것과 본질적으로 연결되어 있는 것이 아니라 그것보다 훨씬 더 광범위한 개념이다. 악마적인 세력의 축출은 아주 이른 시기부터 세례 예전의 통전적인 요소였다. 수많은 교부들이 악마를 물에 빠뜨리는 것에 관하여 이야기한다. 히폴리투스만큼이나 이른 시기에도 이미 세례 전에 귀신 축출이 존재한다. 사탄의 지배에 대항하는 것은 예루살렘의 성 키릴과 니싸의 성 그레고리의 세례 가르침에서 중심적인 요소로 등장한다. 현대 로마가톨릭교회의 세례예식에서 귀신 축출을 위한 기도는, 자신의 독생자를 사악한 영, 사탄의 세력 아래 던져 줌으로써 우리를 어두움의 왕국에서 구출해 주시고 또 자신의 장대한 은총의 왕국으로 데려가시기 위하여 독생자를 이 세상에 보내신 하나님께서, 지원자를 원죄로부터 해방시켜 주시고, 하나님의 은총의 성전이 되게 하시며, 또 그 지원자에게 성령을 보내 주실 것을 간구하는 기도다. 그러므로 귀신 축출은 악마의 영역을 거부하고 신적인 영역을 회복시켜 주는 구원과 치유의 총체적인 예전 가운데 한 가지 요소이다.

영성지도의 과정에서 어쩌면 귀신 축출이 필요한 경우가 있을 수 있다. 비록 대부분의 영성지도자들이 경험한 바에 따르면 그런 경우가 극히 드물지만 말이다. 그런 일이 발생할 경우에는, 귀신 축출이 본질적으로 치유하는 교회의 전체적인 구조 안에 속하게 되며, 만일 이런 구조 안에 속하지 않는다면 쉽사리 왜곡되고 말 것이다. 몇몇 영역에서 귀신 축출의 왜곡을 조장하는 요소들 가운데 하나는 악마를 다루는 '일상적인' 방법들—기도, 금식, 고백, 손을 머리에 얹는 행위, 성만찬 예식 등—의 과소평가다. 대부분의 경우 그런 일상적인 방법들은 충분히 효과적인 것으로 보인다. 정규적인 성례전의 사역 밖에서는, 귀신 축출이 심각하게 오해를 받거나 잘못 사용될 수가 있다. 로마가톨릭교회의 한 잡지는 구원의 예전을 논의하면서 다음과 같이 핵심을 제시하고 있다:

추정되는 홀림과 추정되는 횡행 둘 다를 위하여 새로운 성례전적 의례가 절실히 필요한 것처럼 보인다. 주로 하나님의 능력과 사랑이 그 반대 세력보다 (그 세력이 무엇이든 간에) 강하다는 사실을 증명해 주는 성례적인 의례, 그리고 피로운 영혼을 하나님의 보호와 돌봄을 확신하는 그리스도교 공동체의 정상적인 삶 속으로 재통합시켜 주는 성례전적 의례 말이다. 그렇다고 해서 악을 추방시키는 즉각적인 권위적 행동의 여지가 전혀 없다는 말은 아니다. 다만 악의 정확한 본질에 대해서 입을 다물고 있는 것이 좀 더 안전하고 좀 더 현명하다는 말이다. 또한 나중의 상태가 처음의 상태보다 여덟 배나 안 좋았던 허무한 부랑자들에 대한 복음의 경고도 있다. 귀신 축출은 단지 재활을 위한 첫걸음일 뿐이다.[125]

프랜시스 맥너트 역시 비슷한 경고를 하고 있다:

구원을 위한 기도는 실제적인 기도와 분별을 미리 한 다음에야 비로소 시작할 수 있다. 중요한 수술과도 같이 이것 역시 가볍게 다뤄서는 안 되는 것이다. 나는 많은 사람들이 해방의 기도를 필요로 하고 있지만 결코 서둘러서는 안 되며 후속적인 과정도 굉장히 필요하다고 확신한다. 후속적인 조치가 취해지지 않을 경우, 그리스도교 공동체가 개인의 성장을 전혀 도와주지 않는다면, 우리는 끝까지 마칠 수도 없는 기도를 시작하는 일에 무척 주저하게 될 것이다: 그렇게 될 경우 그 사람의 마지막 상태는 처음 상태보다 더 안 좋아질 수밖에 없다.[126]

다른 모든 영역과 마찬가지로 이 영역에서도 영성지도와 전체성, (신체적인 측면과 심리적인 측면의) 성숙을 향한 운동이 동시에 진행되어야 할 것이다.

치유자로서 영성지도자

영성지도자는 인간의 정신과 깊은 관계를 맺고 있다. 전통적으로 지도자는 개인이 새로운 경험을 이해하고 거기에 적응하기 위하여 삶의 한 국면으로부터 다른 국면으로 이동할 수 있도록 도와주는 일에서 중심적인 역할을 수행한다. 영성지도자와 구루는 언제나 경청자의 입장에 서 있었다. 그러나 그들이 귀를 기울이는 언어는 신화와 꿈과 상징의 '잊혀진 언어'이며, 근본적인 인간 경험에 관한 언어다.[127] 미국의 융 학파 몰턴 T. 켈시는 무의식과 꿈의 언어에 대한 이해가 목사로서 절대적 역할의 회복을 가져온다고 주장하였다.[128] 확실히 심리치료의 통찰들과 동서양의 영성 전통의 통찰들은 상호 대립과 대화의 관계를 확립해야만 한다.

이 두 가지 전통에 공통되는 본질적 통찰들 가운데 하나는, 영성지도자나 영혼의 조력자를 단순히 기술자로 간주해서는 안 된다고 하는 점이다. 심리치료는 배울 수 있는 기술이 아니며, 목사직도 훈련 받을 수 있는 직업이 아니다. 사실 미국의 심리치료사인 쉘던 콥은, 실제적으로는 훈련의 과정이 오히려 도움의 효과를 방해할 수도 있다고 주장하였다.

> 역설적이게도 한 사람이 다른 사람의 진정한 개인 지도자가 되려고 노력할 때, 그를 가장 불리하게 만드는 것은 바로 그를 준비시키기 위하여 고안된 훈련이다. 정신의학적 훈련은 '환자'에 대한 임상적·경영적 태도를 불러일으킨다. 임상심리학은 대상으로 하여금 '주체'를 상세히 점검할 수 있도록 격려해 준다.

정신의학적 사회사업가들은 괴로운 삶을 살아가고 있는 '사례'들을 좀 더 편안하게 도와주기 위하여 시작하지만 종국에 가서는 감상적이고도 생색내는 자세를 취하게 되는 경우가 아주 흔하다. 결국 신학교들은 자신이 보호해 주어야 할 '잃어 버린 영혼들'을 구원하기 위하여 자기 자신을 희생할만한 목사들을 너무 많이 배출시키는 경향이 있다.

따라서 개인이 우리 사회 속에서 개인적인 조력자나 지도자의 역할을 수행할 수 있도록 만들어 주는 과정은 바로 그 역할을 수행할 만한 개인의 능력에 한계를 지을 수 있는 과정이다.

그러므로 그것은 심리치료사의 전문학교 훈련상황 외부에서 발생하는, 심리치료사 자신의 개인적인 고통과 즐거움, 위험과 모험에 좀 더 관계가 있는 발달의 가장 중요한 측면이다. 고독 속에서, 그리고 나중에는 이미 구루가 되어 있는 사람과의 동행 속에서, 그는 자시 자신의 악마와 투쟁해야만 하며 그 악마들로부터 자신을 해방시켜야 한다.[129]

콥은 심리치료라는 명칭이 지난날 구루가 행했던 활동을 오늘의 용어로 바꾼 것에 불과하다고 믿는다. 만일 이것이 사실이라면 그 용어를 보통 때보다 좀 더 광범위하고 지속적인 의미로 사용해야 한다. 심리치료를 이와 같은 관점에서 바라보는 것이 옳든지 그르든지 간에, 영성지도자와 구루의 전통들 간에 서로 밀접한 연관이 있다는 것은 의심의 여지가 없다. 콥은 그러한 결합의 본질적인 특징이 '은유에 따른 깨달음'의 과정, 곧 직관적인 상황 파악, 경험의 신화와 상징에 대한 개방성을 토대로 한 지식의 길이라는 사실을 확인한다. 영성지도자는 신화와 은

유의 언어를 말한다. 파라셀수스가 말하였듯이, 영성지도자는 '적나라한 사실 그대로를 이야기해선 안 된다. 영성지도자는 이미지, 우화, 표상, 불가사의한 언어, 또는 그 밖의 우회적인 표현들을 사용해야 한다.'[130] 여기에서 중요한 것은 영성지도가 과학적인 마인드에는 접근하기 어려운 일종의 지식에 연루되어 있다고 하는 사실이다. 영성적인 것들은 영성적으로 이해해야 한다.

이번 세기 동안 진행되어 온 의식의 연구는 인간 정신에 관한 초기의 한정적인 개념들을 완전히 무너뜨렸다. 무의식은 여전히 은유와 상징을 통하여 경험할 수 있는 위대한 신비의 영역에 남아 있다. 그리스의 교부들은 인간 정신의 신비와 측량할 수 없는 인간 의식의 깊이에 관한 강력한 의식을 지니고 있었다. 인간이 하나님의 형상대로, 신비롭고 헤아릴 수 없는 분의 이미지대로 만들어졌다고 하는 사실은, 인간이 그 신비를 공유하고 있다는 의미를 내포한다. 성 그레고리 대제는 바다가 이와 같은 인간의 신비를 상징하는 것이라고 보았다.

> '바다'는 인간의 정신이며, 하나님은 바다 깊은 곳으로 들어가신다……하나님은 절박한 마음을 바꿀 때 바다 깊숙한 곳까지 스며드신다……심연은 인간 정신, 그 자체를 이해할 수는 없지만 마치 모호한 심연처럼 모든 것으로부터 감추어져 있는 인간 정신의 외부에 존재하기 때문이다……하나님은 말 그대로 심연 속을 걸으신다. 그리고 그 때 하나님은 어두운 마음속에 스며들어 불가시적인 죄의 파도를 짓밟으신다.[131]

'어두운 마음'과 '심연'은 심층심리학에 따라 전례가 없을 정도로 활짝 개방되었다. 하지만 심리학의 학파들이 출현하기 몇 세기 전, 이미 위대한 영성지도자들은 마음이 의식과 무의식의 중심이라고 보았다. 이것은 특히 러시아 스타르치의 가르침에서 확연하게 드러난다. 마카리우스 전통의 설교에서는 마음을 하나님의 자리로 묘사한다. '마음의 깊이는 측량할 수가 없다. 하나님은 그 마음속에 천사와 함께 거하신다. 거기에는 빛과 생명이 있고, 왕국과 사도들이 있으며, 천국의 도시들이 있고, 은총의 보물이 있다. 거기에는 모든 것이 다 있다.'[132] 성령께서 우리에게 다가오시는 것은 바로 이렇게 깊은 곳, '영혼의 불꽃' 으로부터이다. 바로 이 깊은 곳에서 영성지도 사역이 이루어진다.

4
기도와 그리스도교 영성 전통

하나님께 감사하라.
악이 사방에서 우리를 노리고 쳐들어오는 이 때
우리의 영혼이 그 어느 때보다도
더 큰 걸음을 내딛을 때까지
우리를 절대로 떠나지 않으시는 분—
이제 우리의 관심사는 영혼의 규모다.
그리고 우리의 계획은
하나님을 탐구하는 것이다.

크리스토퍼 프라이[1]

전통의 붕괴

기도를 한다는 것은 곧 하나님과의 관계 속으로 들어간다는 것을 의미한다. 하지만 그 관계는 인간의 움직임에도 상당히 좌우된다. 그리스도교의 영성적 전통은 광대하고 풍요로우며 굉장히 다양하다. 그리고 영성지도자가 이 전통 안에서 자신을 발견하고, 그 자원을 이용하며, 그 안에서 다른 사람들을 인도할 수 있을 만큼 충분히 이 전통에 익숙해야 한다는 것은 두

말할 필요도 없다. 19세기 성공회에서 부흥을 맞이한 가톨릭교회의 약점들 가운데 하나는, 전통에 대한 접근 방법의 편협함, 그리고 그것이 프랑스의 영성 학파, 곧 개인주의적 경건과 적극적인 합리주의의 특성을 띤 학파를 그대로 본뜬 것이라는 점이었다. 지금 우리는 프랑스 학파가 하나의 과도기적 국면이었다는 사실을 잘 안다. 그리고 그때부터 죽 예전의 중요성 회복과 관상기도의 부흥을 위한 강력한 운동이 진행되어 왔다는 사실 또한 잘 알고 있다. 그렇지만 '전통적인 신학'이라든가 '전통적인 영성'과 같은 표현들은 종종 다양성 속의 전통 무시를 의미하는 식으로 사용되었다. 우리는 흔히 정통 신앙의 시험에 합격한 것들이 그저 현대의 관례에 그치고 마는, 그리고 정통적인 가르침에 가장 깊숙이 뿌리박고 있는 것이 다소 이상한 이론으로 간주되고 마는, 붕괴의 상황에 처해 있다.

따라서 어떤 저자는 '신학의 전통적인 분야에 속하지 않는 용어와 개념'의 추구에 관하여 말할 수 있다고 하면서, 이러한 용어의 예를 하나 들면 바로 '우리 존재의 토대'[2]라고 말하였다. 또 우리는 존 로빈슨의 《신에게 솔직히》(1963)에서 다음과 같은 주장을 발견하기도 한다: '전통적인 신학은 하나님의 실존, 곧 분리된 존재로서의 하나님 실존의 근거에 토대를 두어 왔다.' 로빈슨의 견해에 따르면, '전통적인 정통 신앙'은 하나님을 '바깥에 있는' 하나의 대상, 그래서 '실재의 일부', '가장 고귀한 사람', '특별한 것'이 될 수 있는 대상으로 간주한다.[3] 관습적인 서구 종교가 그렇게 비정통적이고 편협한 시각을 갖고 있었던 것은 사실이다. 그러므로 그것을 '전통적인 신학'이라 이름 붙이는 것은 소름끼치는 전통의 경시 풍조를 그대로 폭로해 준다. 예를 들면, 우리는 '존재의 토대'로서 하나님이라는 개념이 신비주의 작가들 사이에서 매우 일반적으로 사용되는 것을 보게 된다. 비록 로빈슨은 그 개념이 '전통적인 사고와의 단절'[4]을 의미한다고 확신하지만 말이다. 사실 그것은 지극히 전통적인 개념이다. 성 어거스틴은 하나님에 관한 심층 언어를 사용하였다. 사실 '사도 바울 이후 지금까지 모든 정통적 그리스도교 작가들은 하나님이 "높이" 계실 뿐만 아니라 "깊이" 계시기도 한다는 점을 인정해 왔다. 비록 로빈슨 박사의 심층 해석보다는 덜 노골적이기는 하지만 말이다.'⁵⁾ 14세기에 에크하르트는 하나님을 영혼의 원천이요 토대라고 간주하였다. '영혼이 그 토대, 곧 자기 존재의 가장 깊숙한 곳 안으로 들어갈 때, 신의 능력이 갑자기 그에게 쏟아진다.'⁶⁾ '영혼을 평가하기 위하여 우리는 하나님과 영혼을 구분해야 한다. 하나님의 토대와 영혼의 토대는 하나의 본질을 지니고 있기 때문이다.'⁷⁾ 14세기 노리치의 줄리안 역시 하나님을 영혼의 토대로 간주한다.⁸⁾

또한 로빈슨이 전통적인 것이라고 주장했던 하나님관은 사실 지겹도록 (ad nauseam) 논쟁을 거친 다음 그리스 교부들로부터 거부를 당했다. 예를 들면, 니싸의 성 그레고리는 이렇게 말한다: '지성적인 표현들을 토대로 하는, 자연스럽게 여겨지는 이해나 판단과 일치하는 개념들은 우리에게 하나님 자체를 드러내 보여 주는 것이 아니라 다만 하나님의 우상을 만들어 낼 뿐이다.' 또는 다마스쿠스의 성 요한은 다음과 같이 말한다: '하나님은 존재하는 것들의 축에 끼지 않는다. 그렇다고 해서 하나님이 존재하지 않는 것은 결코 아니다. 하나님은 존재하는 것들 위에 계시며, 심지어는 존재 그 자체보다도 위에 계신다.'⁹⁾ 유노미우스와 니싸의 그레고리 사이에 벌어진 논쟁에서 그레고리는 모든 이름이 다 인간적이며, 심지어는 테오스(Theos)라는 이름조차도 인간적인 것이라고 주장하였다. 데이비드 젠킨스는 〈신에게 솔직히〉에 대하여 다음과 같이 논평하였다:

> 하나님 앞에서 정직하고자 했던 그의 노력은, 예를 들면, 아타나시우스의 하나님이나, 4세기 카파도키아 전통에 서 있던 작가들의 하나님이나, 토마스 아퀴나스의 하나님에게 너무나도 부정직한 행위이다. 어거스틴의 하나님이나, 〈무지의 구름〉을 쓴 작가의 하나님이나, 또는 정교회 예전 형태에서 예배의 대상이 되었던 하나님은 두말할 필요도 없이 말이다.¹⁰⁾

〈신에게 솔직히〉가 출판된 후로 벌써 30여 년의 세월이 흘렀다. 지금껏 여러 가지 방식으로 그것은 영성적 전통의 붕괴, 곧 주교들을 포함한 그리스도인들이 자신의 전통이나 자신의 영성적인 역사와의 연결점을 상실하고 나아가 그것들을 마음껏 무시해 버리는 과정의 절정을 최대한 저지시켜 왔다. 서구 세계에서 영성의 전체성이 붕괴된 사건은 여러 가지 요인들과 관련되어 있다. 자유주의 종교개혁교회와 바르트 학파 운동은 서로 반대되는 것임에도 불구하고 신비주의에 대해서 둘 다 적대적인 태도를 취했다. 그들은 신비주의가 그리스도교를 헬레니즘적으로 왜곡시킨 것이라 간주하였다. 더욱이 그리스도교적 종교의 '실천'에 대한 관심과, 세계의 욕구에 대한 그것의 적용은, 기도에 대하여 별다른 관심을 쏟지 않았다; 사실 개인적인 헌신은 언제나 '실천적인 그리스도교'의 기초를 위태롭게 해왔던 것처럼 보인다. 또 하나의 주요 요인은 바로 역사의식의 상실이었다. '지금 여기의 우리 존재로부터 시작한다는 것'은 종종 실천적인 면에서 '과거를 경시하는 것'과 같은 의미로 받아들여졌다. 그리고 잘 다져진 옛 방법들을 한 번 더 추구하는 동안 아주 역사오랜 실수들이 불필요하게 많이들 되풀이되었다. 비록 역사는 그것들이 막다른 골목에 들어서게 된 것이라고 밝혀주었지만 말이다.

많은 그리스도인들 사이에서 신비주의의 의심은, 신비주의적인 방식이 경험의 타당한 형식임에도 불구하고 그리스도교 구조 안에서는 소수의 사명에 속한다는 광범위한 개념으로 발전하여 갔다. 하지만 이것은 매우 편협한 신비주의의 정의, 곧 초과학적인 수준의 경험들에 대한 비범한 표현들에 따라 확정된 정의에 적용시킬 때에만 사실로 인정할 수 있다. 신비주의의 중심에서는, 토마스 머튼이 지적하는 것처럼, 하나님과의 합일이 일어난다. 그리고 '신비적인 삶은 본질적으로 그리스도인의 완전에 이르는 정상적인 방법이다.'[11] 신비신학은 사실 니케아 신조 배후에 놓여 있었던 신학이다. 이 신학은 하나님의 실재가 이성적인 사고의 한계 너머에 존재한다고 가정하며, 하나님은 사랑과 친교 안에서 체험할 수 있는 분이라고 가정하는 신학이다. 신비주의는 새로운 방식의 하나님 이해와 새롭게 하나님과 관계를 맺는 방법을 위하여 마음 문을 활짝 여는 것이다. 또한 신비주의는 '가장 예리하고 가장 강렬하며 가장 생생한 단계의 종교'[12]라고 할 수 있다. 신비주의는 그리스도인의 영성수련에 전혀 낯선 것이 아니다. 신비주의는 신약성서에 그 뿌리를 두고 있으며, 정통적 그리스도교에도 아주 근본적인 것이다.[13]

'위대한 전통' 의 탐구

그렇지만 오늘의 정통적 신앙이 흔히 받고 있는 오해는 이것과 상당히 다르다. 따분하고, 협소하고, 무기력한 형태의 종교라고 오해를 받고 있는 것이다. 그러므로 그 동안 경시되어 온 그리스도교 영성신학을 다시 한 번 들여다 볼 필요가 있음을 반드시 강조해야 한다. 물론 여기에서는 기도를 통한 지도의 '위대한 전통' 에서 중심적인 역할을 하고 있는 몇 가지 주제들을 소개하는 것으로 만족할 수밖에 없다. 그 전통은 상당히 다양한 종류의 양식과 스승, 접근 방법과 기술, 기질과 개인적인 형태의 경건을 포함하고 있는 전통이다. 따라서 어떤 식으로 그것을 소개한다 할지라도 지나친 단순화를 피할 수가 없을 것이다. 그리고 전통을 구분하려는 모든 시도들도 다소 독단적인 것이 되고 말 것이다. 그러나 전체성 속에서 일단의 영성을 떼어내는 것은 가능하다. 그것들은 저마다 우리의 영성지도 실천에 영속적인 기여를 해왔던 것이다. 이제부터 그러한 전통들을 여섯 가지만 살펴보도록 하자: 사막의 영성; 동방정교회의 영성; 수도원의 영성; 14세기 신비주의의 영성; 반종교개혁 운동의 영성; 그리고 성결/오순절의 영성.

Ⅰ 사막의 영성

그리스도교 이전 시대에 사막은 하나님과 만나기 위한 장소였다. 야훼는 사막에서, 쓸쓸한 황야의 버려진 땅에서 이스라엘을 발견하신 사막의 하나님이시다(신명기 32:10). 아모스는 사막 시대를 순수한 영성의 시대라고 본다(아모스 5:25). 사막 시대로부터 신적인 이름의 계시가 시작된다(출애굽기 3:2). 사막은 또한 미래의 부활을 위한 장소로 나타나기도 한다(이사야 35:1, 6; 호세아 2:14). 그러므로 초기 그리스도교 은둔자들은 당연히 사막의 버려진 곳에서 하나님을 찾으려는 사람들이었으며, 사막 교부들의 시대로부터 오늘의 샤를 드 푸코와 까를로 까레또에 이르기까지, 사막이 그리스도교 영성의 지속적인 주제가 되어 왔던 것도 당연한 일이다. 토마스 머튼은 다음과 같이 지적한다: '수도원적인 기도가 꽃핀 기후는 사막의 기후이다. 사막에서는 인간의 위로가 전혀 없고, 사막에서는 인간 도시의 안전한 일상들도 전혀 도움이 되지 못한다. 그리고 사막에서는 신앙이 부족한 상태에서 오직 하나님에 따라 기도가 유지되어야 한다.' 따라서 사막은 '수도사가 은둔자로서 자기 존재의 내면적인 폐허를 탐구해야 하는'[14] 장소다. 사막 교부들은 사막이 하나님께 최상의 가치를 지닌 장소라고 확신하였다. 사막은 인간에게 전혀 가치가 없는 장소였기 때문이다. 황무지에는 착취할 만한 것이 아무것도 없었다. 그러므로 사막은 오로지 자기 자신을 찾기 위하여 애쓰는 사람들만이 거주할 수 있는 장소였다. 하지만 동시에 사막은 '정신착란의 땅……공허와 격노의 메마른 낙원',[15] 사악한 영성적 세력들과 가장 끔찍하고 가장 심각한 모습으로 만나는 장소이기도 했다.

그리하여 사막에서는 초기의 은둔자들이 경청과 침묵 가운데 영성적인 전쟁을 치르는 삶을 살았다. 성 안토니의 제자인 암모나스는 '성인들을 성장하게 만들어 주는 것은 바로 침묵이었다'고 말했다. 관상생활이 출현한 곳도 바로 사막의 침묵이었다. 그리고 머튼은 사실 관상기도가 '사막에 대한 선호'[16]였다고 주장하였다. 여기에서 우리는 최초의 영성지도자들을 만나게 된다. 나일 계곡 주변에서 은둔 생활을 하는 수도사들로부터 지혜와 분별을 추구했던 사람들 말이다.

  사막 전통은 포기선언과 실천적인 영성의 전통이다. 사막에서 사람들은 자기 자신과 마주치게 되며, 사막에서는 분별을 획득하는 것이 곧 삶과 죽음의 문제가 된다. 그리고 태만과 금욕은 둘 다 영성적인 재앙을 불러일으킬 수가 있다. 사막은 생존과 발전을 위하여 강렬한 내면적 영성수련을 필요로 한다. 그리고 성 안토니에 따르면, 그러한 내면적 훈련은 오로지 경험이 풍부한 연장자들의 본보기를 따를 때에만 가능하다. 그러므로 사막 교부들이 받은 지도는 체계적인 가르침의 형태가 아니라 삶의 문제들에 대한 응답의 형태를 취한다. '아버지여, 내가 살아갈 수 있도록 나에게 한 마디만 해주십시오.'[17] 결과적으로 '모든 세기를 통틀어 영성적인 성장을 이룩해 온 위대한 사막 교부들의 교리가 지니고 있는 가장 놀라운 특징들 가운데 하나는, 그 교리의 본질이 삶의 외부적인 형태와 얼마나 먼 관계에 있는가 하는 것이다. 그들은 종종 우리에게 그것이 임상학적으로 불안하다는 사실을 직접적으로 전해 준다.'[18] 그리하여 성 안토니는 극단적인 금식의 거짓 경건을 무시해 버린다. '어떤 사람들은 금식으로 자기 몸을 지치게 만든다. 하지만 그들은 분별력이 전혀 없기 때문에 하나님 곁으로 더 가까이 다가갈 수가 없다.'[19] 안토니가 자신의 독방에서 모습을 드러냈을 당시의 설명을 하면서, 아타나시우스는 그야말로 훈련이 잘된 그리스도인의 삶을 생생하게 보여 주는 본보기라고 간주한다.

    ……그의 영혼은 순수한 상태였다. 슬픔 때문에 찌푸릴 일도 없었고, 기쁨 때문에 방탕해질 일도 없었기 때문이다. 그의 영혼은 유쾌한 일도, 낙담한 일도 없었다. 그는 군중들을 보고도 전혀 당황하지 않았다. 그는 그렇게 많은 사람들이 자신을 받아들이기 위하여 모인 광경을 목격하고도 전혀 우쭐해하지 않았다. 아니, 그는 완벽하게 자신을 통제하

고 있었다—이성의 지도를 받는 사람, 안정된 성격을 지닌 사람이었던 것이다.[20]

여기에서 사막은 정화 또는 자기—이해와 자기—통제를 위한 장소, 갈등과 승리의 장소로 간주된다. 사막의 투쟁으로부터 완전하게 성장한 영성적인 인간이 출현하게 되는 것이다.

사막의 기도는 조용하고, 간단하며, 짤막하다. 모든 사막 스승들 가운데 가장 체계적인 카씨안은 침묵의 기도와 짧게 자주 드리는 기도를 추천한다. 성서의 짤막한 구절들을 반복적으로 사용하는 것 역시 기도를 그치지 않게 해주는 좋은 방법이다. 그런 기도를 통하여 우리는 '하나님에 대한 회상을 한 구절에 대한 명상처럼 아주 좁은 공간 속으로 접어 넣는다.'[21] 카씨안은 하루 종일 짤막한 본문을 지속적으로 회상하는 방법을 추천한다.

여러분은 이것을 자기 입의 문지방과 문에 적어 두어야 합니다. 여러분은 이것을 자기 집의 벽과 자기 마음의 깊은 곳에 써 두어야 합니다. 그래야만 여러분이 기도를 하기 위하여 무릎을 꿇었을 때 이것이 여러분의 입에서 노래처럼 흘러나올 것이며, 기도를 마치고 일상생활에 필요한 온갖 일들을 하러 갈 때에도 이것이 여러분의 끊임없는 기도가 되어 줄 것이기 때문입니다.[22]

초기 사막 교부들의 가르침 속에는 오늘 우리와 매우 밀접한 관계에 있는 것들이 훨씬 더 많이 존재한다. 그러나 본질적으로 그들은 스승이라기보다는 오히려 하나님을 계시해 주는 성령으로 가득 찬 인물이었다—마카리우스의 표현을 빌면, '하나님에 도취된 사람들'이었던 것이다.

오늘 사막 전통은 우리에게 고독의 필요성과, 오로지 홀로 사막에서 생활하는 경험을 통해서만 이루어지는 내면 정화의 필요성을 알려준다. 러네 부아욤은 사막의 경험이 오로지 하나님 한 분께만 의지하는 무력한 존재로서의 경험이라고 말한다.

> 사막—진짜 사막—은 물리적인 실제에서 사람들로부터, 그리고 인간적인 생활뿐만 아니라 인간의 존재와 활동의 외관으로부터도 철저히 고립된다는 의미를 담고 있다. 사막은 또한 무미건조의 신호를, 그리고 결과적으로 시각과 청각을 포함한 모든 감각들의 억제 신호를 담지하고 있다. 사막은 또한 빈곤과 검소, 가장 극단적인 단순성의 신호를 담지하고 있다. 간단히 말하자면, 사막은 인간이 사막에서 홀로, 혼자 힘으로 살아가기 위하여 아무것도 할 수가 없다는, 그리하여 자신의 연약함을 깨닫고 하나님의 도움과 능력을 추구해야 할 필요성을 깨닫게 되는, 완전한 무력감의 신호를 담지하고 있다.[23]

까를로 까레또에게 사하라 사막은 기도의 방법을 배울 수 있는 장소였다.[24] 다른 수천 명의 사람들에게도 영성적인 사막은 카타르시스의 장소, 벌거벗음의 장소, 끔찍한 고독과 하나님의 신비로운 계시의 장소다.

II 동방정교회의 전통

동방정교회의 영성은 사막의 영성과 뗄 수 없는 관계에 있으며, 그 둘은 연속선상에 위치한다. 그러니까 사막의 전통이 나중에 헤시카슴(*hesychasm*), 예수기도를 토대로 해서 동방정교회의 독특한 영성으로 꽃핀 것이었다. 동방정교회가 지속적으로 그리스도교 영성에 기여한 데에는 몇 가지 독특한 요인들이 존재한다. 첫째는, 신학과 신비주의의 합일에 관한 동방정교회의 이해다. 동양의 그리스도교 사상에서 볼 때, 모든 신학은 신비주의적이다. 성 요한, 나지안젠의 성 그레고리, 그리고 성 시므온은 '신학자'라고 일컬을 만하며, 그들 모두는 하나님과의 합일과 친교의 삶을 살았던 대표적인 인물이다. 모든 신학의 목적은 신격화(theosis)다. 이레나이우스의 말을 그대로 빌면, '하나님께 참여하는(metoche) 것이다.' [25] '만일 말씀이 사람이 된다면, 그 사람은 신이 될 수도 있을 것이다.' [26] 오리겐 역시 신격화에 관하여 언급한다: 영은 '관상에 따라 신격화된다.' [27] 성 아타나시우스도 하나님의 비전을 통한 인간의 신격화에 관하여 말한다. [28] 그리고 이 전통은 알렉산드리아 학파, 특히 알렉산드리아의 성 키릴(370~444)에 이르러 전체적으로 확산된다. 다마스쿠스의 성 요한은 인간이 신격화를 위하여 창조되었다고 말한다. [29] 그리고 니싸의 성 그레고리는 '하나님이 우리를 그저 하나님의 능력을 지켜보는 구경꾼으로 지으신 게 아니라 하나님의 본성 자체에 참여하는 동참자로 지으셨다'[30]고 말한다. 또한 로쓰키의 말에 따르면, '하나님과 합일의 길을 따르지 않는 사람은 그 누구도 신학자가 될 수 없다. 하나님을 아는 방법은 반드시 신격화의 길에서만 얻을 수 있다.' [31] 이것은 몇몇 비주류 교파들의 신앙이 아니다; 이것은 분명히 정교회 신학과 모든 정교회 영성의 중심적인 요소이다.

둘째는, 하나님의 불가지성과 어두운(apophatic) 신학이라는 용어의 중요성에 관한 그들의 주장이다. 어두움 또는 부정신학은 동방 그리스도교의 영성적인 전통에서 아주 중심적인 위치를 차지한다. 그리고 사실 그것은 '동방 교회의 총체적인 신학 전통에서 매우 근본적인 특징으로 나타난다.' [32] 그것은 알렉산드리아의 클레멘트와 아레오파고스의 재판관 디오니시우스에게서도 발견된다. 클레멘트는 다음과 같이 말한다: '우리는 그리스도의 위대하심에 매달리게 된다. 만일 우리가 거룩함을 통하여 심연(bathos)으로 나아갈 수 있다면, 우리는 모든 것을 포함하고 계시는 하나님에 관한 일종의 지식을 갖게 될 것이다. 그분이 무엇인가를 아는 것이 아니라, 그분이 무엇이 아닌가를 알게 되는 것이다.' [33] 디오니시우스의 〈신비신학〉는 부정적인 방식에 관한 보고서다. 디오니시우스는 다음과 같이 말한다. 누군가 '확정적인 신학의 중요한 단언들을 공포할 경우', 우리는 반드시 그 단언들을 지나서 침묵의 신학을 향해 나가야 한다. [34] 우리는 결코 알아낼 수 없는 하나님에 대한 이해를 넘어서야만 한다. 하나님에 대한 지식은 오로지 불가지(agnosia)의 과정을 통해서만 주어진다. 카파도키안스, 성 바질, 니싸의 성 그레고리가 주장하려 했던 것도 바로 이 본질적인 하나님의 불가지성이었다. 니싸의 그레고리에게는 하나님과 관련된 모든 개념들이 다 우상이었다. '하나님을 이해할 수 없는 우리의 무능력이라는 관점만 제외하고, 하나님은 결코 우리가 알 수 없는 분이다.' [35] 따라서 영성적인 길은 비아 네가티바(via negativa), 곧 무지의 길을 의미한다. 그것이 바로 T. S. 엘리옷이 〈이스트 코커〉에서 너무도 훌륭하게 요약해 준 전통이다.

> 여러분이 잘 모르는 곳에 도달하기 위하여
> 여러분은 무지의 길을 통과해야 합니다.
> 여러분이 소유하지 못한 것을 소유하기 위하여
> 여러분은 무소유의 길을 통과해야 합니다.
> 여러분이 아닌 존재에 도달하기 위하여
> 여러분은 자기가 속하지 않은 길을 통과해야 합니다.
> 그리고 여러분이 잘 모른다는 것만이
> 여러분이 아는 유일한 사실입니다.
> 그리고 여러분이 소유하고 있는 것은
> 여러분이 소유하지 못하는 것입니다.
> 그리고 여러분이 있는 곳은
> 여러분이 없는 곳입니다.[36]

셋째는, 예수기도를 동방정교회 영성지도의 중심적인 요소로 발달시킨 것이다. 예수기도는 관상에 이르는 길인 동시에 인격의 합일과 통합에 이르는 길로 간주된다. 주님의 이름을 통하여 성육신하신 주님께 중점을 둔 '마음기도'의 기원은 5세기 후반의 가짜—마카리우스의 〈영성적인 설교들〉로까지 거슬러 올라갈 수 있다. 나중에 성 요한 클리마쿠스는 그 기도의 사용을 호흡 기술과 연결시켰다. 한편 니케포루스 같은 후기의 작가들은 〈헤시케스틱 기도의 방법〉 등에서 기도 그 자체를 하나의 기술로 취급하였다. 14세기에 들어서서 예수기도는 헤시케스틱 기도의 거센 운동의 일부로서 아토스 산 위에서 사용되었다. 헤시카슴(hesuchia, 침묵)에서 주요 관심사는 영속적인 기도 상태를 누리는 것이었으며, 이러한 탐구 과정에서 예수기도를 사용하는 것은 오늘까지도 동방정교회 기도의 중심적인 요소로 자리잡고 있다. 한번은 러시아정교회의 수도사 한 명이 옷을 입고 있는데 대수도원장이 그에게 이런 말을 했다고 한다. '형제여, 예수님께 지속적인 기도를 드리기 위하여 하나님의 말씀이신 성령의 검을 차십시오. 당신은 언제나 주 예수님의 이름을 당신의 마음과 가슴과 입술에 품고 있어야 하기 때문입니다. 항상 이렇게 말하십시오. 하나님의 아들, 주 예수 그리스도시여, 죄인인 저에게 자비를 베풀어 주옵소서.' [37] 이것은 조금 긴 형태의 예수기도이다. 짧은 형태의 기도는 그냥 예수님의 이름만 말한다. 다시 한 번 말하지만, 기도의 목적은 신격화다. '인간의 마음속에 존재하는 예수님의 이름은 신격화의 힘을 부여한다.' [38]

마지막으로, 동양의 전통은 구원을 세계의 변형이라는 차원에서 바라본다. 변형의 상징은 동방정교회의 신비주의에서도 중심적인 위치를 차지한다. 그러므로 성만찬 예전에서 우리는 하늘로 들어올려질 것이라고 기대된다.

> 동양에서는 구원을 개인의 영혼이 창조주에게로 되돌아간다는 관점에서 생각하지 않는다; 오히려 동양의 구원은 온 우주의 점진적인 변형 과정으로 간주된다. 곧 인간은 세계로부터 구원을 받는 것이 아니라 세계 속으로 구원 받는 것이다. [39]

영성은 물질의 변형과 보완에 연루된다.

III 수도원의 영성

사막 교부들과 위대한 동방정교회의 영성지도자들이 모두 수도사였기 때문에, 수도원적인 요소를 따로 떼어낸다는 것이 좀 이상하게 여겨질 수도 있다. 그렇지만 서구 세계에서 발전한 수도원 운동의 영성에는, 나중에 그리스도인의 삶에서 중심적인 요소가 되었던 한 가지 독특한 요소가 존재한다: 바로 매일기도서의 낭송이다. 아침과 저녁에 드리는 기도의 일과는, 새벽과 저녁 등불을 켤 때 드리던 유대인의 기도 관습에 뿌리를 두고 있다. 사도 시대에는 기도를 위한 다른 시간들도 준수했던 것이 확실해 보인다 (사도행전 4:24~30). 히폴리투스의 교회법에서는 한밤기도를 언급한다.[40] 성 베네딕트 이전에는 분명히 잘 짜인 기도 시간표가 있었다. 그러나 베네딕트회 수도사들은 기본적인 일과를, 시편 읽기와 노래로 구분하여, 하나의 한정된 형태로 발전시켰다. 수도사들은 그 일과가 단체활동으로서, 수도사의 본질적이고도 중심적인 업무, 곧 하나님의 일(opus Dei)이라고 보았다. 9세기부터 13세기에 이르기까지 시편집은 독실한 그리스도인들의 기도서였다. 성 베네딕트 역시 그 일과의 기본적인 목적은 '우리 창조주를 찬양하는 것'[41]이라고 보았으며, 이것은 아직까지도 본질적인 특성으로 남아 있다.

오늘 객관적인 찬양과 관상의 초점일 수 있는 한 일과의 회복은 교회의 가장 긴박한 욕구들 가운데 하나다. 진지한 그리스도인들은 성서적이고, 풍요롭고, 균형이 잘 맞고, 하나님 중심적인 구조 안에서 기도 가운데 성장할 수 있어야 한다. 그리고 그 구조는 그리스도인들에게 적절한 영성적 성장을 제공해 주어야 한다. 수도원 운동의 공헌은 정규적인 예전적 기도 모임에 그러한 구조를 제공했다는 것이다. 최근 로마 공의회에서 그 일과를 개정함으로써 영국에는 여러 가지 측면에서 필요를 충족시켜 주는 서너 권짜리 매일기도서가 제공되었다. 비록 평신도들이 교회의 기도 시간에 자신의 몫을 다할 수 있으려면 아직도 상당분량 적용해야 할 일이 남아 있기는 하지만 말이다. 개인이 이 일을 해낼 수 있도록 만들어 주는 것이야말로 영성지도의 핵심이다.

또한 수도원 운동으로부터 우리는 빈곤과 자선, 그리고 순종이라고 하는 세 가지 서약을 받아 냈다. 이 세 가지 서약은 동양과 서양에 존재하는 여러 형태의 신앙 공동체들에서 중요한 특징으로 자리잡았다. 오늘 많은 이들이 이 서약들을 우리 시대의 욕구와 관련지어 재평가하려고 한다. 새로운 형태의 공동체가 등장하고 있으며, 많은 사람들이 세계 속에 머무르는 동안에도 수도원 생활과의 긴밀한 연결이 필요하다는 사실을 깨닫고 있다. 그리고 이 영역에서 이루어져야 할 일도 상당히 많다.

IV 14세기 신비주의 영성

14세기 유럽에는 신비주의의 커다란 흐름이 있었으며, 이 시대로부터 역사상 가장 위대했던 영성지도자들이 여러 명 출현하였다. 그들이 쓴 책들은 오늘까지도 아주 많은 영향을 미치고 있다. 여기에서 우리는 아주 많은 것들을 언급할 수 있다. 첫째, 하나님께로 접근할 때 다정함과 자연스러움을 강조하는 신비주의자, 노리치의 줄리안이다. 줄리안은 다음과 같이 주장한다: '진리의 단순한 직관'에 따른 하나님 체험이 주는 기쁨은 '우리 모두에게 공통적인 경험이다.' 그것은 '누구나 다' 경험하는 것이다. 기도는 자연스럽다. 인간은 삼위일체 형태로 창조되었기 때문이다. 인간뿐만 아니라 우주까지도 하나님 안에 포함된다. '나는 모든 삼위일체가, 말하자면, 하나의 점에 집중되는 것을 보았다. 그리고 그 모습을 보고 나는 그분이 모든 사물 안에 존재하신다는 사실을 깨닫게 되었다.' 줄리안은 기도와 하나님에 관한 지식이 전혀 어려운 것은 아니라고 주장한다. 사실 그녀는 자기 자신을 아는 것보다 하나님을 아는 것이 더 쉽다고 말한다.

또한 나는 우리가 하나님을 알게 되는 것이 우리 자신의 영혼을 아는 것보다 더 쉽다는 사실을 아주 확실하게 알 수 있었다……하나님은 우리의 영혼보다도 더 우리와 가까이 계신다. 하나님은 우리의 영혼이 서 있는 토대이기 때문이다……따라서 만일 우리가 자신의 영혼에 대하여 알고, 말하자면 우리 영혼과의 친교를 누리고 싶다면, 우리 영혼을 에워싸고 계시는 우리 주 하나님 안에서 찾아 보아야만 한다.[42]

줄리안은 인간과 하나님의 긴밀한 연결에 대하여 아주 강력한 신념을 지니고 있었다. 그러므로 그녀는 인간과 우주에 대해서 낙관적인 평가를 내리며, 죄는 비교적 중요하지 않다고 하는 믿음을 지니고 있다. 하나님은 선을 획득할 수 있도록 우리 죄를 묵인해 주신다. 하지만 줄리안은 우리 영혼에 결코 죄를 묵인할 수 없는 부분이 존재한다고 주장한다. 하나님의 형상은 절대로 파괴할 수 없다. 더욱이 줄리안은 다음과 같이 주장한다: '죄는 인간에게 수치가 될 수 없으며 오히려 가치 있는 것이 될 수도 있다는 사실을 하나님은 나에게 보여 주셨습니다.' 여기에서 줄리안이 하고 싶은 말은, '천국에서는 죄가 상징하는 것이 명예로운 것으로 변하기'[43] 때문에 사실상 죄는 변장을 하고 있는 미덕이라는 것 같다. 참회와 연민, 그리고 하나님을 향한 갈망을 통하여 죄의 상처는 치유를 받게 된다. 여기에서 줄리안의 신학은 어거스틴과 결합된 부적절한 심판 신학을 거부한다. 또한 그녀는 니싸의 그레고리, 시리아사람 이삭, 그리고 막시무스—죄와 심판의 실재를 인정하면서도, 그것을 초월하여 모든 것이 그리스도 안에서 하나로 모아진다고 본 영성상담가—의 옛 전통으로 돌아가는 것도 거부한다. 머튼은 줄리안이 가장 위대한 영국신학자들 가운데 한 명이라고 보았다.[44] 그녀가 중점적으로 강조하는 것은 하나님의 사랑이 승리한다는 것, 그리고 우주적인 낙관주의다. '여러분은 이것을 통하여 우리 주님의 의미를 알 수 있을 것입니다. 잘 알아 두십시오. 주님의 의미는 바로 사랑이었습니다.'[45] 줄리안의 말에 따르면, 그 사랑은 이제까지 단 한 번도 느슨해진 적이 없으며 앞으로도 결코 그럴 염려가 없다. 그녀의 유명한 말, '모든 게 다 잘될 것이다'에 표현되어 있는 것은 궁극적인 화해의 신학이다. 엘리옷은 〈리틀 기딩〉의 결론부에서 바로 이 주제를 다룬다.

    그리고 모든 게 다 잘될 것이다.
    모든 방법이 다 잘 통할 것이다.
    불꽃의 혀가
    불 꼭대기 지점으로 말려 들어가고
    불과 장미가 하나가 될 때.[46]

줄리안의 신학에서 우리는 하나님의 여성성이라는 개념에 관한 가장 풍요로운 표현을 발견한다. 그녀는 이렇게 말한다: '하나님은 우리의 아버지이신 것처럼 진실로 우리의 어머니이시다.' '우리의 소중한 어머니 예수님은 우리를 초자연적인 탄생으로 이끌어 주시고, 우리를 위하여 죽으심으로써 우리를 양육하시고 소중히 여기시며, 거룩한 교회의 인도를 통하여 우리에게 성례전, 특히 성만찬 예전을 베풀어 주신다.' 우리가 그리스도의 모성애에 어린아이처럼 응답할 때, '우리 어머니의 사랑하는 은총의 손이 우리에게 다가와 우리를 기꺼이 도와주신다.'[47] 줄리안은 이 주제를 발달시킴으로써 예수님을 어머니라고 언급한 성 안젤름(1033~1109)의 영성을 이어받는다.[48] 그러나 이 개념은 더 오래된 것이다. 어머니 이미지는 성서에서도 함축적으로 사용되고(이사야 46:3; 49:15; 66:9 이하; 마태복음 23:37), 외경의 〈베드로 행전〉과 성 요한 크리소스톰에게서도 사용되었으며, 아씨시의 성 프란시스와 성 앨레드 같은 중세 작가들에게서도 사용되었다. 그렇지만 줄리안은 그리스도교 역사상 최초의 여성신학자들 가운데 한 명이다. 그리고 그녀의 저서는 하나님—상징의 남성성에 반드시 필요한 교정책을 포함하고 있다. 줄리안의 신비주의는 우리 어머니 하나님의 이해에 다정함과 '가정적인' 이미지를 안겨 준다.[49]

줄리안과 동일한 시대에 〈무지의 구름〉이 등장하였는데, 이 책은 그리스도교 신비주의의 초기 작품들을 우연히 발견한 사람들에 따라 최근 몇 년 동안 서서히 회복되어 왔던 어두운 신비주의의 대표작이다. '무지의 구름'은 하나님께로 가는 길을 알려 주는 무지(agnosia)의 영역이다. 이 책의 저자는 이 책이 한정된 청중들을 위한 책이며 가르침을 받을 준비가 전혀 안 되어 있는 사람들에게는 아무런 의미도 줄 수 없다는 사실을 애써 강조한다. 이 저서의 중점적인 핵심은, 하나님에 관한 지식이 생각을 통해서가 아니라 사랑을 통하여, 그리고 부정의 길(via negativa), 무지의 길, 어두운 신앙의 길을 통하여 주어진다고 하는 사실을 강조하는 것이다. 저자는 다음과 같은 질문을 받는다: '나는 하나님을 어떻게 생각할 것인가?'

> 당신이 저를 당신의 문제와 함께 똑같은 어두움 속으로, 똑같은 무지의 구름 속으로 보내셨으므로, 저는 당신 안에서 당신이 될 것입니다. 다른 모든 피조물과 그들의 임무, 그리고 하나님의 자기 업무에 대해서 한 사람이 은총으로 말미암아 엄청난 지식을 지닐 수도 있습니다; 그러나 하나님 자체에 대해서는 그 누구도 생각할 수가 없습니다. 따라서 저는 제가 생각할 수 있는 모든 것을 내버려 두고, 제 사랑을 위하여 제가 생각해 낼 수 없는 것을 선택할 것입니다. 그분은 생각의 대상이 아니라 당연히 사랑의 대상이 될 것이기 때문입니다. 사랑에 따라서 그분을 얻을 수도, 붙잡을 수도 있습니다; 결코 생각 때문이 아닙니다.

그러므로 하나님께로 가는 길은 어두움으로 통하는 길이다: '그대 위의 그 어두움을 뚫고 지나가십시오. 그리고 무지의 두터운 구름 위로 동경과 사랑의 날카로운 화살을 쏘아 올리십시오.'[50]

14세기의 신비주의 세계는 무척이나 광대하다. 리차드 로울의 '불 신비주의'도 있고, 러이스브뢰크의 '어두운 침묵'과 '끝도 없고 길도 없음'이 강조되기도 한다. 토마스 아 캠피스와 월터 힐튼에 따라 강조된 개인적인 친교도 있다. 영성지도를 위하여 14세기의 신비주의로 향하는 사람들은 종종 우리 시대의 수많은 스승들보다도 오히려 그들이 하나님의 깊이에 관하여 좀 더 가르칠 게 더 많다는 사실을 깨닫게 될 것이다.

V 반종교개혁의 영성

14세기와 마찬가지로 반종교개혁 시대의 영성적 고전들도 상당히 많이 남아 있다. 여기에서는 중요한 영성 작가들 가운데 딱 두 명만 깊이 있게 살펴보고 지나갈 것이다. 바로 성 이냐시오 로욜라와 십자가의 성 요한이다. 성 이냐시오는 종종 메마르고 지적인, 온정과 애정이 부족한 사람으로 묘사된다. 그러나 사실은 자칫 '계몽주의'로 비난받을까봐 두려워서 이냐시오의 가르침에 대한 예수회의 해석을 왜곡하고, 나아가 관상을 의심하고 경계하게 만들었다. 그러므로 편협함과 완고함이 창립자 시절에는 존재하지 않았던 이냐시오 전통을 왜곡한 셈이다. 불터는 다음과 같이 지적하였다: '수련에서 성 이냐시오가 관상과 관상기도에 관하여 침묵하고 있다는 사실 때문에, 아마도 그 공동체의 그토록 많은 영성 작가들이 명상을 경건한 영혼의 정상적인 평생 기도로 간주해 왔을 것이다.'[51] 19세기에 들어서서 예수회는 가장 완고하게, 가장 문자적으로 수련을 해석하였다. 그렇지만 사실 〈영성수련〉은 영성의 보고이며, 그것의 목적은 개인에게 훌륭한 방향을 제시해 주는 것, 자기에게 적합한 형태의 기도를 발견하도록 해주는 것이다. '우리 아버지는 우리가 온갖 활동을 통하여 가능한 한 최고로 자유롭고, 최고로 편안하며, 특히 저마다에게 주어지는 빛에 최고로 순종하기를 원하신다.' '아버지는 나에게 말씀하셨다. 그분이 보시기에, 자기 자신의 형상에서 다른 것을 만들어 내고자 하는 것보다 더 큰 잘못은 있을 수 없다고 말이다.'[52] 나달은 이냐시오의 뒤를 이어, 그리스도인의 자유를 촉진시켜 주어야 할 영성지도자의 역할을 강조한다. '그들이 주님 안에서 어떤 사람이 기도 가운데 성장하고 있으며 좋은 영의 지도를 받고 있다는 판단을 내리는 순간, 그들은 그 사람을 결코 간섭하지 말아야 한다. 차라리 그들은 그 사람에게 마음과 신뢰를 주어야 한다. 그래야만 그 사람이 주님 안에서 편안하고 강인하게 성장할 수 있는 것이다.'[53]

이냐시오는 결코 시대에 뒤떨어진 사람이 아니다. 그의 저서는 오늘까지도 세 가지 특별한 방식으로 가치를 지니고 있다. 첫째는, '주관주의와 객관주의의 함정을 피할 수 있는 방법'을 고안하는 데 대한 그의 관심, 그리고 '인간과 신의 관계에 대한 그의 균형 잡힌 의식'이다.[54] 둘째는, 기도의 성장을 도와줄만한 기술들에 대한 그의 정확한 지도다. 그는 기도 장소와 환경, 몸과 마음의 조절, 마음의 회상, 작문, 상상력의 사용, 준비기도 등에 관하여 가르침을 제시해 준다. 셋째는, 그가 상상력을 매우 중요하게 다룬다는 것이다. 이냐시오 전통의 관상은 독서와 명상과 기도를 포함하는 하나의 과정에서 절정이다. 영성지도에 관한 가르침에서 그는 몇 가지 신비들은 생략해도 된다고 말한다. '여기에서 그것들은 나중에 좀 더 완전하고 좀 더 나은 관상을 위한 가르침과 방법을 제시하도록 해주고 있기 때문이다.'[55] 그러므로 독서와 명상은 관상, 곧 신의 은총으로 이끌어 주는 감각들에 대한 갈망과 민감성을 증가시켜 준다. 이냐시오적인 사상에서 위로는 관상과 뗄 수 없는 관계에 있다. 따라서 '지도자는 그에게 위로가 무엇인지를 명확하게 설명해 주어야 한다: 영성적인 행복, 사랑, 영원한 것들에 대한 소망, 눈물, 그리고 영혼이 주님 안에서 위로를 받도록 맡기는 온갖 내면적인 움직임.'[56]

성 이냐시오는 '영성수련'의 목적이 영혼으로부터 온갖 '터무니없는 집착'을 제거해 주는 것, 하나님의 뜻을 추구하고 발견해 내는 데 필요한 사전 준비를 마치는 것이라고 보았다.[57] 수련이라고 하는 개념은 협소한 의미에 국한되지 않는다. '양심의 점검을 위한 온갖 방법들, 명상과 관상의 온갖 방법들, 음성기도와 마음기도의 온갖 방법들, 그리고 앞으로 발표될 다른 영성적인 방법들도 모두 다 영성수련이라는 이름 아래 넣을 수가 있기 때문이다.' 그러나 이 16세기 방법들이 오늘까지도 가치를 지니고 있을까? 최근 들어 예수회 작가 한 명은 주장하기를, 수련은 결코 집단명상의 방법으로 사용되어서는 안 된다고 하였다. 그에 따르면 집단적인 상황에서 수련을 이용하는 것은 잠재적인 위험을 안고 있다고 한다.[58] 물론 성 이냐시오는 민감성과 자기-이해, 개인적인 지도의 필요성을 굉장히 강조한다. 특히 선택의 과정, 곧 자신의 삶에 대하여 중요한 결정을 내리는 일에서 '영성적인 분별력'의 필요성이 강조된다. 수련은 사실 하나님 앞에서의 선택과 자유로운 결정에 관련된 것이다. '이냐시오적인 영성은 모두 선택과 관련된 것이다.'

그러므로 이냐시오의 기도 방법들을 사용함으로써 우리는 터무니없는 집착과 거짓 영들의 술책으로부터 벗어나 그리스도인의 자유를 획득하고자 노력하게 된다. 그러한 접근 방법은 지금까지 분석 업무와 비교되어 왔다. 예를 들면, 첫 번째 주의 두 번째 훈련을 설명하면서 어느 비평가는 다음과 같은 사실을 지적한다: '목표는 사람들에게 실제적인 자기 모습을 과거에 따라 훼손된 성격으로 이해시키는 것이다.'[59] 목표는 사람들이 오직 하나님께만 주목할 수 있도록 온갖 장애물과 노예 상태로부터 해방시켜 주는 것이다.

십자가의 성 요한과 성 테레사는 둘 다 카르멜회 전통으로부터 영성적인 길에 대한 가장 상세한 설명을 제시해 준다. 그들은 성 이냐시오와 마찬가지로 '하나님이 우리 모두를 똑같은 길로 인도하지 않으신다'는 사실을 강조하며, '관상은 하나님으로부터 주어지는 것' 임을 힘주어 말한다.[60] 성 이냐시오와 마찬가지로 이 작가들 역시 거짓 신비주의의 길이 지닌 위험과, 환상의 기쁨과 황홀경에 정신을 빼앗길 수도 있는 위험에 대해서 잘 알고 있다. 또한 성 테레사는 최고의 완전은 그런 기쁨이 아니라 우리의 뜻을 하나님의 뜻과 일치시키는 데서 비롯된다고 경고한다.[61] 기도와 행동의 일치는 처음부터 끝까지 강조된다. 사랑은 언제나 신비로운 생활의 기본적인 테스트다. 성 요한는 이렇게 말한다: '밤에는 그들이 사랑 안에서 그대를 점검할 것이다.'⁽⁶²⁾ 성 테레사는 이렇게 덧붙인다: '중요한 것은 얼마나 많이 생각하느냐가 아니라 얼마나 많이 사랑하느냐다—그러므로 그대로 하여금 가장 사랑하게 만드는 것들을 실천하여라.'⁽⁶³⁾ 영성의 테스트는 실제적이다: '주님은 스튜 냄비 속에 계신다.'⁽⁶⁴⁾ 성 테레사는 다음과 같이 설명한다:

> 만일 관상, 마음기도, 음성기도, 병자의 돌봄, 집 시중드는 일, 그리고 가장 저급한 종류의 천한 일을 하는 것이 모두 우리와 함께 있으려고 오시는 손님, 우리와 함께 식사를 하고 우리 안에서 당신을 새롭게 하기 위하여 오시는 손님을 섬기는 일이라면, 어찌하여 우리가 굳이 그 손님을 이런 방식으로 섬길 것인지 저런 방식으로 섬길 것인지 신경 써야만 하는 것일까?⁽⁶⁵⁾

성 테레사는 하나님이 온갖 방법을 다 동원하여 우리를 완전으로 이끄신다는 점을 강조한다. 예를 들어, 음성기도는 완전한 관상의 매개체가 될 수 있으므로 결코 소홀히 다뤄서는 안 된다.⁽⁶⁶⁾ 책도 무시해서는 안 된다. 성 요한 역시 기도생활을 시작할 때 추론적인 명상이 중요하다는 사실을 강조하며, 이미지와 종교적인 대상들을 사용하는 것을 중요시한다.⁽⁶⁷⁾

그렇지만 성 요한의 주요 관심사는 관상기도로의 전환, 그리고 자신이 '어두운 밤'이라고 부르는 위기의 순간이다. 이것들에 관해서는 앞으로 이 장에서 자세히 살펴보게 될 것이다. 성 요한과 성 테레사는 둘 다 관상을 매우 발달된 상태의 기도나 성화와 결합시키지 않는다. 오히려 관상기도는 평범한 그리스도인들에게서 종종 기도의 경험이나 목적의식과 더불어 발견된다. 하지만 '출발점으로 되돌아갈 필요가 없을 정도로 지극히 고상한 상태의 기도는 결코 존재하지 않는다.'⁽⁶⁸⁾ 성 요한과 성 테레사는 둘 다 기도 중에 지성에 몰두하는 것을 피하라고 충고한다. 사실 성 요한은 어두운 신학, 그리고 에바그리우스와 카씨안과 니싸의 그레고리의 전통을 직접적으로 이어 받았다. 성 요한은 영혼이 '하나님을 존중하고 영성적인 것들을 존중하는 부분만큼이나 앞을 못 보게 되며', 따라서 '어두운 신앙'⁽⁶⁹⁾에 의존한다고 말한다. 그는 지금 우리가 하나님에 관하여 이해할 수 있는 것만으로 절대 만족하지 말라고 촉구한다. 오히려 우리는 자신이 알 수 없는 것에서 만족을 느껴야 한다. 이것이 바로 신앙의 의미이기 때문이다. '하나님은 결코 다가갈 수도 없고 숨길 수도 없기 때문에……제아무리 당신이 하나님을 발견하고 느끼고 이해할 수 있을 것처럼 보인다 할지라도, 당신은 하나님을 감추어진 존재로 생각해야 한다. 그리고 감추어진 방법에 따라 감추어진 존재로서 그분을 섬겨야 한다.'⁷⁰⁾

이 위대한 카르멜회 성인들, 특히 성 요한을 통하여 우리는 영성적인 발달에 관한 상세하고도 포괄적인 설명을 제공 받는다. 그들은 온 시대를 통틀어 영성지도에 가장 중요한 존재들이다. '교회가 가장 소중한 것으로 선포한 이 책들 속에서, 지도자는 가장 완벽하고 가장 실천적인 방식으로, 영혼을 완전의 극치로 인도하고 영혼이 효과적으로 어려움을 극복할 수 있도록 도와주는 데 결코 없어서는 안 될 지식을 설명해 줄 것이다.'⁷¹⁾

VI 성결/오순절의 영성

마지막으로, 좀 더 최근에 시작된 전통이 있다. 비록 그 전통을 야기한 경험들은 그리스도교 영성의 역사 속에 깊이 뿌리를 박고 있지만 말이다: 그것은 바로 성결/오순절 전통이다. 현대의 신-오순절 운동은 종종 전통적인 오순절파뿐만 아니라 그것에서 발달한 성결교 운동으로부터도 고립되어 있는 것처럼 보인다. 현대의 운동들은—비록 방언의 경험과 결합되지는 않았지만 성령과 불에 의한 세례를 강력하게 강조하였던—1900년의 '나사렛 오순절 교회' 같은 성결교회들의 설립을 주도했던 전적인 성화에 관한 웨슬리파 교리와의 관계 속에서 보아야 한다. 일반적으로 성결교회들은 방언을 모든 영성적 은사들 가운데 가장 하찮은 것으로 평가하였다. 그들은 마음의 경건(사도행전 15:8~9)과 성령의 열매(갈라디아서 5:22~3), 하나님과 인간의 완전한 사랑(로마서 5:8; 디모데전서 1:5), 그리고 그리스도를 효과적으로 섬길 수 있는 힘(사도행전 1:8) 속에서 '두 번째 축복'의 증거를 발견해야 한다고 주장하였다. 그러나 성결 운동으로부터 초기 오순절 운동이 발달하였다.[72] 초기 성령강림 운동으로부터 시작된 하나님의 성회와 엘림 교회처럼 규모가 큰 집단들은 언제나 방언과 치유를 동시에 강조해 왔다.

최근에 부활하고 있는 오순절 운동의 특징은 로마 공의회, 곧 신앙 부흥 운동이 아니라 성례전을 존중하는 신학적 범주의 전통 속에 광범위하게 퍼져 갔다. 로마가톨릭교회에게, 사실상 모든 가톨릭교회 그리스도인들에게, '성령세례'라는 용어는 한 가지 세례 다음에 곧바로 이어지는, 전혀 다른 종류의 경험으로 사용될 수 없다. 하지만 많은 가톨릭교회 신자들은 로마에서의 '그리스도교 일치를 위한 사무국'을 언급함으로써, 오순절 운동이 '조직신학보다는 오히려 영성'[73]에 속한다고 주장할 것이다. 따라서 그 경험은 인정하되, 그 해석에는 문제를 제기해야만 한다. 어느 미국 장로교 작가는 오순절 운동 영성의 주요 특징을 다음과 같이 여덟 개 제목 아래 요약하였다: 성령 체험을 강조; 오순절 성령강림을 교회의 삶 속에서 지속적으로 일어나는 사건으로 강조; '성령세례'가 개종과는 전혀 다른, 개종 이후에 발생하는 사건이라고 보는 시각; 성령께서 세례/개종 때와 '성령세례' 때 저마다 다른 방식으로 행동하신다는 시각; 실재와 능력, 삶의 풍요로움 등에 관한 새로운 의식의 관점에서 '성령세례'가 의미하는 바를 표현하는 다양한 방법들; 개종과 마음의 정화, 기도, 굴복, 그리고 기다리는 신앙 등의 방법들을 동원하는, '성령세례'를 위한 배경과 준비를 강조; 외적인 의례와 '성령 안에서의 세례'의 필연적인 연결을 부인; '성령 안에서의 세례'와 방언의 긴밀한 관계.[74] 오순절 운동의 기도 집단 속에서 우리는 이러한 특징들을 명확하게 찾아볼 수 있다. 그리고 성격의 개방과 해방으로 이어지는, 성령의 실재와 긴밀한 관계의 경험에 대한 강한 인식을 찾아볼 수 있다. 찬양으로 이어지는 기쁨의 인식과, 힘의 인식, 그리고 주님께서 행하실 것이라는 기대감도 존재한다.

기도는 모든 오순절 운동에서 아주 중심적인 요소다. '어떠한 활동도 기도만큼이나 오순절 신자들의 전형적인 요소가 될 수는 없다.'[75] 오순절 신자들은 스스로를 성령이 충만한 사람들이라고 간주한다. 그리고 성령충만을 표명하는 것들이 수없이 많이 있는데, 그 가운데 가장 관심을 많이 끌었던 것이 방언이다. '방언'이 그 운동과 관련된 것이라고 보는 것은 어떤 의미에서 잘못된 것이다. 그것은 성령의 충만함, 복음의 충만함, 영성적인 은사들에 대한 경험의 충만함과 관련이 깊다. 방언은 이러한 은사들을 표명하는 것이다. 이러한 은사들 가운데서 가장 널리 퍼져 있는 것이 방언이다. 방언은 오순절 예배가 지니고 있는 특별한 모습이다. 오순절 신자들은 성령이 풍요로운 형태로 주어질 경우 기도생활에 아주 심오한 변화를 불러일으킨다고 주장한다. 예를 들면, 〈성령 안에서 사는 삶 세미나 팀 지침서〉에는 이러한 변화들이 몇 가지 열거되어 있다. 거기에는 하나님의 실재에 대하여 좀 더 심오한 의식이 생기는 것, 성서가 생생해지는 것, 다른 사람들에게 그리스도에 관하여 말하고 싶은 충동이 생기는 것, 그리스도교 공동체 안에서 강력한 소속감을 느끼고 인격의 변화를 느끼는 것, 그리고 성령의 은사를 과시하는 것도 포함된다.

그렇지만 거기에는 자기-기만과 거짓 지도의 실제적인 위험이 도사리고 있다. 역사상 수많은 그리스도교 집단들이 이단 신앙과 불안정한 형태의 영성으로 잘못 흐르고 말았다. 집단들은 곧 그 경험들을 좀 더 광범위한 그리스도교 전통의 경험과 비교하여 테스트해 보아야 할 필요성을 깨닫게 된다. 그리하여 어느 한 기도 집단은 여섯 가지의 성령 테스트를 고안해 냈다. 그것에 따르면, 성령은 예수님의 영이어야 하며, 예수님으로부터 빗나간 체험들은 모두 제외시켜야 한다. 또한 성령은 성서와 모순되지 않아야 한다. 만일 성서의 진리와 명확하게 대립되는 점이 있다면 그것은 결코 받아들여서는 안 된다. 그리고 성령은 일반적인 교회의 가르침과 조화를 이루어야 한다. 기도 집단의 모든 구성원은 성례전 생활을 지켜야 한다. 모든 증거—방언과 예언과 권고—는 그 집단의 테스트를 거쳐야 한다. 마지막으로, 영혼의 고요함과 긴장감의 해소를 추구하였으며, 극단적인 감정 표출이나 극도의 흥분, 또는 지나친 열광 상태는 금기 사항으로서 거부하였다. 그렇기 때문에 분별력이 필요한 것이다.[76]

사도 바울은 그리스도인의 삶에서 균형이 결핍되는 현상에 대하여 경고한다. 고린도전서 13장에서 그는 방언이나 예언, 자선, 순교도 사랑이라고 하는 최고의 영성적 은사가 없으면 전혀 쓸모가 없다고 강조한다. 실제로 사람들을 성령의 충만함으로 인도해 주는 것은 바로 사랑이다. 사도 바울의 기준은 모든 카리스마적인 은사들에도 적용된다. '성령의 은사'가 풍성한 데도 여전히 세속적인 상태로 남아 있을 수가 있다(고린도전서 14:37; 3:1). 방언을 하면서도 단순히 자기만 내세울 수가 있다(고린도전서 14:4). 그리스도인의 생활, 신앙의 '유비'(analogia)에서 균형을 잡으려면 지도와 분별이 필요하다(로마서 12:6). 온 시대를 통틀어 모든 오순절 운동에서 결정적인 문제는 바로 그리스도교 진리의 전체성 안에서 그와 같은 균형을 유지할 수 있느냐 하는 것이다. 사실 이것은 모든 영성 전통들의 결정적인 문제이기도 하다.

전통의 지혜

이 위대한 기도의 스승들 전통으로부터 우리는 그리스도의 제자 직분을 수행할 수 있도록 도와주고 인도해 줄만한 것들을 상당히 많이 배울 수가 있다. 특별히 중요한 공헌을 세 가지 들면 다음과 같다. 첫째, 정통적 신앙의 영성적인 필요성. 정통적 신앙의 옹호는 종종 논쟁과 지적인 토론을 통한 훈련으로 묘사되기도 한다. 그런 논쟁에 전혀 관심이 없고 또 아무런 영향도 받지 않는 독실한 영혼은 교리상의 불화가 전혀 존재하지 않는 성령의 길에서 하나님을 찾는다. 사실 그 무엇도 진리로부터 더 멀어질 수 없다. 교부들은 도그마와 영성을 조금 더 긴밀하게 연결시킨다. 다음은 몇몇 사람들이 사막 교부 아가톤을 비난하기 위하여 그를 찾아갔을 때의 이야기이다. '당신이 간음하는 아가톤이요?' 그러자 그는 겸손하게 대답하였다. '예.' '당신이 우쭐거리는 아가톤이요?' 이번에도 그는 그렇다고 대답했다. 그러자 그들은 자신이 발견할 수 있는 온갖 경멸적인 용어들을 죄다 동원하여 계속 그를 비난하였다. 마침내 그들은 이렇게 물었다: '당신이 이단자 아가톤이요?' 그러자 그는 '아니오'라고 대답하였다. 그 대답은 그들을 아주 당황스럽게 만들었다. 그는 간음자, 폭식가, 거만한 사람, 교만한 사람 등 온갖 비난에도 끄덕하지 않고 다 인정하더니, 이단자라는 말은 결코 받아들이지 않은 것이었다. '다른 모든 것은 내 영혼에 좋은 것들입니다. 난 그것들을 다 인정할 것입니다. 하지만 이단자가 되는 것—그것은 하나님으로부터 분리되는 것입니다.' 이단자는 하나님의 계시 영역 밖으로 벗어나는 사람이다. 교리적인 사람들과 신비주의적인 사람들 사이에 가상의 대립, 또는 갈등이 존재한다고 하는 것은 초기 동방정교회의 교부들에게 충격을 안겨 주었을 것이다. 정통적 신앙이란 올바른 예배를 의미하였다. '예배와 윤리, 하나님의 사랑과 인간의 사랑은, 하나님에 대한 참 지식과 참 신학을 담고 있는 유일한 환경을 함께 조성해 주기 때문이다.'[77] 그러므로 예배와 신학은 하나님을 계시해 주는 변증법적인 구조를 형성한다. 성 바질이 지적한 대로, 지식은 매우 다양하며 지각과 윤리와 성만찬을 포함한다.[78] 지식은 정화와 제자직을 포함한다.

하나님에 대한 지식은 정신으로 알아챌 수 있는 실재의 개념적인 파악이 아니며, 또 그런 것이 될 수도 없다. 하나님은 머리로 알 수 있는 존재가 아니다. 하나님은 내적인 정화와 의식의 변형 과정에서 알게 되는 감추어진 하나님이시다. 그렇지 않다고 믿는 것은 곧 우상 숭배이며, 우상 숭배는 단순히 도덕적인 타락이 아니라 이단, 곧 잘못된 시각이다. 참 하나님은 개념을 초월하시며, 지식도 초월하신다. 따라서 닛사의 그레고리는 다음과

같이 말한다:

> 그것이 추구하는 존재에 대한 참 지식은 보이는 것은 보이지 않는 것 속에 존재한다는 사실을 이해하는 것이다. 그 사람은 어두움 때문에, 그리고 불가해성을 통하여 모든 부분들로부터 분리됨으로써 모든 지식을 초월하기 때문이다. 바로 그런 이유 때문에 이 '빛나는 어두움' 속으로 스며들었던 신비주의자 요한도, 신적인 본성에 대한 지식이 사람뿐만 아니라 온갖 지성적인 본질에도 도달할 수 있다는 사실을 부인함으로써, '아직까지 그 누구도 하나님을 본 적이 없다'고 말한다. 또한 바로 이런 이유 때문에 모세도 영지(gnosis)가 향상되었을 때 어두움 속에서 하나님을 본다고, 곧 하나님은 본질적으로 모든 지식을 초월하시는 분이며 결코 정신이 파악할 수 없는 분이라는 사실을 잘 알게 된다고 선언한다.[79]

이와 같은 맥락에서 총체적인 신비주의 전통은 말한다. 지식의 길은 어두움의 길이다. '하나님은 결코 다가설 수도 없는, 감추어진 분'이기 때문이다.

초기 교부들은 성육신 신앙의 정통성을 가장 강조한다. 그리고 바로 이 시점에서 위대한 전통의 두 번째 공헌이 명확하게 드러난다: 영성의 물질주의적 기초에 대한 강조. 그리스도교 신비주의의 중심에는 육신이 된 말씀이 있다. '살과 몸과 물질을 사악한 것, 또는 열등한 것으로 간주하는 사람은 이미 그리스도교의 진리로부터 탈선하기 시작한 사람이다.'[80] 하나님과의 합일이 가능한 것은, 삼위일체의 충만함이 그리스도 안에서 육체로 나타나기 때문이다. 이레나이우스는 하나님이 '우리와 같은 존재가 되셨으며, 결국웬 우리를 그분 자신과 같은 존재로 만드셨다'[81]고 말한다. 아타나시우스는 이 주제를 채택하였다. '우리가 신격화될 수 있도록 그분은 인간이 되셨다.'[82] 아타나시우스는 계속해서 하나님과 영성에 관한 자신의 교리 이해에 결정적인 본문에서 다음과 같이 말한다: '피조 세계와 결합할 경우, 또는 아들이 참 하나님이 아닐 경우, 인간은 결코 신격화될 수 없다. 또한 몸으로 육체화한 것이 그분의 본질과 참 말씀이 아닐 경우에도, 인간은 아버지의 실재로 다가갈 수 없다.'[83] 더 일찍이 터툴리안 역시 똑같은 주장을 피력하였었다. '만일 그리스도의 성육신이 거짓말로 밝혀진다면, 그 때문에 이루어진 모든 일까지도 거짓이 되고 말 것이다……하나님의 모든 역사가 파멸되는 것이다.'[84]

그러므로 초대교회에서 있었던 그리스도의 본질에 관한 논쟁은 전혀 무관한 것이 아니라 절대적으로 중요한 것이었다. 아리우스주의와의 갈등은 하나님, 그리고 하나님과 인간과 세계의 관계라고 하는 온갖 근본적인 문제들을 야기하였다. 아리우스에게 하나님의 본질은 말로 표현할 수 없는 것이었다. 그러므로 삼위일체 안에는 하나님과 인간, 또는 인간들 사이의 사실적인 관계가 있을 수 없다. 아리우스의 세계는 분리의 세계이며, 아리우스의 하나님은 자신의 본성을 나눠줄 수도 없고, 따라서 나누지도 않는, 멀리 떨어진, 독재적인 신이다. 아타나시우스는 아리안 학파의 신학과 가난한 사람들의 학대 사이에 긴밀한 연결관계가 성립된다고 보았다. '인간의 본성은 동정심을 쉽게 느끼며, 가난한 사람들에게 동정심을 느낀다. 그러나 이 사람들은 인간의 보편적인 감정까지 상실하였다.'[85] 19세기에 토마스 핸콕은 그리스도교 신앙을 위한 아리우스 논쟁의 관련성을 지적하였다.

> 만일 완전무결하고 영원히 공존하는 아들이 존재하지 않는다면, 완전무결하고 영원한 아버지 역시 존재할 수 없다. 만일 하나님의 독생자가 존재하지 않는다면, 그리고 이 독생자 안에서 우리 모두가 공존하지 않는다면, 우리는 오로지 전능한 제조업자만을 소유할 수 있을 것이다―아니, 어쩌면 어느 정도 전능한 제조업자가 우리를 소유하게 될지도 모른다. 마치 포터가 그릇을 소유하는 것처럼 말이다. 그렇지만 우리 인간은 신적인 아버지를 결코 소유할 수가 없다.[86]

그러므로 하나님에 대한 올바른 신앙, 하나님과의 올바른 관계는 서로 긴밀하게 연결되어 있다. 교리는 건전한 영성과 전혀 무관한 게 아니라 오히려 본질적인 요소이다. 만일 그리스도가 진정한 하나님이라면, 그리고 그리스도가 인간을 하나님께로 들어올렸다면, 삼위일체의 공동생활 속에서 진정한 공유가 발생할 것이다. '인간과 하나님이 보좌 위에 앉아 있다.' 하나님은 외로운 우주에 홀로 존재하는 특별한 대상도 아니고, 멀리 떨어져 있는 존재도 아니다. 그것이 바로 아리우스의 하나님이며, 삼위일체의 도그마가 목표로 하는, 이러한 종류의 우상 숭배에 반대되는 하나님이다. 삼위일체는 사회적인 하나님, 공유하시는 하나님, 평등과 사랑과 합일의 하나님에 관하여 이야기하기 때문이다.

> 삼위일체는……모든 종교적 사상과, 모든 종교적 경건과, 모든 영성생활과, 모든 경험의 흔들리지 않는 토대다……만일 삼위일체가, 모든 실재와 모든 사상의 유일한 토대임을 부인한다면, 우리는 결국 아무 곳으로도 인도해 주지 못할 길에 접어들고 말 것이다; 우리는 결국 어리석게도 논리적 궁지(aporia), 우리 존재의 분열, 영성적인 죽음으로 치닫고 말 것이다. 삼위일체와 지옥 사이에는 다른 어떤 선택도 있을 수 없다.[87]

과거의 영성지도자들이 세 번째로 세운 위대한 공헌은 기도생활을 진보의 길로 본 그들의 시각이다. 이것은 가장 중요한 부분이다. 영성지도의 최대 관심사가 바로 이 진보이기 때문이다. 진보는 언제나 위험을 내포한다. 그리고 기도생활을 하는 제자들은 그 길에 많은 위험이 도사리고 있다는 사실을 잘 알아야만 한다. 그 길을 걷기 시작할 때에는 종종 기쁨과 온정과 흥분이 가득하고 '영혼에게 가장 편안한 순간'[88]처럼 여겨지기도 하지만, 이 단계에서 가장 필요한 것은 바로 내면적 규율의 형성이다. 만일 이것이 형성되지 않을 경우, 오직 감정과 '영성적인 높이'에만 지나칠 정도로 의존하게 될 위험성이 크다. 그리고 이것들은 자칫 낙담과 절망으로 이어질 가능성이 크다. 기도의 길은 변화와 이동이라는 특징을 지니고 있으며, 영성지도에서 매우 중요한 것은 그것과 연루된 규칙들을 잘 이해하는 것이다.

아주 이른 시기부터, 작가들은 영성적인 진보가 세 단계로 이루어진다고 보아 왔다: 정화, 조명, 그리고 하나님과의 합일. 알렉산드리아의 클레멘트는 다음 세 가지 전환에 관하여 언급한다: 우상 숭배로부터 신앙으로의 전환, 신앙으로부터 지식으로의 전환, 그리고 지식으로부터 사랑으로의 전환.[89] 오리겐 역시 정화, 배움, 사랑에 관하여 말한다.[90] 가짜—디오니시우스는 내면적 조화, 직관적 통찰(또는 관상), 그리고 합일에 관하여 언급한다. 디오니시우스는 '세 가지 길'에 관하여 다음과 같이 명확한 설명을 제시해 준다.

> 정화의 길을 통한 능동적 삶, 이 길을 통하여 사람들은 하나님의 진정한 종이 될 수 있다; 조명의 길, 이 길을 통하여 사람들은 하나님과 진정한 부자 관계를 맺을 수 있다; 관상생활의 길, 곧 조화의 길, 이 길을 통하여 사람들은 하나님과 진정한 우정을 획득할 수가 있다.[91]

디오니시우스와 어거스틴의 경우, 신비주의적 기도와의 관계 속에서 삼중의 비전이 발견된다. 나중에 성 버나드는 '세 번의 키스'—발에 키스(참회자의 키스), 손에 키스(성장하는 그리스도인의 키스), 입에 키스(직관적인 합일의 키스)—에 관하여 언급한다. 그렇지만 보통의 그리스도인이 걸어가는 보통의 영성발달을 명확하게 구분한 사람은 바로 성 보나벤투라였다. 그는 정화의 길이 평화로 이어지고, 조명의 길이 진리로 이어지며, 합일의 길이 사랑으로 이어진다고 말하였다.[92] 이때부터 계속해서 수많은 작가들이 삼중 형태를 되풀이하여 주장하고 있으며, 나중에는 이것이 모든 가톨릭 영성 학파들에게서 하나의 표준적인 부분으로 자리잡게 된다.

위의 삼중 형태는 그 기원이 회개와 성화와 합일에 관한 성서의 가르침으로 거슬러 올라간다. 신약성서는 그리스도인 생활의 규율 또는 출발과, 그리스도인 생활의 완전 또는 성숙을 서로 구별한다(빌립보서 1:6; 3:12; 골로새서 1:28; 히브리서 6:1). 회개는 토대로서, 세례와 깨달음과 성령을 주심과 밀접하게 결합된다(히브리서 6:2~4). 회개는 갱신과 새로운 인간성의 출발 과정을 새롭게 열어 준다(갈라디아서 4:23 이하). 하지만 충분히 성장한 사람의 성숙(에베소서 4:13), 하나님의 충만함(에베소서 3:19), 그리스도의 충만함(4:13)을 향한 지속적인 발달도 있다. 그리스도를 향상 성장(에베소서 4:15), 신앙 안에서의 체류(골로새서 1:23), 영성적인 행복(에베소서 6:12 이하), 지식과 분별력의 증가(빌립보서 1:9), 지혜와 영성적 이해력의 증가(골로새서 1:9)도 있다. 그리스도인의 생활을 발달시키는 데에는, 새 사람이 새로워지는 동안의 정화(골로새서 3:5)도 있다. 조명(photismon tes gnoseos tes doxes tou Theou, 고린도전서 4:6), 그리고 지식을 가져다주는 성령의 기름부으심(요한일서 2:20)도 있다. 또한 합일이 있다. '그들이 그분의 얼굴을 보게 될 때, 그분의 이름이 그들의 이마에 새겨질 것이다'(요한계시록 22:4).

존 로빈슨과 그 밖의 학자들은 오늘 이 세 가지 방법의 과정이 순서가 뒤바뀌기도 하며, 합일을 맨 처음 경험하는 사람들도 종종 있다고 주장하였다.[93] 하지만 이것은 기도의 과정과 현대의 상황을 둘 다 오해한 데서 비롯된 결과다. 자아의 초월과 하나님—의식에로의 침투가 발생하는 의식의 혁신적인 변화 없이는 결코 합일의 경험이 있을 수 없다. 이것이 바로 조명의 길의 목적이며, 자기—이해와 자기—훈련이 그 길을 준비해 주지 않는다면 결코 시작될 수가 없다. 이러한 발달이 개인에게서 발생하는 정확한 형태는 굉장히 다양하다. 하지만 근본적인 과정을 건너뛰는 일은 결코 있을 수 없다. 오늘 많은 사람들이 합일의 경험을 자각하게 된다는 것은 틀림없는 사실이다. 그리고 자칫 이것은 망상과 가짜 관상으로 이끌고 갈 수도 있다.

한편, 관상기도와 매우 앞선 단계의 경건을 결합시키는 것은 전적으로 잘못된 행위다. 여기에서 문제가 되는 것은 전문용어들 가운데 하나이며,

종종 이 말은 막연하게 사용되기도 한다. 사실 중세 시대에는 '관상'이라는 말이 매우 광범위한 의미를 가지고 있었다. 예를 들어, 성 토마스 아퀴나스는 다음과 같이 말한다:

> 관상은 때때로 엄밀히 신적인 것들에 대한 지성적인 명상 행위를 의미하는 것으로 여겨지기도 한다……[그것은] 일반적으로 모든 외부적인 일을 그만 둔 사람이 한두 가지 방식으로……독서와……기도를 통하여……하나님 한 분께만 몰두하여 취하는 온갖 행위를 의미하는 것으로 [여겨진다]. 그러므로 휴는 관상의 세 가지 부분을 첫째는 독서, 둘째는 명상, 셋째는 기도로 순서에 맞게 열거한다.[90]

여기에서 관상은 총체적인 기도생활을 총망라하는 용어로 사용된다. 그러므로 다양한 책들을 읽을 때에는 하나의 용어가 어떤 의미로 사용되고 있는지를 명확히 파악해야 하며, 자칫 엄청난 혼란이 야기되기도 한다.

위에서 아퀴나스가 언급했던 세인트-빅토의 휴(1096~1142)에 대하여 언급하였는데, 그의 분류는 관상기도의 원칙을 연구하는 데 가장 중요한 공헌을 한 것들 가운데 하나다. 휴는 다음과 같이 주장함으로써 관상과 명상을 서로 구별한다.

> 명상은……모호한 것들을 밝혀 내고 얽힌 것들을 풀어 내려고 빈틈없이 노력하는 영혼의 탐구 능력이다. 관상은 모든 것을 명료하게 밝힘으로써 전체적인 견해를 명확하게 파악하는 빈틈없는 이해다.

그의 말에 따르면, 명상에는 무지와 지식 간에 일종의 레슬링 시합이 있다고 한다. 그리고 바로 이러한 갈등을 통하여 빛이 드러난다고 한다. 기도의 과정에는 투쟁의 유형이 존재하며, 그 투쟁 다음에는 통찰력이 주어진다. 휴는 명상의 역할이 대략 전자에 가까운 반면, 관상의 역할은 후자에 가

갑다고 말한다.

> 명상은 복잡한 것을 풀어 내거나 또는 모호한 것을 면밀히 검토함으로써 그것의 진리를 밝혀 내려고 애쓰는, 집중적이면서도 사려가 깊은, 생각의 재고찰이다. 관상은 영혼의 날카롭고도 자발적인 직관이며, 이것은 이해 대상의 온갖 측면들을 다 포함한다.[95]

투쟁 다음의 휴식은 거듭되는 주제다. 휴보다 조금 더 이른 시기에 성 피터 다미안(1007~72)은 그리스도인의 생활방식이 목표하는 것은 결국 휴식이며, 그러한 휴식은 오로지 힘겨운 노동과 분투 다음에만 주어지는 것이라고 주장하였다. 그리고 결국 '영혼은 관상의 은총으로 말미암아 액면 그대로의 진리를 탐구할 수 있을만한 기운을 얻게 된다'는 것이다. 우리 시대에 와서는 버나드 로너건이 이해에 도달하기 위한 동일한 과정을 다음과 같이 설명하였다: 긴장과 합리적 탐구의 시기, 그 다음에 이어지는 갑작스럽고도 전혀 예기치 못했던 통찰력.[96] 이와 비슷하게, 러시아정교회의 대주교 앤토니 블룸도 명상과 관상을 구별한다. 명상은 '지성적인 냉철함을 위한 금욕적인 훈련……하나님의 지도 아래 떠오르는 성실한 생각'인 반면에, 관상은 생각이나 지성적인 활동을 완전히 버리는 것이다.[97]

그러나 우리가 영성적인 진보의 단계들에 대하여 가장 체계적이고 가장 상세한 이야기를 발견할 수 있는 곳은 십자가의 성 요한이 쓴 작품 안에서이다. 성 테레사의 작품에서는 좀 덜하다. 성 요한의 이야기 중심에는 '영혼의 어두운 밤'에 관한 주제가 깃들어 있다. 이것은 아주 빈번히 오해를 사는 통에 상당히 상세하게 검토되어야 할 개념이다.

성 요한은 다음과 같이 말한다: '영혼은 하나님의 사랑과 완벽한 합일을 이루기 위하여 신적인 빛을 획득하고자 어두운 밤을 통과한다.' 하나님은 '자칫 길을 잃어 버릴 것만 같은 어두운 관상과 건조함의 가장 높은 길로 영혼을 인도하실 것이다.'[98] 십자가의 성 요한이 말한 어두운 밤은 하나의 단계도 아니고, 그리스도인의 생활에서 드러나는 병리학적인 특징도 아니다: 그것은 하나님을 향한 움직임의 총체적인 과정을 상징하는 것이다. 밤으로 들어가는 사람들은 절대로 밤을 빠져나오지 못한다. 비록 밤이 변한다 할지라도 말이다. 성 요한은 어두움과 결합되는 세 가지 단계, 곧 박탈의 어두움, 신앙의 어두움, 그리고 하나님의 어두움에 관하여 말한다.

영혼이 하나님과 합일하기 위하여 나아가는 탐구의 과정을 우리가 '밤'이라고 부르는 데에는 세 가지 사연이 있다. 첫째, 영혼이 출발하는 바로 그 순간에는, 영혼의 욕구 때문에, 그 동안 그 욕구를 부인함으로써 누려 왔던 온갖 세상적인 것들의 기쁨은 박탈당하고 말 것이다. 이러한 부정과 박탈은 본질적으로 인간의 온갖 자연스런 감각에 비추어 볼 때 밤에 해당된다. 둘째, 영혼이 이와 같은 합일 곧 신앙의 경지에 이르기 위하여 사용하게 될 탐구방법이나 수단에 관한 것이다. 이것 역시 이해의 차원에서 들여다보면 어둡고 마치 밤과도 같은 것이다. 셋째, 영혼이 탐구하고 있는 목표 곧 하나님에 관한 것이다. 하나님 역시 영혼의 일생에 비추어 볼 때 어두운 밤, 그 이상도 그 이하도 아니다. 이 세 가지 종류의 밤은 반드시 영혼을 통과해야 한다. 아니면 영혼이 이 밤들을 통과하여, 하나님과 신적인 합일에 도달해야 한다.

성 요한은 계속해서 다음과 같이 말한다:

이 세 가지 부분의 밤은 모두 하나의 밤이다; 그러나 마치 밤 그 자체처럼 여기에도 세 가지 부분이 있다. 첫 번째 부분은 감각적인 부분으로서, 밤의 시작, 곧 사물들이 시야에서 흐릿해지기 시작하는 순간에 비유할 수 있다. 그리고 두 번째 부분은 완전한 어둠이 깊게 깔린 한밤중의 신앙에 비유할 수 있다. 마지막 세 번째 부분은 밤의 끝, 곧 하나님과 비유할 수 있다. 이 세 번째 부분은 새벽빛에 거의 가까운 어둠이

다."⁹⁹⁾

감각의 밤은 정화의 길과 연결된다. 성 요한은 다음과 같이 말하기 때문이다:

> 이 감각의 집은 지금 잠들어 있다. 곧 억제되어 있는 것이다. 그것의 열정은 시들어 버렸고, 그것의 욕구는 죽어 버렸다. 가장 운이 좋은 이 감각적 정화의 밤에 잠이 들어 버렸다. 영혼은 길을 떠났다. 영의 길, 곧 진보와 숙련의 길, 이른바 조명의 길 또는 고취된 관상의 길을 떠난 것이다.¹⁰⁰⁾

하지만 왜 어둠 속으로 들어가는 것을 조명의 길이라고 일컫는 것일까? 성 요한은 다음과 같이 설명한다: '빛이 좀 더 밝아질수록 영혼의 눈은 앞을 못보고 어두워진다; 그리고 사람이 태양을 똑바로 보면 볼수록 어둠과 박탈은 더 심해져서 앞을 볼 수 없게 된다.' ¹⁰¹⁾ 그러므로 어둠은 신적인 빛의 주관적인 경험이다. 〈생생한 사랑의 불꽃〉에서 성 요한은 하나님을 불과 빛으로 묘사하며, 영혼을 영화롭게 해주는 불이 곧 건조와 제거의 과정에서 영혼을 정화시켜 주었던 불과 동일한 것이라는 사실을 강조한다. 그는 '약하고 분명하지 않은 시력으로 볼 때, 무한한 빛은 완전한 어두움과도 같다' ¹⁰²⁾고 말하기 때문이다.

어두움은 영성생활에서 절대 피할 수 없는, 본질적인 것이다. 하지만 성 요한이 말하는 어두운 밤과 일반적인 의미의 어두움은 서로 구별해야만 한다. 그리스도인들의 하나님 체험 속에는 다양한 수준에서 어두움과 만남이 이루어진다. 일단은 하나님에 대한 심리적 반응의 전형적인 부분에 속하는 어두움도 있다. 하지만 성 요한이 말하는 어두움은 좀 더 지속적이고도 신학적인 경험이다. 보로스는 다음과 같이 지적한다: '교회의 교부들은 어두움 속에서 반복적으로 하나님을 경험하였다. 이것은 아마도 하나님의 이름들 가운데서 가장 독특하고 실존적으로도 가장 의미심장한 이름일 것이다……하나님은 어둠으로부터 나와 인간을 향해 나아간다.'[103] 이 작가들은 이런 말을 통하여 그리스도교 이전의 영성 전통에 아주 잘 알려져 있었던 경험에 대하여 증언하고 있었다. 〈바가바드 기타〉는 '모든 존재에게 밤이란 숙련된 영혼이 깨어나는 시간'이라고 가르친다.

밤은 무엇보다도 정화의 경험이며, 영혼을 눈부시게 하는 하나님의 빛의 경험이다. 그리고 이 밤은 관상기도를 시작하는 순간에 가장 강력하게 경험하게 된다. '조명의 길의 빛은 영혼이 어둠에 이르도록 만든다. 그럼에도 불구하고 사물의 본질을 완전히 이해하고 사랑과 생명의 의미를 깨닫게 해주는 것은 바로 이 조명의 길의 빛이다.'[104] 반 첼러는 '긍정적인 어두움', 곧 연구 기간에는 결코 성취할 수 없는 것들을 성취하게 만들어 주는 어두움에 관하여 언급한다.[105] 따라서 어두움은 정화장치이자, 영혼을 깊이 있게 해주는, 그리고 빛을 가져다주는 것이다. 하지만 어두움은 고통스럽다. 그리고 진보를 이룩하지 않는 한, 그 고통을 회피할 수 있는 방법은 전혀 없다. 토마스 머튼은 어두움과 의심의 경험이 지니고 있는 중요한 특징을 강조하였다.

> 또한 우리는 그리스도교 신앙이 확신과 평화의 원칙이기 전에 먼저 문제 제기와 투쟁의 원칙이라는 사실을 종종 잊어 버린다. 그리스도를 확실하게 믿기 위해서는 우선 모든 것을 의심하고 거절해야 한다. 그리고 믿기 시작한 다음에도 여전히 신앙은 검증되고 정화되어야 한다. 그리스도교는 단순한 과거의 결론이 아니다. 그리스도교의 정신은 너무 과도한 정화의 위험을 무릅쓰는 정신이며, 때로는 (사실은 아주 흔히) 그 위험이 너무나 커서 도저히 참을 수 없는 것으로 판명되기도 한다. 신앙은 신비 속에서 하나님의 강력한 실재 때문에 좌절하고 그로부터 벗어나기 위하여 피난처를 찾고자 하는, 그리하여 정화가 더 이상 내적인 투쟁이 아니라 외면적인 태도의 문제로 나타나는 편안한 사회적 형태

와 안전한 관습 쪽으로 날아가려는 경향이 있다.[106]

　지식으로부터 무지로 가는 길, 곧 마음을 정화하는 길은 투쟁과 갈등이 특징적으로 나타나는 길이다. 하지만 만일 이 어두움 속에 머무르며 십자가에 딱 달라붙어 있기만 한다면, 우리는 죽음과 부활의 과정 속에서 당신을 계시하신 하나님에 관하여, 죽음을 통하여 잘 알게 될 것이다.

　그러므로 어두움은 심리학적인 조건에 대한 묘사가 아니다. 그것은 계시의 통전적인 부분이다. 하나님은 시나이와 갈보리의 어두움 속에서 우리에게 알려진다. 따라서 칼 바르트는 '우리 위에 계시는 하나님과 그분의 숨겨진 본성을 잘 알아야만 한다'[107]고 말한다. 초기 동방정교회의 교부들 역시 이 말에 전심으로 동의할 것이다. 그들은 '영혼의 어두운 밤'에 상응하는 용어를 가지고 있지 않았던 것 같다. 하지만 그들은 '신적인 어두움'[108]에 대한 강한 의식을 지니고 있었다. 이 어두움은 아그노시아(*agnosia*), 곧 무지의 길과 관련이 있다. 모세는 이해의 단계를 벗어나 어두운 구름 속으로 올라간다. 알렉산드리아의 클레멘트는 심연으로서의 하나님에 관하여 언급한다.[109] 니싸의 그레고리는 다음과 같은 사실을 지적한다: '영혼이 관상에 가까이 다가가면 갈수록, 신적인 본성은 결코 볼 수 없다는 사실을 점점 더 잘 알게 된다. 그것이 추구하는 존재에 대한 진정한 지식은, 보이는 것은 보이지 않는 것 속에 존재한다는 사실을 이해하는 것이다.'[110] 디오니시우스는 '초월적인 어두움'과 '접근할 수 없는 빛'이 지식을 초월하시는 하나님의 대안적인 상징이라고 간주한다. '신적인 어두움은 하나님이 거하시는, 접근할 수 없는 빛이다.' 그것은 '신적인 어두움의 초본질적인 빛이다.'[111] 이것이 바로 십자가의 성 요한의 가르침이다. 하나님께 나아가는 길에서 '영혼은 앎이 아니라 오히려 모름을 통하여 나아가야 한다.'[112] 하지만 궁극적인 목표는 신격화이며, 영혼은 '참여를 통하여 특별한 방식에 따라 하나님이 된다.'[113] 그 길은 빛인 동시에 어두움이다.

하지만 우리가 말하는 관상에서는 하나의 행위 가운데 하나님에 관한 것들이 영혼의 빛과 사랑, 곧 애정 어린 초자연적 지식으로 동시에 전달되고 있다. 그리고 이것은 열로부터 발생하는, 열을 발산하는 빛과도 같은 것이라고 말할 수 있다. 그 빛은 영혼을 사랑 속에서 불타오르게 하기 때문이다; 그리고 이것은 관상의 지식, 곧 디오니시우스가 말한 대로 이해를 향한 어두움의 빛이기 때문에, 이해하기에는 좀 혼란스럽고 모호하다.[114]

따라서 어두운 밤은 단순히 버려짐이라고 하는 인간의 일시적인 경험이 아니라 신학적인 실재에 해당된다. 그것은 계시의 본질적인 요소다.

어두운 밤은 부정적으로 하나님을 경험하는 방법이다. 그것은 부정신학 또는 어두운(apophatic) 신학에 해당된다. 부정신학은 창조된 실재의 온갖 한계들을 부인함으로써 발전해 나간다; 진정한 의미에서 그것은 알지 못함이라고 할 수 있다. 어두운 밤은 공허함과 황폐함에 대한 경험이며, 아무것도 아닌 것, 아무 존재도 아닌 것을 경험하는 것이다: 그것은 자기 비움(kenosis)과 영의 가난 상태다.[115]

성 요한의 관심사는 관상의 신학과, 밤으로 들어가는 사람들을 위한 실천적인 인도다. 그의 설명에 따르면, 개인이 기도의 초기 단계에서 일종의 관상 단계로 인도 받을 수 있을 것인가를 금방 알아챌 수 있는 세 가지 신호가 있다. 과연 어느 시점에서 개인이 안전하게 추론적인 명상 방법을 무시할 수 있을 것인가? 성 요한은 이것이 매우 중요한 만큼 '더도 덜도 말고 딱 성령이 개인에게 명령하는 순간'에 발생해야 한다고 주장한다. 세 가지 신호는 다음과 같다: 첫째, '더 이상 명상을 하거나 상상력을 가지고 추론할 수 없다는 깨달음, 그리고 이전에 자기가 원하지 않았던 것처럼 이제 더 이상 그 속에서 기쁨을 찾을 수 없다는 깨달음.' 둘째, '내부나 외부의 다른 특정 대상들에 대하여 명상이나 감각을 집중하고 싶은 욕구가 전혀 일지 않는다는 깨달음.' 세 번째 가장 확실한 신호는 '영혼이 홀로 있으면서, 어떤 특정한 명상을 하지 않고……어떤 특정한 이해도 없이, 그저 애정 어린 마음으로 하나님을 기다리는 가운데 기쁨을 누리게 되는 것이다.' 성 요한은 계속해서 다음과 같이 말한다: '영성적인 사람은, 명상과 감각의 상태를 안전하게 그만 두고 관상과 영의 상태로 들어가는 모험을 시작하기 전에, 우선 자기 속에서 적어도 이 세 가지 신호가 한꺼번에 나타나는지를 잘 관찰해야만 한다.'[116]

어두운 밤의 시작은 영성적인 위기를 의미한다. 그리고 여기에서 가장 중요한 것은 '이 시기에 영혼이 이제까지 지도 받았던 방식과는 정반대되는 방식으로 지도를 받아야 한다'[117]는 것이다. 성 요한은 영혼이 이제 어떤 식으로 기도해야 할 것인지에 대해서 좀 더 자세히 설명해 준다.

> 영혼이 이 감각의 밤에 취해야 할 길은, 담화와 명상에 절대로 관심을 기울이지 않는 것이다. 이제 더 이상은 그러한 것들이 적합하지 않기 때문이다. 그런 것들은 조용하고 차분하게 영혼을 떠나도록 내버려 두자. 비록 그것들이 아무것도 하지 않고 그저 시간이나 축내고 있는 것처럼 보일 게 분명할지라도 말이다.[118]

카르멜회 영성의 가장 위대한 옹호자들 가운데 한 명인 돔 요한 캄프만(1865~1933)은 관상으로의 전환을 설명하기 위하여 '결찰' 이라는 용어를 대중화하였다. 이 용어는 본디 예수회 소속 아우구스테 포울라인(1836~1919)이 사용했던 것이다. 포울라인에 따르면, '결찰' 이라는 용어는 영혼이 어떻게든 묶여 있어서 아주 간신히 움직일 수 있는 상태를 의미한다고 한다.[119] 하지만 캄프만은 이 용어가 단지 두 가지 일을 한꺼번에 할 수 없는 상태를 의미한다. 그러니까 만일 지성이 하나님께 몰두해 있다면, 그 동안에는 결코 어떤 주제에 대한 명상을 실천할 수 없다는 것을 의미하는 것이다.[120] 그러므로 여기에서 가장 중요한 것은, 영성지도자가 지성적이거나 상상적인 활동이 전혀 불가능한 이 시기에 그런 활동을 억지로 시도하지 말아야 한다는 것이다. 성 요한은 이 시기의 그릇된 지도에 관하여 아주 가혹한 비난을 하는데, 그것에 관해서는 나중에 살펴보기로 하겠다. 하지만 중요한 것은, 관상기도로의 전환이 그리 이례적인 것은 아니라는 점이다. 트루먼 디큰은 다음과 같이 평가한다:

> 이 나라의 많고많은 영혼들이 오늘 이 '결찰'의 단계에 도달해 있다고 자신 있게 말할 수 있다. 하지만 이 단계를 인식하거나 이 단계에 해당되는 원칙을 충분히 알고 있는 지도자가 너무나도 드물기 때문에, 그러한 영혼들 가운데 극히 일부만 적절한 지도를 받고 있는 실정이다. 관상은 거의 배타적으로 종교적인 삶에만 관련되어 있으며 보통 이상으로 성스러운 인물을 수반한다는 것이 너무나도 광범위하게 확산되어 있는 믿음이다……십자가의 성 요한과 성 테레사는 완전과는 거리가 먼 영혼들에게서 '결찰'이 발견되며, 관상기도의 조건은 신성함에 가까운 것이 아니라 오로지 진지한 일편단심의 목적과 상당한 정도의 기도 경험이라고 확실하게 주장한다.[121]

수많은 그리스도인들이 기꺼이 관상적인 기도의 길로 들어선다는 것, 그러나 그런 그리스도인들을 기꺼이 도와줄 만한 영성지도자가 거의 없다고 하는 사실은, 그 동안 아주 오랜 비판의 주제가 되어 왔던 너무나도 슬픈 결함이다. 1930년에 이미 롱그리쥐 신부는 수많은 개인들이 좀 더 심오한 기도의 단계에 관하여 알고 도움과 격려를 받을 수만 있다면 기꺼이 명상을 초월해 나아갈 준비가 되어 있다고 불평하였다.[122] 훨씬 더 이른 시기인 1903년에는 프랑스 작가 르뚜흐노가 다음과 같이 주장하였었다:

> 현명한 지도의 부족으로 그런 영혼들이 아주 오랫동안 부적합한 기도

방법을 유지하고 있을 수도 있다. 그들은 확고한 신앙 속에서 매일 아침 명상을 하려고 애쓰고 있다. 대부분의 경우 그들에게는 명상이 소용없으며, 실질적으로도 불가능한데 말이다; 그러나 자신의 상태를 전혀 알지 못하는 사람들은 결국 대부분이 기도에 대한 혐오감만 잔뜩 안게 될 뿐이다.[123]

그렇지만 무능한 지도자에 대한 가장 강력한 비난은 바로 십자가의 성 요한 본인에게서 비롯된다. 그는 〈카르멜 산을 오르며〉의 한 장을 몽땅 다 할애하여 '일부 영성지도자들이 그릇된 방법으로 영혼을 지도할 경우 그 영혼에게 미칠 수 있는 해악'[124]에 관하여 살핀다. 그의 주장에 따르면, 가장 근본적인 문제는 바로 '분별력의 결핍'이다. 그는 〈생생한 사랑의 불꽃〉에서 이 주제에 관한 자신의 견해를 더욱 발전시킨다. 이 책에서 그가 한 말들은 매우 중요하기 때문에, 여기에서 길게 인용할 만한 가치가 충분히 있다. 그는 다음과 같이 주장함으로써 그 책을 시작한다:

……뒤로 후퇴하지 않고 이익을 얻고자 하는 영혼에게는, 그것이 누구의 손에 달려 있는가를 생각하는 것이 매우 중요하다; 스승이 있듯이 제자가 있을 것이고, 아버지가 있듯이 아들이 있을 것이기 때문이다. 가장 높은 길에서, 또는 중간 단계의 길에서, 모든 면에서 완벽하게 영혼을 인도해 줄 수 있는 사람은 극히 드물다. 그러한 지도자는 현명하고, 분별력도 있고, 경험도 풍부해야 하기 때문이다. 영성적인 측면에서 지도가 반드시 필요한 것은 바로 지식과 식별력이다; 하지만 만일 지도자가 좀 더 높은 길에 대한 지식이 전혀 없다면, 하나님께서 이제껏 인도해 주신 것처럼 영혼을 그곳에서 지도할 수가 없을 것이다. 만일 지도자가 영의 길을 본인도 제대로 이해하지 못한 상태에서 영혼을 지도한다면, 또 만일 지도자가 이것 대신에 여기저기서 주워 읽은 더 낮은 길들로 영혼을 안내한다면, 그리고 그 길들이 초심자들에게만 적

합한 것이라면, 이 지도자는 자칫 영혼에게 커다란 해를 끼칠 수도 있다. 종종 그런 일이 일어나듯이, 그 지도자로 말미암아 영혼은 점점 홀로 설 수 있게 성령이 준비시켜 주시는 이 은은한 성유를 바르지 못하게 될 수도 있다. 그런 지도자는 단지 초심자를 다루는 방법밖에 모른다.[125]

하지만 일단 관상이 시작되고 나면, 영혼은 이제 더 이상 명상의 형태에 머물러 있지 말아야 한다.

그런 까닭에, 이 상태에서 영혼은 절대로 명상을 강요당해서도 안 되고, 어떤 시늉을 하거나 상냥함과 열정을 얻으려고 애써서도 안 된다. 이것은 중요한 조력자, 곧 하나님의 길에 방해물만 되기 때문이다.[126]

그러므로 영성지도자는 영혼이 자유를 경험하고 달콤한 만나를 맛보기 위하여 지금 사막으로 인도 받고 있다는 사실을 잊지 말아야 한다.[127] 하지만 종종 아주 다른 상황이 벌어지기도 한다.

하나님께서 영혼에게 애정어린 지식— 잔잔하고, 평화롭고, 외롭고, 생각과 관련된 온갖 것들로부터 아주 멀리 떨어진—의 가장 섬세한 성유를 부어 주실 때마다, 그리고 영혼이 더 이상 명상을 할 수 없고 그 어떤 생각이나(고상한 생각이든지 저급한 생각이든지 간에) 지식 속에서도 더 이상 기쁨을 찾을 수 없을 때, 하나님은 영혼이 그 외로운 성유로 충만해질 수 있도록 해주시고 고독과 휴식에 마음이 쏠리도록 만들어 주시기 때문에, 대장장이처럼 망치질하고 두드리는 것 외에는 아무런 지식도 지니지 않은 지도자들도 생길 것이다.[128]

'기도의 단계나 영의 길에 대하여 아무런 지식도 갖추지 않은' 이런 지도자들은 과거에 속하는 영혼에게 어떤 행동이나 방법을 권해 주어야 할지 전혀 모를 수밖에 없다. 그리하여 지도자들은 '하나님께서 [영혼] 위에 그려 놓으신 경이로운 작품을 완전히 망쳐 버린다. 이런 식으로 영혼은 한 가지 일에도 실패하고, 다른 단계로 발전하지도 못한다: 지도자는 그저 다른 방법을 모색하고 있는 것처럼 보일 뿐이다.'[129]

성령은 영혼의 중요한 조력자이며 원동력이라는 사실, 성령이 결코 영혼을 돌보는 일을 그만 두지 않으리라는 사실을 이 사람들이 유념하고 기억하게 하자: 그리고 자기들은 조력자가 아니라 단지 영혼을 신앙의 규칙과 하나님의 법에 따라, 하나님께서 저마다에게 보내 주시는 영에 따라 인도하기 위한 도구에 불과하다는 사실을 잊지 않게 하자. 그리하여 그들이 자기 자신의 방법에 따라, 자신에게 적합한 방식대로 영혼을 지도하는 데 목표를 두지 않고, 하나님께서 영혼을 인도하고 계시는 길에 대하여 자신이 잘 알고 있는지 여부를 살피도록 만들자. 그리고 만일 그들이 그 길을 잘 모른다면 그냥 영혼을 평화 속에 내버려 두고 절대로 방해하지 않게 하자.

하나님은, 마치 태양처럼, 우리의 영혼 위에 계시며 언제든지 우리 영혼 속으로 들어오실 준비가 되어 있는 분이다. 그러므로 영성지도자들도, 감각과 영의 초연함과 공허함 속에 존재하는 복음주의적 완전에 따라, 기꺼이 영혼을 준비시켜야만 한다: 영성지도자들로 하여금 영혼의 단련 속에서 이것을 초월하고자 애쓰지 않도록 하자. 그 일은 오로지 주님께만 속하는 것이며, 주님으로부터 온갖 완벽한 은사들이 내려지기 때문이다.[130]

지도자는 '진보'가 활동이나 이해의 차원에서 향상되는 것일 수 없다는 사실을 인정해야 한다. 영혼은 이해할 수 없는 존재, 초월적인 존재들 쪽으로 인도되기 때문이다. 아직 명상 단계 너머로 나아가지 못한 지도자들은 그런 영혼들의 평화를 방해할 수 있다. '그런 사람들은 영성이 과연 무엇인지를 전혀 알지 못하며, 하나님이 역사하시고 계시는 일을 오히려 방해함으로써 하나님에 대한 크나큰 모욕과 크나큰 불손의 죄만 저지를 뿐이다.' [131] 계속해서 십자가의 성 요한은 그들을 '한창 꽃이 피어 있는 영혼의 포도밭을 망쳐 버리는 작은 여우들' [132]에 비유한다. 그들은 책망을 받게 되어 있다. '하나님의 일은 눈을 크게 뜨고 아주 세심하게 관찰해야 하기 때문이다.' [133] 그리고 십자가의 성 요한에 따르면, 이보다 더 심한 경우, 어떤 지도자들은 영혼을 도와줄 수 없으면서도 그 영혼에 집착하여 안 떨어진다. 그들은 '영혼을 학대하고, 영혼의 자유를 박탈해 버린다.' [134]

이러한 십자가의 성 요한의 분석은 오늘에도 직접적으로 적용된다. 오늘에는 많은 개인들이 좀 더 직접적이고도 단순한 형태의 기도 쪽으로 인도를 받고 있지만, 그들이 만나는 목사나 목회자는 그들을 전혀 이해하지도 못하고, 통찰력이 부족한 탓에 오히려 그들을 적극적으로 괴롭히기만 하는 경우가 너무 많다. 관상은 결코 이례적인 형태의 기도도 아니고, 특별히 고립된 수도원이나 종교 단체에게만 적합한 양식으로 보아서도 안 된다. 오히려 그와 정반대로, '예수님의 작은 형제단'에서 한 경험은 관상이 현재 생활의 조건에 가장 적합한 기도 형태라는 사실을 증명해 준다. 파리 선교회의 설립자인 영성지도자 고딘은 다음과 같이 기록하였다: '그리스도교로 개종시키는 일에 전념하는 모든 선교사들이야말로 그 누구보다 더 관상적인 사람이라 할 수 있다.' [135] 관상적인 사람들은 밀실뿐만 아니라 도시의 뒷골목에서도 발견될 수 있다. 관상적인 사람들은 그 어느 장소에 있든지, 언제나 교회의 투명한 눈이 되어 줄 것이며, 따라서 우리는 그들에게 아주 특별한 관심을 쏟아야만 한다.

3
기도생활의 실제

나는 우리 가운데 대부분이 아마추어 기도자이면서도 정작 기도 이전 단계에 그다지 충분한 관심을 기울이지 못하고 있다고 생각한다. 다른 모든 아마추어들과 마찬가지로, 우리 역시 그저 공상적인 로맨스만 바라볼 뿐, 곳곳에 도사리고 있는 함정과 공포, 그리고 자기-희생적인 헌신을 보지 못한다. 우리는 뻔뻔스럽게도 기도란 당연히 우리가 할 수 있는 일이라고 생각하고 있다.

모니카 펄롱[1]

기도의 장애물

기도는 인간이 하나님과 맺는 근본적인 관계이며, 온 인격을 포함하여 하나님께 집중하는 상태를 말한다. 19세기에 테오판 주교는 다음과 같이 기록하였다: '기도에서 가장 중요한 것은 온 마음을 다해 전심으로 하나님 앞에 서는 것, 그리고 삶이 끝나는 날까지 낮에나 밤에나 끊임없이 하나님 앞에 서는 것이다.'[2] '온 마음을 다해 전심으로' 라는 표현은 동방의 교부들이 가장 좋아했던 것으로서, 기도를 할 때에는 인격을 통일시키고 마음과 정신을 하나의 중심에 통합해야 한다는 주장을 펼 때 자주 사용하였던 표현이다. 동방의 교부들은 기도가 기본적으로 하나님의 일이라는 주장도 제기하였다. 14세기에 시나이의 성 그레고리는 다음과 같이 말하였다: '기도는 곧 모든 사람의 모든 일을 통하여 역사하시는 하나님이다.'[3] 그러므로 기도는 본질적으로 하나의 일이 아니라, 우리 안에서 하나님의 은총을 명백히 보여주고 활짝 꽃피우는 것이다. 따라서 모든 기도는 은사이며, 모든 기도는 선물이다. 동양에는 다음과 같이 이야기가 전해진다. 어떤 사람이 수도사를 찾아가 물었다. '아버지, 기도란 무엇입니까?' 그러자 수도사가 두 손을 모으더니 손가락에서 불꽃을 쏘아댔다. 그러고는 이렇게 말했다: '그것이 바로 기도입니다.' 그는 불이 붙은 영혼이었으며, 필요할 때면 언제든지 그 사실을 분명하게 보여줄 수가 있었다. 이렇게 볼 때 기도는 곧 하나님께 열중하여 불타는 것이다. 인간이 노력을 기울이는 목적 그리고 영성지도의 목적은 간단히 말해서 이렇게 신적인 불꽃의 표명을 방해하는 장애물들을 제거하는 것이다.

이러한 장애물들 가운데 가장 근본적인 것은 물론 죄다. 윤리와 영성이 하나라는 사실은 너무나도 명백한 것처럼 보이지만, 사실 이것은 쉽사리 망각되고 만다. 오늘 우리는 죄에 관한 도덕적 관념들을 지니고 사는 경향이 있다. 그러므로 우리는 성서의 신학적 이해를 되찾고, '유대인들에게 죄란 곧 성령을 억누르는 것이었다'[4]는 사실을 상기해야만 한다. 죄란 바로 기도의 길을 부정하고 반대하는 것이었다. 그러므로 K. E. 컬크는 죄란 '영성적인 진보를 방해하고, 아니 영성적인 진보까지 역전시키는 것'[5]이라고 정의 내린다. 성서는 하나님으로부터 분리되어 나오는 것이 바로 인간의 죄라는 사실을 강조한다. '주님의 손이 짧아서 구원하지 못하시는 것도 아니고, 주님의 귀가 어두워서 듣지 못하시는 것도 아니다. 오직, 너희 죄악이 너희와 너희의 하나님 사이를 갈라놓았고, 너희의 죄 때문에 주님께서 너희에게서 얼굴을 돌리셔서, 너희의 말을 듣지 않으실 뿐이다'(이사야 59:1~2). 성서 곳곳에서는 다음과 같이 인간의 죄가 지니는 여러 가지 특별한 측면들이 바로 기도를 가로막는 뚜렷한 장애물이라고 정의 내려진다.

첫째는, 용서의 거절이다. 다른 사람을 용서하기를 거부하는 사람의 경우, 기도 가운데 용서 받는 일이란 있을 수 없다(마태복음 6:15). 둘째는, 분노와 호전적인 생각이다. 예를 들어, 사도 바울은 기도자들에게 이르기를, 회중 가운데서 '화를 내거나 말다툼을 하는 일이 없이, 모든 곳에서 거룩한 손을 들어 기도하는'(디모데전서 2:8) 사람들의 말을 귀 기울여 들으라고 한다. 이것이 함축하고 있는 의미는, 분노나 호전적인 생각이 기도를 방해하거나 가로막는다는 것이다. 물론 그리스도인들의 경험에 따르면, 분노의 생각들은 사람의 마음을 가장 산만하게 하는 것들 가운데 하나다. 그것들은 사실상 '반―기도'의 형태, 곧 하나님이 아니라 육체에 속하는 의식의 형성이 될 수 있다. 셋째는, 화해의 거절이다. 예언자들이 보기에, 사회관계의 불의와 결합된 부조화의 존재는 기도를 가로 막는 장막이다. '너희가 팔을 벌리고 기도한다 하더라도, 나는 거들떠보지도 않겠다. 너희가 아무리 많이 기도를 한다 하여도 나는 듣지 않겠다. 너희의 손에는 피가 가득하다'(이사야 1:15). 이 문맥으로 보아, 기도가 하나님께 들리지 않도록 실제적으로 가로 막고 있는 것은 병든 나라(1:5~6), 그리고 정의와 자비를 추구하지 않겠다는 거절(1:17)임이 틀림없다. 또한 예수님은 제물을 드리려고 하다가 갑자기 원한이 떠오르거든 그것을 먼저 해결해야만 한다고 경고한다. '먼저 가서 네 형제나 자매와 화해하여라. 그런 다음에 돌아와서 제물을 드려라'(마태복음 5:23~4).

기도를 가로 막는 네 번째 영역은 왜곡된 성욕과 정욕이다. 성서에는 성과 육체적 관계가 영성의 적이라고 하는 마니교적인 견해의 암시가 전혀 없다. 그러나 성의 무질서는 곧 영성적인 삶의 무질서와 관련이 있다는 의식이 확실히 존재한다. 그리하여 사도 베드로는 부부들에게 이르기를, 이해심을 가지고 부부생활을 이끌어 가라고 충고한다. 그리고 남편에게는 아내가 하나님의 은총을 함께 공유하고 있는 존재이므로 아내의 몸을 존중하라고 말한다. '그리해야 여러분의 기도가 막히지 않을 것입니다'(베드로전서 3:7). 자기-통제, 자기-훈련, 그리고 절제는 기도와 연결되며, 이것들은 기도의 필수조건이다. 또한 이 베드로전서에는 '정신을 차리고, 삼가 조심하여 기도하십시오'(4:7)라는 말도 들어 있다. 사도 야고보는 사람들이 잘못된 동기에서 기도를 하기 때문에, 특히 즐거움을 추구하기 위하여 기도하기 때문에, 결코 그들의 기도 요구가 응답을 받지 못하게 되어 있다고 비난한다(야고보서 4:2~3).

다섯째는, 초자연적인 작용과 마술적인 의례에 연루되는 것을 구약성서에서는 영성의 방해물로 본다는 것이다. 모세의 율법은 마술사, 무당, 초혼자와 관련된 사람들을 가리켜 '주님께서 미워하는 사람'(신명기 18:10~12)이라고 일컫는다. 하나님의 뜻에 불복종하는 것은 기도를 좌절시키는 여섯 번째 방법이다. 하나님은 자신의 뜻에 복종하는 사람들에게만 귀를 기울이신다(요한복음 9:31). 일곱째, 사도 야고보는 공동체 앞에서 자신의 죄를 고백하기를 거부하는 것이 기도를 가로 막는 장애물 같다고 말한다. 그는 치유의 결과를 가져오기 위해서는 그러한 고백이 상대방을 위한 기도와 결합되어야 한다고 촉구한다(야고보서 5:16). 이 말이 의미하는 것은 만일 고백과 기도가 없을 경우 절대로 치유가 발생할 수 없다는 것이다. 마지막으로, 누가복음 6장 38절에는 끝없는 욕망과 탐욕이 열거되어 있으며, 또한 관대하게 베푸는 사람이야 말로 하나님께로부터 많은 것을 받으리라는 사실도 지적되어 있다.

그러므로 죄는 기도생활을 가로 막는 첫 번째 장애물임을 인정해야 한다. 기도가 풍성한 사람이라면 자신의 동기와 삶을 점검하는 것이 필수적이다. 윤리적 요구를 간과하고 죄를 무시한다면 결코 영성적인 삶을 살 수 없다. 그러므로 그리스도교의 모든 예전은 화해와 고백, 그리고 자비를 구하는 부르짖음, '키리에 엘레이손'(Kyrie Eleison)으로 시작된다. 이와 마찬가지로, 모든 영성수련의 중심에는 자기―이해의 탐구가 자리잡는다. 토마스 머튼은 다음과 같이 기록하였다: '거룩함의 첫 번째 단계는 바로 자기―이해다.'[6] 심지어 머튼은 기도란 '자신의 내적 자아에 대한 인식'[7]이라고 정의 내리기까지 한다. 자기 자신의 존재 속으로 깊숙이 들어가는 것, 이것은 기도하는 방법을 배우기 위한 필수단계다.

> 사실……만일 여러분이 자신의 영 깊숙이 내려갈 경우……그래서 여러분 자신의 중심부 어딘가에 도달할 경우, 여러분은 다음과 같은 피할 수 없는 진실과 직면하게 될 것이다. 곧, 여러분 존재의 뿌리 밑바닥에는 하나님의 무한한 능력과의 직접적이고도 피할 수 없는 접촉이 기다리고 있다는 사실을 깨닫게 될 것이다.[8]

이러한 내향성, 이러한 내부로의 전환은 결코 그치지 말아야 한다. 우리는 자기를 넘어서 하나님, 의식의 가장 깊숙한 중심부로 나아가야 한다. 그러나 자기 발견 없이는 더 이상의 발전도 있을 수 없다. '오로지 우리 자신의 영혼 깊숙한 곳에서만, 그리고 그 깊숙한 곳을 통해서만 발견할 수 있는 하나님을 찾기 위해서, 우리는 먼저 우리 자신을 발견해야만 한다.'[9] 그러한 자기―이해가 없이는 우리의 사랑도 피상적인 데 머무를 수밖에 없다. 하지만 우리가 알고자 하는 자기는 정상적인 의식의 초점을 제공해 주는 순간적인 자아가 아니다. 전통적으로 정화의 길이라고 불리는 운동은 본질적으로 거짓 자아를 벗겨 내는 것, 환상을 제거하는 것과 관련되어 있다. 융은 '자기 속으로 들어가는 사람은 누구나 자기 자신과 대면할 위험에 처하게 된다'고 경고하였다. 하지만 그는 계속해서 '이러한 대면이야말로 과연 내적인 길을 걸을 수 있느냐를 판가름하는 첫 번째 테스트가 된다'[10]고 지적한다. 이것은 자기 자신의 내면세계에 깃들어 있는 어두움과 직면하는 것이며, 자칫 두려운 경험이 될 수도 있다. 하지만 그럼에도 불구하고 이것은 전체성과 기도에 반드시 필요한 절차다. 마이클 티펫의 오라토리오 〈우리 시대의 한 아기〉에는 다음과 같은 절규가 들어 있다: '나는 내 그림자와 내 빛을 알고 싶어요. 그래서 마침내 전체적인 존재가 되고 싶다구요.' 자신의 깊숙한 내면을 잘 아는 것은 하나님과 만나는 일과 긴밀하게 연결된다. 수리아의 성 이삭이 주장하듯이, '왕국에 이르는 사다리는 여러분 자신의 영혼 속에 감추어져 있다. 죄로부터 도망쳐서, 여러분 자신 속으로 뛰어들어라. 그러면 여러분의 영혼 속에서 위로 올라갈 수 있는 계단을 발견하게 될 것이다.'[11] 자기 발견의 과정은 개인적인 관계와 결코 뗄 수 없는 관계에 있다. 우리가 자기—이해 속에서 성장하는 것은 반드시 다른 사람들과 만남을 통해서만 이루어지기 때문이다. 진공 상태에서는 결코 성장이 일어날 수 없다. 그리고 가족과 건전한 관계를 확립하는 것은 앞으로의 영의 건강에 절대적으로 중요한 요소이다. 사랑의 결핍을 경험함으로써 자기중심적인 영성과 좀 더 쓴 분개의 열매가 등장하게 되는 것이다. 따라서 경험이 풍부한 영성지도자, 존 댈림플은 기도의 최초 훈련은 언제나 개인적인 관계의 훈련으로부터 시작된다는 사실을 강조하였다. 그의 주장에 따르면, 그리스도인의 신앙은 결코 비인간적으로 전달될 수 없다. '기도생활의 훈련에서 맨 처음에 와야 할 것은 바로 다른 사람들과 건전한 관계를 확립하는 것이다. 사람들은 다른 사람들로부터 멀어짐으로써 하나님을 향해 발전해 나가는 것이 결코 아니다. 사실은 그와 정반대다.'[12] 하나님과의 관계, 인간과의 관계가 지니는 상호 의존성에 대한 자각, 이것은 어디까지나 매우 성서적인 것이다. '그는 가난한 사람과 억압받는 사람의 사정을 헤아려서 처리해 주면서, 잘 살지 않았느냐? 바로 이것이 나를 아는 것이 아니겠느냐? 나, 주의 말이다' (예레미야 22:16—RSV). '누가 하나님을 사랑한다고 하면서, 자기 형제자매를 미워하면, 그는 거짓말쟁이입니다. 보이는 자기 형제자매를 사랑하지 않는 사람이 보이지 않는 하나님을 사랑할 수 없습니다' (요한일서 4:20). 그러므로 영성적인 성장에는 수평적인 차원이 존재한다. 사람들과도 우정을 나눌 수 없는 사람이 어떻게 하나님의 친구가 될 수 있겠는가? 인간적인 차원에서 관계를 맺을 수 없다는 것은 곧 영성적인 관계 확립의 토대도 전혀 마련되어 있지 않다는 것을 의미한다.

따라서 기도생활을 가장 잘 준비하는 것은 좀 더 친밀한 인간관계를 맺는 것이다. 죄는 우리의 인간성을 제거하고 왜곡시킨다. 자기—이해의 부족, 그리고 사람들과 관계를 맺지 못하는 무능력은 둘 다 성숙한 인간이 되려면 아직 멀었다는 사실을 증명해 주는 증거와도 같다. 자기—이해와 인간관계는 둘 다 어느 정도의 깊이가 있어야 한다. 얕음과 내적인 훈련의 부족은 언제까지나 우리가 기도 가운데 성장하지 못하도록 가로 막을 요인들 가운데 하나다. 이러한 상태를 가장 신랄하게 잘 꼬집은 표현은 바로 난잡함이라는 용어다. 오늘 우리는 이 용어를 편협하게 성적인 영역에만 제한시키려는 경향이 있다. 심지어는 부정확하게 사용되는 경우도 많다. 하지만 사실상 우리는 이 난잡함이라는 용어를 성적인 영역을 제외하고 다른 모든 영역에서 신뢰하며 받아들이고 있는 실정이다! 〈간추린 옥스포드 영어사전〉에서는 '난잡한'을 다음과 같이 정의하고 있다:

> 1. 질서 없이 한꺼번에 다양한 종류의 구성원이나 요소들로 이루어짐; 또는 뒤섞이거나 무질서한 구성 또는 인물.

2. 판별이나 방법이 없이 혼잡하게 뒤섞인 마구잡이식.
3. 우연적인, 부주의한, 불규칙적인.

이러한 정의를 기도와 영성의 삶에 적용시킬 경우, 영의 난잡함이 얼마나 위험한가를 분명하게 알 수 있다. 난잡함은 결코 기도의 발전을 허용하지 않는다. 씨 뿌리는 이에 관한 예수님의 비유에서, 옥토에 뿌려진 씨앗은 열매를 맺지만, 길가에 떨어진 씨앗은 아무것도 열매 맺지 못한다. 시나이의 성 그레고리 역시 다음과 같은 말을 통하여 똑같은 주장을 펼친다: '반복적으로 옮겨 심은 나무는 뿌리가 자라지 못한다.' [18] 그러므로 영의 삶에는 잘 훈련된 규칙을 위하여 절대적으로 필요한 장소가 있다. 이러한 내적인 훈련(askesis) 없이는 삶도 뿌리가 없으므로 말라비틀어지고 말 것이다. 자기—이해의 정도가 깊으면 깊을수록 이러한 영의 훈련에 대한 욕구도 점점 더 커진다. 의식의 깊숙한 곳과 대면하는 것은 곧 자기 자신의 그림자, 어두운 면과 만나는 것이기 때문이다. 특히 우리는 자만심과 자기중심주의의 세력뿐만 아니라 절망의 유혹과도 부딪히게 된다. 절망의 유혹은 자기 본성의 어두운 면에 대한 통찰력이 깊어질수록 더더욱 강화된다. 그렇지만 영성적인 자만심은 모든 종교인에게 위험한 요소이며, 영성적인 성장을 가로 막는 주된 장애물이다. 자기 점검과 고백의 훈련, 다른 사람들을 겸손하게 섬기는 훈련, 그리고 주고받을 줄 아는 훈련은 교정의 효과를 지닌다. 지속적인 경계가 없다면 언제 어디서나 장애물이 발생할 것처럼 보인다. 마음의 맑음과 계속적인 회개가 없다면, 영성은 금방 악마적인 것이 되고 말 것이다.

몸의 기도

기도는 정신의 활동이 아니다. 하나님은 머리 속에 있는 분이 아니기 때문이다. 기도는 총체적인 인간의 활동이다. 그리고 하나님은 전체성 안에 존재하신다. 그러므로 몸의 훈련(askesis)는 반드시 필요하며, 기도를 준비할 때에는 신체적인 고요함의 완전에 주의를 기울이고, 나아가 영성생활의 균형을 이루는 데 결정적이라 할 수 있는, 먹고 마시고 쉬는 활동의 리듬을 습득하는 일에도 주의를 기울여야 한다. 영성지도는 이 영역에 상당히 많은 시간을 할애해야만 한다. 이러한 영역에서 분별력이 부족하다는 것은 곧 신체적인 측면뿐만 아니라 영성적인 측면에서도 해롭다는 것을 의미하기 때문이다. 동양의 스승들은, 그리스도인이든 비—그리스도인이든 간에, '관상기도를 가능케 해주는 데에는 신체적 조건이 상당히 중요하다'[14]는 사실을 서양의 스승들보다 좀 더 강조한다. 그리고 이것은 자기 자신의 몸뿐만 아니라 신체적인 주변 환경까지도 모두 포함되는 말이다. 신체적인 휴식을 취하는 데에는 요가수련이 매우 유용하다는 사실을 많은 사람들이 터득하였다. 그리고 디차넷, 슬레이드, 그리고 그 밖의 학자들에 따라, 그리스도인의 기도를 성장시키는 데 요가 자세를 사용하는 것이 매우 유용하다는 의미심장한 연구들도 진행되었다.[15] 그러나 몸 기도가 특별히 동양적인 것은 아니다. 그것은 성 토마스 아퀴나스도, 그리고 성 도미니크의 〈아홉 가지 기도 방법〉에서도 주장했던 것이다.

기도에 몸을 사용한다는 사상의 신학적인 토대는 성육신이다. 안디옥의 성 이냐시오는 다음과 같이 주장한다: '당신이 육체적으로 행하는 것들도 모두 영성적이다. 당신은 모든 일을 예수 그리스도 안에서 하기 때문이다.' 성 아타나시우스는 성 안토니가 마침내 고령으로 사망하던 그 순간까지도 그의 치아는 아무런 이상이 없었다는 사실에 어떤 신학적인 의미를 부여했던 것 같다! 기도의 삶은 확실히 균형이 잘 잡힌 몸 조건을 전제로 한다. 몸을 무시하는 행위는 기도를 방해할 수도 있기 때문이다. '만일 당신이 굶다가 과식하다를 번갈아가며 반복한다면 당신의 기도는 결국 변덕스러운 것이 되고 말 것이다.'[16] 영성지도자의 가장 중요한 임무들 가운데 하나는 몸의 남용을 방지하는 일, 예를 들면 극도의 피로로부터 과도한 활동과 수면 부족까지, 또는 금식의 남용을 통한 영양결핍 등을 방지하는 일이다.

그러나 이러한 영역의 지도에는 부정적인 역할뿐만 아니라 긍정적인 역할도 있다. 몸은 기도 그 자체 안에 장소를 지니고 있기 때문이다. 자세의 문제는 사소한 것처럼 생각될 수도 있다. 그러나 그것은 매우 중요한 문제다. 따라서 매우 많은 시간을 거기에 할애해야 한다. 사람들은 자신에게 맞는 자세―서서 기도하거나, 무릎 꿇고 기도하거나, 앉아서 기도하는 자세―를 발견해 내기 위하여 실험을 할 필요가 있다. 이 모든 방법이 저마다 이점을 지니고 있다. 그 어느 것도 신성불가침적인 것은 아니다. (성공회 교인들이 많이들 애호하는 '샴푸 자세'―몸을 구부리고 머리를 숙인 다음, 한 손을 올려 두 눈을 감싸는 자세―에 대해서는 별다른 언급이 없는 것 같다.) 짐 윌슨 신부는 기도를 할 때 똑바른 자세로 앉아서, 두 발은 마룻바닥에 평평하게 대고, 등과 머리는 꼿꼿하게 세운 다음, 두 손을 무릎에 올리고, 두 눈을 감고서 몸을 편안하게 쉬는 간단한 방법을 추천하곤 하였다. 일단 이 자세를 취하면 먼저 발과 다리가 편안해지고, 그 다음에는 팔과 손, 그 중에서도 특히 손이 편안해지며, 나중에는 배의 근육, 목과 얼굴이 편안해지고, 마지막으로 눈이 편안해진다. 여러 번 심호흡을 하고 나면 이 정신적 고요함의 과정이 기도의 짤막한 어구를 사용함으로써 시작된다.[17] 성 테레사는 역시 기도할 때는 편안한 자세로 앉아서 하라고 권고하곤 했었다. 다른 한편, 반결가부좌가 가장 좋다고 하는 사람들도 있고, 그저 마룻바닥에 다리를 교차시키고 앉아 있는 자세가 가장 좋다고 말하는 사람들도 있다. 자세의 문제는 그리 중요하지 않다. 그러므로 이런 문제에 시간을 쏟는다는 것은 곧 시간 낭비인 셈이다.

　사람들은 기도하는 동안에 몸의 다양한 부분들을 사용하라고 권유받아야만 한다. 이것이 특별히 중요한 까닭은, 우리 문화와 교회가 정신적인 집중만을 지나치게 강조하기 때문이다. 물론 집중은 기도의 결정적인 부분이다. 하지만 지속적인 정신의 집중은 가능하지도 않을 뿐더러 바람직하지도 않다. 성 토마스 아퀴나스는 성인들조차도 언제나 집중을 하는 것은 아니라는 사실을 지적한다. 그리고 그는 몸으로 예배하는 것의 중요성을 강조한다.[18] 성 도미니크의 아홉 가지 방법에는 몸짓—인사하기, 엎드려 절하기, 눈물 흘리기, 한 쪽 무릎을 꿇기, 꿇어앉기, 앉아서 손을 위로 뻗기 등—이 강조된다. 성공회 신부 허버트 슬레이드가 사용했던 파탄잘리의 요가 수트라스의 응용 형태에는, 여러 가지 자세—깊숙이 인사하기, 어깨 세우기, 얼굴에 주름 잡기, 나뭇잎 접기 등—가 이용될 뿐만 아니라 정확한 호흡과 집중의 중요성이 강조되기도 한다.[19] 파탄잘리에서 슬레이드는 몸에 대한 접근이 특별히 관상의 성장에 도움이 된다는 사실을 발견한다. 그러므로 파탄잘리는 저마다가 취하는 자세가 확실하고 유쾌해야 한다는 사실, 그리고 그러한 자세가 확립될 때 비로소 몸이 장애물로부터 해방될 수 있다고 하는 사실을 강조한다. 이와 마찬가지로, 정확한 호흡은 내적인 빛을 가로 막는 베일을 거두어 준다.[20] 슬레이드는 또한 중국의 명상춤인 '따이 치 츄안'(Tai Chi Ch'uan)의 신체적인 관상 방법을, 우리 몸에 고요함을 가져다주는 방법으로서 사용하기도 한다.

　음성은 결코 무시해서는 안 될 신체 기관이다. 사이먼 터그웰은 현재의 우리가 '우리의 기도를 말하는 것' 보다는 '기도를 하는 것' 에 관하여 말하려는 경향이 있는데, 그것은 아주 유감스러운 일이라고 평가한다. '기도를 하는 것' 은 좀 더 거만하고 야심적인 말로 들린다. 그러나 '우리의 기도를 말하는 것' 은 좀 더 겸손하고, 어쩌면 좀 더 사실적인 말로 들린다.[21] 성 토마스는 기도를 하면서 음성으로 표현해야 하는지 아닌지의 여부를 질문 받았을 때, 영혼과 몸의 상호작용에 관한 총체적인 이론을 전부 동원하여 대답하였다.[22] 여기에 도사리고 있는 위험은, 우리가 자칫 정신적인 영역만을 너무 강조한 나머지 '충분히 인간적인 방식으로 기도하지 못할 수도 있다'[23]는 것이다. 우리는 우리의 기도를 큰 소리로 말하는 것에 대하여 두려움을 지니고 있다. 분명히 초기의 그리스도인들은 지금 우리가 느끼고 있는 이 당혹스러움을 전혀 몰랐었다. 5세기 초에 예루살렘을 방문하였던 수녀 애테리아는 미사 때 복음서를 낭독하는 것이 모든 회중의 환호(rugitus et mugitus—큰 소리로 울부짖고 고함을 지르는 것)를 받았다고 말하였다. 은사 기도 부흥의 공헌들 가운데 하나는 찬미 기도를 드릴 때 음성으로 표현하라고 선도했다는 것이다. 다시 말해서 '말하지 않을 때가 있고, 말할 때가 있는데' (전도서 3:7), 영성지도의 목적은 그 시기를 적절하게 판단할 수 있도록 인도하는 것이다.

이 시점에서 오순절 영성의 주요 특징들 가운데 하나인 '방언기도'에 관하여 잠깐 언급하고 넘어가는 것이 좋을 것 같다. 방언에는 특별히 신비주의적인 것이 하나도 없다. 방언은 언어가 아니며, 따라서 문법도 전혀 존재하지 않는다: 방언은 번역할 수가 없다(방언을 해석하는 것은 결코 번역이 아니다). 방언을 녹음해 놓은 자료는 굉장히 많이 있다. 그리고 그 방언들은 모두 동일한 형태의 음절과 다양한 원천으로부터 생겨나는 소리가 연결되어 있는 것으로 드러나며, 마치 문장과도 같고 리듬과 멜로디를 지닌 하나의 형태를 지닌 단위들 속에 무계획적으로 한데 어우러진 것임이 드러난다.[24] 방언에는 특별히 그리스도교적인 것도 없고 특별히 종교적인 것인 것도 없다. 사실 순전히 현상학적인 관점에서만 보면, 방언은 일종의 '아기말투'로 퇴행한 것에 해당된다고 할 수 있다. 그렇다면 방언의 종교적 의미는 무엇이고, 기도생활에서 방언이 차지하는 역할은 무엇일까?

신약성서는 영성에서 방언이 차지하는 자리에 대하여 많은 빛을 던져 주며, 그 문제에 대하여 상당히 일관적이고도 합리적인 견해를 제시해 준다. 사도 바울의 말에 따르면, 방언기도를 하는 것은 다른 사람들이나 자기 자신이 정상적으로 알아들을 수 없는 방식으로 기도를 하는 것이다(고린도전서 14:2, 14). 방언기도는 황홀경이 아니다. 방언기도는 외부적으로든(지교회에서) 내부적으로든(개인적으로) 얼마든지 조절할 수 있고 훈련할 수 있는 대상이다. 사실 몬타니스트 이단 시대에는, 영성적인 은사를 소유한 사람이 자신의 의식을 계속 지니고 있는 것이야말로 정통적인 영성의 증표로 간주되었다.[25] 오늘의 상황도 마찬가지다: 방언은 대체로 고요하고 솔직하며 냉정한 활동, 종종 개인적으로 추구되고 실천되는 활동이다. 사이먼 터그웰은 아마도 가장 고요하게 은사를 받은 사람들이 그 은사로부터 가장 영성적인 이익을 얻을 수 있을 것이라고 주장한다.

> 물론 그들은 어느 정도 기도의 자유를 만끽할 수 있으며, 어느 정도 마음이 고양되는 것을 경험할 수 있다; 하지만 본질적으로 그들이 발견하게 되는 것은 하나님에 대한 믿음의 새로운 깊이이며, 그리스도의 평화가 정말로 자신의 마음속에 존재한다고 하는 좀 더 큰 확신이다. 그리고 이것은 심리학적인 성장뿐만 아니라 영성적인 성장에도 매우 중요한 요소다. 이러한 은사를 받고 사용한 결과, 그들이 기도하는 동안이나 총체적인 삶 속에서 하나님의 은총에 응답하는 범위도 점점 더 (때로는 극적으로) 확대된다. 그리하여 그들은 하나님의 영이 자아내는 온갖 '분위기' — 가장 강렬한 기쁨과 넘칠 듯한 찬양으로부터 시작하여, 하나님 앞에서 철저히 침묵하는 것, 그리고 때로는 그리스도의 수난과 합일을 이룸으로써 극심한 고통을 느끼

는 것에 이르기까지—속에 훨씬 더 깊숙이 빠져들게 된다.[26]

그러므로 방언은 하나님을 찬미할 때 사용할 수 있는 은사로서, 누구나에게 다 주어지는 것은 아니지만, 그래도 아주 광범위하게 확산되어 있는 것만은 분명한, 그런 은사다. 방언과 찬미의 결합— '방언을 하는 것과 하나님을 찬미하는 것' (사도행전10: 26)—은 굉장히 중요하다. 찬미는 마음의 억제를 초월하는 것을 의미하기 때문이다. 어떤 사람이 방언을 하는 동안에는 그 마음이 아무런 열매도 맺지 못한다(고린도전서 14:14). 따라서 방언은 하나님께 영광을 돌리기 위하여 정신적인 개념들의 폭정으로부터 인격을 자유로이 해방시키는 수단, 성령의 능력 안에서 자유를 누리게 되는 수단이라고 할 수 있다.

그렇지만 마음속에는 기도를 위한 장소가 마련되어 있다. 여기에서 잠깐 그 장소에 관하여 살펴보기로 하자. 마음과 몸이 결합되는 하나의 영역은 기도를 위한 시간표를 작성하는 '세상적인' 활동이다. 시간표를 이용하는 것은 '비영성적인' 것도 아니고 기도에 대한 형식주의적 이해도 아니다. 그것은 단지 성령의 삶에 박자를 맞추기 위하여 사무적인 마음과 능률적인 접근을 적용한 것일 뿐이다.

마음의 수련

명상과 기도의 구별은 초기 그리스도교 시대로까지 거슬러 올라간다. '고대의 작가들이 기도에 관하여 언급할 때에는, 그것을 명상과 조심스럽게 구별한다. 그들은 명상을 기도를 위한 통상적인 준비라고 생각한다.'[27] 가장 중요한 구별은, 명상은 마음과 생각의 활동이라고 보고, 기도는 온 존재의 활동이라고 보는 것이다. 기도는 생각을 중지하는 것이라고 간주된다. 사막의 교부들은, 나무의 잎에 해당하는 외부적인 업무와, 열매에 해당하는 내부적인 업무를 서로 구별하였다. 외부적인 업무에는 연구와 영성적인 독서, 예전의 거행이 포함된다. 내부적인 업무는 전체적으로 발생해야만 하는 기도의 행위다. 대부분의 그리스도교 용례를 살펴볼 때, 명상은 생각의 활동인 반면, 기도는 생각의 거부와 초월이다. 명상에서는 지적인 재능이 사용되지만, 기도에서는 지적인 재능이 오히려 방해물이 되며 따라서 회피해야만 하는 대상이 된다.

다시 말해서, 이 용어들의 혼동은 자칫 오해를 불러일으킬 수도 있다. 어떤 작가들은 명상이라는 용어를, 다양한 영성수련들을 총망라하는 매우 광범위한 의미로 사용하기도 한다. 예를 들면, 윌리엄 존스톤은 신비주의가 '단지 명상의 아주 심오한 형태에 지나지 않을 뿐'[30]이라고 주장한다. 동양의 비그리스도교 스승들은 명상을, 서양의 작가들이 관상이라고 부르는 것을 의미하기 위하여 사용하는 경향이 있다. 이와 마찬가지로 관상이라는 용어 역시 매우 광범위한 의미로 사용되며, 때로는 아주 특별한 의미로 사용되기도 한다. 관상(contemplation)이라는 용어는 라틴어 콘템플라리(contemplari)에서 비롯된 것으로서, 템플룸(templum)의 성스러운 울타리 안에서 하나님의 뜻을 추구하는 로마 점쟁이들의 업무를 가리키는 것이었다. 요가 수트라스의 파탄잘리 역시 보는 측면을 강조하였다. 그는 관상(samadhi)의 완전을 세 단계의 활동으로 보았다. 첫 번째 단계에서는 정신이 마음속 한 가지 심상에 집중된다. 두 번째 단계에서는 정신이 심상 쪽으로 생각을 한다. 그리고 세 번째 단계에서는 정신이 균형과 고요, 통찰의 상태로 인도 받는다. 이러한 유형은 서구의 작가들이 명상으로부터 관상으로의 이동에 관하여 설명해 놓은 발달과정과 굉장히 유사하다. 총체적인 이동에 기본이 되는 것은 바로 집중이다. 파탄잘리는 이 집중이 '마음을 하나의 중심점에 붙들어 놓는 것'이라고 정의 내린다. 이것은 명상 또는 '집중의 대상을 향한 마음의 연속적인 흐름'으로 이끌어 준다. 그리하여 최종적으로는 관상,

곧 자기와 대상의 합일 상태로 이끌어 준다.[29]

따라서 명상과 정신수련은 기도의 서막이라고 볼 수 있을 것이다. 앤토니 블룸이 지적하듯이, '명상과 기도는 종종 혼동되곤 하지만, 명상이 기도로 발전되기만 한다면 그러한 혼란도 전혀 위험하지 않은 것이다; 기도가 명상으로 퇴보하는 경우에만 위험이 뒤따른다.' 명상은 잘 훈련 받고 통제된 생각의 훈련이기 때문이다. 명상을 하는 동안 우리는 다른 모든 것을 포기한 채 오직 하나의 노선만을 추구하게 된다; 우리는 오직 한 가지에만 우리의 관심을 집중시킨다. 블룸은 이것을 가리켜 '하나님의 인도 아래 이루어지는 똑바른 생각의 한 조각'[30]이라고 일컫는다. 모든 기도학교들은 정신적인 훈련과 실용성, 곧 삶과 관련이 있는 훈련을 실시할 것을 강조한다. 그리고 모든 형태의 명상에는 이 두 가지 행동이 포함된다: 본문의 텍스트에 대하여 곰곰이 생각한 다음, 그 통찰을 실천적인 방식으로 적용시키는 것.

그렇지만 명상이 오로지 정신적인 기능일 뿐이라고 간주하는 것은 너무 과장된 견해다. 토마스 머튼의 지적에 따르면, 수도원 전통에서는 모든 명상과 모든 기도와 모든 독서가 단순히 정신에만 해당되는 것이 아니라 전인에 해당된다고 한다. 그러므로 명상은 성찰의 활동이며, 자신의 가장 심오한 중심, 자신의 내면적 존재에 대한 통찰이다. 바로 그러한 명상을 통하여 우리는 자기 성격의 중심을 발견하기 시작한다. 그동안 많은 영성지도자들은 일정 형태의 명상이 초심자들에게 적합한 유형의 기도라고 생각해 왔었다. 그리하여 롱그리쥐 신부는 명상이 '특히 정화의 길에 서 있는 초심자들에게 적합한 기도'[31]라고 말하였다. 명상의 목적은 정화라고 보여진다: 영성적인 성장을 가로 막는 온갖 생각과 움직임을 마음으로부터 제거하는 것, 정신과 기억을 깨끗이 하는 것, 정서적인 기도를 위한 토대를 마련하는 것. 다른 한편, 롱그리쥐는 50년도 더 전에 글을 썼으면서도, 다른 많은 사람들이 쉽사리 저질렀던 실수를 결코 저지르지 않았다. 곧 추론적인 명상만이 정신적인 기도의 유일한 방법이며, 모든 그리스도인은 그 명상을 통하여 이득을 얻을 것이라고 가정하는 실수 말이다. 실수를 저지르기는커녕 오히려 그는 1930년에 다음과 같은 주장을 펼쳤다:

> 우리는 지금 이것이 결코 그렇지 않다는 사실을 깨달아 가고 있는 중이다. 많은 영혼들이 명상에 비교적 짧은 시간을 할애한 뒤에 그것으로부터 지속적인 이득을 얻지 못한다는 사실, 그리고 만일 그들이 이 심오한 단계들에 관하여 잘 알기만 한다면, 그리고 자신의 영성상담가나 지도자로부터 앞으로 도움을 받고 앞으로 전진하라는 격려를 받기만 한다면, 얼마든지 정서적인 기도와 단순한 기도로 발전해 나갈 수 있다는 사실을 말이다.[32]

사실 많은 사람들이 심오하고 성찰적인 독서가 구조적인 형태의 명상보다도 좀 더 가치 있다는 사실을 깨닫고 있다. 천천히 성서를 정독하는 것, '말씀을 곰곰이 생각하는 것', 그리고 어쩌면 집단 성서연구도, 박식하고 지성적인 사람이 기도 활동에 대한 준비를 할 수 있도록 만들어 주는 데, 형식적인 명상보다 좀 더 효과적일 수 있다. 그러한 독서의 목적은 소설을 읽는 목적과 상당히 차이가 난다. 따라서 방법론적인 측면에서도 굉장한 차이가 있다. 하나는 결말을 얻기 위하여 읽는 것이 아니라, 찬미와 기도를 불러일으키기 위하여 읽는 것이다. 일단 그 목적을 달성하고 나면, 이번에는 책을 내려놓고 기도로 들어가는 게 매우 중요하다. 많은 사람들의 경우, 그렇게 정신적인 훈련에 할애하는 시간이 매우 짧을 수 있다. 토마스 머튼은 다음과 같이 말한다:

> 내면적인 삶에서 어느 정도 발전을 이룩한 사람들의 경우, 체계적인

명상이 그리 필요하지도 않을 뿐더러, 오히려 야단법석을 떨지 않고, 소리를 내거나 말을 많이 하거나 하는 일 없이, 그저 기도할 때마다 다소 일반적이면서도 확실하지 않은 방법으로 되돌아가곤 하는 한두 가지 가장 좋아하는 개념이나 신비와 더불어, 단순하고 평화로운 감동적 기도를 위하여 체계적인 명상을 포기하는 편이 좀 더 이득이 된다는 것은 명백한 사실이다.[33]

침묵으로 나아가기

신체적 침묵과 고요는 본질적으로 창의적이지 못하다. 침묵은 파괴적이고 방해가 되는 힘을 지니고 있다. 독방 감금의 부정적인 침묵은 인간을 괴멸시킬 수 있다. 증오의 침묵, 두려움과 공포로 가득한 침묵, 무지의 침묵도 있다. 어떤 침묵은 너무나도 위협적이어서 우리로 하여금 모든 공간이 종합적인 소음으로 꽉 차 있다고 확신하게 만들기도 한다. 폴 사이먼의 노래 '침묵의 소리' 에서처럼 침묵은 암과 같이 자라날 수도 있고, 잉마 버그먼의 영화 〈침묵〉(1962)에서처럼 침묵은 하나님의 죽음을 암시하는 것일 수도 있다. 성서에서는 침묵이 폐허—이사야는 모압이 침묵에 빠졌다고 보았다—나 또는 죽음— '오, 주님, 죽은 이들은 당신을 찬미하지 않습니다. 하지만 죽은 이들이 모두 침묵 속으로 빠지는 것은 아닙니다.' —을 의미하는 것일 수 있다.

침묵과 좋은 사이가 되는 것은 자기—이해와 기도에 필수적인 요소다. 파스칼은 '인간이 지닌 문제의 대부분은 그가 의자에 조용히 앉아 있지 못한다는 사실에서 비롯된다' 고 주장하였다. 위대한 영성지도자들의 저서를 통하여 우리는 내적인 침묵에 대한 요구를 발견한다. 사막의 전통에서는 수도사를 의미하는 초기의 용어가 바로 헤스브카테스

(*hesychastes*)였는데, 이들은 고독과 침묵 속에서 살았다. 헤스브키아(*hesychia*)는 기도의 본질적인 조건으로 간주되었다. 이것은 침묵 이상의 것이며, 절제와 내적 경계, 하나님을 향한 관심이 특징인 영혼의 상태이다. 사막의 교부들 가운데 한 사람인 아르세니우스는 다음과 같은 말을 들었다: '떠나라, 침묵하라, 고요하라. 이것들이야말로 결백함의 뿌리이기 때문이다.' [34] 성 요한 클리마쿠스는, 에바그리우스가 기도 그 자체에 사용했던 것과 똑같은 언어를, 헤시키아(hesychia)에 사용한다. '헤시키아는 생각을 중지하는 것이다.' [35] 헤시케스트 전통에서 내적인 침묵의 개념과 밀접하게 연결되어 나타나는 것은 바로 호흡의 강조다. '예수님에 대한 회상을 당신의 호흡과 일치시키라. 그러면 헤시키아의 가치를 깨닫게 될 것이다.' [36] 예수기도의 배경이 되는 것이 이러한 개념이다. 진정한 기도가 시작되기 이전에 먼저 침묵과 철수의 실천을 통하여 생각을 훈련시켜야만 한다. 그리고 어느 정도 신체적인 고독과 고요의 실천을 통하여 몸을 단련시켜야만 한다. 성 바질은 다음과 같이 말한다: '정신이 더 이상 외부적인 사물들 가운데서 흩어져 사라져 버린다거나 감각을 통하여 세계 너머로 분산되어 버리는 일이 일어나지 않을 때, 그 때야 비로소 정신은 그 자체에게로 돌아온다; 그리고 그것을 토대로 하여 하나님에 관한 생각으로 올라간다.' [37] 바로 이 상황에서 침묵은 정신의 저하와 혼잡을 통하여, 그리고 마음이 온유와 평화에 집중될 수 있도록 만들어 줌으로써, 우리가 성장할 수 있도록 도와준다.

물론 침묵의 실천은 자기 자신의 내적인 깊이를 발견하는 것과 뗄 수 없는 관계에 있다. 자기 영의 깊숙한 곳으로 내려갈 때, 사람들은 하나님과 나누는 친밀감, 자기 존재의 토대, 그리고 자신의 영혼이 서 있는 깊은 곳을 자각하게 되어 있기 때문이다. 동방 교회는 이러한 내향의 과정을 마음(*kardia*), 곧 성격의 중심부로 복귀하는 것이라고 보았다. 내적인 침묵을 통하여 사람들은 내면의 얼굴과 영성의 초점을 볼 수 있게 된다. 성서에서 마음은 지성의 장소, 생명의 장소로 나타난다. 그러나 극심한 사악함이 드러나는 장소 역시 마음이다. 예레미야에 따르면, 인간의 마음은 극도로 사악하다(17:9). 예수님 또한 자신의 제자들에게 이르기를 살인과 간음, 그 밖의 모든 악들이 나타나는 곳은 바로 마음이라고 말씀하신다(마태복음 15:18~19). 그러므로 마음은 정화가 필요한 곳이며, 이것은 정서적인 기도의 중요한 부분이다. 침묵의 목적은 마음이 고요해지도록, 그리하여 하나님의 말씀을 들을 수 있도록 허용해 주는 것이다. '기도하는 동안 너 자신은 조용히 있어야 한다……너 자신은 침묵해야 한다. 기도가 말을 하게 하여라.'[38]

침묵과 고요의 내적인 원천을 제공하는 것은 기도하는 동안 훈련해야 할 중요한 임무들 가운데 하나다. 침묵을 거의 금지하다시피 했던 문화권에서는, 그리스도인들이 내적인 침묵을 키워나갈 수 있을 만한 중심부, 위로가 될 만한 장소를 발견하는 것이야말로 가장 시급한 문제라 할 수 있을 것이다. 때로 그런 침묵의 추구는 집중적인 관심의 대상이 될 필요가 있다. 이것이 바로 영성수련의 목적인 것이다. 영성수련은 침묵의 시간이다. 이것은 보통 하루에서 닷새까지 지속되며, 이 기간 동안 개인은 하나님의 뜻을 위하여 자기 자신을 좀 더 완벽하게 포기할 수 있도록, 자신을 환경으로부터 분리하게 된다. 일종의 연례적인 영성수련은 아마도 진지한 그리스도인에게서 드러나는 삶의 본질적인 특징이라고 할 수 있을 것이다. 그리고 영성수련을 지도하는 것은 영성지도의 중요한 요소다. 모든 목사들이 다 영성수련을 제대로 지도하는 것은 아니다. 하지만 많은 목사들이 그렇게 하고 있으며, 좀 더 많은 개인들을 이 성장하는 업무의 영역으로 이끌어 올 필요가 있다. 영성수련은 깨어남의 시간이며, 새로운 비전과 새로운 활력의 시간이다. 휴 메이콕은 일전에 영성수련 지도자의 역할을 '영혼을 놀라게 하는 것'[39]이라고 설명했었다. 영성수련의 또 한 가지 주요 부분은 개인이 휴식을 취하고 여유

속에서 자랄 수 있도록, 그리고 성장을 위한 창의적인 장소를 마련할 수 있도록 허용해 주는 것이다. 여기에서 우리는 폰 휘겔의 현명한 말을 상기해 볼 필요가 있다:

> 확실히 영성수련은 그것을 베푸는 이에게 다소 의존한다; 하지만 영성수련은 사실 영성수련을 하는 영혼의 수수함과 관대함에 훨씬 더 많이 의존한다. 나는 모든 긴장과 모든 열정을 회피해야만 한다는 사실을 당신도 이미 잘 알고 있으리라고 확신한다. 오히려 당신은 여유로운 발전, 그리고 주의산만과 강박관념을 조용히 내려놓는 일에 집중해야 한다. 그것이 진보를 가져다주는 도구이며, 은총을 담는 그릇이다.[40]

뒤숭숭한 기도

명상은 정신과 마음의 수련에 관련된 것이며, 이러한 수련의 부족은 기도하고자 애쓰는 사람들을 종종 괴롭히는 방해와 주의산만의 주된 요인이다. 최대한 주의산만과 내적인 투쟁을 벌인다 할지라도, 부단하고 규칙적인 정신수련의 업무를 완성할 수는 없다. W. H. 롱그리쥐는 기도 가운데 나타나는 주의산만에 관하여 아주 유용한 글을 쓴 적이 있는데, 그 본문에서 다음과 같이 세 가지 '중요한 요법들'을 열거하였다: 늘 집중을 실천함으로써 정신을 수련시킬 것; 죄에 항거함으로써 마음을 정화시킬 것; 그리고 절규하는 듯 기도할 것. 롱그리쥐는 또한 특정한 기도 시간에 이용할 수 있는 다섯 가지 '특별한 요법'을 열거하였다:

1. 회상을 통하여 스스로 기도 준비를 할 것.

2. 자세와 기능, 세부사항에 주의를 기울일 것.
3. 아주 늦은 시각까지 절대로 기도를 떠나지 말 것.
4. 주의가 산만해질 때마다 신앙의 행위에 따라 정신을 차릴 것.
5. 지치게 하는 갈등들을 있는 그대로 받아들이고, 그것들에 대하여 전혀 걱정하지 말 것.[41]

다른 많은 작가들도 이와 유사한 충고들을 한다. 가장 초기의 작가들 가운데 한 명이 바로 4세기의 카씨안인데, 그는 괴로운 생각들에 대하여 다음과 같이 지도하였다:

생각은 어쩔 수 없이 정신을 괴롭힌다. 하지만 성실한 사람이라면 누구나 다 그런 생각을 받아들이거나 거부할 힘을 지니고 있다. 그러한 생각의 기원은 우리 외부에 있지만, 그것을 선택하느냐 안 하느냐는 전적으로 우리 안에 달려 있다. 그러나 나는 앞에서 생각이 정신 속으로 들어가지 못하게 하는 것은 불가능하다고 말했었다. 따라서 여러분은 우리의 통합을 맹렬하게 공격하는 영들에게만 모든 비난을 다 퍼부어서는 안 된다. 그렇지 않을 경우 인간의 뜻은 자유롭지 못한 상태가 될 것이고, 우리는 자기 자신의 개선을 위하여 전혀 노력을 기울이지 않게 될 것이다. 우리는 자기가 받아들이는 일종의 생각들을 좀 더 나아지게 할 수 있는 능력, 성스러운 생각과 세속적인 생각이 우리 정신 속으로 뻗어 들어오게 할 수 있는 능력을 상당히 많이 지니고 있다. 좀 더 고상한 상태의 회상을 획득하는 것, 이것이 바로 성서를 자주 읽고 그것에 관하여 언제나 명상하는 목적이다: 회개의 감정을 지속적으로 이끌어 내는 것, 이것이 바로 시편을 자주 노래하는 목적이다: 연약한 몸을 지닌 정신이 세상에 아무런 신경도 쓰지 않고 다만 하늘의 것들을 위하여 관상할 수 있도록 해주는 것, 이것이 바로 지속적인 경계나 금식이나 기도의 목적이다. 만일 우리가 이것들을 무시한다면 정신은 틀림없이 불결한 죄악과 타락 쪽으로 서서히 되돌아가고 말 것이다.[42]

위대한 스승들이 가르쳤던 명상 방법들은 모두 단편적이고 분열적이며 생각이 넘치는 인간 정신상태에 대한 사실적인 평가를 토대로 한 것이었다. 갑작스럽게 이러한 생각들을 제거해 버리려는 시도는 전혀 없었다. 다만 집중과 초점의 과정을 통하여 그 범위를 줄이려는 시도가 있었을 뿐이다. 은둔자 테오판은 '정신을 한 가지 생각―또는 오직 한 분에 관한 생각―에만 묶어 두라'고 조언하였다.[43]

산만한 생각에 대한 전통적인 접근에는 두 가지 측면이 있다: 조절이라고 하는 광범위한 문제, 그리고 마음을 하나의 중심부에 집중시킨다고 하는 특별한 문제. 정신 활동을 조절하기 위해서는 기도 시간 외의 수련이 굉장히 많이 필요하다. 혼란스럽고 뒤죽박죽인 정신이 기도 시간에 평화를 얻을 수 있으리라고 기대하는 것은 불가능한 일이기 때문이다. 여기에서 가장 빈번하게 발생하는 문제는 기억이 용솟음쳐 오르는 것이다. 이것은 정신을 과거의 사건들에 집중시킴으로써, 실패에 대하여 곰곰이 생각해 보게 하고, 사고들을 다시 떠올리게 하며, 분개심에 관하여 골똘히 생각하게 한다.[44] 따라서 에바그리우스는 기도하려고 애쓰는 사람들에게 다음과 같이 경고한다: '온 힘을 다해서 당신의 기억을 지키십시오……기도를 하는 동안에 종종 기억이 정신 속에 찌꺼기를 남겨 두기 때문입니다.' 에바그리우스는 기억이 과거에 대한 회상을 불러일으키며, 우리에게 잘못을 저지른 사람들의 얼굴을 떠올리게 만든다고 경고한다. 그렇게 될 경우 기도는 불가능해진다. 우리가 이러한 근심걱정에 완전히 묶여 버리기 때문이다. 그런 회상들은 조용히 한 쪽으로 치워 두어야 한다. '기도는 생각을 중지하는 것, 생각을 내던져 버리는 것이기 때문이다.' [45] 기도 시간에 정신을 집중시킬 수 있도록 도움을 줄만한 가장 멋지고도 가장 확실한 방법은 바로 기도 시간 외에 그것을 강화하는 것이다. 음악과 미술, 바느질, 오랜 산책, 자연의 아름다움 감상, 소설과 시집 읽기, 신체적 운동, 정원 가꾸기, 그 밖의 많은 활동들은 기도를 좀 더 가능성 있는 것으로 만들어 줄 수가 있다.

그렇지만 위대한 기도 스승들은 기도 시간에 산만한 생각들과 싸우지 말아야 한다고 만장일치로 주장한다. 정면충돌은 멋진 일이기도 하지만 동시에 우리의 정신을 기진맥진하게 만들고 나아가 우리를 기도에 부적합한 상태로 내버려 두는 행위이기도 하다. 그러므로 이런 경우에는 기도 시간이 결국 동요된 정신과 투쟁을 벌이는 싸움터가 되고 마는 것이다. 위대한 기도 스승들이 추천하는 방법은 시각적이든 청각적이든 간에 오직 한 점에만 집중하는 것이다: 십자가상이나 성화상을 응시하는 것, 또는 예수님의 이름을 말하는 것 등. 좀 더 자세한 내용에 대해서는 나중에 언급하게 될 것이다. 제자들은 즉각적인 반대에 시간과 정력을 허비하지 말라는 말을 듣는다. 6세기의 스승인 바르사누피우스는 이 방법이 너무 어려워서 대부분의 사람들이 자칫 신경쇠약과 절망에 빠져 버릴 수가 있다고 충고하였다.[46] 딱 한 단어의 기도를 사용함으로써 정신을 가라앉히고 집중하라는 것은 동서양을 막론하고 가장 일반적으로 전해 내려오는 충고다. 여기에서 기본적인 원칙은 굉장히 단순하다. 그리고 어느 현대 작가는 바나나를 바라보고 있는 원숭이의 비유를 통하여 이 원칙을 명백하게 설명해 준다:

> 지혜로운 원숭이 사냥꾼은 원숭이가 어떤 이유 때문에 이 나뭇가지에서 저 나뭇가지로 급히 움직이고 있다는 사실을 깨닫는다; 원숭이는 뭔가를 찾고 있는 것이다—어쩌면 좀 더 많은 바나나를 찾고 있는지도 모른다. 지혜로운 원숭이 사냥꾼은 원숭이를 잡기 위하여 나

무들 사이를 부질없이 쫓아다니는 것이 시간 낭비에 불과하다는 사실을 깨닫는다. 나무 아래에 바나나를 쌓아두는 것이 훨씬 더 간단하고 신속한 방법이다. 그러면 원숭이가 자발적으로 나무에서 내려올 것이기 때문이다. 지혜로운 원숭이 사냥꾼은 원숭이의 내적인 욕구를 깨달음으로써, 어떤 노력이나 통제나 감금 없이도 얼마든지 조용하게 원숭이를 붙잡을 수가 있다.[47]

대부분의 동양 스승들과 마찬가지로, 〈무지의 구름〉 역시 단 하나의 단어나 어구를 사용하라고 강조한다.

> 만일 여러분의 온갖 욕구들을 마음속에 쉽사리 간직할 수 있도록 딱 하나의 단어로 묶고자 한다면, 긴 단어보다는 차라리 짧은 단어를 선택하십시오. '하나님'이나 '사랑'처럼 한 음절로 이루어진 단어가 가장 좋습니다. 하지만 반드시 여러분에게 의미가 있는 단어를 선택해야만 합니다. 그 단어를 사용하여 여러분 위에 드리워져 있는 어두움의 구름을 물리쳐 버리고, 여러분의 주의를 산만하게 만드는 온갖 것들도 다 억제하며, 그것들을 여러분 밑에 깔린 망각의 구름으로 넘겨 주십시오. 여러분이 무슨 일을 하고 있는지 깨닫도록 요구함으로써 지속적으로 여러분을 괴롭히고 있는 여러 가지 생각들에 대해서, 딱 하나의 단어로만 대답을 하십시오. 만일 여러분의 정신이 이 짧은 단어의 의미와 암시를 깨닫기 시작한다면, 그것의 가치는 바로 단순성에 달려 있다는 사실을 명심하십시오. 이렇게 하면 여러분의 생각이 모두 사라질 것이라고 확신합니다. 왜냐고요? 그건 바로 여러분이 논쟁을 통하여 생각을 발전시키지 않겠다고 거절했기 때문입니다.[48]

위대한 기도의 스승들이 경험한 바에 따르면, 내적인 착취가 심하면 심할수록 내적인 혼란의 위험과 인내력 상실의 위험도 점점 더 커진다고 한다. 의식의 연구는 다음과 같은 사실을 지적한 일단의 과학자들에 따라 변화하고 있다: '이 내적인 요인들은 너무나도 강력하다. 사람들, 특히 고상한 가치관이 없거나 평생에 걸쳐 훌륭한 고대 체계를 훈련하지 못한 사람들이 대규모로 이런 일을 저지를 경우 처하게 될 위험을 조심하여라.'[40] 따라서 지도의 긴박한 필요성이 제기된다. 영성적인 발달의 과정에서 생겨나는 내적인 갈등을 강화하는 것은 사실 사막 교부들의 경험에 속한다. 성 안토니는 자신이 듣기, 말하기, 보기의 갈등에서 달아나 있는 동안 헤시케스트가 자기 마음의 전쟁터에서 지속적인 투쟁을 하였노라고 기록하였다. 이것이 특별히 중요한 이유는, 수많은 그리스도인들의 경우, 그들이 기도를 하는 동안 폭력적인 생각과 느낌, 특히 성적인 욕구나 거대한 분노와 결합된 폭력적인 생각과 느낌에 따라 자주 방해를 받기 때문이다. 그리고 그 사실은 곧 그들 자신의 죄악이나 또는 업무의 부적합성을 증명해 주는 것이라고 믿고 있기 때문이다. 하지만 실상은 판이하게 다르다. 기도를 통한 발달은 언제나, 불가피하게, 자기 자신의 심층에 대한 심오한 인식—유쾌한 것이든 아니든 간에—을 가져오며, 다른 사람들에 대해서도 좀 더 깊이 있는 감수성을 지니도록 만든다. 영성생활 훈련의 목적은 황홀경의 느낌에 지나치게 많이 의존함으로써 잘못된 길로 빠지는 일이 없게 제자들을 보호해 주는 것, 또는 뒤숭숭한 감정들에 따라 부서지고 절망하게 되는 일이 없도록 제자들을 위험으로부터 지켜주는 것이다. 〈무지의 구름〉에서 지적하듯이, 사람들은 자신의 어깨 너머 하나님께로 다시 눈을 돌려야 한다.

관상기도를 향하여

관상기도가 전형적이지 않은 그리스도교의 소수 집단을 위하여 따로 마련된 활동이라고 가정하는 것이 완전히 잘못된 견해라고 하는 주장은 좀 더 일찍이 제기되었다. 수많은 개인들이 정신의 한계를 초월하여 이러한 기도 방법을 취하게 되었다. 우리 의식의 한정된 양식들, 곧 비움의 경험과 초월의 경험 너머로 우리를 해방시켜 주고 이끌어 주는 것은 바로 하나님에 관한 경험이다. 비움의 경험은 선에서 '공'(空)이라고 일컫는 것인데, 이것은 주체/객체의 구별과, 단순함과, 길 없음과, 합일의 경험을 모두 다 초월하는 것이다. 14세기 신비주의자인 러이스브뢰크는 다음과 같이 말한다:

> 내면적인 사람은 열매 맺는 사랑에 대한 단순한 응시에 전념하기 위해서, 모든 활동과 모든 가치관을 초월하여, 간단한 방법으로 자기 자신 속으로 들어간다. 그곳에서 그 사람은 중재자가 전혀 없이 하나님과 만나게 된다. 그리고 하나님과의 합일을 통하여 단순한 한 줄기 빛이 그에게 비치게 된다. 이 단순한 빛은 어두움, 적나라함, 무(無)의 모습으로 나타난다. 이 어두움 속에서 그 사람은 포위를 당하고, 아무런 존재 방식도 없는 상태에 빠지게 되며, 결국에는 그만 길을 잃고 만다. 그리고 이 적나라함 속에서 사물에 관한 온갖 생각과 혼란이 그 사람을 회피하게 되며, 결국 그 사람은 단순한 빛에 대하여 알게 되고 그 빛이 충만하게 된다. 이 무 속에서 그 사람은 자신의 모든 활동이 아무것도 아니라는 사실을 깨닫게 된다. 이미 하나님의 끝없는 사랑 행위와 성령의 열매 맺는 성질에 완전히 압도되었기 때문이다……그 사람은 이제 하나님과 하나의 영이 된다.[50]

이러한 변화의 과정은 그리스도인의 삶에서 아주 본질적인 부분이다. 공허함 속에서 하나님의 빛은 빛날 수 있다. 따라서 기도 방법들의 목표는 그 빛이 아무런 방해도 받지 않고 밝게 빛날 수 있는 조건을 허락해 주는 것, 영혼이 하나님의 명확한 비전 쪽으로 인도 받을 수 있는 조건을 형성해 주는 것이다.

그러므로 영성지도는 정서적인 기도, 단순성의 격려, 짤막한 찬미 행위의 사용, 사랑과 슬픔의 영역에 관심을 기울이게 될 것이다. 잘 훈련된 생각으로부터 단순한 관상으로의 전환 과정에서는, 선창자를 따라 회중이 제창하는 형식의 연도가 신뢰할 만하다. 여기에는 리듬과 반복이 존재하며, 심지어는 단음만 연속되기도 한다. '이 시기에는 이른바 연도가 풍성해진다.' [51] 윌리엄 존스톤은 단음의 긍정적인 가치를 강조하였다. 그에 따르면, 단음은 '사려 깊은 의식을 저지하는 또 하나의 방법이다……만일……단음이 추론적인 단계에서 널리 퍼진다면, 비로소 직관이 행동을 취할 수 있게 될 것이다.' [52] 로사리오는 이 단계에서 매우 유익한 기도 형태다. 까를로 까레또는 로사리오가 단지 초심자만을 위한 기도 형태라고 주장하는 사람들을 비난한다.

> 로사리오에 관하여 논의하는 사람들이―마치 내가 예전에 그랬던 것처럼―이 기도의 영혼에 관하여 아직 제대로 이해하지 못하고 있다는 사실을 내가 비로소 깨닫게 된 것은 바로 사막에 있을 때였다. 로사리오는 영의 관상기도를 발전시켜 주거나 완성시켜 주는 기도의 형태에 속한다.

까를로 까레또에 따르면, 로사리오는 '영성적인 성숙을 위한 기도의……출발점이 아니라 도착점이다.' [53]

관상적인 고요함 쪽으로 이끌어 주는 이런 방식의 기도에서는, 딱 하나의 단어가 지배적이다. 만트라의 원칙은 본디 그리스도교에서 유래된 것이 아니다. 온 세계의 영성 전통에는 수많은 만트라들—하리 끄리쉬나, 옴 마니 파드메 홈 등—이 존재했었다. 물론 그리스도교의 가장 보편적인 만트라는 바로 예수님의 이름이다. 아주 이른 시기부터 그 이름은 악을 이기는 승리의 수단으로, 그리고 기도로 사용되어 왔다. '하나님의 이름을 상기하는 것은 모든 악을 완전히 파괴시킨다.' 54) 성 요한 클리마쿠스는 제자들에게 바로 이런 형태의 기도를 사용하라고 조언하였다: '예수님의 이름으로 여러분의 적을 패배시키십시오. 하늘에서나 땅에서나 예수님의 이름보다 더 강력한 무기는 전혀 없기 때문입니다……호흡할 때마다 예수님의 이름을 상기하십시오. 그러면 고요함의 가치를 깨닫게 될 것입니다.' 55) 그렇게 짤막하고 집중적인 기도를 사용하는 것은, 동양의 스승들 사이에서, 인격을 통합하고 집중시키기 위한 하나의 수단으로 간주된다. 9세기 시나이의 필로테오스는 다음과 같이 충고하였다: '예수 그리스도를 기억함으로써 멀리 흩어져 있는 여러분의 산만한 정신을 한 데 모으십시오.' 56) 따라서 예수기도는 기억하는 것, 예수님을 기억 속으로 끌어들이는 것, 또는 자기를 예수님의 기억 속으로 끌고 가는 것이다. 그 기억은 더 이상 고요함의 적으로 간주되지 않는다. 그것은 하나님에 관한 기억이며, 구원의 기념이기 때문이다. 기념(anamnesis)은 문자 그대로 '생각해 내는 것', 하나님을 현재의 의식 속으로 이끌어 들이는 것이다. 그리하여 끊임없는 기도의 조건을 형성할 수 있도록 말이다. 은둔자 테오판은 기도의 이러한 측면을 강조한다:

> 예수기도를 실천하는 동안에는, 정신과 주님 사이에 그 어떤 중간 이미지도 붙들고 있지 마십시오. 본질적인 부분은 하나님 안에서 사는 것이며, 이렇게 하나님 앞에서 걷는다는 것은, 여러분이 채 의식

하기도 전에, 하나님이 만물 안에 계시는 것처럼 여러분 안에도 계시다는 확신을 지니고 살아간다는 뜻입니다: 여러분은 하나님께서 여러분 안의 모든 것을 다 보고 계신다는, 그리고 여러분 자신보다도 더 여러분을 잘 알고 계신다는 확고한 신념을 지니고 살아갑니다. 하나님께서 여러분의 내적인 존재를 다 보고 계신다고 하는 이러한 인식은, 어떤 시각적인 개념이 동반되는 것이 아니라, 단순한 확신이나 느낌에만 제한되어야 합니다.[57]

이보다 더 일찍이 시나이의 성 그레고리 역시 기도를 사용하는 사람들에게 '색깔과 이미지와 형태로부터 정신을 자유롭게 해방시키라'[58]고 충고하였다.

관상기도를 향한 길에는 자기-발견과 자기-복종이 동시에 존재한다. 그러므로 영성지도자는 정체성의 발견을 돕는 일에 참여해야 하며, 사람들이 자기를 버리고 또 다른 중심, 자기 존재의 가장 깊숙한 중심부, 곧 하나님을 따라 살아갈 수 있도록 도와주는 좀 더 심오한 과정에도 참여하여야 한다. 그리스도인이 된다는 것의 본질은 바로 이러한 하나님-의식이다: '내 안에 계신 분은 내가 아니라 그리스도이십니다.'

6
영성지도의 예언자적 전통을 향하여

우리는 이제 영혼의 운명이 곧 사회적 질서의 운명이라는 것; 만일 우리 안의 영이 말라비틀어지면 우리 주변에 세워 놓은 온 세계 역시 말라비틀어지고 말 것이라는 사실을 인정할 수 있다.

데오도르 로작[1]

단순히 사실로 간주되는 영성지도는 이제 세계에 대한 증거다. 그러므로 우리는 그 증거에 전념해야 한다.

F. W. 페이버[2]

영성지도는 현재의 가치관에 적응하는 것이 아니라 치유와 화해, 그리고 의식의 변화에 관심을 기울인다. 전통에 따르면, 지도자는 분별력(*diakrisis*), 식별력, 판단력을 갖춘 사람이라야 한다. 그러므로 지도자의 역할은 개인적인 영역에 국한되지 않는다. 그러면 어떻게 해서 개인지도의 사역이 시대의 위기와 연결되는 것일까? 표면상으로는 이 둘 사이에 아무런 관련도 없는 것처럼 보인다. 예를 들면, 사회적 역할이 도대체 무슨 고백적 역할을 취할 수가 있겠는가? 어떤 사람들은 예배의 '사회적 차원'은 볼 수 있으면서도 고백적 차원은 결코 볼 수가 없다.

우리의 세계를 억압적인 세계로 간주하고 그 세계와 효과적으로 투쟁하는 사람들 눈에는, 참회의 성례전이, 건강에 해롭고 내면을 주시하는 과거로의 복귀를 통한 화해에만 국한되는 것처럼 보일 것이다. 이런 식의 믿음을 지닌 사람은 화해의 성만찬 축제를 좀 더 선호할 것이다. 그 축제를 통하여 그들은 실질적인 투쟁 단체에 참여하고 합일에 대한 우주적 소망을 증언하는 것을 승인할 수 있다.

이 프랑스 도미니크회 소속 작가는 계속해서 다음과 같이 말한다:

아일랜드의 선교 수도원 제도 때부터 시작하여 지금까지 존재하고 있는 형태가, 성례전적인 참회로부터 사회적 특성을 빼앗고, 용서와 화해는 내면적 양심에 속한다고 가정한다. 더욱이 그 형태는 종교가 사적인 업무라고 하는, 이미 우리 사회에 만연해 있는 생각을 더더욱 조장한다.[5]

최근의 변화는 그런 식으로 지나치게 개인화된 개념들을 바로잡는 데 도움이 될 것이다. 하지만 문제는 여전히 남아 있다: 제자와 지도자, 참회자와 목사의 개인적인 관계는 사회적으로 어떠한 결과를 가져오는가?

앞에서 목회상담 운동에 관한 연구를 살펴보다가, 그 훈련 과정에서 지나치게 개인적인 태도를 취하는 데 대한 불만을 제기한 학자의 예로, 고 R. A. 램번의 비판을 인용한 적이 있다. 램번은 1960년대 말엽 미국을 방문한 뒤에, '목회상담과 임상적 목회돌봄을 통하여 신학실천을 가르치는 사람들과······침체된 시골 환경에서 들일을 통하여 신학실천을 가르치는 사람들 사이에 일종의 틈이 있으며, 아마도 이 틈은 점점 더 커져가고 있는 것 같다'고 지적하였다. 그는 상담 운동의 배후에 놓여 있는 목회신학 때문에 굉장히 불안해하였다. '현재의 목회신학이……거의 전 전으로 정신적—정서적 형태의 그리스도론을 다루고 있기 때문이다.'[4] 결과적으로, 자기—발달에만 지나치게 몰두하는 성향은 정의와 물질의 희생을 바탕으로 존재했던 것이다.

신학은 지도의 사회적 관련성 문제 한 가운데에 자리하고 있다. 지도라는 이 사역이 단지 구세주 그리스도와 친밀한 개인적 관계를 다지는 일에만 관련된 것일까, 아니면 사회구조 속에서 하나님의 역사하심에 관한 인식을 좀 더 심화시키는 일에 관련된 것일까? 이 사역은 개인으로 하여금 일반적으로 인정되고 있는 사회적 질서의 구조 속에서 헌신과 경건의 삶을 살 수 있도록 해주는 일에 관련된 것일까, 아니면 사회적 질서의 영성적·도덕적 가치에 문제를 제기하는 일과 관련된 것일까? 이 사역은 사회에 대한 적응과 관련된 것일까, 아니면 하나님 나라에 대한 적응과 관련된 것일까? 영성지도가 조금이라도 어떤 사회적 차원을 지니고 있느냐 없느냐 하는 문제는, 순전히 그것이 토대로 하고 있는 신학적 가정들과 깊이 연결되어 있다.

그리스도교 전통에서 최초의 위대한 영성지도자들은 바로 수도사였다. 그리고 영성지도라는 말 역시 본디는 수도원적인 개념이었다. 그러므로 수도사의 지위를 살펴보는 것이 지도에 대한 우리의 이해를 확립하는 데 도움이 될 것이다. 그리고 이렇게 수도사의 지위를 살피는 것은, 위대한 수도사이자 훌륭한 영성지도자였던 토마스 머튼의 저서에서 수도원 운동에 관한 그의 견해를 들여다봄으로써 효과적으로 진행할 수 있을 것이다. 사실 머튼이 사회적·정치적 문제들에 대하여 좀 더 심오한 인식을 가질 수 있었던 것은 어디까지나 그 자신이 지도자로서 수행했던 일들을 통해서였다. '그는 사회적·정치적 문제들에 대한 자신의 관심이 모두 학생 수도사들에게 영성지도를 제공하는 일에 힘을 쏟았던 시절부터 시작된 것이라고 말한다.'[5] 수도원 운동에 대한 머튼의 견해에서 가장 중심이 되는 것은 바로 그가 수도사를 사회적 비평가로 묘사했다는 것이다. 사회의 근본적인 가치들에 문제를 제기하는 비평가 말이다.

머튼이 보기에 수도원 운동은 성육신이나 평범한 삶으로부터 도피하는 것이 아니라 오히려 세계 구원에 동참하는 특별한 방식이었다. 수도원의 기도는 인간의 소외에 대한 심원한 직면이며, 따라서 환상과 거짓의 기초를 흔들리게 하는 데는 이 기도가 필수적이다. '머튼은 환상을 벗겨 내는 것이 관상적인 삶의 본질에 속한다는 사실을 잘 이해하고 있었다.'[6] 그는 사망 당일 방콕에 제출한 논문에서 다음과 같은 말을 하였다: '수도사는 본질적으로 현대 세계와 그 구조에 대하여 비판적인 태도를 취하는 사람이다.'[7] 그는 관상적인 삶의 미래가 이러한 비판적·예언자적 역할과 긴밀하게 연결되어 있다고 보았다. '오늘 수도원 운동의 가장 큰 문제는 생존이 아니라 예언이다.'

현대 세계에서 수도사가 담당해야 하는 역할에 관한 머튼의 견해는, 그의 저서 〈관상기도〉(1969)와, 그가 방콕에 제출한 논문 '맑시즘과 수도원적 관점'에 가장 명확히 드러나 있다. 〈관상기도〉에서 그는 다음과 같은 주장을 피력한다:

> ……지금 이 시대는, 위기의 순간이 본디 다 그러하듯이, 혁명과 투쟁의 시대이며, 수도사가 명상과 기도를 통하여 수행해야 할 일인 특별한 탐구와 문제 제기가 요구되는 시대다……현실적으로 수도사가 세계를 포기하는 경우는 오로지 내면의 깊숙한 곳으로부터 흘러나오는 가장 심원하면서도 가장 간과하기 쉬운 음성에 좀 더 의도적으로 귀 기울이기 위해서일 뿐이다.[8]

이보다 좀 더 일찍이, 머튼은 시인의 임무를 수도사의 임무에 비유한 적이 있었다. 그것은 바로 1964년 멕시코시티에서 열린 라틴아메리카 시인협회 모임에서 낭독되었던 '시인들에게 보내는 메시지'라는 글을 통해서였다. 시인과 수도사는, 한 사람이 다른 사람과 대결하게 만드는 정치적 기술과 어느 한 쪽이 희생을 치르게 하는 상업적 기술을 둘 다 거부하였다. 그러나 그들의 진정한 역할이 결정된 것은 이러한 견해들에 대한 반대가 아니었다. '우리는 "그들의" 범주 밖에 머물도록 합시다. 이러한 의미에서 우리 모두는 수도사입니다: 우리는 정치 평론가들이나 관료들에 대해서 아무것도 모르고 아무것도 못 보는 사람이기 때문입니다.'[9] 머튼의 견해에 따르면, 수도사는 '주변인……근본적인 인간 경험을 심화시킨다는 입장에서 사회의 가장자리로 조심스럽게 움츠러드는 사람이다.' 수도사는 사회와 교회의 주변에 존재함으로써, 대부분의 사람들에게 수수께끼 같은 존재로 남는다. 그러므로 수도사는 '세계의 나머지 부분에게 자신의 입장을 명확히 털어놓을 수가 없다. 만일 그런 시도를 하려고 든다면 그 수도사는 너무나도 어리석은 사람임에 틀림없다.' 하지만 그 주변은 비록 인정받지 못한다 할지라도, 사실상 중심부나 마찬가지다. '수도사는 이런저런 경위로 인간 경험의 최전선으로 내몰리는 사람이며, 그것을 넘어서서 정상적인 수준의 존재를 초월하는 것들까지 밝혀 내려고 노력하는 사람이다.'[10]

'주변인'으로서의 수도사라고 하는 머튼의 주제는, 애드리언 해스팅스의 '변두리'라는 중요한 논문에서 또다시 등장한다. 해스팅스는 수도원 생활의 본질적인 특징들 가운데 하나가 바로 사회적 무—지위 의식이어야 하지만 정작 수도원 운동은 이러한 소명을 전혀 성실히 지키지 않는다고 주장한다. '수녀와 수도사는 위대한 항변가가 되어야 한다……그들은 세계 속에서 하나님의 가장 명확한 얼굴이 되어야 한다.'[11] 이것은 머튼의 사상과도 일맥상통하며, 12세기 말엽 플로라의 요아킴이 보았던 비전과도 너무나 잘 맞아 떨어진다. 요아킴은 새로운 시대가 도래할 것이라고 예언하였는데, 그 시대는 바로 성령의 시대, 어린 아이들의 시대, 관상과 여가의 시대, 돈이 없는 시대, 그리고 수도사의 시대였다!

영성지도 사역에서 중요한 것은, 머튼이 수도원 생활에 관하여 말한 것들이 좀 더 광범위한 영역에서도 역시 사실로 통한다는 것이다. 수도

사는 온 교회에게 하나님 나라의 비전을 보여 주는 증인이기 때문이다. 수도사는 하나님 나라에 속한 사람, 새 시대의 사람이다. 이와 마찬가지로, 영성지도자 역시 주변인이다. 인간 사회의 주변에 존재하면서 불가해하게 새로운 질서에도 참여하는, 그리고 관습적으로 인정받고 있는 오늘의 가치들 너머를 가리키는 인물인 것이다.

영성지도는 하나님 나라의 영토 안에서, 하나님 역사의 자유로운 지대 안에서 벌어지는 활동이다. 영성지도는 하나님 나라가 '신학의 규정적 원칙'[12]이라는 사실을 인정하며, 모든 영성이 도래하는 시대의 비전에 따라 판결을 받아야 한다는 사실도 인정한다. 하나님 나라는 그리스도의 제자들이 따라야 할 삶의 규범이며 시대의 징표를 식별하는 기준이 된다. 영성지도자의 근본 특징인 분별력(diakrisis)은 크리시스(krisis) 곧 판결의 기능이다; 그리고 복음의 중요한 크리시스는 바로 하나님 나라의 도래다. 이것이야말로 진정한 기도를 결정짓는 것이며, 우리는 이 사실에 신경을 쓸 필요가 있다. 왜냐하면, 앨런 에클레스토운이 제대로 잘 이야기해 주었듯이,

> 만일 예수기도의 특징이 이 세계가 하나님의 새로운 시대를 훼방 놓는 데 대한 확신이나 공표라면, 그러니까 일용할 양식과 죄의 용서를 위한 예수기도가 사실상 새롭게 시작될 삶의 양식이나 새롭게 확립될 전혀 다른 관계를 위한 기도라면, 그렇다면 우리들 대부분이 과연 이 방식에 따라 기도를 하고 있느냐 하는 것이 문제될 수 있다……오늘의 영성은 이 위대한 하나님 나라의 비전에, 그리고 이 복음과 인간 세계와의 합일에, 도대체 무슨 일이 생겼는지를 캐물어야 한다.[13]

성만찬 예전에서 선포되고 규정되는 것이 바로 하나님 나라의 새로운 시대다. 이 새로운 시대는 성령 안에서 누리는 정의와 평화와 기쁨의 시대다. 이것은 오로지 영성적으로 태어난 이들만 볼 수 있으며, 이 세계의

모습을 변형시킨다. 따라서 이러한 희망에 몰두하는 영성은 결코 도피주의자나 개인주의자가 될 수 없다. 그것은 인간의 사회와 보편적인 삶을 위한 희망이기 때문이다.

하지만 그 비전은 흐릿해질 수가 있다. 그리고 그러한 비전이 부족할 경우 사람들은 타락하고 만다. 비전과 명확한 통찰은 관상의 열매이며, 결코 없어서는 안 될 것들이다. 사실, 관상적인 사람들은 인간의 영 속 공허한 곳에서 빛나고 있는 밝은 빛을 명확하게, 하나님의 눈으로 바라본다. 이 명확한 비전은 진정으로 영성적인 사람들로 하여금 사건의 피상적인 면 아래를 들여다 볼 수 있게 해주고, 인간 체제의 환상과 거짓 주장들을 꿰뚫어 볼 수 있도록 해주며, 나아가 실재의 즉각적이고도 일시적인 면 배후를 들여다볼 수 있게 해준다. 이리하여 관상적인 사람들은 그저 단편적인 욕구만을 바라보는 사회 활동가들보다 훨씬 더 강하게 불의를 위협할 수 있다. 관상적인 비전은 곧 혁명적인 비전이며, 진정한 영성 지도의 열매는 바로 이러한 비전의 성취이기 때문이다.

명확한 비전의 영성은 사랑과 나란히 발전한다. 하나님의 눈으로 본다는 것은 곧 애정이 담긴 눈으로 신실하게 바라본다는 것이다. 그러한 사랑은 감상적이거나 미숙한 사랑이 아니다: 그 사랑은 억압을 서서히 약화시키고 환상과 거짓을 태워 없애는 사랑, 불길 속을 통과한 사랑, 투쟁을 통하여 정화된 사랑이다. 그 사랑은 고독과 절망을 잘 아는 사랑이다. 사람들로 하여금 타락한 세계의 구조 속에서, 그리고 마음 속 깊숙한 곳에서 영성적인 사악함과 사랑의 투쟁을 벌이도록 준비시켜 주지 못하는 영성이라면, 그 어떤 영성도 결코 그리스도인에게 적합하다고 볼 수 없을 것이다. 관상은 허울과 거짓 주장들을 제거해 버리고 실재만을 들여다보는 방법이다. 그러므로 관상은 위와 같은 투쟁에 참여한다. 바로 이것 때문에 관상은 인간의 해방에 절대적으로 필요한 조건이 되는 것이다. 나치 독일에 수감되었던 예수회 소속 수사 알프레드 델프는 이것을 아주 명확하게 표명하였다. 곧 그는 인간에게 영향을 미치는 중대한 문제들은 언제나 '사막에서, 전혀 방해 받지 않는 고립과 전혀 깨지지 않는 침묵 속에서'[14] 결정되어야 한다고 말했다.

고독과 항거, 관상과 예언의 결정적인 결합은 도교의 신비주의, 음양의 상징주의 속에서 명확하게 드러난다. 도(道)는 오로지 음양의 합일을 통해서만 깨달을 수 있다: 따로 떨어져 있을 경우 그 둘은 아무런 의미도 없다. 초기의 상징적 설명에 따르면, 음은 구름으로 나타나는데, 어두움을 상징하는 동시에 자양분이 풍부한 물의 원천을 상징한다. 반면에 양은 우승기 또는 표지를 상징한다. 관상과 활동은 서로가 서로에게 필요한 존재다. 관상은 인간의 생명과 인간의 고통 그 실재를 명확히 들여다보는 일에 연루되어야만 한다. 절대로 그러한 실재로부터 도피해서는 안 된다. 따라서 간디는 다음과 같이 주장하였다:

> 여러분이 이제까지 보아온 사람들 가운데 가장 가난하고 가장 절망적인 사람의 얼굴을 상기해 보십시오. 그리고 스스로에게 물어 보십시오. 여러분이 관상하고 있는 단계가 과연 그 사람에게 조금이라도 쓸모가 있는 것인지 말입니다. 과연 그 사람이 여러분의 관상을 통하여 뭔가를 얻을 수 있을까요? 과연 여러분의 관상이 그 사람이 자기 자신의 삶과 운명에 대한 통제력을 회복할 수 있도록 도와줄 수 있을까요?[15]

그와 같은 관상의 영성에는 불의에 대한 저항의 자원이 들어 있다. 저항은 오로지 개선된 지식과 심화된 통찰을 통해서만 발전할 수 있기 때문이다(빌립보서 1:9).

만일 이것이 사실이라면, 경제학자인 찰스 엘리옷이 자신이 제출한 연구논문 〈인플레이션과 위험에 놓인 교회〉(1975)의 결말을 관상에 대한 요청으로 마무리 지었다고 하는 사실이 더 이상 놀라운 쟁점이 될 수는 없을 것이다. 그의 말에 따르면, 그리스도인들은 자신의 구체적인 상황 속에서 자기를 둘러싸고 있는 불평등과 비극들을 똑바로 바라볼 수 있어야 한다. 그리스도인들은 정의의 도전에 직면해야 한다.

> 그런 다음에야 비로소 그들은 그리스도의 삶을 성찰하고 나아가 그리스도의 나라에서 누릴 삶을 예시하기 시작한다. 그러나 그들은 오로지 자신이 이제껏 보아온 범위 안에서만 성찰을 할 수 있을 것이다. 급진적인 행동은 어디까지나 급진적인 관상과 더불어 시작된다.[16]

한편, 불의와 사회적 분열은 '불완전한 지각'을 통하여 영속화된다. 곧, 보려고 들지도 않고 볼 수도 없으니, 행하려 들지도 않고 행할 수도 없는 것이다. 따라서 영성지도는 명료한 지각, 의식과 인식, 그리고 실재에 연루되어야만 한다.

그렇지만, 이렇게 말하는 것은 곧 영성과 정의가 나란히 걷는 일이 너무나도 드물다는 사실을 인정하는 것과도 같다. 저절로 확대된 인식은 그 인식이 좋은 일에 사용될 것이라는 보장을 해줄 수가 없다. 이 말은 곧 새로운 통찰과 함양된 의식으로 완전 무장한 사업가들이 가난한 사람들을 좀 더 잘 착취할 수 있으며, 명상을 통하여 좀 더 깨어 있는 정치가들이 수백만 명을 노예로 삼는 일과 폭탄을 만드는 일에 좀 더 유능할 수 있다는 것을 의미한다. 그리하여 대니얼 베리건은 유명한 본문에서 거짓-관상의 위험에 대하여 경고하였다:

> ……우리 문화의 혼란 속에서 우리는 사람들이 절망 가운데—심지어는 자기도 모르는 사이에—관상으로 향한다는 사실을 알게 된다. 그들은 자기 자신과 주변의 공포 사이에 울타리를 치기 위하여, 중립적인 상태가 되기 위한 수단으로 명상을 택한다……그리하여 그들은 문화에 반대되는 원천이 되는 게 아니라 문화에 찬성하는 또 하나의 원천이 되는 것이다.[17]

'문화에 반대되는 원천', '세계에 반대되는 증거' : 영성지도라는 사역은 우리를 하나님과 영성적인 가치로부터 동떨어진 세계와의 갈등 또는 크리시스(krisis)의 시점으로 이끌었다.

영성지도자는 영혼의 친구, 하나님의 도시로 가는 길을 안내해 주는 인도자로서 존재한다. 영성지도자의 임무는 디아크리시스(diakrisis), 사건의 분별, 해방, 그리고 개인과 공동체가 자유, 곧 하나님의 자녀로서 누리는 자유 쪽으로 나아갈 수 있도록 해주는 것이다. 영성지도자는 단순한 리더가 아니라 가이드이며, 언제나 자기 자신을 초월하여 하나님 나라와 영광을 가리켜야만 한다. 영성지도자는 자기 자신의 사랑과 침묵과 기도를 통하여, 길을 찾는 사람들에게 한 줄기 빛이 되어 주기를 바란다. 하지만 영성지도자는 언제나 자유의 요구를 명심해야 한다.

> 당신은 그들에게 당신의 생각이 아니라 당신의 사랑을 줄 수 있습니다.
> 그들에게는 그들 나름대로 생각이 있기 때문입니다.
> 당신은 그들의 영혼이 아니라 그들의 몸에게 집을 줄 수 있습니다.
> 그들의 영혼은 내일의 집에서 살고 있기 때문입니다.
> 당신은 꿈 속에서라도 결코 그 집을 방문할 수 없습니다.
> 당신은 그들과 같아지고 싶을지도 모릅니다.
> 하지만 결코 그들에게 당신과 같아지라고 강요하지 마십시오.
> 삶은 어제로 되돌아갈 수도 없고 어제에 머무를 수도 없기 때문입니다.
> 당신은 살아 있는 화살처럼 당신의 자녀를 쏘아 올리는 활입니다.[18]

부록
영성지도와 화해의 성례전

사적인 고백의 성장

성령의 삶은 메타노이아(metanoia), 회개, 변화에 따라 시작되고 또 그것들에 따라 특징지어진다. 그리고 영성지도의 긴요한 요소는 지속적인 회개와 죄 때문에 생기는 슬픔을 유지하는 것이다. 사실 '참회야말로……영성인도자에게서 추구해야 할 첫 번째 자질'[1]이라는 말이 있다. 비록 영성지도라는 개념이 성례전적인 용서의 선언 개념과 상당히 다른 것이긴 하지만, 실제적으로 이 두 가지 역할은 역사적으로나 현재적으로나 동시에 발견되는 일이 흔하다. 장 그후는 18세기에 다음과 같은 글을 썼다:

> 우리는 지도자와 영성상담가 간에, 질병을 치료해 주는 의사와 건강 유지를 위한 규칙을 지시해 주는 의사 정도의 구별만 해야 한다. 영성상담가는 우리 죄의 인정을 들어 주고, 그 죄책감으로부터 우리에게 용서를 선언해 준다; 그는 앞으로 우리가 죄를 피해 갈 수 있도록 해야 할 일들을 일러 주고, 우리가 미덕을 발전시켜 나갈 수 있도록 유익한 조언들을 해준다. 그러므로 성례전적인 참회의 판결은 고백

과 지도를 포함하며, 그것의 본질적인 임무는 우리가 잘못으로부터 용서를 선언받을 수 있도록, 잘못을 저지르지 않도록 지켜 주는 것이다. 그럼에도 불구하고, 참회자들뿐만 아니라 영성상담가들의 잘못 때문이기도 하지만, 어쨌든 영성상담가이면서 동시에 지도자이기도 한 인물은 사실상 거의 존재하지 않는다.[2]

그러나 이것은 단순히 고백을 듣는 사람들의 잘못 때문만은 아니다. 여기에서 우리는 두 가지 역할 사이의 구분에 대해서 생각해 보아야 한다. 오늘은 장 그후의 시대보다도 훨씬 더 영성지도의 실제가 광범위해졌으며, 고백의 실제보다 좀 더 다양해진 반면 조금 덜 형식적인 것이 되었다. 또한 고백과 용서의 선언은 여전히 그리스도교의 신학실천에서 매우 중요한 자리를 차지하고 있다. 그러므로 우리는 영성지도와 관련이 있든 없든 간에, 어쨌든 사적인 성례전적 고백의 배경과 그것이 교회에서 차지하고 있는 자리를 검토해 봐야 한다. 본 부록은 그러한 검토를 시도할 것이다. 그런 다음, 로마 공의회 내부의 고백에 관한 사고의 변화와, 이러한 변화들을 구체화한 '개정된 참회예식'에 대하여 살펴보게 될 것이다. 그리고 마지막으로 고백을 듣는 일의 실질적인 신학실천에 관하여 생각해 볼 것이며, 이 사역에 관련된 사람들을 위하여 몇 가지 기본적인 지침들을 제공해 줄 생각이다. 그러므로 이 부분은 본서의 나머지 부분들에 비해서 제도화된 교회 안에서 생활하고 일하는 사람들에게 좀 더 한정된 것이라고 할 수 있다. 물론 그렇다고 해서 이것이 오로지 그 사람들에게만 유용하기를 바라는 것은 결코 아니지만 말이다.

신약성서에서 우리는 세례 이전의 공적인 고백에 관하여 읽을 수 있다. 요단 강과 사도행전을 통하여 말이다. 또한 우리는 용서 받을 수 없는 죄목들(요한일서 5:16~17; 히브리서 10:26), 중죄인들의 추방(고린도전서 5:4), 죄인들을 위한 기도(요한일서 5:16; 야고보서 5:16) 내용들도 읽게 된다. 나아가 우리는 초기 교부들에게서 명백히 공적인 고백 (디다케 14.1; 4.14), 회개와 구제(이냐시오, 아드 필라드. 3.2; 8.1)에 관하여 읽을 수 있다. 사적인 고백에 관한 초기의 언급들은 오리겐(185~253)에게서 생겨난 것으로 보인다. 그러나 이것은 표준적인 것이 못 되었다. 터툴리안 시대로부터 그레고리 대제 시대에 이르기까지 교회의 성례전적인 고백 훈련에 대한 자료가 굉장히 많이 발견되고 있다. 하지만 사적인 고백은 분명하지가 않다. 지원자들을 받아 주는 참회자 규칙이 있었다. 그들은 참회복을 입고서 다른 참회자들과 함께 교회의 특정 지역에 모여 있었다. 예전이 진행되는 동안 그들은 여기에서 머리에 손을 얹는 행위를 받았다. 그렇지만 성례전적인 고백의 형식은 너무나도 가혹해서, 그 체계가 삶의 실질적 부분을 그치게 만들었으며, 따라서 그것은 주로 죽음을 준비하는 것으로 간주되곤 하였다! 그렇기 때문에 죄가 전혀 줄어들지 않았음에도 불구하고, '그들 뜻대로 되는 성례전적인 치료가 없었다.'[3] 이 시기에는 성례전적인 고백의 기간이 아주 다양하게 지정되었다. 터툴리안과 키프리안 시대에는 단 며칠 동안이었던 것이, 렌트 시대에는 무려 40일로 늘어났다. 그리고 이것이 교황 이노센트 1세 시대까지 규범적으로 전해 내려온 것 같다. 성례전적인 고백 기간에는 엄격한 금욕과 기도와 자선 행위를 준수해야 했다. 그러나 한 사람은 오로지 한 번만 성례전적인 고백을 받을 수가 있게 되어 있었다. 만일 누군가가 연속적으로 중죄를 저지르게 된다면 아주 안 좋은 상황이 벌어질 수 있었다! 사실상 타락한 참회자들은 강제적인 종교인이 되었고, 순결을 어긴 죄인으로 판결 받았으며, 공동체로부터 차단되었다. 결국 그런 사람은 군사적·상업적 활동뿐만 아니라 다른 모든 영역의 활동들까지도 전부 금지 당했다.

    사적인 고백은 5세기에 들어서 매우 일반적인 현상이 된 것처럼 보인다. 그리고 켈트족과 앵글로-색슨족의 참회서에도 명백히 등장한다.

459년, 성 레오 대제는 고백의 비밀을 누설하는 사람들에 대하여 불평을 하였다. 그리고 그는 사적인 고백의 실천을 지시하였다: '개인적인 죄의 고백을 공적인 암송 표에 작성하도록 분류해서는 안 된다. 양심의 상태는 오직 목사들에게만 비밀스럽게 고백해야 하는 것이기 때문이다.'[4] 그렇지만 공적인 성례전적 고백이 완전히 사라진 것은 아니었다. 아퀴나스는 여전히 공적인 성례전적 고백에 관하여 말하고 있다.

초기 교부들의 저서에서 고백과 용서의 선언은 성령의 회복으로 간주된다. 그리고 이러한 강조는 오늘에도 또다시 이루어지고 있는데, 부분적으로는 로마 공의회의 은사부흥 때문이기도 하다. 일단 이러한 견해를 인정하고 나면, 그것이 영성지도와 얼마나 긴밀한 관계에 있는지도 명확하게 드러난다. 고백과 지도는 성령 충만의 구조 속에서 서로 견고하게 연결되어 있다. 고백은 단순히 죄를 제거하기 위한 성례전이 아니라 성령의 능력을 강화하기 위한 성례전이다. 그러므로 고백은 영성지도 운동 내부의 통전적인 요소이며, 그리스도교적 발전의 본질적인 부분이다. 따라서 14세기의 성 제롬은 용서의 선언 행위에 관하여 다음과 같이 기록한다:

> 그는 대상의 머리 위에 손을 얹고 성령이 돌아오실 것을 요청한다. 그러면 자신의 영이 구원을 받을 수 있도록 육체에 벌을 가하기 위하여 사탄에게 잡혀 있었던 사람은, 기도에 따라 회중의 한가운데로 인도를 받고, 결국은 제단으로 가서 화해를 하게 된다.[5]

10세기의 주교용 예전서인 〈로마노-게르마닉 폰티팔〉 경우에는, 주교가 기도를 드려서 참회자에게 성령을 불어넣어 주었다. 성 암브로스는 다음과 같이 주장한다. 죄를 용서하시는 분은 성령이지만, '죄의 용서 안에서 사역을 수행하는 쪽은 인간이다. 그들은 결코 권리를 행사하는 게 아니다.'⁶⁾ 따라서 영성상담가들은 영성적인 사람들(*pneumatikoi*) 로 알려지게 되었다.

> 예수님을 통하여 사도로 '영을 부여받은' 사람들, 성령의 열매를 인 정받은 사람들, 그리고 성령의 행동 아래서 자기 자신도 하나님의 성령의 방식에 따라 완전히 이성적인 행동을 수행하는 '영성적인' 사람들—그런 사람들은 하나님이 용서해 주시는 죄를 용서해 주고, 용서 받을 수 없는 죄는 그대로 둔다.⁷⁾

그렇지만 켈트족의 성례전적인 고백 제도에서 '판결'이라는 개념이 널리 확산됨으로 말미암아, 불행히도 고백에 대한 율법주의적이고도 억압적인 접근을 조장하는 결과가 빚어지고 말았다. 율법적·도덕적 법전에 대한 집중은 불가피하게 성에 대한 지나친 강조로 이어졌으며, 그것이 우리에게까지도 전염되어 오늘에 이르기까지 고백의 특성을 왜곡시키고 있다. '도덕적인 노력은 자연스럽게 우리로 하여금 성행위와 관련된 규정들에 집중하도록 만드는 경향이 있었다.'⁸⁾ 따라서 어떤 성례전적인 고백 제도에서는 사순절 기간이나 크리스마스 이전의 몇 주 동안, 그리고 매주 토요일과 사계 재일(四季齋日)마다, 온갖 성행위들, 심지어는 부부간의 성행위까지 중죄의 고통 아래 금지되기도 했다. 이리하여 성례전을 성령—충만의 과정으로 바라보던 시각이 점점 율법주의적이고도 도덕주의적인 시각에 따라 밀려나게 되었다.

켈트족의 교회에서는 반복적인 고백과 용서의 선언이 관습화되어 있었다. 용서의 선언에 관한 사역은 정기적인 사역으로서, 반드시 목사에게만 한정된 것은 아니었다. 처음 몇 세기 동안에는 고백과 용서의 선언 사역이 평신도들에 따라 수행되었다고 하는 증거가 굉장히 많이 남아 있다. 5세기 어느 익명의 수도사는, 요하네스 예주아나토르라는 가명 아래, 다음과 같은 기록을 남기기도 하였다: '하나님이 주교와 신부를, 그리고 신실한 수도사들이 고백을 들을 수 있도록 교육시키기 위한 의사를 임명해 주셨다.'[9] 켈트 교회에서는 여성들이 영성상담가의 역할을 맡았다. 성례전적인 고백의 총목록은 매우 이른 시기부터 축적되었고, 6세기 말엽까지 아주 광범위하게 확산되었던 것처럼 보인다. 그 총목록은 죄목과 그것에 합당한 처벌의 목록으로 작성되어 있었다. 레클러크는 그것이 '보존됨으로써 서구의 양심 형성에 도움이 되어 주었다'고 주장한다.[10]

이렇게 빈번한 고백 실천의 확산에 대하여 아무런 비판이나 경고가 없었던 것은 아니다. 예를 들어, 스페인의 주교들은 589년에 개최된 톨레도 공의회에서 다음과 같은 불평을 제기하였다:

> 우리는 스페인 어느 지역의 어떤 사람들이 자신들의 죄를 위하여 전혀 무가치한 형태로, 교회의 지침과 일치하지 않는 방식으로, 성례전적인 고백을 치르고 있다는 사실을 접하게 되었다. 그들은 죄를 지을 때마다 매번 목사를 찾아가 용서의 선언을 받는다. 이런 이유 때문에, 그리고 그렇게 혐오스럽고도 뻔뻔스러운 행동 방식을 종식시키기 위해, 성스러운 본 공의회는 다음과 같은 법령을 공포하는 바이다: 성례전적인 고백은 예전의 공식적인 형태와 일치하게 진행되어야 한다. 곧 자기 죄를 회개하는 죄인들의 경우, 한 사람 앞에 여러 번씩, 머리에 손을 얹어야 한다. 그 사람은 성만찬 예식 장소에 나아가는 것을 금지 당한다. 일단 주교가 그의 고백 기간이 완수되었음을 증명해 준 다음에야 비로소 그 사람은 다시 성만찬에 참여할 수가 있게 된다.[11]

그럼에도 불구하고, 새로운 관습은 계속해서 확산되어 갔고, 결국은 로마 자체에까지 퍼지게 되었다.

   종교개혁과 그 이후의 시대에도 사적인 고백이 완전히 사라진 것은 아니었다. 루터는 사적인 고백이 필요하다고 주장하였다. '현재 실천되고 있는 사적인 고백은, 비록 성서를 통하여 증명된 것은 아니지만, 그래도 추천할 만하며, 매우 유용한데다가, 심지어는 필요하기까지 하다. 나는 결코 사적인 고백을 중지하지 않을 것이다: 사실 나는 그것이 그리스도의 교회에 존재한다는 사실 자체가 기쁘다. 그것은 문제에 빠진 양심을 위한 유일한(unicum) 구제책이기 때문이다.'[12] 멜랑히톤은 '사적인 용서의 선언이 세례만큼이나 꼭 필요하다'고 주장하였다. 사적인 용서의 선언을 통하여 개인에게 용서의 확신이 '개별적으로, 특별하게'와 닿기 때문이라고 한다. 나중에 대부분의 종교개혁교회 영성에서 이러한 관습은 거의 실질적인 부분으로 실천되지 못하고 그만 중지되었다. 비록 웨슬리가 '영성인도자'에게 고백하라고 조언을 하기는 했지만 말이다.[13] 최근 몇 년 동안에는 종교개혁교회 신자들 사이에서 이러한 관습이 다시 부활되고 있는 실정이다. 이번 세기에 들어서, H. E. 포스딕 같은 침례교 신자들, 그리고 레슬리 웨더헤드나 J. 네빌 와드와는 상이한 시각을 지닌 감리교 신자들이 그러한 관습의 중요성과 가치를 증명해 주었으며, 루터교 신자들과 다른 전통의 그리스도인들 역시 마찬가지였다.

   트리엔트 공의회에서는 참회의 사법적인 특성을 아주 강력하게 강조하였다. 용서의 선언은 단순한 복음의 선포나 죄 용서의 선언이 아니라, '목사 자신이 재판관으로서 판결을 내리는 사법적 행위와도 같은 것'이라는 점이 강조되었다. 용서의 선언은 '사법적 과정'으로 간주되며, 참회는 '속죄'이므로 당연히 죄와 관련된다.[14] 트리엔트—이후의 가톨릭교회 이론은 도덕신학과 금욕신학으로 서로 분할되었으며, 도덕신학과 교회법의 긴밀한 연결은 아주 최근까지도 로마가톨릭교회 전통을 지배해 왔던 고백에 대한 사법적이고도 합법적인 접근을 증가시켰다. 고백 안에서 영성지도는 저지를 당하지 않았다. 교황 비오 12세는 화해와 지도의 기능을 성례전 속에 결합시켰다.

> 자기—고발, 슬픔과 용서의 신적인 판결에서, 아버지와 친구들, 의사와 스승들의 심금을 울리는 재판관의 자리에 앉으십시오. 성례전의 기본적인 목적은 사람을 하나님과 화해시키는 것이지만, 이 숭고한 목적이 영성지도에 따라 훌륭히 달성된다고 하는 사실을 결코 망각해서는 안 됩니다.[15]

그렇지만 실제적인 차원에서는 고백이 좀 더 짤막하고 좀 더 기계적인 것이 되는 경향이 있었다.

한편 성공회 전통은 고백의 관습을 목회신학의 영역에 배치하는 경향이 아주 짙었다. 1549년의 기도서에 실린 권고는 '위로와 상담'을 동반한 고백과 결합되었고, 영성상담가는 '신중하고도 학식 있는 목사'여야 한다는 사실을 강조하였다. 제레미 캐럴린 시대의 테일러(1613~67)처럼, 엘리자베스 시대의 리차드 후커(1554~1600) 역시 자신의 저서에 고백에 관한 조언을 포함시켰다. 테일러는 고백을 영성지도와 밀접하게 연결지었다. 17세기 내내 그 관습에 관한 언급들이 쏟아져 나왔다. 아일랜드 교회법 19조(1634)는 목사들에게 촉구하기를, 필요한 사람들에게는 '특별한 화해의 사역'을 펼치라고 하였으며, 실제로 성만찬 전에는 고백을 듣기 위한 종을 울리게 하라고 지시하였다. 17세기 내내 아일랜드에서는 이 '특별한 화해의 사역'이 부분적인 논점이 아니라 매우 광범위하게 확산되었다.[16] 그렇지만 이미 제2장에서 살펴본 바와 마찬가지로, 옥스퍼드 운동에는 이중적인 경향이 존재했었다. 한편으로는 영성상담가들을 지도하기 위하여 대륙의 로마가톨릭교회 본문들에 상당히 의존하였으며, 다른 한편으로는 고백과 지도를 예리하게 구별하려고 했던 것이다. 카터와 니일의 견해는 앞에서 이 문제들에 관하여 논하면서 이미 인용했었다. 1866년, 압베 가우메의 연구를 성공회가 채택한 〈용서를 선언하는 성직자〉라는 제목의 소책자가 엄청난 논쟁을 불러일으켰으며, 그 문제는 반—의례주의의 주요 갈등들 가운데 하나가 되었다.[17]

오늘, 우리 교회 안에도 개혁전통에 서 있는 수많은 사람들이 개인적인 인도 사역에 종사하고 있다. 비록 사적인 고백을 성례전적인 의례보다는 오히려 자문의 차원에서 바라보려는 경향이 여전히 존재하기는 하지만 말이다. '목사는 목사의 기능을 수행하는 게 아니라, 상처 입은 양심에 하나님의 말씀이라는 기름을 부음으로써 부드럽게 어루만져 주는 목양적 기능을 수행하는 사람이다.'[18] 그러나 그러한 관습은 1960년대 이후 확산되기 시작하였다. 1960년대에 잭 윈슬로우는 특히 성공회 안에서 개혁전통에 서 있는 사람들을 대상으로 한 소규모 연구를 진행하였다. 그는 '겉보기에 주로 개혁전통을 지닌 신학대학들은 전혀 아무런 거리낌도 없이 그들의 가르침에 자리를 내주고 있다'고 지적하였다.[19] 오늘 치유사역과 심각한 문제에 빠진 사람들을 돌보는 사역의 부활은, 개혁전통에 서 있는 많은 사람들 사이에서 사적인 고백에 대한 변화된 태도를 불러일으키는 주요 요인이 되어 왔다. 그리고 은사운동 역시 의심할 수 없을 정도로 중요한 요소가 되었다.[20]

참회의례의 수정

1960년대까지 참회예전의 '사사화'(私事化)라는 의미는 그것의 지역적·사회적 특성의 회복을 요구하게 만들었다. 1966년 존 구스토운은 다음과 같이 기록하였다: '참회예전은 개인적인 돌봄을 위한 순수한 목양적 도구가 되었다.'[21] 같은 해 교황 바오로의 사도헌장〈참회〉(Paenitemini)는 다음과 같이 널리 알렸다: '사도좌는 고백수련들을 우리 시대에 좀 더 적합한 실천으로 재구성하려는 경향이 있다.'[22] 프랑스의 도미니크회 수사 한 명은 1971년 다음과 같은 불만을 제기하였다: '오늘 가톨릭 교회에서 실천되고 있는 참회의 성례전은 수많은 유보조항을 발생시킨다.'[23] 성공회의 선 자리에서 마틴 쏜톤 역시 1974년에 다음과 같이 동의하였다: '만일 참회의 성례전이 본질적인 가치를 그대로 유지한다면—그러리라고 나는 확신한다—적어도 성만찬 시리즈 3만큼이나 급진적으로 수정된 의례를 요구하지 않을까?'[24]

따라서 '참회의 성례전을 위한 의례와 정식은 그 성례전의 본질과 효과를 좀 더 명확하게 표현해 줄 수 있도록 수정되어야 한다'는 바티칸 공의회의 지시는 그리 놀라운 사항이 아니다.[25] '무슨 의례던지……공동체적인 축제를 준비하며……이런 식의 의례가 개별적이거나 거의 사적인 형태의 의례보다 가능한 한 좀 더 자주 이루어져야 한다.'[26]는 것이야말로 바로 헌장에서 강조하고 있는 것 가운데 일부분이었다. 이와 비슷한 분위기에서 예전학자 J. D. 크라이턴은 1973년, 의례의 수정에 영향을 미쳐야 한다고 나름대로 판단되는 기본적인 원칙들에 관심을 집중시켰다. 그는 모든 예전이 사적인 행동이 아니라 공동체적인 행동이며, 따라서 여기에는 하나님의 말씀 선포도 포함되어야 한다고 강조하였다. 그는 모든 예전이 가시적인 행동이어야 하며, 그리스도교 공동체들로 하여금 그 의례에 참여토록 조장해야 한다고 주장하였다.[27] 수정 작업은 어느 정도 시간을 요했다. '예전위원회'는 1966년 연구집단을 만들었으며, 1969년 말엽에는 '예배를 생각하는 회중들의 모임'이 새로운 연구집단을 창설하였다. 그리고 마침내 1973년 12월 2일, 새로운〈참회예식서〉(Ordo Paenitentiae)가 등장하였다.

로마가톨릭 공동체 외부의 성공회와 다른 그리스도교 집단에서 새로운 의례를 연구하는 사람들 역시 로마가톨릭의 실천맥락을 염두에 두어야 한다. 그 상황의 다양하고 결정적인 측면들은, 예를 들어서, 성공회에 만연한 상황과는 아주 다르다: 고백의 자발적인 특성, 거기에 연루된 사람들의 숫자가 더 적음, 성공회의 예배에서 성서를 더 많이 사용함, 교회법에 대한 태도의 차이 등. 그렇지만 이러한 차이점들에도 불구하고, 무엇보다도 더 중요한 것은 바로 새로운 참회의례들이다. 이것들을 절대 무시해선 안 되며, 따라서 로마가톨릭 공동체 외부의 그리스도인들에게도 제공할 만한 가치가 아주 많다.[20]

의례에는 세 가지 독특한 형태가 있다: 개별적인 참회자들의 화해의례, 개별적 고백과 용서의 선언을 동반한 여러 참회자들의 화해의례, 그리고 일반적인 고백과 용서의 선언을 동반한 여러 참회자들의 화해의례. 개별적인 의례의 형태일 경우, 목사의 환영이 있고('목사가 개인을 따스하게 환영한다'), 십자가 표시를 한 다음, 참회자에게 하나님을 믿으라고 초대한다. 이 초대에는 다섯 가지 대안이 있다. 그런 다음에는 성서를 선택해서 읽고, 다 읽은 다음에는 참회자가 고백을 한다. 목사는 참회를 시키고 상담을 하며, '자신의 조언이 참회자의 상황에 적합하도록 확실하게 적용시켜야만 한다.' 그런 다음 목사는 참회자에게 슬픔을 표출하라고 요청한다. 이 때 목사와 참회자가 같이 낭송할 수 있도록 준비된 기도문이 여러 가지 있다. 목사가 두 팔을 뻗어 참회자의 머리에 올리고 있는 동안 용서의 선언이 이루어진다. 용서의 선언 뒤에는 목사와 참회자가 함께 하나님께 감사를 드린다. 그리고 최종적으로 보내는 말을 하면 된다.

공동체 의례에서는 노래나 찬송을 위한 예비 순서가 있으며, 그 순서가 끝난 다음에는 목사가 회중에게 인사를 하고, 예식에 관하여 말을 한 다음 함께 기도를 한다. 그런 뒤에 '하나님 말씀의 축제'가 거행되는데,

두 번의 읽기와 한 번의 복음, 그리고 설교와 양심의 점검이 뒤따른다. 그 다음에는 보편적인 죄의 고백, 그리고 연도 형식의 간구가 이어진다. 바로 이 시점에서 참회자는 개별적인 고백을 할 수 있으며, 그 고백을 들은 목사는 상담을 해주고 즉각적인 용서의 선언을 해준다. 개별적인 고백이 다 끝나면 공동의 고백과 찬미의 선포, 그리고 최종적인 축복이 이어진다.

〈참회예식서― '하나님과 인간 사이의 화해'〉의 들어가는 말은 아주 중요하다. 그것은 강조점의 변화를 보여준다. 의례는 공동체와 개인의 차원에서 화해의 주제를 중심으로 전개된다. 참회는 세례의 은총을 부활시킨 것 내지는 '하나님과의 화해, 교회와의 화해'를 부활시킨 것으로 간주된다.

> 참회의 성례전을 통하여, 신실한 사람들은 하나님의 자비를 통하여 하나님께 저지른 죄들을 모두 용서받게 된다. 동시에 그들은 교회와도 화해를 하게 된다. 그들이 죄를 지음으로써 상처를 입혔던 교회, 자비와 모범과 기도를 통하여 그들을 변화시키려고 온갖 애를 다 써 온 교회 말이다……참회는 언제나 자기 죄의 영향으로 괴로움을 당해 온 사람들과의 화해를 내포한다.[29]

수정에서 가장 중요한 것은 공동체적인 고백의 축제를 회복하는 일이다. 참회자는 '목사와 함께 영속적으로 새로워지고 있는 교회의 예전을 거행하는'[30] 사람으로 간주된다. 그러므로 공적인 예전을 위한 규정이 있어야 한다. 하나님의 말씀을 해석하는 일에 강조점이 주어지는데, 이것은 개인적인 의례에서도 많이 강조된다. 또한 의례에 참여한 사람들이 하나님의 말씀에 응답할 수 있도록, 노래와 침묵을 위한 규정도 있어야 한다. 〈예식서〉에는 다음과 같은 말이 기록되어 있다:

한 공동체의 축제는 참회의 교회적인 특성을 명백히 보여준다. 신실한 사람들이 모두 함께 모여서 하나님의 말씀을 듣는다. 그리고 그들은 모두 하나님의 자비로 말미암아 자신의 삶을 변화시키도록 초대 받는다. 이 초대는 말씀을 해석하는 시간에 선포된다. 동시에 그들은 자신의 현재 삶이 하나님의 말씀에서 일러준 삶과 일치하는지 안 하는지를 생각해 볼 수 있는 기회도 갖게 된다. 또한 그들은 기도를 통하여 서로를 돕기도 한다. 저마다 자신의 죄를 고백하고 용서의 선언을 받은 다음에는, 모두가 다함께 하나님을 찬미한다. 당신의 아들의 피를 통하여 당신 것으로 삼으신 백성들을 향한 하나님의 경이로운 선하심을 찬미하는 것이다.[31]

또 '은혜와 죄의 사회적 측면'[32]을 강조하는 설교 규정도 있다. 이것은 사람들로 하여금 자기-점검에 대한 준비를 갖출 수 있게 해준다. 〈예식서〉 부록 III에는 양심의 점검을 위한 양식이 제공되어 있다. 이것 역시 죄의 사회적 차원을 강조하고 있다. 비록 죄에 대한 접근이 너무 단순하다는 비판을 받아오긴 했지만 말이다.[33] 일반적이고도 개인적인 고백과 용서의 선언, 찬미와 감사로 이루어진 중심 부분은 이른바 '화해의 의례'로 불리는 것이다. 기도는 트리엔트의 형벌이나 사법적인 개념보다는 차라리 상처와 치유의 언어를 사용한다. 그리고 용서의 선언을 위한 새로운 형태에는 화해의 언어가 들어 있으며, 성령의 능력도 강조되어 있다. 최종적인 권고 조항에는 좀 더 공동체 지향적인 참회 규정이 실려 있다. 여기에서 목사는 '각 개인의 삶과 공동체 전체의 삶 속에서 회개의 은총이 명백하게 드러날 수 있도록 선을 행하라고 권고한다.'[34]

'보편적인 고백과 용서의 선언에 관련된 참회자들 집단의 화해'를 위한 의례의 경우에는, 용서의 선언 형식이 좀 더 길고, 좀 더 명확하게 삼위일체적이며, 좀 더 성서적이다. 언어도 매우 의미심장하다. 하나님 아버지는 자비를 보여 주시고, 평화를 내려 주신다. 예수 그리스도는 죄로부터 해방시켜 주시고 성령을 충만히 부어 주신다. 그리고 성령은 깨끗이 정화시켜 주시고, 광채를 가득 채워 주신다. 여기에서 가장 중심적인 주제는 바로 평화와 자유, 성령의 충만함이다. 용서의 선언은 개인적인 의례에서 비롯된 용서의 선언 양식이나 또는 그것을 짤막하게 수정한 양식으로 끝맺어진다. 크라이턴은 긴 형식으로 된 용서의 선언이 '주목할 만한 부분'이며 '가장 중요한 목양적 의미'를 지니고 있다고 주장한다. 그것은 말씀의 예배를 통하여 구체화되기 때문이다.[55]

개인적인 의례에서는 따뜻함과 친절함이 강조된다. '참회자가 자기 죄를 고백하러 올 경우, 목사는 우정어린 인사로 그를 환영한다.' 그런 다음 '참회자에게 하나님을 신뢰하라고 말한다.' 이 때 목사는 '참회자의 상황에 익숙해지도록 노력을 기울여야만 한다. 참회자의 말과, 참회자가 상담을 요청하는 일들에 적합하도록 주의를 기울여야 하는 것이다.' 성서해석은 명령이 아니라 다만 권유되는 항목이다. 영성상담가는 '참회자가 완전히 다 고백할 수 있도록 도와줘야 한다.' 영성상담가는 적절한 조언을 제시해 주어야 하고, 성례전적인 고백이 유월절의 신비를 재현하기 위한 것, 그리스도 안에서 그리스도인이 죽었다가 다시 부활하는 것임을 상기시켜 줌으로써, 참회자가 진정한 참회의 시간을 가질 수 있도록 도와주어야 한다.

이렇게 새로운 의례들의 목양적 가능성은 향후 몇 년 동안 잘 탐구해 봐야 할 것이다. 하지만 몇 가지 방향에서 발생할 것 같은 변화들을 손꼽아 볼 수는 있다. 첫째로, 성례전에 대한 좀 더 비공식적이고도 여유로운 접근이다. 영성지도와 영 분별에 대한 강조는 확실히 목양적 실천에 좀 더 많은 유동성을 제공해 줄 것이다. 독일의 신부인 W. 베케르스는 1960년대 초에 '고백실'을 만들어야 한다고 주장하였으며, 이러한 주장은 미국의 F. J. 헤겐과 J. H. 챔플린의 지지를 받았다.[56] 그 이후로 그런 종류의 방이 일반적인 것이 되었다. 물론 새로운 의례의 추천이 있었다고 해서 금방 '고백실'의 구조 속으로 들여올 수는 없을 것이다. 현재는 치유자와 상담자로서 수행해야 할 목사의 역할이 강조되고 있다. 목사는 이제 더 이상 참회자를 재판하는 판사나 참회자를 죄인 취급하는 사람으로 간주되지 않는다.³⁷⁾

둘째로, 공동체적인 자기-점검과 회개, 그리고 죄의 사회적 차원에 대한 관심의 증가다. 죄를 단순히 법을 어기는 것으로 보는 시각은 문제가 있을 수밖에 없다. 크라이튼 신부가 비판하는 것처럼, '새롭고 더 나은 성례전을 실천하기 위해서는……죄의 본질부터 재검토하고, 양심도 다시 점검해야 한다. 그리고 이것은 좀 더 심오한 죄의 개념을 토대로 한 것이어야 한다.'³⁸⁾ 10년도 더 전에 독일의 주교들은 〈공적인 참회에 관한 목회서신〉(1965년 3월 16일)에서 '인간이 저지르는 죄의 사회적·교회적 차원'³⁹⁾을 강조하였다. 이렇게 회복된 강조점은 현재 새로운 의례들과 함께 출판되고 있는 여러 가지 형태의 양심 점검에서 확연히 드러난다. 그러므로 우리는 참회예식과 공동참회—독일과 미국이 괄목할 만한 발전을 이룩한 영역—를 좀 더 상상력이 풍부하게 이용하게 될 것이라고 기대할 수 있다.

셋째로, 공적인 축제와 사적인 축제 모두에서 성서가 좀 더 자주 이용된다는 것이다. 우리는 참회예식 때 사용할 수 있도록 성서 해석과 주석을 좀 더 많이 제공해 주는 참고도서들을 기대할 수 있다.⁴⁰⁾ 성서와 헌신, 그리고 참회의 실천 사이는 점점 더 긴밀하게 연결될 것이다. 그리고 인간과 하나님 말씀의 대립에 근거를 둔 참회가 점점 더 강조될 것이다. 성서를 곰곰이 묵상하는 습관은 자기-점검에 대한 좀 더 풍부하고도 좀 더 나은 접근을 허용해 줄 것이다.

넷째로, 성례전과 치유사역, 성례전과 안수, 성례전과 성령의 행위를 결합하는 것이다. 치유와 화해의 본질적인 신학적·목양적 합일이 회복되고 있다. 매쿼리의 말을 빌면, '치유의 사역과 화해의 사역이 통합되고 있는 셈이다.'[41] 참회의 성례전이 지니는 치유의 능력은 특별히 로마 가톨릭 공동체의 성령 쇄신 집단에서 강조된다. 프랜시스 맥너트는 이 새로운 의례를 환영하는 가운데, '참회를 새롭게 하기 위해서는 치유가 절대적으로 필요하다'[42]는 사실을 강조한다. 또한 그는 이러한 강조점의 부활이야말로 성례전의 미래에 가장 중요한 요소가 될 것이라고 본다. 그것은, 예를 들면 1439년 플로렌스 공의회에서 다음과 같은 진술을 통하여 표명되었던, 아주 오래된 강조점의 재발견이다: '만일 죄를 통하여 우리가 영혼의 병으로 쓰러진다면, 참회를 통하여 영성적으로 치유를 받을 수 있다.'

다섯째로, 왜곡된 여러 가지 견해들을 수정하고, 좀 더 풍부하고 신학적으로도 좀 더 건전한 이해를 확립해 나가는 것이다. '우리는 단순히 용서의 선언에 매달리거나 의존하는 것이 아니라 유월절의 신비를 기념하고 있다는 사실을 깨달아야만 한다.'[43] 성례전에 대한 사법적 접근은 이제 거의 눈에 띠지 않는다. 새로운 의례에서는 상담과 지도가 좀 더 뚜렷하게 강조된다. 예를 들면, 〈예식서〉에는 다음과 같은 주장이 실려있다:

> 영성상담가는 자신의 임무를 온전히 완수하기 위하여 영혼의 질병을 인정하는 법을 배워야 하며, 따라서 적합한 치료법도 적용시킬 줄 알아야 한다. 영성상담가는 현명한 판단을 내릴 수 있도록 필수적인 지식과 신중함을 갖춰야 하고, 교회의 가르침에 근거한 지도 아래, 특히 기도를 통하여, 부지런히 연구해야 한다.[44]

'영 분별력'이 강조된다. 어느 의례 비평가는 다음과 같이 말한다: '이와 같은 영성상담가에 대한 이러한 견해는 지극히 전통적인 것이며,

특히 동방 교회의 영성과 성례전적인 실천에 근거한 것이다. 하지만 오늘의 수많은 목사들에게는 이것이 매우 참신한 것으로 와 닿을 것이다. 이것은 영성상담가를 영성지도에 관련시킨다. 따라서 어쩌면 영성상담가들의 요구가 좀 더 심오한 기도와 연구뿐이라고 생각하는 사람도 있을 것이다.'[45] 한편 삶의 변화라는 의미를 지닌 '회개'에 대해서도 좀 더 풍부한 이해가 이루어지고 있다. 의례가 좀 더 광범위하게 베풀어질 경우, 공동체적인 차원, 곧 그리스도의 몸이 수행하는 화해의 사역과 개인적인 차원, 곧 자기-대면과 영성지도를 포함하는 것도 똑같이 강조된다. 수정 업무가 이루어지기 몇 년 전에 라너가 예측했던 것처럼, '이러한 성례전의 이론과 실천은 향후 이 성례전을 신학적으로 좀 더 충만하고 좀 더 개인적인 성취로 이끌어 줄 것이다.'[46]

고백과 목양적 돌봄

고백과 용서는 그리스도교 경험의 한가운데에 놓여 있다. 그것은 억압으로부터의 자유와 하나님과 화해에 대한 경험이기 때문이다. 하나님은 그리스도 안에서 우리와 화해하셨다. 그리고 교회에게 '화목하게 하는 직책'(*diakonia tes katallages*, 고린도후서 5:18), 곧 '이 화해를 전수하는 일'(Jerusalem Bible), '화해의 섬김'(NEB)을 맡기셨다. 화해의 섬김은 그리스도교 공동체 전체에 널리 퍼져 있으며, 그 공동체의 형태를 구체화한다. 신약성서에서 화해는 그리스도의 일과 교회의 일을 상징하는 중심적인 언어로 나타난다. 우리는 적이다. 하지만 그리스도의 죽음을 통하여 화해를 하게 되었다: 그리스도의 죽음을 통하여 우리는 화해를 얻었다(*katallagen*, 로마서 5:11). 십자가의 목적은 평화를 회복하고, 지난날에는 적대적이었던 사람들과 화해를 하는 것이었다(에베소서

2:15~16; 골로새서 1:20). 하나님의 백성은 죄인들과 화해를 하는 일에 모두 연루되어 있다. 만일 형제 가운데 한 사람이 죄에 빠진다면, 영성적인 사람들(pneumatikoi)은 '그 형제를 온유의 영 안에서 회복시켜 주어야 한다'(갈라디아서 6:1—RSV). 공동체에 복귀한 제자든 공동체로부터 추방당한 제자든 간에(고린도전서 5:5 이하; 마태복음 18:15~17), 몸의 지체들끼리는 서로 강력한 연대감을 지니고 있었던 것으로 보인다. 어느 한 지체가 고통을 당하면 공동체 전원이 고통스러워했다(고린도전서 12:26). 따라서 화해는 공동체의 활동이며, 사실상 지교회의 중심적인 관심이기도 하다.

> 지교회는 상당히 죄로부터 구원 받지 못한 사회에서 살고 있는 수많은 죄로부터 구원 받은 죄인들로 구성되어 있다……그것은 삶이 파괴되고 개인적·사회적 죄로 엉망이 된 사람들에게 사랑으로 다가서야 하는 신적인 지도 아래 있는 사람들의 모임이다……그것은 수용과 관계의 중심이다……지교회를 둘러싸고 있는 공동체의 역사상, 지교회의 목적은 평화와 구원, 합일, 전체성, 그리고 건강이다.'

제2차 바티칸 공의회는 교회를 '화해의 성례전'으로 묘사하였다. 그러니까 그리스도의 몸 안에서 우리가 하는 행동들은 모두 이 화해의 성례전에 속하는 것이다. 따라서 참회의 성례전은 교회의 삶에 대한 공동체적 표현과 상관없는 별개의 고립된 요소, 용서의 도구가 아니다. 용서의 선언은 '복음의 수많은 합법적 표현들 가운데 하나다……용서를 받은, 화해된 공동체의 중요한 특징인 것이다.' 그것은 교회의 삶 전체를 통하여 널리 퍼져 나가야 할 자기—감시, 자기—이해, 연속적인 참회의 과정을 가장 밀접하고 가장 철저하게 명시해 주는 것이다. 과거에 성공회들은 고백적인 사람들에게 설교하는 것을 회피하려는 경향이 있었다. 비록 옛 멀필드 파더서의 위대한 선교 설교는 예외로 치고 말이다. 성례전은 코너에 마련되어 있었으며, 허용된, 그리고 어쩌면 조장되기도 한, 사적인 활동으로 간주되기 시작하였다. 하지만 그것은 지교회의 주류를 이루는 예전적 삶에 필적할 만한 것이었다. 참회자들을 이 자리로부터 구출해 내는 것은 매우 중요한 일이다. 그리고 화해의 섬김이 제공되는 다른 활동들과의 관계를 살펴보는 것도 굉장히 중요한 일이다. 교부들은 용서가 행동의 범위에 따라 효과를 미친다고 보았다. 어거스틴은 다음과 같이 주장하였다: '죄의 용서는 거룩한 세례의 씻는 행위뿐만 아니라 매일 드리는 주기도문 암송을 통해서도 얼마든지 발견할 수 있다……그 속에서 여러분은 일상적인 세례의 본질을 발견하게 될 것이다.' [50] 아를레스의 캐사리우스는 청중들한테 다음과 같은 조언을 하였다: '자선과 금식과 기도에 열중하여라: 이 방법들을 통하여 일상적인 죄가 깨끗이 씻길 것이다.' [51]

이런 종류의 행동들 가운데 하나가 바로 설교다. 설교를 성례전적인 고백과 긴밀하게 연결 짓는 것은 매우 중요하다. 설교를 통하여 성례전에 대해 좀 더 자세히 설명할 수도 있고 불안과 공포를 가라앉힐 수도 있으며, 더 나아가 설교 그 자체를 하나님의 용서 도구로 간주할 수도 있는 것이다. 물론 설교의 능력은 종교개혁교회 전통에서 가장 많이 강조되어 왔다. 〈웨스트민스터 간추린 신앙요리문답〉에서는 다음과 같이 주장하였다: '하나님의 성령은 말씀을 해석하고, 특히 말씀을 선포한다. 이것은 죄인들을 설득하고 전향시키는 데 효과가 뛰어난 방법이며, 죄인들이 성결과 위로 가운데, 신앙을 통하여, 구원에 이르도록 만드는 데에도 효과가 좋은 방법이다.' [52] 사도 바울에 따르면, 구원은 설교의 어리석음을 통하여 이루어진다(고린도전서 1:21). 그러므로 설교에서는 화해의 말씀이 선포되고, 하나님의 용서가 이루어진다. 설교는 영혼의 치유에 매우 중요한 부분이다. 그것은 예전적인 행위로서, 응답을 요구한다. 역설적이게도, 설교단을 좀 더 자주 사용하라는 요구는, 교회가 목회상담에 대한 관심을 간과하고 있다고 고소하는 한 정신의학자로부터 시작되었다.[53]

고백에 관하여 가르쳐야 할 필요성을 깨닫는 것 역시 중요하다. 그리고 상당량의 가르침은 바로 설교를 통하여 제공할 수가 있다. 조세프 챔플린은 자신의 설교, 교육 지침에서 말하기를, 참회에 관한 교리교육은 오랜 기간 동안, 적어도 6개월에서 1년 정도에 걸쳐 진행되어야 한다고 조언하였다. 사람들이 자료를 받아들이고 그것에 관하여 생각해 볼 만한 시간을 주어야 하기 때문이다. 그의 조언은 특별히 새 〈예식서〉의 목양적 사용에 관련된 것이지만, 성공회 상황에 훨씬 더 잘 맞는 것 같다. 성공회에서는 고백의 실천이 여러 곳에서 제대로 '포착되지' 못했기 때문이다.[54]

화해의 사역은 다른 성례전들을 통하여 수행되기도 한다. 세례예식에서는 고백과 용서의 선언의 근본적인 행위가 발생한다. 우리는 '죄의 용서를 위한 세례'를 믿는다. 성 암브로스가 주장한 것처럼, 교회는 '물과 눈물을 동시에 소유한다: 세례의 물과 회개의 눈물.'[55] 어떻게 하면 세례의 본질을 가장 잘 전달할 수 있을까? 물론 가장 많은 숫자의 교인들이 출석한 순간에 공적인 예전 구조 속에서 의례를 베풂으로써 전달할 수 있을 것이다. 사람들은 세례의 경험을 지켜보고 공유할 수 있어야 한다. 세례서약의 갱신은 세례의 본질을 전달하기에 지극히 중요한 수단이다. 그리고 이것은 실제로 모든 세례예식에서 발생하는 일이다. 온 회중이 악의 청산과 신앙의 고백에 동참하도록 촉구함으로써 말이다. '우리는 세례—그것의 의미, 그것의 능력, 그것의 진정한 타당성—를 재발견한다……진정한 재발견은 교회가 이 위대한 신비를 기념하는 순간마다 발생해야 하며, 우리 모두가 그 의례의 참여자, 증인이 되어야 한다.'[56] 세례의 영성이 갱신되지 않을 경우 참회의 성례전도 거의 갱신될 수 없다. 참회 자체가 세례의 은총을 갱신하는 것이기 때문이다.

성만찬 축제는 화해의 사역에서 가장 중요한 요소다. 화해는 성만찬 예식에 없어서는 안 될 준비 단계다. 사랑과 자비를 통하여 이웃과 하나가 된 사람들만이 초대받을 수 있기 때문이다(비교: 마태복음 5:24; 고린도전서 11:18). 의례 그 자체에서는, 상호적인 고백, 평화의 증표 공유, 공동체에 어울리지 않는 사람들에 관한 반복적인 표현들이 화해의 중요성을 강조한다. 그리스도는 '우리가 그리스도의 성령을 통하여 하나가 될 수 있도록', '우리의 화해를 위한 희생양'으로 제공되신다.[57] 죄의 용서를 위하여 언약의 피가 흐르고(마태복음 26:28), 성만찬에서는 그 구원하시는 보혈의 능력을 통하여 죄의 용서가 전달된다.[58]

화해에 대한 강조는 다른 성례전들(특히 안수와 기름부음)뿐만 아니라 참회예식에서도 마찬가지로 유지되어야 한다. 이렇듯 '하나님 백성과의 만남은……사람들을 전향시키고, 그들의 삶을 새롭게 하며……그리스도의 죽음과 부활 때문에 죄의 속박으로부터 해방되었다고 하는 사실을 선포하기 위하여 준비된 것이다.'[59] 이러한 예배 구조 속에서는 사람들이 좀 더 심오하고 철저하게 자기-점검을 할 수 있도록 도와줄 수 있다. 그러나 화해의 사역은 온갖 목양적 업무들—심방, 지독한 괴로움과 절망에 빠진 사람들을 위한 사역, 싸움의 중재, 사회적 정의를 위한 투쟁—속으로 파고든다. 입에 발린 말로만 교회의 화해 업무를 수행하는 것은 쉽다. 하지만 진정으로 그 일을 실천하는 것은 굉장히 고통스럽고 힘겹다. 화해는 희생의 원칙이나 우회적인 갈등에 근거한 조화와 합일의 손쉬운 획득이 아니기 때문이다. 정의가 없는 평화란 존재할 수 없다. 구약성서의 예언자적 전통은 '평화, 평화'를 외치면서 평화롭게 지내지 못하는 사람들을 자주 공격한다. 사회의 화해자로서 그리스도인이 맡고 있는 역할은 결코 정의 문제로부터 회피하는 것으로 변질되어서는 안 된다. '성서에서 화해는 대립을 무시하거나 변명하는 게 아니라 효과적으로 제거하는 것을 의미한다.'⁶⁰⁾ 그러므로 만일 참회의 사회적인 차원을 이해할 수 없다면 고백의 필요성에 대한 진정한 이해도 있을 수가 없다. (참회의 사회적인 측면은 1966년 교황 바오로의 교령〈참회〉에서 특별히 강조되었다.) 사회 속에서, 사회를 위하여, 화해의 사역을 수행하는 것은 온 교회, 그리고 지교회다. '교회가 출현시킨 화해 공동체는, 계속해서 화해의 사역을 수행하고 지속적으로 그 대가를 지불하는 화해 공동체다.'⁶¹⁾

그러므로 고백을 듣는 일은 교회의 전반적인 화해 업무와 뗄 수 없는 관계에 있다. 또 이 일이 그러한 상황 속에서만 의미를 지니는 것도 사실이다. 참회자들은 예전과 생활의 전환기, 곧 예배를 따르면서도 사회생활을 열심히 하는 자리에 서 있다. 또한 참회자들은 그리스도를 향한 개인적 응답과 사회에 대한 참여의 중간 지점에 서 있다. 여기에서 선포되는 해방의 언어들은 직접적으로 '감정에 호소하여'(ad hominem) 도움을 주게 된다. 여기서는 하나님 나라의 가치가 그 가치들을 실천하고자 하는 사람의 생활과 서로 대립된다. 그러므로 계속해서 개인생활과 사회생활의 실재를 테스트할 수 있을 만한 지속적인 자기-점검과 고백이 필요하다. 이러한 상호작용이 없을 경우, 참회자들은 자칫 당황할 수도 있고 거짓으로 꾸밀 수도 있기 때문이다. 투쟁의 장소, 선한 세력과 악한 세력이 인간 속에서 싸울 수 있는 장소, 개인적인 제자훈련 차원에서 하나님과 악한 세력의 충돌이 일어날 수 있는 장소가 반드시 있어야 한다.

영성상담가로서 목사

사람들에게 '훌륭한 영성상담가'가 되라고 가르치는 것은 불가능한 일이다. 용서의 선언 사역을 효과적으로 수행할 수 있는 자질은 오로지 경건하고 유능한 목사들, 목회자들만이 갖출 수 있는 것이기 때문이다. '훌륭한 영성상담가'는 기도에 몰두하고, 생활 속에서 훈련하며, 인간의 허약함을 잘 알고 있는, 성령의 길에 대한 지혜와 지식의 은사를 부여받은 목사다. 이러한 특징들을 갖추지 않은 사람들은 제아무리 많은 훈련과 기술을 거친다 할지라도 아무 소용이 없을 것이다. 그럼에도 불구하고 도움이 될 만한, 기본적으로 '해야 할 일과 하지 말아야 할 일'이 몇 가지 있다. 고백을 하고 싶은 사람에게 무엇보다 큰―잠재적으로는 해를 미칠 수도 있는―장애물은 바로 자기가 해야 할 일이 무언지, 사람들이 자기에게 기대하는 게 무언지를 분명히 모르고 있는 목사와의 대면이며, 당황하고 약간 흥분한, 그러면서 이미 신경질적인 상태에 있는 참회자에게 자기 자신의 불안과 서투름, 전반적인 혼란까지 가중시켜 대화를 나누는 목사와의 대면이다. 애석하게도, 교회 안에는 그런 식으로 혼란 상태에 빠진 무능한 목사들이 너무나 많다. 지금 중요한 것은 더 이상 상황을 악화시키지 않는 것이다. 특히 수많은 사람들이 아주 심각한 위기에 처해 있는 지점으로 말이다. 다음 사항들은 이 영역에 대한 목사의 능력을 좀 더 증가시키는 데 공헌할 것으로 보인다.

첫째, 몸과 영의준비가 매우 중요하다는 사실을 강조해야 한다. 고백을 듣기 전에 먼저 기도와 휴식의 기간을 갖는 것이 좋다. '고백―전 선잠'은 목사로 하여금 방심하지 않고 경계 태세를 갖출 수 있게 도와주며, 따라서 매우 추천할 만한 방법이다! 고백을 듣는 것은 결코 쉬운 일이 아니다. 그것은 영성적·신체적 조심성을 필요로 한다. 그러므로 성례전을 위한 준비를 최우선적인 과제로 삼는 것이 중요하다. 지치고 기운이 빠진 목사는 절망 가운데 있는 참회자에게 그리 도움이 되어주지 못한다. 더더군다나 그리스도인으로서의 삶 속에서 지도를 추구하고자 하는 강하고 성숙한 사람에게는 더더욱 도움이 되어줄 수가 없다. 신체적 준비와 더불어 마음의 준비도 함께 이루어져야 한다. 이 사역을 준비하는 데에 가장 중요한 요소는 독서과 성찰이다. 사실 참회의 예전을 준비하는 것은 여러 가지 측면에서 모든 형태의 예전적 경배와 기도 자체를 준비하는 것과도 일치한다. 고백은 기도의 장소다. 그러므로 고백은 기도와 똑같이 취급해야 한다. 줄곧 책을 들고 다니는 것이야말로 아주 좋은 방법이다. 어쩌다 아무도 찾아오지 않는 시간이 있을 수 있다―사실 전혀 아무도 안 올 수가 있다!―그런 시간에는 그곳에 앉아 있는 동안 기도와 공부를 할 수가 있다. 책을 지니고 있든 없든, 참회자가 있든 없든 간에, 그 시간 내내 기도를 하는 것이 중요하다. 예수기도를 낭송하는 것 역시 하나님―중심적인 상태를 유지할 수 있는 좋은 방법이다.

둘째, 일상적인 배치와 지리가 중요하다. 대부분의 교회에는 고백실이 따로 존재하지 않는다. 하지만 몇 군데 교회에는 고백실이 있는데, 그런 장소를 접하게 될 경우 어떻게 해야 하는지를 알아두면 유용할 것이다! 정식 '고백실'은 한 개의 문이 달린 구조를 지닌다. 목사가 문을 열고, 만일 커튼이 있으면 그 커튼을 끌어당긴다. 그런 다음 일종의 격자창이나 스크린 같은 것으로 참회자와 분리해 놓은 자리에 앉는다. 이런 식의 구조가 지니는 장점은 익명이 제대로 보장된다는 것이다. 또한 이런 구조는 참회자들이 자신을 표출하는 데에도 많은 도움이 된다. 한편 개인적인 접촉은 최소한으로 줄어든다. 비록 어렵긴 하지만, 참회자의 얼굴을 볼 수는 있다. 하지만 때로는 참회자의 음성을 듣기가 힘들 경우도 있다. 또 새로운 〈예식서〉에 지시된 것처럼 참회자의 머리에 손을 뻗는 것은 전혀 불가능하다. 격자창이 목사와 참회자 사이를 가로막고 있기 때문이다. 그러므로 〈예식서〉가 이런 규정을 통하여 고백실의 간접적인 폐지를 주장하고 있다고 말할 수가 있을 것이다. 물론 현대적 로마가톨릭교회의 실천에서는, 참회자가 목사와 탁자를 사이에 두고 마주 앉아 대화하는 화해실이 더 일반화되었지만 말이다. 그러나 대부분의 교회에서는 참회자를 위하여 무릎을 꿇는 책상 옆에 의자를 한 개 놓아두는 것이 보통이다. 책상 위에는 언제나 간단한 형식의 고백 예식문이 놓여 있어야 한다. 자기 나름대로 말하기를 좋아하는 사람이 있는가 하면, 카드에 쓰인 양식대로 말하는 것을 더 중요하게 여기는 사람도 있기 때문이다. 그런 사람들의 경우, 만일 책상 위에 아무것도 준비되어 있지 않다면 마치 '바다에 빠진' 듯한 기분을 느끼게 될 것이다. 다음은 관례적인 형식을 간단하게 서술해 놓은 것이다.

목사는 자주색 스톨을 걸치고 앉아서 참회자를 기다린다. 참회자는 도착하자마자 곧바로 다음과 같이 말할 수 있다: '저를 축복해 주십시오. 제가 죄를 지었습니다.' 그러면 목사는 참회자에게 축복을 해준다. 만일 참회자가 그러지 않을 경우에는 목사 쪽에서 축복으로 시작을 할 수도 있고, 아니면 새로운 〈예식서〉에 지시된 대로 '성부와 성자와 성령의 이름으로, 아멘' 이라고 말한 다음 축복을 베풀 수도 있다. 그러면 참회자가 고백을 하게 된다. 목사는 고백을 방해하지 않도록 주의를 기울여야 한다(참회자가 청각 장애인이 아니라면, 조금만 더 크게 말해 달라든지, 그와 비슷한 사항을 부탁할 수는 있다). 또한 목사는 고백이 끝나는 순간까지 어색한 침묵이 흐르지 않도록 조심해야 한다. 참회자는 보통 정해진 형태의 말들을 사용함으로써 고백을 마무리한다. 하지만 침묵이 오랫동안 계속될 경우에는 '다 끝났나요?' 라든가 '그게 다인가요?' 등의 질문을 할 수가 있다. 고백이 끝났을 때 목사는 참회자에게 참회의 행동에 관하여 말해 보라고 권유하거나 아니면 참회자와 함께 말할 수도 있다. 그런 다음 목사는 참회자에게 고백에 관한 몇 가지 문제들을 질문할 수도 있고, 참회자가 원할 경우 조언을 해줄 수도 있다. 그 다음으론 참회를 처방해야 한다. 어쩌면 참회자와 함께 간단한 감사 행위(예를 들면, 영광송이나 시편의 한 구절)에 관하여 이야기한 뒤에 용서를 선언할 수도 있다. 새로운 〈예식서〉에서는 목사가 손을 뻗어 참회자의 머리 위에 얹고 용서의 선언 양식을 암송하라고 지시한다. 영성상담가는 '나는 그대가 용서받았음을 선언합니다……' 라고 말하면서 성호를 긋는다. 그런 다음 마지막 기도와 축복을 하면 된다.

여기에서 중요한 것은 고백의 원초적인 목적이 조언이 아니라 용서라는 사실을 염두에 두는 것이다. '만일 조언을 원치 않는다면 조언을 구하지 마십시오' 같은 지시들이 들어 있는 카드를 배치해 놓는 것도 현명한 방법이다. 대부분의 참회자들은 자신이 조언을 필요로 하지 않는 경우에도 마치 조언을 구해야 할 것만 같은 의무감을 느끼게 되어 있다. 마찬가지로, 대부분의 목사들은 별로 조언이 필요하지 않은 경우나, 거의 쓸모가 없거나, 또는 자신의 조언이 참회자나 그 상황에 전혀 적합하지 않을 것 같은 경우에도 무조건 조언을 해야 한다고 주장한다. 사람들이 고백을 하러 와서 조언을 듣지 않고 가는 것은 성만찬 예식을 하러 와서 설교를 듣지 않고 가는 것만큼이나 평범하고 정상적인 현상이라고 보아야 한다. 조언이나 상담이나 지도는 고백이라는 형식적인 구조를 벗어나서야 가장 잘 받아들여지는 경우가 흔하다. 참회자가 조언을 요청한 경우라 할지라도 조언은 짧고, 직접적이고, 하나님 중심적인 것이라야 한다. 만일 목사가 보기에 좀 더 길고 좀 더 여유로운 만남이 적합하다고 생각될 경우에는, 참회자에게 물어 일정을 정해야 하고, 가능하다면 고백이 끝난 다음에 대화를 나누는 것도 좋다. 그러나 여기에서 가장 중요한 일은 그렇게 해도 좋다는 참회자의 허락을 받는 일이다. 그렇지 않을 경우, 비밀엄수가 깨지고 말 것이다. 고백의 비밀엄수는 이 논의까지도 연장되어야 한다. 그런 식으로 고백이 확장될 경우, 고백 시간에 그랬던 것처럼 이번에도 참회자가 먼저 논의를 시작하게 하는 것이 매우 중요하다.

목사는 종종 정화의 목적을 위하여 참회자에게 질문을 던져야 할 필요성을 느끼게 될 것이다. 참회자들이 모호한 심정으로 나가게 해서는 안 된다. '나는 불결했습니다' 라는 말은 욕망이나 질투심 같은 일상적인 생각에서부터, 40년간 지속되어 온 불륜관계에 이르기까지, 여러 가지 의미를 내포하고 있다. 그 상태만으로는 아무런 의미가 없는 말이다. 모호한 참회자의 경우, 죄의 심각성과 빈도를 정확하게 밝히는 것이 매우 중요하다는 사실을 깨닫게 해줘야 한다. 만일 목사가 듣기에 고백의 어떤 부분이 확실치 않다면 질문을 던져야만 한다. 한편, 너무 상세한 설명도 회피해야 한다. 목사는 남의 일에 참견하기 좋아하는 사람이 되어 쓸데없이 죄의 상세한 부분까지 파고드는 일이 발생하지 않도록 주의를 기울여야 한다. 물론 목사는 고백을 이해할 수 있을 정도로 자세히 들어야만 한다. 하지만 그 이상은 결코 안 된다. 그 어떤 경우라 할지라도, 언급된 사건에 연루된 다른 사람들에 관하여 조사를 해서는 안 된다. 그리고 개인적인 참회자 역시 다른 사람의 이름을 거론해서는 안 된다. 고백의 본질에 관련된 사항들만 정확히 밝히면 되는 것이다—예를 들면, '내 아내에게 분노를 느꼈습니다,' '내 어머니를 무시했습니다,' '내 고용주를 속였습니다' 등.

질문의 목적은 목사 측에서 정화와 식별을 확실히 하기 위함이다. 따라서 목사는 참회자와 그 사람의 죄에 관하여 생각하지 말고 오로지 하나님과 그분의 순결함에 관해서만 생각함으로써, 자신의 질문 자체를 정화시켜야 한다. 지난날의 소책자들을 보면, 목사가 질문을 하는 것에 대하여 재미있는 조언이 실려 있다. 예를 들면, 13세기에 샐리스베리의 부사역자였던 카밤의 토마스가 쓴 〈참회 전집〉(*Summa de penitentia*)에는 다음과 같은 지시가 들어 있다:

> 그리고 목사는 참회자에게 물어 보아야 한다. 혹시 술을 마시지 않았는지, 마셨으면 얼마나 마셨는지, 행여 포도주의 힘을 몰라서 우연히 마셨는지, 아니면 손님 때문에 어쩔 수 없이 마셨는지, 그것도

아니면 갈증이 마구 밀려와 마셨는지……목사는 참회자가 혹시 다른 사람이나 다른 생명체들을 저주하는 일에 익숙한지 아닌지를 물어 보아야 한다; 하나님의 피조물이나 가축에게 강한 분노를 느낀다든지, 욕설을 퍼붓는다든지, 심지어 악한 마음으로 해를 끼친다든지 할 경우—시골 사람들이 종종 그러듯이—사람이나 무고한 동물을 저주하는 것은 매우 큰 죄가 되기 때문이다; 또한 많은 사람들이 바로 이러한 죄를 저지르면서도 자신이 죄를 짓고 있다는 사실조차 깨닫지 못하며, 이런 분노에 대해서 고백을 하러 오는 사람은 좀처럼 드물다; 따라서 목사는 분노에 휩싸인 사람이 잠시 동안 침묵을 누릴 수 있도록 동참해 주어야 하며, 때로는 하루에 몇 시간씩 침묵해야 하는 경우도 있다.

〈사회적 죄에 대한 참회지침서〉(*Memoriale Presbiterorum*, 약 1344년경)에서는 성직자들에게 경고하기를, 선원들의 죄에 대해서 너무 많은 것들을 캐묻지 말라고 한다! '질문을 할 때에는 무척이나 조심하고 신중을 기해야 합니다. 여러분은 그들이 연루된 죄를 펜으로 다 쓰기가 벅차다는 사실을 잘 알아야 합니다. 그들의 부정은 다른 모든 사람들의 부정을 넘어서기 때문입니다.' [62] 그러므로 질문은 관련이 있는 내용으로 짤막하고 신중한 것이어야 한다. K. N. 로스는 고백의 실천에 관한 몇 가지 지침을 제시해 놓은 책에서 다음과 같이 조언한다: '사실 아주 심각해 보이는 죄에 관하여 한 가지 질문만 던지는 것이 가장 좋은 방법이다. 그렇게 하면 참회자가 덜 심각한 일들을 숨김없이 털어놓고 얘기하기가 쉬워진다.' [63]

정화에서 중요한 요소는 죄에 관한 피상적이고도 왜곡된 사상들을 바로잡는 것이다. 어떤 땐 도저히 죄라고 볼 수 없는 사건들을 고백하러 오는 사람들도 종종 있을 것이다. 아픈 병자가 교회에 오지 못했다고 고백하는 일도 있다. 사실 올 수도 없는 처지였고, 또 와서도 안 될 상황이었는데 말이다. 또 어떤 청년들의 경우웬—아마도 죄의 종교적인 목록 따위에 영향을 받은 사람인 것 같다—정작 자신이 고백하고 있는 게 건전한 성적 욕구인데도 불구하고 '음란하다'고 고백하러 온다. 어떤 부모들은 자녀들에게 화를 냈다고 무작정 고백하러 온다. 자신들이 화를 낼만한 정당한 근거가 있었는지 없었는지도 검토해 보지 않고 말이다. 어떤 사람의 경우웬 유혹이나 생각이나 주의산만조차도 마치 무슨 죄를 저지른 것처럼 고백하러 오기도 한다. 그러므로 영성상담가는 점잖으면서도 확고한 태도로, 혼동의 위험, 죄에 대한 불안정하고도 해로운 견해의 위험에 주의를 집중시켜야 한다. 만일 그러한 견해가 수정되지 않는다면, 전체성을 향한 그리스도인의 발달은 사실상 방향을 벗어나고 말 것이다. 참회자들은 미숙함과 유치함의 정도가 점점 더 심해질 것이고, 그렇게 되면 오로지 죄의 전형적인 목록과 심판에만 초점을 모음으로써, 심오하고도 진정한 자기 점검은 지연되고 말 것이다. 따라서 목사는 주어진 고백을 아무런 질문 없이 그저 받아들이기만 하는 사람이 결코 아니다. 목사는 참회자가 양심을 확신할 수 있도록 도와주고, 나아가 율법적이고도 피상적인 죄의 개념에서 벗어날 수 있도록 도와주어야만 한다. 죄는 일련의 규정들을 위반하는 문제가 아니다: 죄는 인간의 영광이 꽃피는 것을 가로막는 것, 완전함을 향한 인간의 발달을 지연시키는 것이다.

그런데 자신이 용서받았다고 하는 사실을 받아들이지 못하는 사람들도 있다. 그런 사람들은 자기를 부정하고, 하나님 역시 자신을 부정하신다고 생각한다. 이런 경우 그 사람이 자기를 수용할 수 있도록 도와주는 것이 중요하다. 자신이 보기에 역겹고 방해만 되는 성격의 영역일지라도 다 받아들일 수 있도록 해주어야 하는 것이다. 다시 말하면, 수용의 복음을 선포하는 것이 매우 중요한 일이라 할 수 있겠다.

꼭 나처럼 당신도 받아들일 것입니다.
환영하고, 용서하고, 정화하고, 구원할 것입니다.
나는 당신의 약속을 믿기 때문입니다…….

수용과 용서는 벌어들이는 것이 아니다. 그것들은 공짜 선물인 것이다. 그리스도교는 수용에 관한 종교다: 하나님께 수용되는 것, 그리고 공짜로 제공된 은총을 수용하는 것이다. 한편, 사람이 어떤 특정한 시간에 견딜 수 있는 것에도 언제나 제한이 따르기 마련이다. 자기 자신의 죄가 얼마나 깊은지를 깨닫는 것은 너무도 충격적인 사건일 수가 있다. 그리하여 그 사람을 오히려 절망에 빠뜨릴 수도 있다. 영성상담가는 온유함도 배워야 하고, 진리와 대면할 수 있도록 민감한 접근법도 배워야 한다. 찰스 웨슬리의 찬양들 가운데 하나를 보면, 자신이 참아낼 수 있을 만큼만 자신의 죄를 볼 수 있게 해주시라는 기도가 들어 있다:

선천적인 죄의 깊이를 저에게 보여 주옵소서.
제가 견딜 수 있을 정도만.

이것은 영성지도에서 매우 중요한 원칙이다. 이것은 물질적인 흠 없음과 형식적인 흠 없음 사이의 서구적인 구별을 통하여 구체적으로 드러난다.⁽⁶⁾ 물질적인 흠 없음이란 참회자가 기억할 수 있는 부분만 고백하라는 지시, 확실한 구별과 자유로운 선택 등이 가능할 경우에만 고백하라는 명령을 의미한다. 버나드 헤어링이 지적하는 것처럼, '물질적인 흠 없음은 항상 불가능하든지 또는 허용되지 않는다.' 그리고 '법적인 문제에서 최소한의 수용이 특정 참회자의 영성적인 최대 관심사가 되는 경우도 있다……그 어떤 영성상담가도 참회자에게 마치 법처럼 영성적인 성장을 강요할 수는 없다. 그러나 동시에, 그 어떤 영성상담가도 참회자가 좀 더 고상한 삶을 살도록 온화하게 격려해 주는 일로부터 도망쳐서는 안 된다.'[65]

성례전적인 고백에서 목사는 당황하지 않고, 충격받지 않고, 여유로운 태도를 유지해야 한다. 많은 사람들이 고백하는 일을 무척이나 주저하며, 심지어는 고백을 하는 동안 두려움을 느끼기도 한다. 목사가 충격을 받으면 어떡하나, 자기를 낮게 평가하면 어떡하나, 앞으로 자기를 다르게 대하면 어떡하나 하는 생각 때문이다. 그렇기 때문에 결코 그런 게 아니라는 사실을 증명해 주는 게 중요하다. 정규적으로 고백을 듣는 사람들은 어느 정도 시간이 흐르면 사실 별스런 일에도 놀라지 않게 된다. 오늘에는 가장 놀랍고 가장 당황스런 죄가 바로 성적인 죄다. 그리고 아직도 사람들은 자신의 성적인 잘못만이 유일무이한 경우라서 흔히 나타나는 사건이 아니라고 믿는다. 사실 성적인 영역은 우리가 생각하는 것만큼 그리 다양하지 못할 때가 많다. 따라서 얼마간 시간이 지나면 포화 상태에 이르게 되고, 그렇게 되면 더 이상 놀라지 않게 된다. 이쯤 되면 실제로 할 수 있는 일의 종류에는 한계가 따른다. 죄인가 아닌가! 하지만 만일의 경우 충격을 받거나 놀랐다고 할지라도 결코 그것을 밖으로 내비쳐서는 안 된다. 목사가 그 자리에 앉아 있는 것은 자기 자신의 감정을 보여 주기 위해서가 아니라, 하나님의 수용과 화해의 전달자가 되기 위해서다. 물론 그렇다고 해서 언제나 '비인간적인' 태도를 유지해야 한다는 것은 아니다. 종종 미소를 짓거나, 참회자를 편하게 해주거나, 소리 내어 웃는 것도 도움이 될 수 있다. 웃음은 성례전적인 고백에서 비록 한정적이긴 하지만 중요한 역할을 한다. 어떤 사소한 죄의 의미를 짐짓 과장하거나 왜곡함으로써 사태를 악화시키거나 자기를 억누르는 참회자의 경우, 자기가 하는 일에 웃어줄 줄 아는 사람이 필요한 것이다.

다시 말하건대, 참회자의 머리 위에 손을 얹는 행위의 강조는 새로운 의례에서 매우 중요한 요소다. 물론 영성상담가들마다 신체적인 접촉에 대한 태도도 아주 다양할 것이다. 어떤 사람들은 자연스럽게 신체적으로 외향적이고도 온화한 태도를 취할 것이고, 어떤 사람들은 좀 더 억제되고 내성적인 태도를 취할 것이다. 하나님은 온갖 부류의 영성상담가들을 사용하시며 그들을 통하여 역사하신다. 어떤 목사들의 경우에는, 머리에 손을 얹는 행위를 성적인 접근으로 너무 의미심장하게 해석하는 참회자들도 더러 있다는 사실을 상기할 필요가 있을지도 모른다. 또 어떤 목사들의 경우에는, 참회자로부터 너무 멀리 떨어져 있는 것 때문에 정반대의 위험에 봉착하게 되는 일이 벌어질 수도 있다.

참회의 종류에 대해서는 좀 더 신중하게 생각해 볼 필요가 있다. 우리는 율법적인 방법으로 '참회를 죄에 맞추는 것'은 피해야 한다. 그러나 어쨌든 그 둘 사이에 연관이 있다는 사실 또한 인정해야 한다. 대부분의 참회는 표준적인 기도—오늘의 기도 등—로 구성된다. 영성상담가들을 위한 미국의 굉장한 핸드북 하나에는, 죄의 유형에 따른 일련의 참회들이 제시되어 있다. 예를 들면, 타인에 관하여 무정한 말을 하는 이들에게는, 그 사람에게 긍정적으로 말하는 사려 깊은 행동을 하라고 지시한다. 또 무례한 욕설을 많이 하는 사람들에게는, 매 시간마다 정해진 횟수만큼 예수님의 이름을 되뇌라는 지시가 들어 있다. 그리고 부부간의 배신행위를 저지른 사람들에게는, 특별한 이유 없이 그저 선물처럼 확고한 사랑의 행위를 하거나, 또는 사랑을 하던지 싸움을 하던지 언제나 주도권을 잡으라는 지시가 들어 있다. 여기에서 꼭 기억해야 할 것은, 참회란 실천하기 너무 복잡한 형태가 되면 더 이상 참회일 수가 없다는 점이다. 그런 건 참회가 아닌 다른 형태가 되고 만다. 고 캐논 콜린 스티븐슨은 언젠가 다음과 같은 이야기를 한 적이 있다: 그가 젊었을 때 어떤 사람이 '가서 네 자신을 살아 있는 희생제물로 만들라'는 참회를 받았다고 한다. 한동안 이것을 도대체 어떤 식으로 대처해야 할지 몰라 걱정하던 그는, 마침 다른 목사가 들려 주었던 조언을 떠올렸다. '전혀 걱정하지 마세요. 제가 알려 드리는 기도문을 세 번만 외우면 됩니다.' 한편으로, 너무나도 쉽사리 참회를 하게 하고 심판을 함으로써 참회자를 거의 모욕하는 수준까지 다다르는 것은 확실히 심리학적인 잘못이라고 할 수 있다. 사실, 어쨌든 고백을 하러 온다는 것 자체가 이성적인 수준의 노력과 조직을 의미할 수 있으며, 만일 어떤 사람이 느끼기에, 자기를 표출하고 난 뒤에 목사의 행동이 전보다 덜 진지한 것처럼 생각된다면, 다소 실망스런 기분이 들 것이다. 다른 한편으로, 참회를 일종의 공동체 예배 순서에 끼워 넣는 것은 그 기능을 오해한 데서 비롯된 처사다. 그리스도인들이 동료를 위하여 강한 섬김의식을 발달시키는 것은 매우 중요한 일이다. 이것은 당연히 참회의 실천이 가져다주는 결과들 가운데 하나이며, 또 그래야만 한다. 하지만 그러한 섬김에 헌신하는 것은 어디까지나 참회의 '결과' 지, 참회 그 자체는 아니다. 만일 참회가 너무 힘들어질 경우엔, 자칫 그것을 용서를 받아내기 위한 하나의 수단으로 바라보게 되기가 쉬울 것이다. 결국 값없는 하나님의 은총과 용서를 부인하게 되는 셈이다. 그리스도인의 삶 자체는 매우 힘이 들고 고된 길이다. 그러나 그것이 하나님의 용서를 얻어 내기 위한 수단이 될 수는 없다. 따라서 참회는 죄와 연결시켜야 하며, 죄 때문에 생기는 손해를 어느 정도 벌충해야 하고, 나아가 반대 방향에 있는 사람, 곧 은총과 경건의 방향으로 가고 있는 사람들에게 힘을 불어넣어 주어야 한다.

물론 영성상담가는 상담자와 마찬가지로 듣는 사람이다. 듣는 일은 성례전적인 고백의 사역에서 매우 중요한 요소다. 그러나 이해해 주는 귀보다는 화해가 좀 더 중요하다. 여기에는 투쟁과 갈등이 존재한다. 막스 뚜리앙은 다음과 같이 말한다: '고백은 일종의 귀신 축출로 여겨질 수도 있다. 그 안에서 그리스도께서는 진정 악의 세력과 전투를 벌이시는 것이다.'[66] 그 공동의 투쟁에 참여하는 것을 목격하고 표출하는 것이 중요하다. 새로운 의례는 목사와 참회자가 성례전을 함께 베푼다고 하는 사실에 강조점을 둔다. 그리고 이러한 상호의존 관계가 생겨날 수 있는 여러 가지 간단한 방법들이 존재한다는 사실도 강조한다. 참회자와 함께 큰 소리로 기도를 한다던가, 슬픔의 행위에 관하여 같이 이야기한다던가, 감사의 말이나 고백의 표현을 같이 해보는 것도 도움이 될 수 있다. 개별적인 참회자를 위하여 자기 자신의 기도를 먼저 개인화함으로써, 용서의 선언이나 축복을 개인화하는 것도 좋은 방법이다. 참회자가 떠나기 전, 또는 다른 어떤 시간에라도, 참회자는 자신의 영성상담가를 위하여 기도해 달라는 요청을 받아들어야 한다.

성례전적인 고백에서 비밀엄수는 물론 절대적이다.[67] 목사는 고백 받은 죄에 관하여 절대로 말을 해서는 안 된다. 고백 시간에 제기된 다른 문제들에 대해서도 절대 발설해서는 안 된다. 심지어는 참회자 자신에게도 비밀을 지켜야 한다. 영성지도의 과정이나 참회자의 허락이 떨어진 경우를 제외하고 말이다. 그러한 대화는 비밀엄수의 주제로 취급해야 한다. 이것은 그 자체로서도 중요하지만, 목사의 명성을 보호하는 데에도 매우 중요한 요소가 된다. 신뢰를 저버렸다는 평판보다 더 신속하게, 지속적으로 목양사역을 위태롭게 하는 것도 없을 것이다. 또한 소문을 퍼뜨리고 통제할 수 없을 정도로 잡담을 많이 한다는 평판 역시, 아무리 성례전적인 고백과 무관한 화제라 할지라도, 목사의 명성에 돌이킬 수 없는 손상을 미친다. 만일 사람들이 생각하기에, 당신이 성례전적인 고백의 비밀엄수를 깨뜨릴 수도 있을 만한 사람으로 비친다면, 그들은 결코 위험을 감수하려 들지 않을 것이다. 그러므로 언제나 혀를 조심스럽게 놀리는 훈련이야말로 영성상담가의 기본적인 필수조건이라 할 수 있을 것이다. 또한 어떤 참회자들의 경우에는 한 목사와 다른 목사를 서로 '대결하게 만드는' 경향이 있다는 사실도 염두에 두어야 한다. 그런 사람들은 다른 목사가 들려준 조언에 대하여 평가해 달라는 부탁을 하러 오기도 한다. 뛰어난 조심성과 신중함은 기도와 내적인 침묵의 실천을 통하여 발달하고 증가한다. 또한 우리가 기억해야 할 것은, 간접적으로 비밀엄수를 깨뜨릴 수 있는 방법이 존재한다고 하는 사실이다. 예를 들면, 어떤 심각한 문제의 고백을 듣고 난 뒤 감정적으로 불안하거나 침울해 보일 경우, 또는 특별히 어려운 참회자가 고백을 마친 다음 안도의 한숨을 내쉬거나 권태로운 듯한 한숨을 내쉬는 경우가 있다. 'B는 나의 참회자들 가운데 한 사람이지요' 같은 말도 회피해야 한다: 목사는 누가 고백하러 오는지, 누가 안 오는지, 또는 그들이 누구에게 가는지 등을 공표해서는 안 된다. 그리고 이런 종류의 말들은 확실히 비밀엄수를 깨뜨리는 것과 가깝다.

마지막으로, 자신의 정규적인 참회자가 아닌 사람으로부터 고백을 듣는 것은 어렵기도 하지만 영성적으로도 위험한 행위다. 다른 사람들에 따라 지속적으로 이용되어 온 목사는 자기 자신의 내적 자원과 내면적인 성장에 각별한 주의를 기울여야 한다. 칼 라너는 달마다 참회의 성례전을 받는 것이 그리스도인의 삶에 대하여 진지하게 생각하는 사람들의 경우 좋은 규범이 될 수 있다고 주장한다. 물론 자기 자신의 고백적 실천에 관하여 느릿느릿 성장하는 목사의 경우 비참한 결과가 주어질 수도 있다. 본회퍼는 그러한 위험에 관하여 영성상담가에게 다음과 같이 말한다:

> 한 사람이 다른 모든 사람들을 위한 영성상담가가 되는 것은 썩 좋은 일이 아닙니다. 이 한 사람에게만 지나치게 많은 부담이 안겨질 가능성이 너무 큽니다; 따라서 고백은 그 사람에게 공허한 일상이 되어 버릴 것이며, 그러다 보면 영혼의 영성적 지배권을 행사하기 위하여 성례전적인 고백을 오용하는 비참한 결과가 발생할 수도 있

습니다. 그 사람이 이처럼 불길한 성례전적인 고백의 위험에 빠지는 일이 없도록 하기 위하여, 그러한 훈련을 하지 않은 사람은 모두들 고백을 듣지 않아야 할 것입니다. 오로지 겸손하게 행동하는 사람만이 형제의 고백을 아무런 해도 없이 들을 수 있는 것입니다.[68]

이것은 매우 강력한 언어다. 하지만 그것은 사실에 따라 정당화된다. 그것의 중요한 결과 한 가지는, 목사가 동료 목사들의 참회 욕구에 매우 민감할 필요가 있다는 것이다. 목사가 목사를 서로 돌보는 것은 참회의 성례전에도 포함되며, 물론 목사들 가운데에는 이러한 사역을 상당부분 수행하라는 소명을 받은 사람도 있을 것이다. 그렇게 지속적인 회개와 지속적인 치유 수련이 없다면, 그 어떤 목사도 영성적인 갈등에서 살아남을 수가 없을 것이다.

어린이의 고백

어린이의 고백 문제는 이 연구의 범위를 넘어서는 특별한 문제들을 야기한다. 하지만 몇 가지 질문 사항들은 살펴보고 넘어가야 할 것이다. 어린이가 과연 어느 정도나 진실한 회개(metanoia)를 할 수 있겠는가? 어린이에게 과연 얼마나 많은 죄의식이 존재하겠는가? 고백과 성만찬 예식 사이에는 어떤 관련이 있어야 할까? 전통적인 로마가톨릭교회의 관습에 따르면, 최초의 고백과 최초의 성만찬 예식은 아주 최근까지도 밀접하게 연결되어 있었다. 하지만 이러한 연결은 이제 더 이상 문제가 되지 않는다. 한편 성공회의 관습은 좀 더 다양했다. 성례전적인 고백을 가르치고 실천해 온 교회들은, 종종 어린이들의 경우에 적용하는 것을 삼갔으며, 또는 단순히 견신례를 받기 전의 고백만을 조언하였다. 그런 다음에는 그 문제를 조용히 내려놓았다. 그러나 분명히 어린이들을 위한 목양적 돌봄의 경우에도 회개와 고백과 영성지도의 문제를 간과해서는 안 된다. 그럼에도 불구하고, 대부분의 목사들은 다음과 같은 사항에 동의한다: '최소한 학령기 어린이들의 경우에는 아직 너무 어리기 때문에 개별적인 영성지도를 제대로 펼칠 수도 없고 그것을 정당화할 수도 없다.' [69]

교회 역사가 시작되고서 처음 1200년 동안은 어린이들도 용서의 선언을 받았다는 결정적인 증거가 존재하지 않는 것 같다. 비록 어린이들이 성만찬 예식에 동참할 수 있었다는 기록은 있지만 말이다. 1215년, 신실한 사람들은 '분별력 있는 나이'에 도달하고 나면 연례적으로 고백을 할 수 있다고 하는 라테란 교령에는 어린이들도 포함되었다. 그 나이에 대해서는 여러 가지 주장들이 있었지만 말이다. 트리엔트 공의회는 큰 죄에 관한 한 고백이 반드시 성만찬 예식과 연결되었다는, 그리고 연례적인 성만찬 예식이 대죄의 경우에만 적용되었다고 하는 한 가지 문제를 완벽하게 해결해 주었다. 1910년 교황 비오 10세가 내린 교령 〈가능한 한 홀로〉(Quam Singulari)는 어린이가 성례전적인 용서의 선언에 대하여 거부하는 것을 종식시키기 위한 것이었다. 그리고 이 명령은 특별히 이성적인 생각을 할 수 있는 시기를 '약 7세 정도'로 정의하였다. 이 시기부터 어린이들은 성만찬을 받아야 하고, 따라서 용서의 선언도 받아야 한다. 고백이 성만찬을 받는 것보다 우선하는 관습은 사실 1910년부터 제2차 바티칸 공의회 때까지 여러 장소로 퍼져 나갔다. 비록 그 공의회 이후로 주교들이 첫 성만찬을 받은 뒤 몇 년 동안 고백을 연기할 수 있도록 관례적으로 허용해 주기는 했지만 말이다. 미국과 캐나다의 로마 가톨릭 교구들 가운데 거의 절반이나 되는 장소에서, 그 관습 때문에 7~8세 되는 어린이들이 성만찬을 받을 준비를 하고, 9~12세 되는 어린이들이 고백을 준비하게 되었다. 이 새로운 참회의례는 물론 어린이들이 이용하도록 의도된 것이 아니었다. 그렇지만 〈일반교리문답지침서〉(1971)는 여전히 최초의 고백이 최초의 성만찬을 받는 것보다 앞서야 한다고 주장하였고, 일단 이 영역의 새로운 실천이 시작되고 난 다음에는 책임감이 있는 사람들은 누구나 다 교황청과 의사소통을 해야 한다고 주장하였다. 1973년 5월 24일 로마 교황청이 공포한 선언문에는 어린이들이 고백도 하지 않고 성만찬을 받는 만연된 관습을 종식시켜야 한다고 주장하였다.

그렇지만 겉모습의 차이는 아직도 존재한다. 로마가톨릭 공동체 내부에는 어린이들의 사적인 고백을 말리는 사람들이 많이 있다.[70] 그런 사람들은 어린이들의 경우 고백을 하기보다는 차라리 공동의 반성과 양심의 점검, 공동체적 연도와 슬픔의 기도를 포함하는 참회예식에 참여하는 것이 더 낫다고 주장한다. 저마다 어린이들은 집례자에게 다가가서 다음과 같이 말한다: '제가 잘못을 저지른 순간마다 하나님의 용서를 빕니다.' 그러면 집례자는 개별적인 용서의 선언을 베풀어 준다. 그리고 회중의 다른 지체들에게 들어갈 수 있는 평화의 증표가 뒤따른다. 그런 뒤 어린이들은 점점 사적인 고백을 안내 받게 되며, 가능한 경우에는 부모들 편에서 자녀가 그것을 잘 이해할 수 있도록 도와주는 일에 동참해야 한다. 캐나다가톨릭회의는 1973년 5월 24일 로마 교황청이 공포한 선언문을 어떤 식으로 해석해야 되는지, 지침을 정하고자 하였다. 두 명의 추기경 장관들은 다음과 같은 주장을 피력하였다: '당연히 어린이들 모두가 성만찬 전에 성례전적인 고백을 확실히 끝낼 수 있도록 엄하게 훈련을 시켜야 한다는 데에는 의심의 여지가 없다.' 그러나 다른 한편으로는 '그 누구도 어린이들이 첫 성만찬 전에 참회의 성례를 받지 못하도록 가로막는 풍토를 조성해서도 안 된다.'[71] 목표는 그 두 가지 성례전을 위한 준비가 같은 시기에 이루어져야 한다는 목양적인 분위기를 조성하는 것이었다.

그러나 1971년 9월 로마에서 개최된 국제교리문답대회에서 영어연구집단이 다음과 같은 권고를 하였다:

> 어린이는 저마다 개인적으로 준비가 갖추어졌을 때 처음으로 참회의 성례전을 베풀어야 한다. 이러한 준비는, 그 성례전과 전혀 상관없이, 어린이 자신의 자유로운 선택에 따라 이루어져야 한다……어린이는 저마다 성만찬의 성례전과 참회의 성례전을 최초로 받는 문제에서 한 개인으로서 대우를 받아야 한다. 그 어떤 법도 어린이들에게 그 두 가지 성례전 가운데 어떤 것을 먼저 베풀어야 할지 그 순서를 정하려고 안달해서는 안 된다.[72]

물론 전통적인 로마가톨릭교회의 관습은 심각한 비판에 대하여 개방되어 있다. 신학적이거나 심리학적인 토대 위에서, 성만찬의 준비를 평가하는 기준이 고백의 준비를 평가하는 기준과 동일하다고 진지하게 주장할 수 있을까? 가족 식사에 참여하면서 양육받아야 할 필요성이 죄의 학습 능력보다 더 먼저 시작되는 게 아닐까? 다시 말해서, 어린이가 하나님으로부터 사랑을 받고 수용되는 경험이 용서를 받는 경험보다 더 먼저 오는 게 아닐까? 어쨌든, 성만찬 자체가 죄를 용서해 주는 것 아닐까? 어린이의 경우, 나이에 상관없이 무조건 성만찬 이전에 고백이 먼저 있어야 한다고 주장하는 근거는 매우 설득력이 없어 보인다. 로우어몬드의 감독인 P. J. A. 무어스 대주교는 1964년에 다음과 같이 주장하였다: "어린 나이에 고백을 하는 것은 특별히 위험하다. 그 이유는 어린 나이의 고백이 실제적으로 개종이나 마음의 변화를 방해할 수 있는 위선적이고도 율법주의적인 죄 이해를 조장하기 때문이다."[73] 죄의 고백이 개인적인 양심과 도덕적 결정의 자유보다 앞선다고 하는 주장은 신학적으로나 심리학적으로나 매우 해로운 것일 수 있다.

만일 우리가, 행동의 동기에 대한 통찰력을 제대로 지닐 수도 없는 나이의 어린이들에게 고백을 안내하는 관습을 유지해 나간다면, 제한적이고도 부정확한 죄 이해를 조장할 수 있는 커다란 위험에 빠질지도 모른다.[74]

로우어몬드의 주교가 발표한 '인도 원칙'에 따르면, 어린이의 발달을 고려하여 고백을 안내하는 것에 강조점이 주어진다.[75] 이것은 현명하면서도 반드시 필요한 방법이다. 이른 시기에 엄격한 꼬리표를 붙이는 것은, 자칫 나중의 삶을 미숙함과 책임감의 결핍으로 이끌고 갈 수가 있다. 그리고 이미 그런 식으로 영향을 받은 성인 그리스도인들이 매우 많이 존재한다. 이런 이유 때문에 그들은 현대 사회의 변화와 격변에 제대로 대처하지 못하는 사람이 되고 만 것이다.

다시 말하면, 청년 초기에는 고백이 자칫 강박적인 것이 될 수 있으며, 위험천만하게도 성과 연결될 확률이 너무 높다. 게다가 과거의 증거들을 돌이켜 볼 때, 이런 종류의 연결은 불건전한 죄책감을 유발함으로써 미래의 성생활에 심각한 해를 미쳤던 경우가 허다하다. 물론 그렇다고 해서, 성과 관련된 죄를 모두 무시해야 한다는 말은 아니다. 성적 책임이라고 하는 복잡미묘한 영역을 결코 무시해서도 안 된다. 하지만 다음 두 가지 사실을 반드시 직시해야 한다. 첫째, 부적절한 죄 이론의 결과, 그리고 대부분의 그리스도교 가르침에 영향을 끼쳐 온 인간의 성에 관한 저급한 이해의 결과, 수많은 청년들이 교회는 다른 종류의 죄들보다 특히 성적인 죄에 좀 더 많은 관심을 기울인다고 믿게 되었다. 그리고 사실상 교회조차도 성 행위 자체가 죄악이거나 또는 적어도 불결한 것이라고 믿게 되었다. 둘째, 성 정체감이 매우 중요한 것으로 자리매김을 하는 바로 그 발달 단계의 어린이들에게 죄의 고백을 소개하는 것은,

이러한 잘못된 태도를 더더욱 조장할 수도 있는 위험을 내포한다. 아마도 이 나라에서 참회에 관하여 가장 명성이 자자한 로마가톨릭교회 권위자라고 할 수 있는 크라이턴 신부는, 그와 같은 위험에 대해서 매우 강조한다:

> 41년간 목양사역을 담당해 온 성직자로서……그 동안 어린이들에게 최초의 성만찬을 준비시켜 온 경험을 통하여, 나는 다음과 같은 확신을 품게 되었다. 곧 어린이들은 심리학적으로 볼 때 도저히 고백이라고 부를 만한 것을 수행할 수 없는 상태의 존재라는 사실이다. 물론 여러분은 어린이들에게 고백의 공식을 가르칠 수가 있다. 또한 '죄의 목록'을 작성해 주고, 어린이들이 그것을 반복적으로 되뇌게 할 수 있다. 그러나 어린이들은 '죄'에 관하여 전혀 아무것도 이해하지 못한다. 비록 '옳음'과 '그름'이라는 막연한 개념을 지니고 있을 수는 있지만 말이다.[70]

물론 제2차 바티칸 공의회의 배후에 놓여 있던 사상은 이른 시기의 고백에 대한 완고한 요구를 단념시켰을 것이다. 종교교육에 관한 그 공의회의 선언문은, 어린이가 자유를 추구하고 개별적인 선택에 따라 도덕적 가치들을 포용할 수 있도록 성숙한 책임의식을 획득할 때까지 전적으로 도와주어야 한다는 점을 강조하였다. 〈거룩한 예전에 관한 헌장〉 역시 '신실한 사람들은 자기가 하고 있는 일을 완벽하게 인식하고 있어야 하며, 능동적으로 의식에 참여해야 한다'고 강조하였다. 이러한 주장이 어린이들과 참회의 성례전 경우에도 성립될 수 있을까?

그렇다면 어떻게 해야 어린이들의 고백 문제에 가장 잘 접근할 수 있을까? 독일의 로마가톨릭교회 작가 한 명은 이렇게 주장한 바 있다: '성례전적 고백을 통하여 부모가 받은 용서의 힘은 어린이들에게도 영향을 미치게 된다. 그리고 여기에도 구원이 대신하여 중재된다.' 사실 참회의 성례전이 유일무이한 용서 방법은 아니며, 역사상 그랬던 적도 없다. 물론 초기의 그리스도교 신학자들은 어린이들이 몇 주에 한 번씩 고백을 하러 나가야만 한다는 주장에 놀라움을 금치 못했을 것이다. 베쯔에 따르면, 고백은 '주로 어른의 성례전'[77]이기 때문이다. 이것이 어린이들에게로 확대될 수도 있다. 또 종종 그렇게 될 것이다. 하지만 그것은 좀 더 광범위한 교회 공동체 속에서 다음과 같은 사랑과 용서의 경험들을 발달시킴으로써 이루어져야만 한다.

첫째, 용서의 경험과 영성지도에 적합한 배경은 가정과 가족이다. 그리고 목양적 돌봄은 부모들이 자신의 중요한 역할을 깨닫도록 도와주는 것을 목표로 삼아야 한다. 아버지와 어머니께 용서를 구하는 것, 그리고 부모의 용서와 수용을 깨닫는 것은, 어린이가 이러한 사상들을 이해하게 되는 올바른 방법이다. 삐아제의 도덕적인 발달 단계는 매우 유명하다. 그의 주장에 따르면, 어린이가 악을 판단하는 것은, 가장 먼저 물질적인 손상의 정도에 따라서고, 그 다음은 처벌이나 사회적 비난의 정도에 따라서며, 마지막으로는 그릇됨에 관한 내면적인 의식에 따라서라고 한다. 미국의 심리학자인 로렌스 콜버그는 삐아제와 비슷한 토대 위에서 연구한 결과, 도덕적 판단의 단계를 좀 더 포괄적으로 분석할 수 있게 되었다. 그는 도덕적 판단을 다음의 6단계로 분류하는데, 처음 두 단계는 도덕-이전의 단계고, 그 다음 두 단계는 단지 비본질적이거나 또는 상투적인 도덕성과 관련된 단계다.

콜버그의 도덕적 판단 단계
1. 처벌에 대한 두려움
2. 보상에 대한 희망
3. 사회적 인정에 대한 욕구

4. 법과 질서 존중
5. 타인의 권리 존중
6. 정의, 선 등의 원칙 승인

    콜버그는 (미국의) 어른들 가운데 5단계까지 획득한 사람은 33%도 못 된다고 확신한다. 그렇지만 영성지도는 개인들이 초기 단계로부터 벗어나 좀 더 내면적이고도 하나님-중심적인 도덕의식을 향해 나아갈 수 있도록 돕는 일과 관련되어 있다.[20]
    둘째, 어린이들을 위하여 따로 마련된 참회예식이 있을 수 있다. 그리고 이 분야와 관련된 독일과 미국의 실험 결과들은 우리에게 많은 것들을 가르쳐 준다.
    셋째, 최종적으로 어린이들에게 사적인 고백에 관하여 가르칠 경우, 간단한 지침을 내려 줄 필요가 있다. 어린이가 아직 여러 가지 행동들을 구별할 수도 없는 초기 단계에서는, 죄에 관하여 이러쿵저러쿵 말을 많이 하지 말아야 한다. 만일 어린이의 의식 속에서 죄가 반-사회적인 행동과 일치되어 버린다면, 그 어린이는 고백이 너무 힘겹다고 느낄 것이고, 결국에는 고백이 시시하고 우스꽝스러운 것으로 비치게 될 것이다. 어린이는 자신의 죄의식을 자기 나름대로 표현할 수 있어야 하며, 자기 능력을 초월한 인식을 받아들이도록 강요당해서는 안 된다. 만일 어린이가 혼자 힘으로 죄를 인정할 수 없다면, 그 죄를 고백한다는 것 역시 불가능한 일이다. 어린이들은 심각한 죄를 저지를 수가 없다. 그러므로 일반적인 고백이 수용 가능하며, 신학적으로나 심리학적으로도 정당한 것이다. 일반적인 고백은 격식을 차리지 않으며, 따라서 불안감을 줄여 주고, 강조점을 하나님과 사랑 쪽으로 옮겨준다. 죄로부터 해방되었다는 기쁨은 강조할 필요가 있다. 그리고 첫 번째 고백이 끝난 다음에는 파티를 열어 주는 것도 좋은 생각이다.

영성지도와 고백

　영성지도와 고백의 실천이 서로 밀접하게 연결되어 있지만 한편으론 그 둘이 매우 다르다는 사실도 확실하다. 지도가 없는 고백도 있을 수 있고, 고백이 없는 지도도 있을 수 있다. 그리고 종종 고백과 지도가 서로 다른 시간과 장소에서 동일한 사람들에게 일어날 수도 있다. 오늘, 유럽과 영국의 로마가톨릭 공동체는 '성례전과 목회대화의 명확한 구분'[79]을 좀 더 선호하는 경향이 있다. '성례전적인 고백은 매우 제한된 의미에서만 심리학적인 건강을 위하여 수행할 수 있다.'[80] 로마가톨릭 교회의 수많은 사람들이 다음과 같이 주장한다: '참회의 성례전은 영성지도에 매여 있다. 두 쪽 모두에게 해로운 방식으로.'[81]

　물론 성공회의 전통에서, 고백의 자발적 특성은 오직 소수의 성공회 교인들만이 정규적으로 성례전적인 고백을 받는다는 사실과 연결되어 있다. 그리고 이러한 사실은 토요일 밤의 '성례전적인 고백 행렬'이 몇몇 중심도시의 교회들을 제외하면 모두 비현실적인 상황이라고 하는 의미를 내포한다. 하지만 그것은 오늘의 로마가톨릭교회에서도 더 이상 현실이 아니다. 네덜란드의 한 목사는 10년도 더 전에 다음과 같은 주장을 피력하였다: '심지어는 전쟁 직후까지도, 토요일 밤이면 언제나, 거의 모든 교회에서 고백실 근처에 앉아 있는 참회자들의 행렬을 볼 수 있었는데, 이제 그러한 행렬은 완전히 사라지고 말았다.'[82] 오늘, 유럽의 경우에는 50% 정도로 고백이 줄어 들었으며, 미국의 일부 지역에서는 75%나 줄어 들기도 하였다.[83] 성공회의 경우에는, 일부 교회들, 특히 런던 중심부의 교회들에서, 고백과 지도의 상대적인 집중 현상이 앞으로도 계속될 것처럼 보인다. 런던 시와 거주 인구가 매우 적은 몇몇 중심 교구들에서, 일부 목사들이 영성지도의 귀중한 사역을 수행하기 시작하였다. 그러한 '전문가들'은 분명히 귀중한 존재들이다. 하지만 이러한 사역을 그들에게만 한정시키고 훨씬 더 광범위한 교회 전체의 성장에 대한 욕구를 간과하는 것은 부당하면서도 비현실적인 처사다. 모든 목사들이 용서의 선언 사역을 영혼의 치유라는 자신의 사역에서 매우 필수적인 부분으로 받아들이는 것이야말로 정말 중요한 일이다. 새로운 〈예식서〉는 모든 영성상담가들이 '영혼의 질병,' '필수적인 지식과 신중함,' 그리고 '영분별력'에 대한 지식을 획득해야 한다는 필요성을 강조한다는 점에서 확실히 올바른 것이라고 할 수 있겠다.[84]

그렇지만, 영성지도가 성례전적인 고백의 구조 속에서 과연 얼마나 유용하게 제공될 수 있을 것인가 하는 문제는 여전히 남아 있다. 그리고 여기에 제시된 것들은 그저 한 목사의 경험을 토대로 한 것일 뿐이다. 내가 판단하기에, 성례전적인 고백을 통상적인 토대 위에서 영성지도의 '장'으로 이용하는 데에는 몇 가지 심각한 문제가 있는 것 같다. 첫째, 그 구조는 개방성과 평등성에 도움이 되지 못한다. 참회자들은 복종의 자세로 무릎을 꿇고 있다. 그리고 교회를 대표하는 목사는 반대 방향을 바라보고 앉아 있다. 이것은 회개와 회복의 상징주의에 이상적으로 적합한 상황이지, 결코 상호적인 탐구와 발전에 적합한 상황은 아니다. 그리스도인의 삶에는 상호 보완적이면서도 독특한 측면들이 존재한다. 둘째, 시간의 요소가 중요하다. 만일 다음 사람들이 기다리고 있다면, 기본적인 상담에 해당하는 몇 마디 이외에 좀 더 많은 대화를 나누기가 어려울 것이다. 그리고 이러한 방식으로 영성지도를 대신하는 것은 매우 위험한 처사다. 진정한 영성지도는 시간과 인내와 편안한 태도를 필요로 하기 때문이다. 셋째, 사람들이 고백실에 나아온 것은 단지 고백을 하기 위해서지 반드시 어떤 조언이나 지도를 받기 위해서가 아니라고 하는 사실을 깨닫게 해주는 것이 중요하다. 물론 성례전적인 고백의 형식과 비밀엄수가 어떤 욕구나 두려움이나 불안의 표출을 좀 더 쉽게 만들어 주는 상황도 있을 수는 있다. 실제로 어떤 사람들은 그런 분위기가 정직과 진실에 도움이 된다고 생각하기도 한다. 하지만 거의 대부분의 사람들은 그렇게 생각하지 않는다.

많은 목사들의 경험에 따르면, 개인적인 지도를 통한 정규적이고도 지속적인 관계가 성립되어 있는 경우, 고백 기간을 실제적인 죄의 고백과 용서의 선언, 목사와 참회자가 함께 참여하는 간단한 예전적 참회예식과 찬양에만 제한시키고, 차라리 영성 발달과 앞으로의 모임에 관한 문제, 또는 앞으로의 고백에 관한 문제를 좀 더 길게 논의하는 것이 가장 좋은 접근법이라고 한다. 물론 이러한 논의에까지도 비밀엄수는 확대되어야 한다. 공식적인 비밀엄수가 적용되든 안 되든 간에, 이러한 유형의 모든 사역은 비밀스런 성격의 유지를 요구하고 있다. 때로는 비공식적인 방법으로 고백이 이루어지는 상황이 벌어질 수도 있다. 어떤 사람은 자기가 할 말을 공식화하는 데 어려움을 겪을 수도 있으며, 고백의 실제적인 과정도 긴 시간을 요구할 수가 있다. 그리고 고백도 삶의 여러 가지 문제들에 관한 논의와 혼합될 경우가 있다. 그런 경우에는, 다시 고백의 형식을 따라 되풀이하게 만드는 것보다는, 전체적인 논의를 모두 고백으로 인정하고 그 논의의 마지막에 용서의 선언을 해주는 것이 좀 더 적합한 방법이다. 융통성이 꼭 필요하다.

성례전적인 고백의 총체적 구조가 변화하고 있는 이 때, 이러한 유형의 '비공식적인 고백' 이 점점 더 표준이 될 수 있다. 만일 그렇다면 이러한 사역의 변함없는 요소와 비밀엄수의 장소를 명확히 하는 것보다 좀 더 강한 욕구가 존재할 것이다. 고백실과 창살문이 사라진다고 해서 고백 실천이 반드시 문제를 겪으란 법은 없다. 하지만 만일 그것의 특징을 상실하고 모호하면서도 우정어린 잡담으로 변질된다면 심각한 문제가 발생할 것이다. 우리는 어떤 새로운 형식적 구조가 필요하다고 해도 전혀 놀라지 말아야 한다. 인간은 결코 의례를 포기하지 않는다; 다만 한 가지 의례를 다른 종류의 의례로 대체할 뿐이다. 그러므로 성례전적인 고백 전통이 여전히 남아 있다 할지라도, 위에서 살펴 보았던 어떤 구조나 예전적인 형태, 그리고 어떤 보편적인 윤곽이 없이는 그 전통을 계속 실천해 간다는 게 쉽지 않아 보인다.

주

1 W. F. S. Pickering, 'The British priest and the secular world', *Theology* 77(1974), 572쪽.

2 Joseph McCulloch, *My Affair with the Church*(1976), 178쪽.

3 Martin Thornton, *English Spirituality*(1963), pp. xiii, 3.

4 Words quoted on the cover of the first UK edition.

5 *Cornish Churchman*, 1977년 6월.

6 Introduction to American edition, Harper and Row 1980, pp. vi—ix.

7 Much of this section is based on my article 'Is spiritual direction losing its bearings?' in *The Tablet*, 1993. 5. 22. 이 자료를 다시 사용할 수 있게 허락하여 주신 편집자에게 깊은 감사를 드린다.

8 Jean Leclercq, *Fairacres Chronicles 12*(1979), 6쪽 이하.

9 Margaret Guenther, *Holy Listening: the art of spiritual direction*(1992), 95쪽.

10 Philip Rieff, *The Triumph of the Therapeutic*(1966)를 보라. Christopher Lasch's *The Culture of Narcissism*(1979)은 Rieff의 연구에 커다란 영향을 받았다.

11 Myers—Briggs에 대해서는 Malcom Goldsmith and Martin Wharton, *Knowing Me, Knowing You*(1993) and David Kiersey and Marilyn Bates, *Please Understand Me*(1978)를 보라.

12 Ira Prograff, *At a Journal Workshop*(1975)을 보라.

13 Christopher Lasch, 'Probing gnosticism in its modern derivatives', *New Oxford Review*, 1990년 12월호, 4—10쪽.

제1장

1 Timothy Leary, *The Politics of Ecstasy*(1968), 231쪽.

2 Jeff Nuttall, *Bomb Culture*(1971 edn), 164쪽.

3 *Youthquake*(1973).

4 Laurie Taylor in *New Society*, 1973. 10. 4.

5 R. E. Terwilliger in *The Charismatic Christ*(1974), 57쪽.

6 Andrew Greeley, *The Persistence of Religion*(1973), 1쪽.

7 *The Non-Medical Use of Drugs*(1971), 223쪽.

8 R. D. Laing in *The Role of Religion in Mental Health*(1967), 54쪽.

9 Meher Baba, *God in a Pill?*(San Francisco, Sufism Reoriented, 1968).

10 Baba Ram Dass, *Doing Your Own Being*(1973), 33쪽에서 인용.

11 Richard Alpert(Baba Ram Dass) in Symposium on World Spirituality, *Cross Currents 14:2-3*(Summer/Fall 1974), 346쪽을 참조하라.

12 Theodore Roszak, *The Making of a Counter Culture*(1968), 177쪽.

13 Michael Hollingshead, *The Man Who Turned on the World*(1968), 130, 211, 241-42쪽.

14 *Heaven and Hell*(1956), 63쪽

15 Benjamin Blood, *The Anaesthetic Revelation and the Gist of Philosophy* (1874); William James, *The Varieties of Religious Experience*(1902).

16 Brian Inglis, *The Forbidden Game*(1975), Mircea Eliade, *Shamanism* (1964), and P. T. Furst, *Flesh of the Gods*(1972)을 보라. 근래에는 '고전적인' 마약인 LSD뿐만 아니라 MDMA나 MDA같은 다양한 환각제 등도 10대들의 '광적인 파티'에 서 빠질 수 없는 요소가 되고 있다. 하지만 아직도 마약류 복용으로 야기된 영성적 문제 에 대한 인식은 내가 처음 이 분야에 대하여 글을 썼을 때와 달라진 것이 없다.

17 *Where the Wasteland Ends*(1972), 73쪽.

18 1971 edn, 188쪽.

19 *The Realist*, 1968년 10월

20 E. F. Schumacher, *Small is Beautiful*(1974 edn), 250쪽.

21 *The Greening of America*(1971), 395쪽.

22 *The End of our Exploring*(1973), 20쪽. 1960년대의 반문화의 유사점들이 상이 점들보다 훨씬 두드러짐에도 불구하고 그때부터 '뉴에이지 운동'은 새로운 영성적 반문 화를 이끌어 냈다. 환경의 중요성과 천년왕국설의 특징들이 새로워진 운동에서는 좀더 강하게 부각되었다. 뉴에이지와 그리스도교 영성에 대해서는 Wesley Carr, *Manifold Wisdom: church's ministry in the New Age*(1991) and David Toolan, *Facing West from Califonia's Shores: a Jesuit's journey into New Age consciousness*(1987)를 보 라.

23 *Siddhartha*(tr. Hilda Rosner, New York, 1951), 6, 8, 37쪽.

24 Mark Boulby, *Hermann Hesse: His Mind and Art*(Ithaca, Cornell UP, 1966), 14쪽.

25 Theodore Ziolkowski, *Hermann Hesse*(New York, Columbia UP, 1966), 14쪽에서 인용.

26 *The Sunday Times*, 1973. 7. 22.

27 *The Observer*, 1973. 7. 15.

28 Sandy Collier, *Man Alive*, BBC 2, 1972. 10. 31.

29 Glen Whittaker, letter in *The Times*, 1973. 10. 11.

30 Pamphlet issued by the Spiritual Regeneration Movement.

31 Fred E. Dexter in International Narcotics Conference, 12th Annual Comference, International Narcotics Enforcement Officers' Association, 1971. 8. 29, 9. 3.

32 Letter, 1971 6. 29. 위의 책에서 인용.

33 *The Guardian*, 1975. 3. 20.

34 *World in Action*, Granada TV, 1974. 6. 10.

35 위의 책.

36 'The Miracle of Being Awake', *Peace News*, 1975. 12. 5.

37 *Bhagavad Gita Commentary*(1966), 193쪽.

38 Una Kroll, *TM: A Signpost for the World*(1974), 62쪽.

39 Maharishi Mahesh Yogi, *The Science of Being and Art of Living* (1966), 58—59쪽.

40 Michael Schofield, *The Strange Case of Pot*(1971), 182쪽.

41 John A. T. Robinson, *The Difference in Being a Christian Today* (1972), 51—52쪽.

42 F. C. Happold, *Prayer and Meditation*(1971), 21쪽. 이 사상 역시 뉴에이지 운동에서는 흔한 것이다.

43 *A Personal Message to You from the Sixth Man on the Moon*, MS, Institute of Noetic Sciences, Palo Alto, Califonia.

44 *Silent Music*(1974), 21쪽.

45 Thomas Merton, *Mystics and Zen Masters*(1967), 14쪽 이하에서 인용.

46　Nhat Hanh, 앞의 책.

47　*Children of God, Jesus People or Revolution?*, undated. 'The Children of God' 역시 'The Family of Love' 나 'The Family'처럼 1970년대부터 지금까지도 논쟁거리가 되고 있다. 1992년부터 1993년까지 그들 지역사회 내의 성적 아동학대에 대한 여러 주장이 있었고, 아이들은 호주와 아르헨티나를 포함한 여러 나라의 센터에서 옮겨졌다.

48　James T. Richardson, 'Alienation and political orientation', MS. 1975. 1960년대의 예수회 운동이 더 이상 본연의 형태를 잃어 가는 동안, 이 운동의 주요 주장과 특징들이 많은 형태들의 정통 그리스도교 신앙으로 흡수되고, 여전히 명시되고 있는 상황으로부터 나는 이 부분을 원상태대로 지켜 왔다. The language of the movement— 'Marches for Jesus', 'The Jesus Army' and so on—are still common.

49　D. W. Basham, *A Handbook on Holt Spirit Baptism*(1966), 10쪽.

50　F. A. Sullivan sj, '"Baptism in the Holy Spirit": a Catholic interpretation of the Pentecostal experience', *Gregorianum 55*(Rome 1974), 49쪽.

51　Peter Hebblethwaite, 'The Politics of the Holy Spirit', *Frontier 18:3*(1975), 145쪽에서 인용.

52　*Renewal*, 1972 10월—11월판, 28—29쪽.

53　Kilam McDonnell, 'Statement of the theological basis of the Catholic charismatic renewal', *One in Christ 10:2*(1974), 206—15쪽.

54　Alistair Kee(ed.), *Seeds of Liberation*(1973), vii, 3쪽.

55　Gustavo Gutierrez, *A Theology of Liberation*(1974), 204—5쪽.

56　Alain Gheerbrandt, *The Rebel Church in Latin America*(1974), 63—64쪽에서 인용.

57　A response to Lausanne: statements by about 200 participants.

58　J—M. Bonino, *Revolutionary Theology Comes of Age*(1975), 38쪽에서 인용.

59　위의 책. 해방신학 안에서 영성의 문제는 Segundo Galilea, *The Future of our Past*(1985) and *The Way of Living Faith: a spirituality of liberation*(1988); Gustavo Gutierrez, *We Drink From our Own Wells*(1985); and Jon Sobrino, *Spirituality of Liberation*(1988)를 보라. 더 광범위한 쟁점들은 내 책 *The Eye of the Storm: spiritual resources for the pursuit of justice*(1992)를 보라.

60　James Cone, *Black Theology and Black Power*(1969), 38, 151쪽.

61　Mary Daly in Alice L. Hageman(ed.), *Sexist Religion and Women in the*

Church(1974), 138쪽.

62 Rosemary Ruether, 'Male clericalism and the dread of women', *The Ecumenist 11:5*(1973), 69쪽.

63 Nathan A. Scott, *The Wild Prayer of Longing: Poetry and Sacred*(1971), xiv쪽.

64 John A. T. Robinson, *Honest to God*(1963), 100쪽.

65 Douglas Rhymes, *Prayer in the Secular City*(1967), 84쪽.

66 *Canterbury Pilgrim*(1974), 59—60쪽.

67 J—M. Déchanet, *Christian Yoga*(poona, 1960) and *Yoga and God* (1974); J. Winslow, *Christian Yoga*(poona, 1923); Aelred Graham, *Zen Catholicism*(1963); William Johnston, *Christian Zen*(1971); H. E. W. Slade, *Exploration into Contemplative Prayer*(1975); Abhishiktananda, *Prayer*(1967); Una Kroll, *TM: A Signpost for the World*(1974); Anita Woodwell, 'TM:a Christian approach', *Encounter and Exchage 15*(1976), 22—26쪽; Basil Pennington, 'TM and Christian Prayer', *New Fire 4:26*(1976), 28—34쪽을 보라.

68 *The Pentecostal Experience*(1970), 22쪽.

69 *Anthology of the Love of God*(1953), 123쪽 이하.

70 위의 책.

71 'Contemplation and Resistance', *Peace News*, 1973. 5. 13.

제2장

1 *Teach us to Pray*(1974), 41쪽.

2 Igumen Chariton of Valamo, *The Art of Prayer: An Orthodox Anthology*, tr. E. Kadloubovsky and E. M. Palmer(1966), 116쪽.

3 *Confession*(1958), 69쪽.

4 *The Purple Headed Mountain*(1962), 14쪽.

5 *The Charismatic Christ*(1974), 46쪽.

6 *The Rock and the River*(1965), 141—2쪽.

7 *De Oratione 60.*

8 *Ladder for Divine Ascent 30.*

9 Vladimir Lossky, *The Mystical Theology of the Eastern Church*(1968 edn), 9, 39쪽.

10 *The Love of God* 6:1.

11 *Evangelical Theology*(1963), 160쪽.

12 *English Spirituality*(1963), 25쪽.

13 *Spiritual Ecpousals*, Book 2.

14 P. Pourrat, *Christian Spirituality*(1922) I, 185, 187쪽.

15 위의 책, I, v쪽.

16 Martin Thornton, *English Spirituality*(1963), 24쪽.

17 Ethics 20.

18 Abhishiktananda, *Guru and Disciple*(1974), 28쪽.

19 Swami Venkalesananda in *Cross Currents 24:2—3*(1974), 273쪽.

20 J. T. McNeil, *A History of the Cure of Souls*(1952), 43쪽에서 인용.

21 위의 책, 44쪽.

22 *Cross Currents*, 앞의 책, 277쪽.

23 R. Garriou—Lagrange, *The Three Ages of the Interior Life*(1960 edn) I, 256쪽에서 인용.

24 Apol. I. 18.

25 Apophthegmata, Alpha Antonii, n. 38, in Benedicta Ward, *The Sayings of the Desert Fathers*(1975), 7쪽.

26 *Cisterician Studies 3:1*(1968), 17쪽에서 인용.

27 Apophthegmata, Alpha Poemen 174, Ward, 160쪽.

28 Owen Chadwick, *John Cassian*(1968), 86쪽.

29 Louis Bouyer, *The Spirituality of the New Testament and the Fathers I*(1963), 381쪽.

30 Palladius, Lausiac History, in *Ancient Christian Writers*, Vol. 34(Washington 1964), 38:10.

31 *Evangrius Ponticus, The Pratikos; Chapters on Prayer* xlv에서 인용.

32 E. A. W. Budge, *The Book of Paradise Being the Histories and Sayings of the Monks and Ascetics of the Egyptian Desert I*(1904), 1043쪽.

33 In Owen Chadwick(ed.), *Western Ascetcism*(1958), 195쪽.

34 위의 책, 214쪽.

35 위의 책, 239쪽.

36 E. Kadloubovsky and G. E. H. Palmer, *Early Fathers from the*

Philokalia(1964), 162쪽, 263쪽.

37 *Ladder of Divine Assent* I.4.

38 McNeil, 앞의 책, 307쪽에서 인용.

39 Kadloubovsky and Palmer, *Writings from the Philokalia*(1961), 100-103, 93, 174-5쪽.

40 Igumen Chariton, 앞의 책, 62, 97-8, 116, 268-9, 170쪽.

41 Louis Bouyer, *Orthodox Spirituality and Protestant and Anglican Spirituality*(1969), 36쪽.

42 Julia de Beausobre(ed.), *Macarius: Russian Letters of Direction 1834-1860*(1947), 23, 28쪽.

43 A. F. Dobbie-Bateman(tr.), *St Seraphim of Sarov Concerning the Aim of the Christian Life*(1936), 53쪽.

44 G. P. Fedotov, *A Treasury of Russian Spirituality*(1948), 348쪽.

45 *Spiritual Counsels of Father John of Kronstadt*, ed. W. Jardine Grisbrooke(1967), 122쪽.

46 John B. Dunlop, *Staretz Amvrosy*(1975), 60쪽에서 인용.

47 Zossima in *The Brothers Karamazov*.

48 *Regula Pastoralis* 1.1.

49 위의 책, 2.2; *Morals on Job* 22:31-4.

50 A. Owen, *Ancient Laws and Institutes of Wales*(1841) I, 28쪽..

51 Martin Thornton, *English Spirituality*(1963), 154쪽에서 인용.

52 Rule, chs. 49, Prologue, chs. 3 and 2를 보라.

53 J. Leclercq, F. Vandenbrouke and L. Bouyer, *The Spirituality of the Middle Ages*, (1968), 84쪽.

54 *Opusculum* 7; *Letter* 188.

55 Leclercq, 앞의 책, 121쪽, n. 141에서 인용.

56 Thornton, 앞의 책, 166쪽에서 인용.

57 *In obitu domini Humberti* 4, cited in J. Leclercq, *Cistercian Studies* 7:2(1972), 132쪽.

58 Letter 112 in *The Letters of St. Bernard of Clairvaux*, tr. Bruno Scott James(1953), 169쪽.

59 *In circumcisione Domini* 3:11.

60 *The Mirror of Faith*, chs. 7, 13.

61 A. Le Bail, 'La spiritualité cistercienne'. in *Cahiers du cercli Thomiste Feminin* 7 (1927), cited in Amédée Hallier, *The Monastic Theology of Aelred of Rievaux, Cistercian Studies*, Shannon 1969, 121쪽.

62 *Pastoral Prayer* 7, 8.

63 *Spiritual Friedship*.

64 Introduction to Hallier, 앞의 책, xxxvii쪽.

65 *Spiritual Friedship*.

66 A. I. Doyle, *The Age of Chaucer*(1954), 70쪽.

67 Leclercq, 앞의 책, 324쪽에서 인용.

68 위의 책, 325쪽.

69 Joy Russell—Smith in J. Walsh(ed.), *Pre—Reformation English Spirituality*(no date), 192쪽.

70 Bod. Lar. th. e. 26 fol. 127.

71 *Imitation of Christ*, I.4.

72 *A Treatise on the Spiritual Life* by St. Vincent Ferrer op, with Dommentary by Mother Julienne Morrell op(1957), 제4장, 92—93쪽.

73 W. A. Pantin, *The English Churdh in the Fourteenth Century*(1962), 192쪽.

74 인용된 위의 책, 192쪽, n. 1.

75 아직 이 참고자료의 정확한 출처를 찾아내지 못하였음.

76 *Cistercian Studies* 3:1(1968), 3쪽.

77 *Mens Nostra*, 1919년 12월 20일판.

78 Paul Molinary, sj in *Spode House Review* 9:102(1973), 28쪽.

79 *The Spiritual Exercises*(cited hereafter as Exercises) 15.

80 위의 책, 6, 7, 17.

81 *Directory*, ch. 5.

82 위의 책, 제8장.

83 *Christian Spirituality*(1924), III, 23—48쪽.

84 Joseph de Guibert, *The Jesuits: Their Spiritual Doctrine and Practice*(1964), 167쪽.

85 위의 책, 310쪽.

86 *Holy Wisdom*, I.2.2, 2문단.

87 위의 책, 3문단.

88 위의 책, 7문단.

89 위의 책, 11문단.

90 위의 책, 13문단.

91 위의 책, 19문단.

92 Pourrat, 앞의 책, III, 282쪽.

93 *Sermon on the Feast of Our Lady of Sorrows.*

94 *Introduction to the Devout Life*, I. 4.

95 위의 책.

96 위의 책, II. 19.

97 *Letter 107* in Elizabeth Stopp(tr.), *St. Francis' de Sales: Selected Letters*(1960), 263쪽.

98 위의 책, Letter 114, 276쪽; 267쪽, n. 1.

99 Francis Vincent, S. *Francois de Sales, directeur d'ames*(Paris 1923), 398쪽. 그의 방법에 대해서는 397—547쪽을 보라.

100 Letter to Sister Jeanne le Peintre, 1650년 2월 23일판, cited in *The Way* 2:3(1962), 222—3쪽.

101 *Living Flame of Love* 3:33(Second Redaction).

102 *Dark Night of the Soul* I.10.2.

103 *Living Flame of Love* 3:30.

104 St. Teresa, *Life* 13.

105 *Ascent of Mount Carmel*, Prologue.

106 *Living Flame of Love* 3:59.

107 위의 책, 3:56.

108 St. Teresa, *Way of Perfection* 24:2.

109 *Living Flame of Love* 3:59.

110 *Life* 4:8—9.

111 위의 책, 4:6.

112 위의 책, 14.

113 위의 책, 13.

114 위의 책.

115 *Ascent of Mount Carmel* 2:22; 2:18.

116 *Self-Abandonment to the Divine Providence* I.1.1.

117 위의 책, II.3.1

118 *Letters,* Book 3:14

119 위의 책, 5:12

120 *Manual for Interior Souls*, ch. 21.

121 E. W. Trueman Dicken, 'St. John of the Cross and modern English spirituality' in *Mount Carmel* 19:1(1971), 6쪽.

122 F. W. Faber, *Growth in Holiness*(1960 edn), 235, 237-238, 239쪽.

123 위의 책, 242쪽.

124 위의 책, 244쪽.

125 위의 책, 150쪽.

126 위의 책, 254쪽.

127 J. T. McNeil, 앞의 책, 294쪽에서 인용.

128 A. Saudreau, *The Degrees of the Spiritual Life: A Method of Directing Souls According to their Progress in Virtue*(1926 edn) I, 65쪽에서 인용.

129 위의 책. II, 151쪽.

130 위의 책. II, 245쪽.

131 Dom Raymond Thilbout, *Abbot Columba Marmion*(1932), 233쪽에서 인용. 제11장, 'The Spiritual Director', 229-73쪽 전체를 보라.

132 위의 책, 234-5쪽.

133 위의 책, 235쪽.

134 Adolphe Tanquerey, *The spiritual Life*(1950 edn), 257쪽.

135 R. Garrigou-Lagrange, *The Three Ages of the Interior Life*(1960 edn), 256쪽.

136 *The Soul of the Apostolate*(1946), 171쪽.

137 *Praxis theologica myticae*, Paris 1920.

138 Letter to his sister Marie de Blic, 1908년 4월 25일판, *The Way*에서 발췌, 2:3(1962), 222쪽.

139 Joseph de Guibert, *The Theology of the Spiritual Life*(1956), 155쪽.

140 위의 책, 157쪽.

141 1607년 2월 11일과 1604년 6월 24일, 위의 책에서 발췌, 157쪽.

142 *Introduction to the Devout Life* I.4.

143 De Guibert, 앞의 책, 173쪽.

144 *I giovani del nostro tempo e la direzione spirituale*, Roma, *Ave*, 1940, 12쪽.

145 *The Spiritual Directior according to the Principles of St. John of the Cross*(1951), 7쪽.

146 Jean Laplace, *The Direction of Consience*(1967), 13, 15, 38, 10쪽.

147 James Walsh in *The Way* 2:3(1962), 208쪽.

148 *Sacramentum Mundi*, volume VI(1970), article 'Spiritual Direction', 165쪽.

149 J. H. Wright, 'A discussion on spiritual direction' in *Studies in the Spirituality of Jesuit* 4:2(1972년 3월), American Assistancy Seminar on Jesuit Spirituality, 41, 42, 49쪽.

150 Gregory I. Carlson, 'Spiritual direction and the Paschal mystery', *Review for Religious* 33(1974), 532−41쪽; Gerald E. Keefe, 'Letter to a person begining spiritual direction', 위의 책, 542−5쪽.

151 *The Way, Spirituality Today* 또는 *Review for Religious* 등과 같은 최근에 나온 로마가톨릭 잡지들은 매우 가치있는 자료들이다.

152 *The Church Porch* lxxvi, cited McNeil, 앞의 책, 230쪽.

153 *A Priest to the Temple*(1632), xv, xxxiv.

154 Letter vii, 1754년 1월 10일; Letter xi, 날짜없음; Letter xvi, 1753년 8월 4월.

155 서문.

156 Martin Thornton, *English Spirituality*(1963), 237쪽에서 인용.

157 F. R. Boulton, *The Caroline Tradition of the Church of Ireland*(1958), 129−38쪽을 보라.

158 *Revolutions and Devotions* III.9.

159 P. E. More and F. L. Cross(eds.), *Anglicanism*(1957), 513−17쪽에서 전부 인용.

160 *English Spirituality*(1963), 237쪽. T. Wood, *English Casuistical Divinity*(1952), 41쪽 이하도 보라.

161 *Advice for those Who Exercise the Ministry of Reconciliation through Confession and Absolution, being the Abbe' Gaume's Manual for Confessors... Abridged, Condensed and Adapted to the Use of the English Church etc.*(Parker, Oxford, 1878), clvi, clviii.

162 *Doctrine of Confession in the Church of England*(1869); *Freedom of Confession in the Church of England, A letter to the Archbishop of Canterbury*(1877), 11—12쪽.

163 J. M. Neale, cited in Pusey, 앞의 책, clxiii—clxiv쪽.

164 McNeill, 앞의 책, 245—6쪽에서 인용.

165 *English Spirituality*(1963), 11쪽.

166 'The cultural factor in spirituality' in *The Great Christian Centuries to Come*, ed. C. Martin(1794), 183쪽.

167 *English Spirituality*(1963), xv쪽.

168 E. R. Morgan(ed.), *Reginald Somerset Ward 1881—1962; His Life and Letters*(1963), 56쪽

169 *English Spirituality*(1963), xiii쪽.

170 위의 책, 298—302쪽.

171 Shaw에 대해서는 R. D. Hacking, *Such A Long Journey*(1988)를 보라. 최근에는 The Community of Servants of the Will of God, Crawley Down이 Shaw에게 매우 많은 영향을 받아서 'One Tradition' 이란 주제로 소책자 시리즈를 발간하였고, 계속해서 가르치고 있다.

172 McNeill, 앞의 책, 171쪽에서 인용. A. Nebe, *Luther as Spiritual Adviser*(1894)도 보라.

173 Martin Bucer, *On the True Cure of Souls and the Right Kind of Shepherd*, cited in F. Greeves, *Theology and the Cure of Souls*(1960), 11쪽.

174 McNeill, 앞의 책, 196쪽에서 인용.

175 Jean—Daniel Benoit, *Calvin, directeur d'ames. Contribution a l'histoire de la piété Reformée*(Strasbourg, 1947); and *Direction spirituelle et Protestantisme. Etude sur la legitmité d'une direction protestante*(Paris 1940).

176 1548년 10월 22일, McNeill, 앞의 책, 209쪽에서 인용.

177 위의 책, 257쪽.

178 *Cartwrightiana,* Elizabeth Nonconformist Texts, Vol I, ed. Albert Peel and L. H. Carlson(1951), 98쪽. For the full text of the letter see 88—105쪽.

179 Owen C. Watkins, *The Puritan Experience*(1972), 8쪽.

180 위의 책, 발췌, 9, 15쪽.

181 *The Reformed Pastor*(1656).

182 G. F. Nuttall, *The puritan Spirit*(1967), 190쪽을 보라.

183 R. Davies and E. G, Rupp, *A History of the Methodist Church in Great Britain,* Vol.I(1965), 191쪽.

184 위의 책, 189쪽.

185 감리교 클래스 미팅과 관련자료에 관해서 William H. Dean. 'The Methodist Class Meeting: the significance of its decline', *Proceedings of the Wesley Historical Society 53*(1981), 41-8쪽; and David Lowes Watson, *The Early Methodist Class Meeting: its origins and significance*(Nashville, Discipleship Resources(1985)를 보라.

186 *Letters of John Wesley*, ed. J. Telford(1931), IV, 188쪽.

187 Davies and Rupp, 앞의 책, I, 169-70쪽.

188 W. B. Pope, *A Compendium of Christian Theology*(Wesleyan Conference Office, 1877) II, 64쪽.

189 Max Thurian, *Confession*(1958); Dietrich Bonhoeffer, *Life Together*(1968 edn), 86-96쪽; Neville Ward, *The Use of Praying*(1967), 130쪽.

190 *Spiritual Direction and Meditation*(1975 edn), 13쪽.

191 위의 책, 14쪽.

192 Sheldon B. Kopp, *Guru*(1971), 3쪽.

193 Thomas Merton, 앞의 책, 17쪽.

194 Edward Carter, *The Spirit is Present*(1973), 117쪽.

제3장

1 *The Trial of Man*(1973), 11-12쪽.

2 In *The Charismatic Christ*(1974), 45쪽.

3 Alan Wilkinson, *New Fire* 3:25(1975), 456쪽.

4 *The Social System*(1952), 445쪽.

5 James Frazer, *The Golden Bough*(1949 edn), 105-106쪽.

6 Richard C. Cabot and Russell C. Dicks, *The Art of Ministering to the Sick*(New York, 1936)를 보라.

7 *The Cure of Souls*(1932).

8 *Pastoral Psychology*(1932).

9 Seward Hiltner, *Preface to pastoral Theology*(1958), 20쪽.

10 Paul Halmos, *The Faith of the Counsellors*(1965), 44쪽.

11 Ernest E. Bruder, *Ministering to Deeply Troubled Persons*(New Jersey, 1963)를 보라.

12 A. E. Harvey, *Priest of President?*(1975)를 참조하라.

13 Carl E. Wennerstrom in J. Luther Adams and Seward Hiltner(eds.), *Pastoral Care in the Liberal Churches*(1970), 37—8쪽.

14 Ethel Venables, *Counselling*(National Marriage Guidance Council, 1971), 1쪽.

15 Kathleen Heasman, *An Introduction to Patoral Counselling*(1969)를 참조하라.

16 Leo J. Trese in Jean Laplace, *The Direction of Conscience*(1967), 10쪽.

17 *The Counsellor in Counselling*(1950), 11쪽; *Pastoral Counselling* (1949), 19쪽.

18 Paul Halmos, *The Personal Service Society*(1970).

19 M. Greenblatt, R. H. York and E. L. Brown, *From Custodial to Therapeutic Patient Care in Mental Hospitals*(New York, Russell Sage Foundation, 1955), 107, 411쪽.

20 *The Faith of the Counsellors*(1965), 31쪽.

21 Sandor Ferenczi, *Further Contributions to the Theory and Technique of Psychoanalysis*(1920).

22 Michael Balint, *The Doctor, His Patient and His Illness*(1967), 226쪽.

23 Carl Rogers, *Counselling and Psychotherapy*(1942), 28—30쪽.

24 *The Faith of the Counsellors*(1965), 108—9쪽.

25 H. Lytton and M. Craft(eds.), *Guidance and Counselling in British Schools*(1969)를 참조하라.

26 H. J. Clinebell in *Contact 36*(November 1971), 26쪽.

27 Desmond Pond, *Counselling in Religion and Psychiatry*(1973), 74쪽 이하.

28 M. A. H. Melinsky in *Religion and Medicine: A Discussion*(1970), 118쪽.

29 Frank Lake, 'The place of counselling in the church', *The Times*, 19 August 1967.

30 Frank Lake, *Clinical Theology*(1966), 32쪽.

31 Frank Lake, *Clinical Pastoral Care in Schizoid Personality Reactions* (1970), 17쪽과 앞표지.

32 Association for Pastoral Care and Counselling, Constitutional Papers(1973), 3쪽. See W. A. Clebsch and C. R. Jaekle, *Pastoral Care in Historical Perspective*(1964).

33 *The Knowledge of Man*(1965), 172쪽.

34 *The Radical Therapist*(Radical Therapist/Rough Times Collective, 1974)를 참조하라.

35 Leonard Berkowitz, 'The case for bottling up rage', *New Society*, 17 September 1973, 761-4쪽.

36 D. E. Jenkins, 'The Christian Counsellor' in *Living with Questions*(1969), 110-11쪽.

37 C. D. Kean, *Christian Faith and Pastoral Care*(1961), 42쪽.

38 R. S. Lee, *Principles of Pastoral Counselling*(1968), 116쪽.

39 Don Browning, 'Pastoral care and models of training in counselling', MS.(Chicago, undated).

40 *Contact* 44(1974), 31-2쪽.

41 *Social Science and Social Pathology*(1959), 330쪽.

42 James Luther Adams and Seward Hiltner(eds.), *Pastoral Care in the Liberal Churches*(1970), 217쪽에서 인용.

43 *An Introduction to Christian Mysticism*, Lectures given at the Abbey of Gethse—mani, MS.(1961), 145쪽.(in the Possession of Bede House, Staplehurst, Kent).

44 *An Introduction to Pastoral Counselling*(1969), 1쪽.

45 *The Minister and the Cure of Souls*(New York 1961), 25-6쪽.

46 'Objections to a proposed national pastoral organisation', *Contact 35*(June 1971), 25-6, 27쪽.

47 위의 책.

48 *Contact 44*(1974), 33쪽.

49 Roy Bailey and Mike Brake, *Radical Social Work*(1975), 1쪽.

50 위의 책, 145-6쪽.

51 *Modern Man in Search of a Soul*(1933), 70쪽.

52 Victor Frankl, *The Doctor and the Soul*(1973 edn), 9쪽.

53 Mary Barnes and Joseph Berke, *Mary Barnes: Two Accounts of a Journey*

through Madness(1971)를 참조하라.

54 C. G. Jung, *The Integration of the Personality*(1934), 43쪽.

55 위의 책, 59쪽.

56 *Modern Man in Search of a Soul*(1933), 259쪽.

57 *Psychology and Alchemy*(1944), 14쪽을 참조하라.

58 'Helping people to pray', *New Fire* 1(1969), 15-23쪽.

59 *The Symbolic Life*(Guild of Pastoral Psychology Lecture No.80, 1954), 13쪽.

60 Kenneth Wapruck, 'Mysticism and schizophrenia', *Journal of Transpersonal Psychology* 1:2(1969), 66쪽.

61 *The politics of Experience and The Bird of Paradise*(1971 edn), 117, 114, 136쪽.

62 *The Doctor and the Soul*(1973 edn), 9, 10, 14쪽.

63 Reza Arastech, *Final Integration in the Adult Personality*(Leiden, E. J. Brill, 1965).

64 *God is a New Language*(1967), 18, 28, 74쪽.

65 *Power and Innocence*(1974 edn), 64쪽.

66 *Love and Will*(1972 edn), 13-33쪽, 'Our Schizoid World'.

67 *Clinical Pastoral Care in Schizoid Personality Reactions*(Clinical Theology Association, December 1970), 17쪽.

68 위의 책.

69 *Existence*, ed. Rollo May(New York, 1958), 56쪽.

70 Hubert Van Zeller, *Famine of the Spirit*(1950), 28쪽.

71 *The Integration of the Personality*(1934), 186쪽.

72 *Revelations of Divine Love*, 55, 56.

73 예컨대, D. Sherwin Bailey, *The Man-Woman Relationship in Christian Thought*(1959); Donald Goergen, *The Sexual Celibate*(1974) 등을 보라.

74 *Touching: The Human Significance of the Skin*(1972), 273쪽.

75 Ortega y Gasset, *Man and People*(New York, 1957), 72쪽.

76 *Summa Theologica* 2.2, q. 142, a. 1.

77 Herbert Marcuse, *One Dimensional Man*(1966), *Eros and Civilisation*(1962), etc.

78 Dennis Altman, *Homosexual: Oppression and Liberation*(1974 edn), 183쪽에서 인용.

79 이 부분이나 다른 관련자료를 위해서는 John Saward, 'The fool for Christ's sake in monasticism east and west', in A. M. Allchin(ed.), *Theology and Prayer*(Studies Supplementary to Sobornost, Fellowship of St Alban and St Sergius,1975), 29—55쪽을 보라.

80 *Thomas Merton on Peace*(New York,1971), 160—2쪽.

81 Rosemary Gordon, 'Moral Values and Analytic Insights', *British Journal of Medical Psychology* 46:1(1973), 6, 10쪽.

82 Seward Hiltner, 'Christian understanding of sin in the light of medicine and psychiatry', *Medical Arts and Sciences* 20(1966), 35—49쪽을 참조하라.

83 Karl Menninger, *Whatever Became of Sin?*(1973), 19쪽.

84 O. Hobart Mowrer, The Crisis in *Psychiatry and Religion* (Princeton, New Jersey,1961), 54—5쪽.

85 C. Bouchard, 'Direction spirituelle d'un sujet en psychothérapie', *La Vie Spirituelle,* Supplement 68(February 1964), 37쪽.

86 *Clinical Theology*(1966), xxvii쪽.

87 In *The Role of Religion in Mental Health*(1967), 57쪽.

88 Austin Farrer, *A Study in St Mark*(1951), 80쪽.

89 'The domestic liturgy of marriage', *Christian Celebration* 3:2—3 (Autumn 1974), 5쪽.

90 Francis MacNutt, *Healing*(1975 edn), 162—4쪽.

91 *Didascalia et Constitutiones Apostolorum* Ⅲ.x.1(ed. F. X. Funk, 1905), Ⅰ, 301쪽.

92 *De baptismo* 3. 16. 21.

93 *The Spiritual Renewal of the American Priesthood*, ed. Ernest Larkin and Gerald Broccolo(Washington, DC, US Catholic Conference, 1973), 18쪽.

94 *Go Preach the Kingdom, Heal the Sick*(1962), 51쪽 이하.

95 Agnes Sanford, *The Healing Gifts of the Spirit*(1966).

96 MacNutt, 앞의 책, 190쪽.

97 *Apostolic Tradition*, Ⅰ. 15.

98 *Apostolic Constitutions* 8. 17.

99 Canon 17 in W. K. Lowther Clarke, *Liturgy and Worship*(1954), 475쪽.

100 Henri Nouwen, *The Wounded Healer: Ministry in Contemporary Society*(1972)를 참조하라.

101 *Vita Antonii* 22.

102 위의 책. 21.

103 *Epistola ad Monachos* 11. Basil Krivoshein, 'Angels and demons in the eastern orthodox spiritual tradition' in *The Angels of Light and the Powers of Darkness*, ed. E. L. Mascall(1954), 22—46쪽을 보라.

104 Sister Augusta M. Raabe, 'Discernment of spirits in the Prologue to the Rule of St Benedict', *American Benedictine Review* 23:4(1972), 397—423쪽을 보라.

105 제7장.

106 Tr. M. B. Salu(1958), 78쪽.

107 de Gulbert, *The Theology of the Spiritual Life*(1956), 130쪽에서 인용.

108 위의 책. 131쪽.

109 J. B. Scaramelli, *Discernimento degli Spiriti*(1753), 제6—9장을 보라.

110 Heinrich Bacht, 'Good and evil spirits', *The Way* 2:3(1962), 188쪽.

111 *Exercises* 32.

112 *Annotation* 7.

113 Brian O'Leary, 'Good and evil spirits', *The Way* 15:3(1975), 180쪽.

114 Ignacio Iparraguire, *Vocabulario de Ejercicios Espirituales* (Rome, 1972), 103쪽.

115 *Exercises* 17. 이냐시오 전통에 대해서는 John Futrell, 'Ignatian discernment', *Studies in the Spirituality of the Jesuits* 2:2(1970), 56—7쪽도 보라.

116 Philip S. Keane, 'Discernment of spirits: a theological reflection', *American Ecclesiastical review* 168:1(1974), 50쪽.

117 In *The Angels of Darkness*, BBC Radio 3, 27 October 1975.

118 O. Cullman, *Christ and Time*(1951), 192쪽.

119 O. Cullman, *The State in the New Testament*(1957), 102쪽.

120 G. Vermes, *Jesus the Jew*(1973), 22쪽.

121 T. S. Szasz, *The Manufacure of Madness*(1973 edn), 102쪽에서 인용.

122 *Love and Will*(1972 edn), 123쪽.

123 Victor White, *God and the Unconscious*(1967 edn), 특히 제10장 'Devils and Complexes'을 참조하라.

124 In *The Angels of Darkness*, 앞의 책.

125 *The Month*, 'The devilish phenomenon', May 1974, 563쪽.

126 MacNutt, 앞의 책, 220쪽.

127 Erich Fromm, *The Forgotten Language: An Introduction to the Understanding of Dreams, Fairy Tales and Myths*(New York,1951)를 참조하라.

128 Morton T. Kelsey, 'Rediscovering the Priesthood through the unconscious', *Journal of Pastoral Counselling* 7:1(1972), 26—36쪽.

129 Sheldon B. Kopp, *Guru*(1971), 12—13쪽.

130 Henry M. Pachter, *Paracelsus: Magic into Science*(New York, 1951), 63쪽.

131 Comm. on Job 38:16.

132 Kallistos Ware, *The Power of the Name: The Jesus Prayer in Orthodox Spirituality*(1974), 17쪽에서 인용.

제4장

1 *A Sleep of Prisoners*.

2 Monica Furlong, *The End of Our Exploring*(1973), 13쪽.

3 *Honest to God*(1966 edn), 29, 130, 30, 41, 49쪽.

4 위의 책, 45쪽.

5 E. L. Mascall in *The Honest to God Debate*, ed. D. L. Edwards (1963), 94쪽.

6 *Sermon* 71.

7 W. R. Inge, *Christian Mysticism*(1933), 156—7쪽에서 인용.

8 *Revelations of Divine Love* 56.

9 Vladimir Rodzianko, 'Honest to God under the Fathers' judgment', in *Orthodoxy and the Death of God*, ed. A. M. Allchin(1971), 50—6쪽을 보라.

10 In *The Honest to God Debate*(1963), 195쪽.

11 'Is mysticism normal?', *Commonweal* 51(1949—1950), 98쪽, cited in J. J. Higgins, *Merton's Theology of Prayer*(1971), 22쪽.

12 Rufus M. Jones, *Studies in Mystical Religion*(1909), xv쪽.

13 Geoffrey Parrinder, *Mysticism in the World's Religions*(1976), 141—61쪽을

보라.

14 *Contemplative Prayer*(1973), 29쪽.

15 Thomas Merton, *Thoughts in Solitude*(1958), 18쪽.

16 *Contemplative Prayer*(1973), 111쪽.

17 Owen Chadwick, *Western Asceticism*(1958), 38쪽.

18 Aelred Squire, *Asking the Fathers*(1973), 6쪽.

19 Chadwick, 앞의 책, 105쪽에서 인용.

20 *Vita Antonii* 14.

21 *Conferences* 10:12.

22 위의 책, 10:10.

23 *Jesus Caritas* 6(January 1961), 55쪽.

24 *Letters from the Desert*(1972).

25 *Adv. Haer.* 3. 20. 5.

26 위의 책, 5, Preface.

27 *In Joannem* 32:17.

28 *De Incarnatione* 54.

29 *De Fide Orth.*, 2. 12.

30 *Patrologia Graeca*, Migne, 44:1137b.

31 *The Mystical Theology of the Eastern Church*(1957), 39쪽.

32 위의 책, 26쪽.

33 *Stromata* 5. 11.

34 *De Myst, Theol.* 5.

35 *Contra Eunomium* 1. 373.

36 T. S. Eliot, *Four Quartets*(1944 edn), 29쪽.

37 Kallistos, 앞의 책, 25쪽에서 인용.

38 S. Bulgakov, *The Orthodox Church*(1935), 170쪽.

39 Nicholas Zernov, *The Church of the Eastern Christian*(1942), 54쪽.

40 Canon 244.

41 Rule, 제17장.

42 *Revelations of Divine Love*, 10, 55, 11, 56쪽.

43 위의 책, 35, 37, 38, 39.

44 *Conjectures of a Guilty Bystander*(1966), 192쪽.

45 *Revelations of Divine Love*, 86.

46 T. S. Eliot, 앞의 책, 59쪽.

47 *Revelations of Divine Love*, 59, 60, 61쪽.

48 Oratio 65. Benedica Ward, *The Prayers and Mediations of St Anselm*(1973), 141-56쪽을 보라.

49 Anna Maria Reynolds, 'God and the feminine', *Encounter and Exchange* 14(1975), 15-20쪽; Eleanor McLaughlin, "Christ my mother": feminine naming and metaphor in mediaeval spirituality', *Nashotah Review* 15:3(1975), 228-48쪽을 보라.

50 *The Cloud of Unknowing* 6.

51 Cuthbert Butler, *Western Mysticism*(1926), lii쪽.

52 *The Way, Supplement* 27(Spring 1976), 9쪽에서 인용.

53 위의 책, 10쪽.

54 위의 책 안에서 Joseph Veale, 14쪽.

55 *Exercises* 162.

56 *Director* 18.

57 Exercises 1. W. W. Meissner defines an 'inordinate attachment' as 'an emotional attachment, an emotional responsiveness which has escaped the effective control of ego-system'. 'Psychological notes on the Spiritual Exercises', *Woodstock Letter* 92(1963), 349-66쪽, and *93*(1964), 165-91쪽.

58 Gerald W. Hughes, 'The First Week and the formation of conscience', *The Way, Supplement* 24(Spring 1975), 12쪽.

59 D. Stanley, *A Modern Scriptural Approach to the Spiritual Exercises*(Chicago 1967), 16쪽. 이냐시오 영성의 심리학적 측면에 대해서는 Ruth Tiffany Barnhouse, 'The Spiritual Exercises and Psychoanalytic therapy', *The Way, Supplement* 24(Spring 1975), 74-82쪽을 보라.

60 St Teresa, *The Way of Perfection* 17.

61 *Book of the Foundations* 5:10.

62 *Spiritual Sentences and Maxims* 57.

63 *Mansions of the Interior Castle* 4. 1. 7.

64 *Book of the Foundations* 5:8.

65 *The Way of Perfection,* Toledo Codex 17:6.

66 위의 책, 25:1.

67 *The Living Flame of Love* 3:32; *The Ascent of Mount Carmel* 3:39.

68 St Teresa, *Life* 13:15.

69 *The Ascent of Mount Carmel* 2:4.2.

70 *Spiritual Canticle* 1. 11, 12.

71 Father Gabriel, *The Spiritual Director according to the Principles of St John of the Cross*(1951), 131쪽.

72 Jack Ford, *In the Steps of John Wesley: The Church of the Nazarene in Britain*(Kansas City, Nazarene Publishing House, 1968)를 보라.

73 Statement drafted in Rome in September 1970 at the first informal meeting of the secretariat with Pentecostal leaders,

74 Rodman Williams, 'Pentecostal spirituality', *One in Christ* 10:2(1974), 180—92쪽.

75 Kilian McDonnell in *One in Christ* 7:4(1971), 311쪽.

76 Sister Rosslyn, 'Charismatic and contemplative prayer', *Encounter and Exchange* 8(1973), 4—9쪽.

77 T. Paul Verghese, *The Freedom of Man*(1972), 69쪽.

78 위에서 인용된 책, 69쪽.

79 *Sobornost* 5:5(1967)에서 인용, 318쪽.

80 Verghese, 앞의 책, 35쪽.

81 *Adv. Haer.* 5.

82 *De Incarnatione* 54.

83 *Or. 2.adv. Ar.* 21.70.

84 *De Carni Resurrectione* 8; *adv. Marcion* 3:8.

85 *Hist. Ar.* 62.

86 *The Return of the Father*(1875), 48쪽 이하.

87 Lossky, 앞의 책, 65, 67쪽.

88 Carlo Carretto, *Letters from the Desert*(1972), 43쪽.

89 *Stromata* 7.

90 *Comm. on Song of Songs.*

91 *The Mystical Theology and the Celestial Hierarchies*(Godalming, Shrine of Wisdom, 1956 edn), 18—19쪽.

92 *On the Threefold Way.*

93 *Exploration into God*(1967), 125쪽.

94 *IV Sent.* D. 15q.4.a.1.qc.2. ad.

95 *Hugh of St Victor: Selected Spiritual Writings,* tr. A Religious of CSMV(1962), 183—4쪽.

96 *Insight*(1972), 3쪽.

97 *Living Prayer*(1966), 51, 52쪽.

98 *The Ascent of Mount Carmel,* Prologue.

99 위의 책, 1:2.

100 *The Dark Night of the Soul* 1:14.

101 위의 책, 2:5.

102 *The Living Flame of Love*, 1:16, 18.

103 L. Boros, *Open Spirit*(1974), 59—60쪽.

104 Hubert Van Zeller, *Famine of the Spirit*(1950), 15쪽.

105 위의 책, 21쪽.

106 *Conjectures of a Guilty Bystander*(1966), 58쪽.

107 *The Knowledge of God and the Service of God*(1938), 28쪽.

108 Vladimir Lossky, *The Mystical Theology of the Eastern Church*(1957), 23—43쪽과 *In the Image and Likeness of God*(1974), 31—48쪽을 보라.

109 *Stromata* 5.

110 *Life of Moses.*

111 *Fifth Letter; De Myst. Theol.* 1:3.

112 *The Ascent of Mount Carmel* 1:4.

113 *The Living Flame of Love* 3:78.

114 위의 책, 3:49.

115 E. E. Larkin, 'The dark night of St John of the Cross', *The Way* 14:1(1974), 15쪽.

116 *The Ascent of Mount Carmel* 2:13.

117 *The Living Flame of Love* 3:31.

118 *The Dark Night of the Soul* 1:10.

119 A. Poulain, *The Graces of Interior Prayer*(1928), 178-99쪽을 보라.

120 *Spiritual Letters of Dom John Chapman*(1969 edn), 61, 317쪽. Chapman의 편지들은 그런 관상기도를 안내하는 가장 중요하고 가장 가치있는 자료 가운데 하나다. 특히 부록 1, 287-321쪽을 보라.

121 E. W. Trueman Dicken, *The Crucible of Love*(1963), 168쪽.

122 *Retreats for Priests*(1962 edn), 335-6쪽.

123 Letourneau, *La méthode d'Oraison mentale du Seminaire de Saint-Sulpice*(Paris, 1930), 222쪽.

124 *The Ascent of Mount Carmel* 2:18.

125 *The Living Flame of Love* 3:29.

126 위의 책, 3:31.

127 위의 책, 3:34.

128 위의 책, 3:38.

129 위의 책, 3:39.

130 위의 책, 3:40, 41.

131 위의 책, 3:46.

132 위의 책, 3:47.

133 위의 책, 3:48.

134 위의 책, 3:51.

135 J. Darlymple이 *Cistercian Studies* 2:1(1967), 45쪽에서 인용.

제5장

1 *Christian Uncertainties*(1975), 75쪽.

2 Igumen Chariton of Valamo, *The Art of Prayer*, tr. E. D. Kadloubovsky and E. M. Palmer(1966), 63쪽에서 인용.

3 Kallistos Ware, 앞의 책, 2쪽에서 인용.

4 J. Massingberd Ford, *The Pentecostal Experience*(1970), 3쪽.

5 *Some Principles of Moral Theology*(1921), 228쪽.

6 *The Ascent to Truth*(1951), 177쪽.

7 Higgins, 앞의 책, xix쪽에서 인용.

8 Thomas Merton in *Dublin Review* 223(1949), 28쪽.

9 Thomas Merton, *The New Man*(1961), 44쪽.

10 *The Integration of the Personality*(1934), 69쪽.

11 Kallistos Ware, 'Silence in Prayer: the meaning of hesychia' in *Theology and Prayer*, ed. A. M Allchin(1975), 12쪽에서 인용.

12 J. Dalrymple, 'Training in the life of prayer', *Cistercian Studies* 2:1(1967), 41쪽.

13 *On Stillness and the Two Ways of Prayer* 2.

14 H. E. W. Slade, *Exploration into Contemplative Prayer*(1975), 11쪽.

15 J—M. Dechanet, *Christian Yoga*(1964) and *Yoga and God*(1974); H. E. W. Slade, 앞의 책.

16 Simon Tugwell, 'The body in prayer', *Doctrine and Life* 24:2 (1974), 61쪽. 이러한 인용들을 위해서는 Tugwell, 60—7쪽을 보라.

17 *Meditation and the Fulness of Life*(1974).

18 *Summa Theologica* IIa IIae. q. 83 art. 13; 1. 84 art. 2.

19 Slade, 앞의 책.

20 *Yoga Sutras* 2:46—52.

21 Tugwell, 앞의 책, 64쪽.

22 앞의 책, q. 83, art. 12.

23 Tugwell, 앞의 책, 64쪽.

24 W. Samarin, *Tongues of Men and Angels*(New York 1970), 227—9쪽을 보라.

25 Eusebius, *Hist. Eccl.* 5:16f.

26 Simon Tugwell, 'The gift of tongues in the New Testament', *Expository Times* 84:5(1973), 137쪽. 전체 논문은 137—40쪽을 보라.

27 U. Berliere, *L'Ascese Bénédictine*(Paris and Maredsous 1927), 제7장.

28 *Silent Music*(1974), 10쪽.

29 *Yoga Sutras* 3.

30 *Living Prayer*(1966), 51쪽, 52쪽.

31 W. H. Longridge, *Retreats for Priests*(1962 edn), 333쪽.

32 위의 책, 335—6쪽.

33 *What are These Wounds?*(1950), 95쪽.

34 *Apophthegmata*, Arsenius 1, 2.

35 *Ladder of Divine Ascent* 27; Evangrius, *De Oratione* 70.

36 *Ladder* 27.

37 Ep. 2.

38 Tito Colliander, *The Way of the Ascetics*(1960), 207쪽.

39 *Retreats Today*(1962), 84쪽.

40 *Selected Letters 1896—1924*, 314쪽.

41 Longridge, 앞의 책, 337-340쪽.

42 In Owen Chadwick, *Western Asceticism*(1958), 207쪽.

43 *The Art of Prayer*, 앞의 책, 97쪽에서 인용.

44 *De Oratione* 44.

45 위의 책, 70.

46 Ware, *The Prayer of the Name,* 앞의 책, 13쪽에서 인용.

47 Peter Russell, *The TM Technique*(1976), 40—1쪽.

48 *The Cloud of Unknowing*, ed. W. Johnston(New York 1973), 56쪽.

49 Thomas Weide in *Journal of Transpersonal Psychology* 6:1(1972), 84쪽.

50 *The Adornment of the Spiritual Marriage* 2.

51 Carlo Carretto, *Letters from the Desert*(1972), 47쪽.

52 *Silent Music*(1974), 59쪽.

53 Carretto, 앞의 책, 48쪽.

54 Ware, *The Prayer of the Name,* 앞의 책, 11쪽에서 인용.

55 *Ladder of Divine Ascent*, 21, 27.

56 Ware, 앞의 책, 100쪽에서 인용.

57 In the Art of Prayer, 앞의 책, 100쪽.

58 *How the Hesychast Should Persevere in Prayer.*

제6장

1 *Where the Wasteland Ends*(1972), xxii-xxiii쪽.

2 *Growth in Holiness*(1854)(1960 edn), 239쪽.

3 Christian Duquoc in *Concilium* 1:7(1971), 30, 35쪽.

4 In *Religion and Medicine: A Discussion*, ed. M. A. H. Melinsky (1970), 133,

134쪽.

5 J. E. Banberger in *Theology and Prayer*, ed. A. M. Allchin(1975), 75쪽.

6 H. J.—M. Nouwen, *Pray to Live*(1972), 54쪽.

7 *The Asian Journal of Thomas Merton*(1974), 329쪽.

8 *Contemplative Prayer*(1973), 25쪽.

9 *Raids on the Unspeakable*(1966), 158쪽.

10 *Thomas Merton, Monk: A Monastic Tribute*, ed. Patrick Hart(1975), 53, 135, 183쪽에서 인용.

11 *The Face of God*(1975), 28, 81쪽.

12 P. E. T. Widdrington in *The Return of Christendom*(1922)를 보라.

13 *Yes to God*(1975), 28, 81쪽.

14 *The Prison Meditations of Father Alfred Delp*(1963), 95쪽.

15 Inscription on Gandhi's place of creation at Rajghat.

16 Charles Elliot, *Inflation and the Compromised Church*(1975), 146쪽.

17 'Contemplation and Resistance', *Peace News*, 1973년 5월 18일판.

18 Kahlil Gibran, *The Prophet*.

부록

1 Martin Thornton, *The Purple Headed Mountain*(1962), 17쪽.

2 *Manual for Interior Souls* 21.

3 B. Poschmann, *Penance and the Anointing of the Sick*(1964), 123쪽. 참회의 역사에 대해서는, P. F. Palmer, *Sacraments and Forgiveness*, Sources of Christian Theology, Vol. 2(1959); R. C. Mortimer, *The Origins of Private Penance in the Western Church*(1939); O. D. Warkins, *History of Penance*, 2 Vol.(1920); H. C. Lea, *A History of Auricular Confession and Indulgences in the West*, 3 Vols.(1896) 도 보라.

4 Ep. 168.

5 Ep. 66:2.

6 *De Spiritu sancto* 3:18.

7 Origen, *De Oratione* 28. N. Abeyasingha, 'Penance and the Holy Spirit', *Review for Religious* 33:3(1974), 565-72쪽을 보라.

8 Albert Mirgeler, *Mutations of Western Christianity*(1964), 73쪽.

9 위에서 인용된 K. E. Kirk, *The Vision of God*(1931), 284쪽. 이텔릭체는 내가 쓴 것임.

10 J. Leclercq, F. Vandenbroucke and L. Bouyer, *The Spirituality of the Middle Ages*(1968), 41쪽.

11 Council of Toledo 3, c. 11.

12 *The Babylonian Captivity of the Church*, 위에서 인용된 Palmer, 앞의 책, 228쪽.

13 *Wesley's Works X*(1956), 119쪽 이하.

14 Decree on Penance(1551), 제6—9장.

15 Discourse to the Parish Priests and Lenten Preachers of Rome, 6 February 1940.

16 F. R. Bolton, *The Caroline Tradition in the Church of Ireland*(1958), 129-38쪽을 보라.

17 W. Walsh, *The Secret History of the Oxford Movement*(1897), 93-146쪽을 보라.

18 J. R. W. Stott, *Confess Your Sins*(1964), 78쪽.

19 *Confession and Absolution*(1960), vii쪽.

20 George Bennett, *The Heart of Healing*(1971), 57쪽을 참조하라.

21 *The Liturgy of Penance*(1966), 75쪽.

22 *Penitence*, Apostolic Constitution of Pope Paul VI *Paenitemini* (Catholic Truth Society, Do 450, 1973), 10쪽.

23 Christian Duquoc in *Concilium* 1:7(1971), 27쪽.

24 In C. Martin(ed.), *The Great Christian Centuries to Come*(1974), 190-1쪽. 이런 영국교회(성공회) 안에서는 그러한 개정에 관하여 거의 관심이 없었다. 영국교회의 공식 원문상에는 여전히 참회의례에 대한 언급이 없었다. 최근 미국, 캐나다, 뉴질랜드의 성공회 신자들은 짧은 의례들을 결합시킨 개정판을 저마다 발간하였다. 그러나 the Book of Common Prayer of the Episcopal Church of the USA에서만 근대 로마가톨릭 사상과 일치된 개정된 의례에 대한 필요와 많은 사람들이 때때로 위기 상황에 맞닥뜨렸을 때 충분한 고백을 원한다는 사실에 대한 인지를 심각하게 받아들이고 있다. Martin Smith의 "이 기도서는 모든 성공회 단체의 성례전적인 고백에 관한 기도서 중에서 가장

강력한 선언을 담고 있다"라는 말은 정확하다고 할 수 있다.' (Martin L. Smith, *Reconciliation: preparing for confession in the Episcopal Church*, 1968, 121쪽.) 미국에서 개정판이 나오게 된 배경에 관해서는 Leonel L. Mitchell, 'The reconciliation of penitents', *Anglican Theological Review* 74(1992), 25—36쪽을 보라.

    25 Constitution on the Sacred Liturgy 72.

    26 위의 책, 27.

    27 J. D. Crichton, *Christian Celebration: the Sacraments*(1973).

    28 새로운 의례에 대해서는 *Penance: The New Rites*(Catholic Truth Society Do 471, 1975); *Penance: A Pastoral Presentation*(Catholic Truth Society Do 481, 1975); J. D. Crichton, *The Ministry of Reconciliation*(1974); Bruce A. Williams, 'The new rites of penance', *Homiletic and Pastoral Review* 76:1(1975), 9—22쪽; Lionel Swain, *Words of Reconciliation*(1976); Kevin Donovan, 'The new penitential rite', *The Way* 15:4(1975), 295—302쪽, 그리고 16:1(1976), 57—65쪽을 보라. 지금도 더 많은 주석과 지침서들이 나오고 있다.

    29 *Ordo paenitentiae* 4, 5(in Crichton, *The Ministry of Reconciliation*, 96쪽.)

    30 *Ordo* 11, Crichton, 100쪽.

    31 *Ordo* 22, Crichton, 103쪽.

    32 *Ordo* 25c, Crichton, 104쪽.

    33 Crichton, 47—51쪽.

    34 *Ordo* 56, Crichton, 118쪽.

    35 Crichton, 62쪽.

    36 F. J. Heggen, *Confession and the Service of Penance*(1972 edn), iii쪽; J. M. Champion, *Together in Peace*(1974), 113—22쪽을 보라.

    37 Karl Rahner, *Theological Investigations* Vol. 3(1967), 201쪽을 참조하라.

    38 Crichton, 앞의 책, 7쪽.

    39 William Freburger(ed.), *Repent and Believe*(1972), 95쪽에서 인쇄.

    40 Lionel Swain, *Words of Reconciliation*(1976); Joseph M. Champlin, *Together in Peace*(1975); David Konstant, *A Penitents' Prayerbook*(1976) 같은 책을 미리 보라.

    41 *Principles of Christian Theology*(1966), 428—9쪽.

    42 MacNutt, 앞의 책, 287쪽.

    43 Crichton, 앞의 책, 89쪽.

44 *Ordo* 10a, Crichton, 99—100쪽.

45 *Penance: Commentaries on the New Rites*(1975), 4쪽.

46 *Theological Investigations* Vol. 3(1967), 193쪽.

47 C. Kilmer Myers, *Light the Dark Streets*(1961), 141—2쪽.

48 *Lumen Gentium* ch. 1. para. 1.

49 Ian Ramsey in *Contact*, March 1970, 13쪽.

50 Sermon 213:8.

51 Sermon 9:17.

52 Shorter Westminster Catechism, Q. 89 in T. F. Torrance, *The School of Faith*(1959), 275쪽.

53 Karl Menninger, *Whatever Because of sin?*(1975), 228쪽.

54 Joseph M. Champlin, *Preparing for the New Rites of Penance*(1975)를 참조하라.

55 Letters 41:12.

56 Alexander Schmemann, *Of Water and the Spirit*(1974), 11, 12쪽.

57 Roman Missal, Eucharistic Prayer 2.

58 Hippolytus in Migne, *P.G.* 10:625, 628; Cyprian *Ep.* 63:11; Ambrose, *De Sacr.* 4:28, 5:17, 4:24; J. G. Davies, 'The Eucharist and the remission of sins', *Church Quarterly Review* 162(1961), 50—8쪽을 보라.

59 *Ordo* 36.

60 José Miguez Bonino, *Revolutionary Theology Comes of Age*(1975), 121쪽.

61 John Macquarrie, *The Concopts of Peace*(1973), 72쪽.

62 W. A. Pantin, *The English Church in the Fourteenth Century*(1962), 197, 109쪽을 보라.

63 K. N. Ross, *Hearing Confessions*(1974), 59쪽.

64 자료의 신빙성에 대해서는 Bernard Haring, *Shalom. Peace. The Sacrament of Reconciliation*(1969), 111—33쪽.

65 위의 책, 112, 118쪽.

66 *Confession*(1958), 118쪽.

67 비밀엄수에 대해서는 E. Garth Moore, 'Should a priest tell', *Church Times*, 6 September 1963; J. R. Lindsay, 'Privileged communications: communications with

spiritual advisers', *Northern Ireland Legal Quarterly*. May 1959; Peter Winckworth, *The seal of the Confessional and the Law of Evidence*(1952)를 보라. 영국교회에서 허용한 그 비밀엄수의 유일한 수정은 교회법 1603의 113이며, 성직자는 성직자의 생활이 교회법의 영역을 위반했다는 의문을 불러일으키는 따위의 범죄에 그들 자신이 연루되지 않는 한 그 어떤 세부사실의 폭로도 금한다. Lord Denning(Attorney General v. Mulhollan, and Attorney General v. Foster 1963)는 성직자들이라고 해서 판사가 응답하라고 명했을 때 거부할 권리는 없다고 선언했다. 사실 교회법은 그 반대의 상황에 꽤 명백하다.

68 *Life Together*(1968), 94쪽.

69 F. J. Heggen(ed.), *Children and Confession*(1969), 61쪽.

70 Christiane Brusselmans, 'The catechesis of reconciliation', *The Way* 15:4(1975), 285—93쪽을 보라.

71 *Clergy Montbly*(Delhi), February 1974, 88쪽에서 인용.

72 Resolution 4b cited in Michael J. Walsh, 'First confession in controversy', *The Month* 235:1277(1974), 440쪽.

73 Otto Bets(ed.), *Making Sense of Confession*(1969), 79—80쪽에서 인용.

74 Heggen, 앞의 책, 58쪽. F. J. Buckley, *I Confess*(1972), 78쪽도 참조하라.

75 Heggen, 7—9쪽에서 인쇄.

76 In *The Tablet*, 11 August 1973.

77 Otto Betz in Betz, 앞의 책, 95—6쪽, 98쪽.

78 Kohlberg의 작업은 Carlo Gilligan이라는 여자의 경험과 대치되어 문제를 일으켰다. *In a Different Voice*(1982). Gilligan의 작업은 그 자체도 여성인권주의 작가들에게서 비난을 받았다. Gilligan과 영성지도의 관계에 대해서는 Joann Wolski Conn, *Spirituality and Personal Maturity*(1989), 37—49쪽을 보라.

79 위에서 인용된 J. Goldbrunner의 책, 101쪽.

80 A. Snoeck, *Beichte und Psychoanalyse*(Frankfurt/Main 1958), 65쪽.

81 H. B. Meyer in Betz, 앞의 책, 127쪽.

82 F. J. Heggen, *Confession and the Service of Penance*(1975 edn), 16쪽.

83 F. J. Buckley, *I Confess*(1972), 21쪽.

84 *Ordo* 10a.

참고문헌

너무나 방대한 양의 참고문헌들 때문에, 나는 여기에 영성지도나 화해의 성례전을 구체적으로 다룬 책이나 논문들만 실었고, 그리스도교 영성 일반에 관한 작품들은 포함시키지 않았다.

Aelred of Rievaulx, *Spiritual Friendship*. Kalamazoo, Cistercian Publications 1974.

Joseph J. Allen, *The Inner Way: eastern spiritual direction*. New York, St Vladimir's Seminary Press 1992.

Joseph J. Allen, 'The inner way: the historical tradition of spiritual direction'. *St Vladmir's Theological Quarterly* 35(1991), 257—270 쪽.

Conrad Antonsen, 'Liturgy as a source of spiritual direction'. *Spirituality Today* 33(1981), 53—64 쪽.

'Approaches to Spiritual Direction'. *The Way Supplement 54*, Autumn 1985.

The Author of *The Way, A Guide for Spiritual Directors*. London, A. R. Mowbray 1957.

Ruth Tiffany Barnhouse, 'Spiritual direction and Psychotherapy'. *Journal of Pastoral Care 33*(1979), 144—163쪽.

William A. Barry, 'Spiritual direction and the pastoral counselling'. *Pastoral Psychology 26*(1977), 4—11쪽.

William A. Barry, *Spiritual Direction and the Encounter with God.* New York, Paulist Press 1992.

William A. Barry and William J. Connolly, *The Practice of Spiritual Direction.* New York, Seabury Press 1982.

Benedict Baur, *Frequent Confession: its place in the spiritual life.* Dublin, Four Courts Press 1984.

J. D. Benoit, *Direction Spirituelle et protestantisme, etude sur la legitimite d'une direction protestante.* Paris, Alcan 1940.

J. D. Benoit, *Calvin, directeur d'ames.* Strasbourg, Editions Oberlin 1947.

Otto Betz(ed.), *Making Sense of Confession.* Chicago, Franciscan Herald Press 1969.

F. J. Buckley sj, *I Confess: The Sacrament of Penanace Today.* Notre Dame, Ave Maria Press 1972.

Lavinia Byrne(ed.), *Traditions of Spiritual Guidance.* London, Geofrey Chapman 1990.

Gregory I. Carlson, 'Spiritual direction and the paschal mystery'. *Review for Religious 33*(1974), 532—541쪽.

Joseph M. Champlin, *Preparing for the New Rite of Penanace.* Notre Dame, Ave Maria Press 1975.

Joseph M. Chaplin, *Together in Peace.* Notre Dame, Ave Maria Press 1975.

William J. Connolly, 'Contemporary spiritual direction: scope and principles'. *Studies in the Spirituality of Jesuits* 7(1975년 6월), 95-124쪽.

Catherin Cornille, *The Guru in Indian Catholicism*. Louvain, Peeters Press 1991.

Kevin E. Culligan(ed.), *Spiritual Direction: contemporary readings*. Locust Valley NY, Living Flame Press 1983.

'Direction spiritualle', *Dictionnaire de Spiritualité*. Vol.3, Paris, Beauchsne, 1957.

Kevin Donovan sj, 'The new penitential rites'. *The Way 15*(1975), 295-302쪽; and 16(1976), 57-65쪽.

Charles Hugo Doyle, *Guidance in Spiritual Direction*. Cork, Mercier Press 1958.

Martin Dudley and Geoffrey Rowell(eds.), *Confession and Absolution*. London, SPCK 1990.

Kathrine Marie Dyckmann and L. Patrick Carroll, *Inviting the Mystic, Supporting the Prophet: an introduction to spiritual direction*. New York, Paulist Press 1981.

Tilden Edwards, *Spiritual Friend*. New York, Paulist Press 1980.

John J. English sj, *Choosing Life*. New York, Paulist Press 1978.

John J. English sj, *Spiritual Freedom*. Guelph, Ontario, Loyola House 1975.

James C. Fenhagen, *More Than Wanderers: spiritual disciplines for Christian ministry*. New York, Seabury Press 1978.

Kathleen Fischer, *Women at the Well: feminist perspectives on spiritual direction*. London, SPCK 1989.

David L. Fleming, 'Beginning spiritual direction', *Review for Religious 33*(1974), 546-550쪽.

David L. Fleming, 'Models for spiritual direction', *Review for Religious 33*(1975), 351-357쪽.

David L. Fleming, *The Chriatian Ministry of Spiritual Direction*. St Louis, MO, Review for Religious 1988.

Victor Frankl, *The Doctor and the Soul*. New York, Random House 1973.

Foster Freeman, *Reading for Ministry Through Spiritual Direction*. Washington DC. Alban Institute 1986.

Father Gabriel odc, *The Spiritual Director According to the Principles of St John of the Cross*. Cork, Mercier Press 1951.

Robert C. Garafalo, 'Reconciliation and celebration: a pastoral case for general absolution'. *Worship 63*(1989), 447-456쪽.

Julia Gatta, *A Pastoral Art: spiritual guidance in the English mystics*. London, Darton, Longman and Todd 1987.

James V. Gay, 'Relationships in Spiritual Direction'. *Review for Religious 38*(1979), 559-565쪽.

Carolyn Gratton, *Guidelines For Spiritual Direction*. Denville, NJ, Dimension Books 1982.

Dennis R. Graviss, *Portait of the Spiritual Direstor in the Writings of St John of the Cross*. Rome, Institution Carmelitanum 1983.

Margaret Guenther, *Holy Listening: the art of spiritual direction*. London, Darton, Longman and Todd 1992.

Richard M. Gula, 'Using Scripture in prayer and spiritual direction'. *Spirituality Today 36*(1984), 292-306.

Marlene Halpin, *Imagine That! Using Phantasy in Spiritual Direction.* Dubuque, Iowa, William C. Brown Company 1982.

Bernard Haring, *Shalom, Peace: the sacrament of reconciliation.* New York, Image Books 1969.

Irenee Hausherr, *Spiritual Direction in the Early Christian East.* Kalamazoo, Cistercian Publications 1990.

Charles J. Healey, 'Thomas Merton: spiritual director'. *Cistercian Studies II:3*(1976), 228-245쪽.

Magaret Hebblethwaite, 'Ignatian spirituality today'. *New Blackfriars,* September 1983, 365-374쪽.

Magaret Hebblethwaite, 'Spiritual direction without the mystique'. *The Tablet,* 1989년 8월 19일자, 943-945쪽.

Monika K. Hellwig, *Sign of Reconciliation and Conversion: the sacrament of penance for our times.* Wilmington, Delaware, Michael Glazier 1982.

E. Glenn Hinson, 'Recovering the pastor's role as spiritual guide' in Gerald L. Borchart and Andrew D. Lester(eds.), *Spiritual Dimensions of Pastoral Care.* Philadelphia, Westmimater Press 1985, 27-41쪽.

Thomas M. Holden, 'A theraoist's view of spiritual direction'. *CTS Register* [Chicago Theological Seminary] 73(1983), 1-13쪽.

Shirley D. Highson, *Spiritual Guidance.* London, Mowbrays 1954.

Clark Hyde, *To Declare God's Forgiveness.* Wilton CT, Morehouse-Barlow 1984.

Damien Isabell, *The Spiritual Director: a practical guide.* Chicago, Franciscan Herald Press 1976.

Martin Israel, *The Spirit of Counsel: spiritual perspectives on the counseling process.* London, Hodder and Stoughton 1983.

Gordon Jeff, *Spiritual Direction for Every Christian.* London, SPCK 1987.

Alan Jones, *Exploring Spiritual Direction: an essay on Christian friendship.* New York, Seabury 1982.

Alan Jones, *What Happens in Spiritual Direction?* Cincinnati, Forward Movement Publication, undated.

Adrian van Kaam, *Dynamics of Spiritual Self—Direction.* Denville NJ, Dimension Books 1976.

Gerald E. Keefe, 'Letter to a person begining spiritual direction'. *Review for Religious 33*(1974), 542—545쪽.

James M. Keegan, 'Elements and dynamics of a spiritual direction practicum'. *Review for Religious 51*(1992), 34—45쪽.

Morton T. Kelsey, *Companions on the Way: the art of spiriual guidance.* New York, Crossroad 1983.

Sheldon B. Kopp, *Guru: metaphors from a psychotherapist.* Palo Alto, Science and Behaviour Books 1971.

Jean Laplce sj, *The Direction of Conscience.* London, Geoffrey Chapman 1967.

Kenneth Leech, 'Spiritual direction and psychotherapy'. *Contact 61*(1978), 13—20쪽.

Kenneth Leech, 'Spiritual direction and the struggle for justice'. in J. E. Griffiss(ed.), *Anglican Theology and Pastoral Care.* Wilton CT, Morehouse—Barlow 1985, 41—56쪽.

Kenneth Leech, *Spirituality and Pastoral Care.* Cambridge MA,

Cowley Publications 1989, Chapters 4—7.

Alice McDowell Pempel, 'The three dimensions of spiritual direction'. *Review for Religious 40*(1981), 391—402쪽.

William McNamara, *Christian Mysticism: a psychotheology.* Chicago, Franciscan Herald Press 1981, Chapter 3, 'Soul Friending'. 49—73쪽.

Gerald E. May, *Care of Mind, Care of Spirt: psychiatric dimensions of spiritual direction.* San Francisco, Harper and Row 1982.

Thomas Merton, *Spiritual Direction and Meditation.* Wheathampstead, Anthony Clarke 1975.

Thomas Merton, 'The spiritual father in the desert tradition'. *Cisterian Studies 3*(1968), 3—23쪽.

Leonel, L. Mitchell, 'The reconciliation of penitents'. *Anglican Theological Review 74*(1992), 25—36쪽.

August Nebe, *Luther as Spiritual Adviser.* Philadelphia 1894.

Jerome M. Neufelder and Mary C. Coelho(eds.), *Writting on Spiritual Direction by Great Christian Maters.* New York, Seabury Press 1982.

Henri J. M. Nouwen, 'Spiritual direction'. *Worship 55*(1981), 399—404쪽.

Jim O'Connell, 'Gestalt approaches to spiritual direction'. *CTS Register* [Chicago Theological Seminary] 73(1983), 229—243쪽.

Thomas C. Oden, *Care of Souls in the Classic Tradition.* Philadelphia, Fortress Press 1984.

Carolyn Osiek, 'The spiritual direction of thinking types'. *Review for Religious 44:2*(1985), 209—219쪽.

M. Basil Pennington, 'The Orthodox tradition of the spiritual father and Mount Athos'. *Review for Religious 41*(1982), 610−615쪽.

Evan Pilkington, *Spiritual Direction in the Church Today*. London, Christian Evidence Society 1980.

Bernard Pitaud, 'La direction spirituelle: propos sur un livre recent'. *Christus 37*(1990), 95−102쪽.

Janice G. Raymond, *A Passion for Friends: towards a philosophy of female affection*. London, Women's Press 1986.

Kenneth Ross, *Hearing Confessions*. London, SPCK 1974.

Robert Rossi, 'The distinction between psychological and religious counselling'. *Review for Religious 37*(1978), 546−571쪽.

Janet Ruffing, *Uncovering Stories of Faith : spiritual direction and narrative*. New York, Paulist Press 1989.

Sandra M. Schneiders, 'The contemporary ministry of spiritual direction'. *Chicago studies 15*(1976), 119−135쪽.

Sandra M. Schneiders, *Spiritual Direction: reflection on a contemporary ministry*. Chicago, National Sisters Vocation Conference 1977.

Timothy Sedgwick, 'Moral vision and spiritual direction'. *St Luke's Journal of Theology 28:1*(1984), 39−44쪽.

Elinor Shea, 'Spiritual direction and Social consciousness'. *The Way Supplement 53*(1985), 30−42쪽.

Martin L. Smith, *Reconciliation: preparing for confession in the Episcopal Church*. London, Mowbrays 1986.

Martin L. Smith, 'The formation of spiritual directors'. *Cowley 15*(1989), 6−7쪽.

John R. Sommerfeldt(ed.), *Abba: guides to wholeness and holiness, east and west*. Cistecian Studies 38, Kalamazoom Cistercian Publications 1982.

Michael Stock, 'Spiritual direction from a Dominican perspective'. *Spirituality Today 33*(1981), 4—33쪽.

Raymond Studzinski, *Spiritual Direction and Midlife Development*. Chicago, Loyola University Press 1985.

Josef Sudbrack, *Spiritual Guidance*, New York, Paulist Press 1984.

John Sullivan(ed.), *Spiritual Direction*. Carmelite Studies, Washington DC. ICS Publications 1980.

Theological Education 24:1(1987) and 24:Supplement 1(1988) contain valuable articles.

Martin Thornton, *Christian Proficiency*. London, SPCK 1959.

Martin Thornton, *Spiritual Direction: a practical introduction*. London, SPCK 1984.

Max Thurian, *Confession*. London, SCM Press 1958.

Wesley D. Tracy, 'John Wesley, spiritual director: spiritual guidance in Wesley's letters'. *Wesleyan Theological Journal 23*(1988), 148—162쪽.

Jesse M. Trotter, *Christian Wholeness: spiritual direction for today*. Wilton CT, Morehouse—Barlow 1982.

Frank Wallace, 'Spiritual direction'. *Review for Religious 44*(1985), 196—208쪽.

Caroline White, *Christian Friendship in the Fourth Century*. Cambridge University Press 1992.

Mary Wolff—Salin, *No Other Light: points of convergence in psychology and spirituality*. New York, Crossroad 1988, Chapter 12 'Spiritual Guide or Therapist?' (135—144쪽).

Barry A. Woodbridge, *A Guidebook for Spiritual Friends*. Nashville TN, Abingdon Press and The Upper Room 1985.

나가는 말

1977년 이후 매우 많은 일이 일어났습니다. 그래서 나는 본문의 대부분을 완전히 다시 쓰는 일에 착수하고 싶었습니다. 하지만 새로 나온 책이 누가 보아도 같은 책임을 알 수 있을 정도로 개정하는 것이 중요할 듯 보였습니다. 그리고 사실, 나도 거듭 읽어 보았지만, 내 연구의 주된 몸체는 아직도 살아 있어서 완전히 바꿀 필요는 없다는 사실을 깨달았습니다. 그래서 나는 네 가지 분야에만 집중하였습니다.

첫째로, 나는 성차별적인 언어를 없애려고 애를 썼습니다. 그러나, 그리스도교 전통 안에 깃들어 있는 성차별주의나 언어 사용에서 나타나는 문화적 적응을 둘 다 정직하게 인정하는 것이 중요합니다. 그러므로 나는 모든 인용문들의 본래 언어를 계속 유지하였습니다. 나는 또 문맥상 연대기적으로 보아 그 밖의 다른 것을 요구하지만 않는다면, '그/그녀' 라는 식의 귀찮은 용법을 피하고 남성형과 여성형을 엇갈리게 사용하였습니다. 로마가톨릭이나 동방정교회에서는 아직 아니지만, 성공회나 종교개혁교회에서는 여성 성직자들의 안수제도가 상당 부분 사실이기에, 성직자의 사역과 관련하여 '그녀' 나 '그녀의' 같은 말도 사용하였습니다.

둘째로, '개정판 여는 말' 부분을 새롭게 덧붙였습니다. 그러나 실제로는 초판에 있는 자료들을 모두 살렸습니다.

셋째로, 본문에다 소량의 자료들을 덧붙였습니다. 역사적으로 조금 실수했던 부분은 한두 군데 바로 잡았습니다. 최근의 발전된 모습들을 참작하기 위하여 각주를 여러 군데 늘렸습니다.

마지막으로, 참고문헌을 대폭 늘렸습니다. 그 가운데는 없애야 할 자료들도 물론 많이 있지만, 1977년 이후 이 분야에 나타난 중요한 연구들을 대부분 포함하고 싶었습니다.

이 책을 개정하는 데 도움과 제안을 아끼지 않으신 존 발츠, 제닛 베츨리어, 마틴 더들리 목사님, 틸든 에드워즈 목사님, 데이비드 구더크리 목사님, 마가렛 헤블쓰웨이트, 이소블 메리 수녀님, 마가렛 컨터 목사님, 폴 제임스 목사님, 데이비드 론스데일 신부님, 사라 메이트랜드, 제랄드 메이 박사님에게 감사를 드립니다. 초기 도미니카 수도회에 대한 역사적 실수 몇 가지를 바로 잡는 데 도움을 주신 사이먼 터그웰 신부님과 리차드 우즈 신부님에게도 감사를 드립니다. 전에 에반스톤의 씨베리-웨스턴 신학대학원에 계셨던 윈스턴 크롬 목사님에게도 감사를 드립니다. 그분은 수년 전 나를 초청하셔서 이 책의 개정 가능성에 대하여 자신의 학생들에게 말할 수 있도록 해주셨습니다. 그렇지 않았으면 나는 이 책을 개정하려고 생각도 하지 못했을 것입니다.

영혼의 친구

펴낸일 • 2006년 12월 5일 초판 발행
지은이 • 케네스 리치
옮긴이 • 신 선 명 · 신 현 복
펴낸이 • 길 청 자
펴낸곳 • 아침영성지도연구원
등록일 • 1999년 1월 7일 / 제7호
홈페이지 • www.achimhope.or.kr

총 판 • 선 교 횃 불
      전　화 : 02)2203-2739
      팩　스 : 02)2203-2738
      홈페이지 : www.ccm2u.com

• 파본은 교환해 드립니다.
• 이 출판물은 저작권법에 의해 보호를 받는 저작물
　이므로 무단전재와 무단복제를 금합니다.